A BÍBLIA SEM MITOS

Coleção **Biblioteca de estudos bíblicos**

- *Jesus e as estruturas de seu tempo*, Émile Morin
- *Chave para a Bíblia: a revelação, a promessa, a realização*, Wilfrid John Harrington
- *Bíblia, Palavra de Deus: curso de introdução à Sagrada Escritura*, Valerio Mannucci
- *Vocabulário teológico do Evangelho de São João*, Juan Mateos; Juan Barreto
- *Jesus e a sociedade de seu tempo*, Juan Mateos; Fernando Camacho
- *Libertando Paulo: a justiça de Deus e a política do apóstolo*, Neil Elliott
- *Evangelhos apócrifos*, Luigi Moraldi
- *A teologia do apóstolo Paulo*, James D. G. Dunn
- *Jesus segundo o judaísmo*, Beatrice Bruteau (org.)
- *Liturgia judaica: fontes, estrutura, orações e festas*, Carmine Di Sante
- *O memorial de Deus: história, memória e a experiência do divino no Antigo Israel*, Mark Stratton John Matthew Smith
- *A Bíblia sem mitos: uma introdução crítica*, Eduardo Arens
- *Da religião bíblica ao judaísmo rabínico: origens da religião de Israel e seus desdobramentos na história do povo judeu*, Donizete Scardelai (eBook)
- *Compreender o Antigo Testamento: um projeto que se tornou promessa*, Gilles Drolet
- *Jesus e as testemunhas oculares: os Evangelhos como testemunhos de testemunhas oculares*, Richard Bauckham
- *A origem da Bíblia: um guia para os perplexos*, Lee Martin McDonald
- *O escriba Esdras e o judaísmo: um estudo sobre Esdras à luz da tradição*, Donizete Scardelai (eBook)
- *Para ler o apóstolo Paulo*, Chantal Reynier
- *Argonautas do deserto*, Philippe Wajdenbaum
- *Paulo e o dom*, John M. G. Barclay
- *A Bíblia na história*, Gastone Bostolo

EDUARDO ARENS

A BÍBLIA SEM MITOS

Uma introdução crítica

Tradução da 3ª edição revisada e aumentada

PAULUS

Dados Internacionais de Catalogação na Publicação (CIP)
(Câmara Brasileira do Livro, SP, Brasil)

Arens, Eduardo
A Bíblia sem mitos: uma introdução crítica / Eduardo Arens;
[tradução Celso Márcio Teixeira]. — São Paulo: Paulus, 2007.
Coleção Biblioteca de estudos bíblicos.

Título original: *La Biblia sin mitos: una introducción crítica.*
Tradução da 3ª ed. rev. e aum.

Bibliografia.
ISBN 978-85-349-2770-3

1. Bíblia - Crítica e interpretação 2. Bíblia - Introdução I. Título.

07-6587 CDD-220.6

Índices para catálogo sistemático:
1. Bíblia: Interpretação e crítica 220.6
2. Bíblia: Introdução 220.6

Título original
La Biblia sin mitos: Una introducción crítica

ISBN 9972-816-80-X

Tradução
Celso Márcio Teixeira

Editoração, impressão e acabamento
PAULUS

1ª edição, 2007
7ª reimpressão, 2023

Rua Francisco Cruz, 229 • 04117-091 São Paulo (Brasil)
Fax (11) 5579-3627 • Tel (11) 5087-3700
paulus.com.br • editorial@paulus.com.br

ISBN 978-85-349-2770-3

Em testemunho de gratidão
a Roberto Heil, George Lytle,
Oscar Alzamora e Douglas Roper,
que, com sua autoridade, me alentaram e apoiaram
no estudo da Bíblia.

ABREVIATURAS FREQUENTES

a.C. = antes de Cristo
aprox. = aproximadamente (datas)
AT = Antigo Testamento
cap. = capítulo(s)
d.C. = depois de Cristo
DAS = *Divino Afflante Spiritu* (encíclica de Pio XII)
DV = *Dei Verbum* (Concílio Vaticano II)
IBI = *Interpretação da Bíblia na Igreja* (Vaticano 1993)
NT = Novo Testamento
par. = parágrafo
séc. = século
v. = versículo(s)

As abreviaturas dos livros da Bíblia são comuns; encontram-se no início da própria Bíblia.

Leitura de Capítulos e Versículos

Para encontrar facilmente as passagens bíblicas, cada livro da Bíblia está dividido em capítulos, e estes em versículos. As referências são lidas como segue, por exemplo:

8,7 = capítulo 8, versículo 7.
8,7.12 = capítulo 8, versículos 7 e 12.
8,7-12 = capítulo 8, versículos de 7 a 12.
8,7; 9,3 = capítulo 8, versículo 7 e capítulo 9, versículo 3.
8,7-9,3 = desde o capítulo 8, versículo 7 até o capítulo 9, versículo 3.
8,7s(s) = capítulo 8, versículo 7 e seguinte(s).

Os versículos ocasionalmente dividem-se em duas ou três partes para facilitar a localização da passagem referida. Deste modo, v. 4a significa a primeira metade do versículo 4; v. 4b significa a segunda metade do versículo 4.

PRÓLOGO

O autor desta "Introdução crítica" à Sagrada Escritura é um estudioso e mestre que empregou já muitos anos na leitura pausada da Bíblia, na meditação repousada da Palavra de Deus, no estudo crítico e respeitoso dos problemas que o texto apresenta ao leitor contemporâneo, no diálogo cordial com os colegas que, com seu próprio respeito e interesse, cultivam os estudos bíblicos, no ensinamento, guiado este pelo desejo de aproximar cada vez mais a Bíblia de quantos percebem, às vezes só obscuramente, que há ali tesouros inesgotáveis de sabedoria, de fé, de orientação religiosa e humana, também para aqueles que abrem o texto somente com um mínimo de curiosidade.

A Bíblia como documento fundacional da comunidade cristã (e antes dela da comunidade hebraica), a Palavra de Deus como manifestação do Espírito a partir do fundamento do texto, o problemático texto – antigo, de centenas de anos, a mensagem nova para cada pessoa e para cada dia, esses são os aspectos sobre os quais esta introdução centra sua atenção.

Escrito em estilo simples e cordial, no qual não falta o espírito crítico (que o autor atribui às suas origens saxônicas), mas tampouco a ocasional e muito latina virulência de expressões – que nunca faltaram em sua prosa oral –, o texto toca breve, mas substancialmente, todos os problemas que com frequência inibem o leitor interessado a começar ou a prosseguir uma leitura pessoal da Bíblia.

O autor não recusa repetir conceitos fundamentais a partir de diferentes pontos de vista e com relação a outros problemas igualmente importantes, de modo que o leitor progride continuamente em seu conhecimento e ao mesmo tempo percebe a unidade da problemática à qual é introduzido.

Esta introdução procura levar a uma leitura justa e rica da Escritura, que implica mais do que um conhecimento de elementos iso-

lados do texto, quer se trate de observações históricas, de argumentos narrativos, de exortações religiosas ou de máximas sapienciais.

Pelo contrário, é necessária certa familiaridade com o mundo no qual os textos surgem, se desenvolvem e se colocam por escrito e se transmitem. E esse "mundo" de cada uma destas etapas do processo de formação da Escritura é, muitas vezes, distinto do mundo "precedente" ou "sucessivo". A situação cultural, emocional e religiosa do personagem real ou literário de um texto não é igual à do autor que escreve esse relato ou exortação, nem igual à dos compositores que situam esse texto dentro de um conjunto. E, por pressuposto, as três situações são diferentes daquelas dos leitores que, séculos depois, traduzem ou leem o texto.

O texto bíblico fala ao leitor de cada tempo quando este é capaz de descobrir as diferentes perspectivas que se supõem e se integram na formação e transmissão de cada texto. O tempo da literatura, incluindo a literatura sagrada, é diferente do tempo empírico, a respeito do qual podemos afirmar que uma guerra ocorreu em tais anos, ou que um regime governou de tal a tal ano. O tempo não é quantitativo, mas qualitativo, e a passagem de um texto a outro, e de um leitor a outro, pode aumentar a densidade textual. Os textos tendem a estabelecer-se de um modo definitivo, não sucessivo. A passagem dos anos reflete-se em um texto vivido e assumido por uma comunidade e produz ecos diferentes em cada momento, o que não acontece com os textos mortos, que ficaram por séculos perdidos em um deserto ou relegados a um arquivo.

Esta é a visão que a Introdução procura transmitir: a Bíblia é um livro vivo, e o estudo de suas origens não pretende fixar sua estrutura fundamental, assim como as origens de uma pessoa não podem determinar toda a sua história, embora a condicionem.

Nesta justa visão, a Bíblia é o produto de uma interação das tradições que narram a vida e os acontecimentos de personagens bíblicos (indivíduos ou grupos) e as palavras e concepções de alguns deles, com a coleção de textos escritos que as recolhem, com os comentários escritos incorporados no texto que as interpretam e com a última interpretação que um indivíduo realiza e que é aceita pela comunidade crente de modo informal ou oficial.

Esta rica visão da "historicidade" da Bíblia em seu sentido mais profundo, supostamente, não tira nem obscurece o direito de falar da

Bíblia como Palavra de Deus. A Bíblia é Palavra de Deus, não porque algumas pessoas tenham sido escolhidas por Deus como o instrumento material de uma transmissão mecânica de palavras "físicas" que Deus tenha ditado, algo parecido com a imagem (por demais magnífica) que Caravaggio nos transmite em sua representação do evangelista Mateus na Igreja de São Luís dos Franceses em Roma.

A Bíblia é Palavra de Deus para nós que cremos que Deus escolheu, no curso de muitos séculos, homens (e talvez mulheres) suficientemente religiosos e inteligentes (inspirados) para perceber uma verdadeira manifestação da vontade divina, de seu desejo de guiar a seu povo, a comunidade hebraica, a comunidade de Jesus, os homens de todos os tempos, por um caminho de verdade, de justiça e de santidade, em uma série de acontecimentos e ditos que outros teriam considerado como "banais" e "mundanos", ou como simples produto da sabedoria humana ou, até, da histeria religiosa.

A encarnação de Deus na história dos homens é, antes de chegar a Jesus, a presença de sua palavra no meio dos acontecimentos. O modo de reconhecer essa particular encarnação no meio de uma série de escritos, também religiosos, inspirados por Deus e úteis para a comunidade crente, é seu caráter canônico que a comunidade reconhece, em um longo e sofrido processo de discernimento, com relação a uma quantidade de textos que ela considera particularmente "úteis" para expressar sua fé: uma fé que primeiramente a comunidade hebraica e depois a comunidade cristã haviam vivido já muito tempo antes de chegar à decisão sobre o valor desses escritos.

Do caráter canônico da Sagrada Escritura depende a autoridade da Bíblia, porque testemunha uma fé vivida, capaz de expressar a relação do homem com Deus e o caminho da salvação. A tradição da Igreja é o processo de comunicação desses valores sagrados da palavra inspirada.

Deus sempre falou à humanidade, antes e depois da constituição da Sagrada Escritura. Mas somente os escritos ali contidos, e não as revelações particulares que nada acrescentam à fé da Igreja (mas, pelo contrário, em ocasiões particulares a distraem, confundem e até mesmo desviam), são os que nos dão a garantia da palavra de Deus presente na humanidade.

A Palavra de Deus transmitida na Sagrada Escritura – visto que se refere a acontecimentos distantes, e muitos deles não são verificá-

veis –, porque supõe outra cultura e emprega outros modos de dizer e viver, pode resultar-nos estranha em casos particulares. Mas esse caráter peculiar dos textos nos permite entrever como Deus reage de modo constante diante dos homens e responde às suas perguntas e angústias, como guia seus caminhos e oferece soluções. Pareceria que a única coisa que Deus não quer é expressar uma história empírica de personagens que se pode documentar até os mínimos detalhes e, menos ainda, um corpo de doutrinas concebidas segundo nosso modelo ocidental e racionalista.

A Bíblia deve ser lida ao longo de séculos. Essa leitura, a partir de situações e necessidades diferentes, poderá levar a colocar determinados acentos em um período, e não em outro: acentos morais, políticos, cultuais, místicos. Importante é que a reflexão de conjunto da comunidade cristã esteja em condições de perceber em cada momento os elementos que são substanciais e aqueles que são marginais no conjunto do testemunho transmitido e da fé vivida. A leitura e a interpretação da Sagrada Escritura recomeçam com cada época, com cada cultura, com cada indivíduo e abrem-se sempre para um futuro cada vez mais pleno, que assume e plenifica as interpretações precedentes.

Estes são os elementos centrais sobre os quais o autor desta Introdução retoma com frequência, com ênfase particular aqui e ali, mas sem nunca afastar-se daquilo que se converteu em norma sã, fundamentada e eclesial da leitura e da interpretação da Escritura.

Não resta senão desejar que esta terceira edição da Introdução chegue a muita gente como as anteriores, gente que possa aproveitar da Introdução mesma e, sobretudo, da Bíblia, à qual ela introduz para o enriquecimento e aprofundamento de seu caminho espiritual.

Roma, 22 de junho de 2004

Horacio Simian-Yofre, S.J.
Professor ordinário do Antigo Testamento no Pontifício Instituto Bíblico de Roma.

APRESENTAÇÃO

Nos meios informados, a maneira como se enfoca e se entende a Bíblia hoje é diferente da de "antes". Isto é um fato. Herdeiros de uma tradição que acentuava sua qualidade de Palavra de Deus e que a considerava praticamente como ditada *por Deus*, alguns se sentem consternados, quando hoje lhes é dito que a Bíblia é literatura – literatura sagrada sim, mas literatura – e que, além disso, não há conflito com as ciências. Contribuíram não pouco com o "descobrimento" do caráter literário da Bíblia as descobertas de textos afins que, desde o século passado, estão ocorrendo no Oriente Médio, textos mais antigos do que os da Bíblia (mitos da criação, lendas, salmos, provérbios), bem como os estudos realizados nos campos da sociologia, da antropologia, da linguística e da literatura, entre outros. Consequentemente, têm sido apreciados aspectos e dimensões antes não considerados ou simplesmente ignorados, quando se tratava da Bíblia. Há algum tempo, valoriza-se cada vez mais a comunicação *humana* que se manifesta na Bíblia: o papel das tradições orais, do povo ou da comunidade onde tomaram corpo os diferentes escritos, o papel do redator, a influência da circunstância e da cultura etc.

A Bíblia é apreciada hoje, mais do que antes, por aquilo que é materialmente: um conjunto de expressões de vida, de testemunhos de vivências históricas e de fé. Sim, seu caráter vivencial e vivificante é talvez o aspecto mais importante: são escritos nascidos da vida e para a vida. Vida em chave religiosa, mas vida vivida. Por isso mesmo, hoje se valoriza muito mais sua dimensão comunicativa, sem por isso valorizar menos a presença de Deus ao longo do processo que conduziu à composição dos diferentes escritos que constituem a Bíblia. Valorizar a dimensão humana da Bíblia não é tirar-lhe a sacralidade, mas, sim, situá-la em nosso mundo, onde se originou: Deus manifestou-se através de acontecimentos históricos até se encarnar ele mesmo na história. Enquanto se venerava a Bíblia como revelação direta de Deus, se carecia da objetividade necessária para poder apreciar sua profundidade e sua proximidade do homem. E enquanto se olhar a Bíblia como um conjunto de verdades doutrinais, não se valorizará seu caráter vivificante existencial.

Para compreender bem e corretamente um texto composto em tempos passados, deve-se começar por compreender seu berço, seu momento histórico e cultural. Muitos creem que a única coisa que interessa é a relação texto-leitor (o que ele me diz?), e que indagar pela origem histórica de tal ou tal escrito pela comunidade e pelo momento histórico do autor, pelas condições culturais e circunstanciais, são perguntas irrelevantes. Grave erro! Precisamente por ignorá-las, chegou-se a interpretações absurdas que estão distantes da intenção do autor inspirado, por exemplo, com relação a determinadas ordens éticas ou ao tratar o Apocalipse. Depois de tudo, o escritor (por não falar da tradição oral precedente) foi inspirado por Deus dentro do contexto de *sua* história e de *sua* cultura, e não à margem dela, e o que escreveu respondia às necessidades *desse* momento, por isso escreveu para um auditório concreto, imediato, como é evidente nos profetas e nas cartas de São Paulo. Para entender retamente o que o texto diz hoje, deve-se começar por compreender o que dizia na sua origem. É uma questão de fidelidade à mensagem original de seu autor e de continuidade com sua intencionalidade original. É palavra de Deus, sim, mas em palavras de homens histórica e culturalmente situados e, portanto, com muitas limitações e condicionamentos.

Conhecer a origem e a natureza dos escritos bíblicos é uma *necessidade* para a sua compreensão e, portanto, para sua reta interpretação. Não é questão de "curiosidade arqueológica". Não se pode ignorar a natureza histórica de escritos que foram redigidos no contexto de um tempo histórico – e não assepticamente em um vazio –, se queremos compreendê-los e interpretá-los *corretamente*, se vamos escutá-los a partir de *seu* momento histórico e não acomodá-los a conveniências e preconceitos.

A grande maioria dos "problemas" que surgem em torno da Bíblia: as interpretações ingênuas, o tradicional conflito Bíblia-ciência, algumas afirmações de corte histórico, como também os "escândalos" diante de certas afirmações dos estudiosos da Bíblia, assim como as leituras fundamentalistas, têm sua raiz em uma deficiente compreensão da *natureza* da Bíblia: sua origem, sua razão de ser e seu propósito. Pense no que se relaciona com a criação, com Adão e Eva, com o dilúvio ou com o fim do mundo e os oráculos dos profetas, sem falar de determinados "milagres". A ideia que se tem a respeito da Bíblia determina o que se pensa e se diz dela e de cada passagem bíblica. Tudo depende da resposta que se dá à pergunta: "O que é a Bíblia?". Evidentemente, a pessoa que considera a Bíblia como um livro "ditado por Deus" falará dela de maneira diferente daquela que a considera como palavra divino-humana. Isto também é patente nos artigos e filmes sensacionalistas que aparecem nos meios de comunicação com relação à Bíblia. A maioria destes nasce de uma ideia historicista da Bíblia e amarra com supostos dados históricos, desconhecendo a dimensão linguística, os gêneros literários bíblicos e os condicionamentos culturais da época.

É essa problemática que a presente introdução põe em relevo. Concentra-se na origem e na natureza da Bíblia, começando pelo mais óbvio, sua dimensão humana.

Esta é uma introdução *crítica*, porque apresenta a natureza da Bíblia a partir das constatações que fazemos nela mesma e de dados provenientes da arqueologia, não a partir de ideias prévias, e reflete sobre elas, guiada pela pergunta que as crianças costumam fazer, "por quê...?". Para responder, assumo os conhecimentos adquiridos pelas ciências humanas, particularmente as sociais e as de comunicação e da linguística. É uma introdução *crítica*, porque me detenho em perguntas de fundo das quais, frequentemente, se escapa, ou que se ignoram (até em introduções à Bíblia), com as quais vi-me confrontado por alunos, amigos e críticos, alem das que, naturalmente, foram surgindo na raiz de meus estudos e leituras. Deixa poucas pedras sem revolver. Em outras palavras, é uma introdução *crítica*, porque não me conformo com respostas tradicionais sem fundamento, mas recorro ao depósito de conhecimentos que acumulamos e atualizamos. O problema na apreciação da Bíblia não se costuma situar no âmbito da fé, mas no da informação e da razão. O problema é não tanto o crer, mas o conhecer e o compreender. E não poucas vezes o que "se crê" carece de fundamento ou é um espelhismo. Por isso, começo por expor a dimensão nitidamente humana da Bíblia.

Esta é a TERCEIRA EDIÇÃO. Não é uma simples reimpressão da anterior. Depois de transcorridos mais de doze anos desde que se publicou a edição anterior, como é de se esperar, meus conhecimentos se afinaram, se poliram e se enriqueceram. Como acontece com a própria vida, com o passar do tempo vão-se aprendendo coisas novas sobre a Bíblia, e outras são revisadas ou necessitam ser matizadas. Se não reimprimi a edição anterior antes, foi por essa razão: não poucos parágrafos necessitavam de uma revisão e atualização, mas me faltava tempo para fazê-lo. Bem recentemente pude dedicar-me a esta tarefa, e assim responder às reiteradas solicitações de reeditar aquela edição.

À medida do possível, evitei tecnicismos e detalhes que considero não necessários aqui, mas que o leitor interessado poderá encontrar na bibliografia adjunta. Em letras menores intercalei algumas explicações e observações suplementares, que podem ser ignoradas por não serem essenciais. Como na edição anterior, acentuei e elaborei tudo aquilo que considero indispensável para o conhecimento e apreciação global da Bíblia, até pecando por redundância – "a repetição reforça a aprendizagem", como me dizia minha mãe.

Considero que esta introdução terá cumprido seu objetivo se conduzir a um trato maduro e *informado* da Bíblia e, eventualmente, a sentir as palpitações das vidas daqueles que testemunharam nela suas vivências dialogais com Deus. Escrevi-as com espírito crítico (não posso trair minhas raízes saxônicas!), mas consciente de minha fé cristã e, por isso mesmo, "com os preconceitos" causados por ela. Espero que estas páginas possam ajudar a tomar nota de certos aspectos fundamentais da Bíblia, a abandonar a ingenuidade com a qual nascemos, e a despejar dúvidas. Espero que esta introdução ajude a apreciar a Bíblia como o conjunto de escritos cheios de vitalidade e de realismo que é, de vivências muito mais próximas de nós do que talvez imaginamos, quer dizer, como testemunhos de vida e para a vida. E espero que, em consequência, a leitura informada da Bíblia ajude a amadurecer e a aprofundar no conhecimento dos fundamentos de nossa fé no Senhor que a inspirou para, a partir daí, vivê-la fiel e consequentemente. Oxalá no final o leitor, ao introduzir-se nos textos bíblicos, chegue a palpitar com os autores desses escritos, com suas vidas e com sua fé, e sinta a mesma proximidade do Senhor que eles sentiram e deixaram assentada em seus escritos.

Eduardo Arens

Lima, Natal de 2003

OBSERVAÇÕES

A Bíblia, o livro mais difundido no mundo, é, ao mesmo tempo, um dos livros mais incompreendidos. A Bíblia foi (e ainda é) utilizada para justificar não somente o autêntico caminho de Deus e para Ele, mas também ações condenáveis. Baseando-se na Bíblia, realizaram-se extermínios, guerras religiosas e tantas aberrações e crimes; e também, é baseando-se na Bíblia que se criaram seitas que desembocam em absurdos, como os suicídios coletivos em Jonestown (Guiana, 1978), em Kanungu (Uganda, 2000) e em outros lugares. Certamente, ninguém diria que a culpa dessa conduta é da Bíblia. O problema radica na maneira como *se entende* a Bíblia. O fato de que existam tantas ramificações no Cristianismo, chegando a várias centenas de grupos e seitas diferentes, é uma prova clara de que a Bíblia é entendida de diferentes maneiras por diferentes pessoas.

Para algumas pessoas, a Bíblia é a revelação de Deus para todas as pessoas de todos os tempos, para outras é um conjunto de histórias pedagógicas e de prescrições éticas. Segundo uns, a Bíblia foi escrita como a palavra de Deus; enquanto, segundo outros, é simplesmente literatura. Alguns pensam que se deve tomar ao pé da letra tudo o que se lê na Bíblia, pois é a palavra de Deus em sentido estrito; enquanto outros pensam que o que ali encontramos não é outra coisa que um conjunto de memórias do passado impregnadas de mitos. Enfim, as maneiras de apreciar e de valorizar a Bíblia são muito variadas, o que se deve principalmente à ideia que cada um tem a respeito dela. Diferentes pessoas respondem diferentemente à pergunta: O que é a Bíblia?

Enquanto se definia a Bíblia literal e estritamente como a palavra de Deus comunicada por inspiração divina a determinadas pessoas, não se pensava em perguntar quando e por que se escreveu este ou aquele livro, quem foi o escritor, se ele utilizou alguma tradição ou fonte de informação, se ele esteve influenciado pela situação histórica e cultural na qual vivia etc. Foi somente a partir de certas constatações literárias que, desde o séc. XVIII, se começou a ver a Bíblia do ângulo humano e histórico. Muito influenciou o descobrimento, no séc. XIX no Oriente Médio, de textos afins à Bíblia que são mais antigos do que os bíblicos, como os mitos mesopotâmicos da criação, salmos cananeus e provérbios egípcios. A informação obtida dos descobrimentos arqueológicos contribuiu muito para melhor situar e entender certos escritos bíblicos. Os estudos de linguística e de literatura em particular abriram-nos os olhos para a importância dos gêneros literários. As ciências humanas ajudaram-nos a tomar consciência de que a Bíblia é comunicação baseada em tradições orais. Veja a esse respeito o capítulo I do documento da Pontifícia Comissão Bíblica "A interpretação da Bíblia na Igreja" (1993).

Você conhece a Bíblia?

Quando se põe a pergunta "*você conhece* a Bíblia?", muitos automaticamente pensam que se pergunta se eles conhecem as histórias ali narradas ou se são capazes de citar textos de memória, como se faz nos "concursos bíblicos". Mas conhecer a Bíblia não é questão de memorização de textos, nomes ou incidentes narrados, mas de *compreensão*. Quando a mãe diz conhecer seu filho, não quer dizer que tem arquivada em sua memória uma série de dados biográficos sobre ele, mas antes que sabe como ele pensa, como e por que reage a estas e àquelas situações, quer dizer, que é capaz de entrar no mundo interior de seu filho, de vibrar com ele. De maneira igual, visto que a Bíblia é um conjunto de *testemunhos vividos*, não de dados informativos, como veremos, *conhecer* a Bíblia é entrar em seu mundo, é saber como e por que se relatou aquilo que se escreveu, é vibrar com seus autores.

Se você crê conhecer a Bíblia, trate de responder às seguintes perguntas com relação ao famoso relato chamado "sacrifício de Isaac", em Gênesis 22. Trata-se de uma história, de uma lenda ou de um mito? Por que se relatou? Quem tomou nota do diálogo entre Abraão e Isaac enquanto caminhavam *a sós* até o lugar do sacrifício? Deus falou com voz humana? É compreensível a mansidão do jovem Isaac ao deixar-se amarrar para ser sacrificado? Como entender que no v. 12 o anjo fale como se fosse o próprio Deus? Como se lembraram os narradores dos detalhes depois de mais de oito séculos transcorridos entre o tempo de Abraão (séc. XVIII a.C.) e o tempo em que se escreveram pela primeira vez (séc. X)?

Saber muitos dados *da* Bíblia não significa automaticamente conhecê-la, da mesma maneira que saber ler não significa compreender o que se lê. Muitos creem que basta saber ler para compreender a Bíblia, como se fosse um jornal de ontem. Nem sequer lhes ocorre que os escritos da Bíblia datam de pelo menos mil e novecentos anos e que foram redigidos, a maioria, no Oriente Médio, com tudo o que isso implica. Só se começará a conhecer e compreender a Bíblia quando se estiver familiarizado com sua origem e com sua formação, quando se souber por que foram escritos os diferentes livros, e algo do mundo daqueles para os quais foram escritos diretamente, sua cultura e circunstâncias. Para conhecer e compreender a carta de São Paulo aos Gálatas, por exemplo, temos de familiarizar-nos com as circunstâncias sob as quais ele a escreveu, o que motivou o apóstolo (emissor) a fazê-lo, assim como as realidades culturais, políticas, religiosas e outras nas quais viviam os gálatas (receptores).

Para conhecer e compreender a Bíblia, deve-se possuir um mínimo de informação sobre ela, informação que ela mesma nos proporciona. Para ilustrar tudo o que se vem dizendo, algumas perguntas servirão de guia:

- Você sabia que a Bíblia contém muitos escritos e que estes são muito diferentes uns dos outros? Sabia que nem todos são história?
- Você sabia que esses escritos foram compostos por pessoas concretas, que viviam em tempos distintos e sob circunstâncias diferentes? Que sua composição vai do séc. X a.C. ao séc. I d.C., ou seja, que cobre um milênio?
- Você tomou conhecimento de que a mentalidade (sua ideia do mundo e do homem) de seus compositores é típica do Oriente Médio, muito diferente da nossa?
- Você sabia que muitos escritos foram compostos muitas décadas, alguns até séculos, depois que sucederam os acontecimentos narrados? E já pensou no que acontece quando algo é

transmitido oralmente durante muito tempo de uma geração a outra?

- Você sabia que os escritos que constituem a Bíblia não foram escritos pensando em nós, mas para destinatários bem concretos, quer dizer, que não nos tinham em mente?
- Você poderia explicar por que tantas traduções da Bíblia?
- E poderia explicar por que em certos textos Deus aparece como vingativo e em outros como compassivo? Aliás, por que muda de opinião? Deus é temperamental?
- Por que temos duas histórias diferentes da monarquia de Israel (Samuel-Reis e Crônicas) e quatro Evangelhos diferentes, e não um só? Em poucas palavras, você sabe como se gerou e se formou a Bíblia? É o que queremos ver com atenção nas páginas seguintes.

Por onde começar?

Quando olhamos atentamente a Bíblia, vemos que ela contém muitos escritos: Gênesis... Êxodo... Reis... Isaías... Amós... Salmos... Evangelhos... Isto significa que são escritos *independentes* uns dos outros, como um livro é independente do outro. No início, os escritos não estavam todos juntos, como os achamos hoje em nossa Bíblia.

Por certo, o mais óbvio de tudo, a primeira coisa que constatamos ao ler um escrito da Bíblia é o fato de estar escrito em um idioma, com uma gramática – que lemos em uma tradução –, com maneiras de pensar e de expressar-se frequentemente distintas das nossas e que falam de situações, histórica e culturalmente, diferentes das que vivemos. Quer dizer, o mais evidente é sua dimensão humana. Todo o mundo concorda em admitir que a Bíblia é literatura – literatura religiosa, sim, mas literatura. É por aqui que começaremos nosso esforço por conhecer e compreender a Bíblia: por sua dimensão mais evidente, a humana.

O menos evidente a respeito da Bíblia é que ela é palavra de Deus ou que provém de inspiração divina, visto que afirmar isso pressupõe assumir uma atitude de fé: não é um dado objetivo. Prova disso é que nem todos reconhecem a Bíblia como palavra de Deus, mas a reconhecem como literatura. Afirmar que a Bíblia é produto de inspiração de

Deus é atribuir uma qualidade que não é nem objetiva nem evidente em si mesma e que somente se admite com a fé, como pessoa que crê. Por isso, logo na Segunda Parte falaremos desta dimensão da Bíblia.

Por que não começar pela "inspiração", como é tradicional? Primeiramente, para não prejudicar o que possamos descobrir a respeito da Bíblia em sua dimensão humana: seu caráter literário, a história de sua formação e composição etc. Em segundo lugar, porque, ao falar da inspiração da Bíblia como palavra de Deus, teremos de levar em conta tudo o que descobrirmos a respeito da dimensão humana da Bíblia – assim evitamos a tão frequente tentação de forçar os dados para acomodá-los a preconceitos e dogmas. Mover-nos-emos, então, daquilo que é mais evidente para o menos evidente.

É necessário estudar a Bíblia?

Como costuma acontecer com qualquer matéria sobre a qual conhecemos pouco ou nada, o estudo dela nos informará e ilustrará, nos salvará de possíveis erros de julgamento e nos ajudará a compreender a matéria em questão.

A grande maioria dos "problemas" que surgem em torno da Bíblia, as interpretações ingênuas, até os escândalos diante de certas afirmações feitas por estudiosos da Bíblia, têm sua raiz, nem mais nem menos, em uma deficiente compreensão da *natureza* mesma da Bíblia. A ideia que temos da Bíblia como tal reflete na *maneira* como entendemos e explicamos qualquer passagem dela. As diferentes interpretações que se dão nos diferentes grupos cristãos – e mais ainda o que os separa – devem-se fundamentalmente a diferenças em sua apreciação da *natureza* da Bíblia e, em não poucos casos, se devem à ignorância do que *é* a Bíblia. A seriedade deste assunto para a Igreja Católica revela-se pelo fato de que a Pontifícia Comissão Bíblica se pronunciou, em 1993, a esse respeito com um vasto e claro documento, apresentado formalmente pelo próprio Papa: "A interpretação da Bíblia na Igreja".

É notório que em muitos grupos fundamentalistas (veja Apêndice: O que é o fundamentalismo?) se recusam a estudar criticamente a Bíblia, isso quando ela não é tomada *a priori* e sem questionamentos em sentido estrito como a palavra vinda diretamente do próprio Deus, quer dizer, sem outra participação humana que a do "secretário". Seu chamado "estudo bíblico" limita-se a conjugar múltiplas passagens da Bíblia para fundamentar doutrinas, a reconstruir os detalhes históricos de algum relato, do tipo *"E a Bíblia tinha razão"* (W. Keller), e não poucos programas de TV (*"O mundo da Bíblia"*), ou a fazer interpretações moralizantes ou piedosas de determinadas passagens, mas *não* é um estudo histórico-crítico dessas passagens bíblicas: de sua origem literária, histórica e circunstancial, dos condicionamentos situacionais e culturais daquele momento, daquilo que o texto significava naqueles tempos para seu auditório original etc.

A necessidade de estudar a Bíblia para compreendê-la corretamente depreende-se do simples fato de que se trata de um conjunto de escritos que se originaram e foram *compostos há muitos séculos e em um ambiente cultural muito diferente do nosso*. Isto já se observa na linguagem: os termos, circunlóquios e expressões são de outra época e de outra cultura, como o são muitos dos conceitos e imagens que encontramos nos escritos bíblicos. Ingenuamente, muitos pensam que *nossos* conceitos e *nossa* visão *ocidental* do homem, da natureza, do mundo, de Deus etc., são iguais àqueles dos tempos bíblicos (orientais). Foram precisamente os estudos sobre o mundo da Bíblia os que colocaram a descoberto as grandes diferenças culturais e conceituais.

Em síntese, para compreender e interpretar *corretamente* a Bíblia, é necessário um mínimo de estudo a respeito dela, da mesma maneira que é necessário estar familiarizado por meio do estudo com o mundo de qualquer documento da Antiguidade. Não basta saber ler para poder compreender o que se quis dizer e as razões pelas quais se escreveu naqueles distantes tempos esse texto que lemos ainda hoje.

Isso significa que a Bíblia é somente para os estudiosos, ou que sem estudá-la não é possível compreendê-la? Sim e não. Se não sei nada de economia, não entenderei as páginas que se podem ler nos jornais sobre esse tema, ou talvez entenda pouco ou entenderei mal algumas coisas, crendo que as entendo bem. Quanto mais informado eu estiver, melhor poderei compreender. O exemplo mais claro é a leitura do Apocalipse: sem a informação necessária sobre o mundo *do autor*, muitas coisas parecem incompreensíveis ou se entendem erradamente. Por certo, isso não significa que tudo seja incompreensível na Bíblia. De fato, hoje, muita coisa é facilmente compreensível, especialmente quando se trata de vivências e de experiências que são comuns a todo ser humano, parte das vicissitudes da vida, apesar do tempo ou da cultura. Mas é necessário, ***sim***, o estudo da Bíblia, de seu mundo, quando sua compreensão é essencial para a reta interpretação em matéria de doutrina ou de ética, pelas razões expostas. A falta de estudo informado da Bíblia e de seus condicionamentos históricos e culturais leva, por exemplo, a proibir a transfusão de sangue (Testemunhas de Jeová). E pessoas morrem! Para interpretar corretamente, tenho de compreender corretamente; e para compreender corretamente, tenho de ter a informação necessária. Os resultados dos estudos feitos pelos peritos biblistas estão ao alcance dos interessados, pois se publicam e se encontram em livrarias. Mas, ***não*** é necessário seu estudo, se a Bíblia for lida como meio ou veículo de comunhão com Deus, quer dizer, para a meditação e para a oração em qualquer de suas formas. Ao usar a Bíblia para a *oração*, a gente não a analisa, mas se deixa guiar, conduzir, inspirar por ela. Em poucas palavras, quando se trata de afirmações conceituais baseadas na Bíblia, especialmente sobre doutrina e moral, mais vale que estejamos bem *informados* sobre ela, se não quisermos arriscar-nos a nos equivocar. Isso supõe entrar no mundo do estudo como descrevi e como veremos mais amplamente. Quando se trata de usar a Bíblia para o enriquecimento espiritual, não é necessário seu estudo, aliás pode ser até um obstáculo. De um modo ou de outro, vale a advertência de que devemos evitar cair em historicismos e que o que devemos buscar é fundamentalmente *a mensagem* do texto – e este lido em parágrafos, não em frases soltas.

Importância da Bíblia

A Bíblia é importante para os que creem, não somente porque ela é citada frequentemente, ou porque se apela a ela como guia e luz, mas porque nela se encontram os fundamentos e as razões para nossa fé.

Se a fé é essencialmente uma relação de diálogo e de confiança entre o homem e Deus, então é necessário conhecer esse Deus. É precisamente nos testemunhos que constituem a Bíblia que Deus se dá mais claramente a conhecer; é mediante sua leitura que Deus nos questiona e nos convida a confiar-nos a ele; e é na Bíblia que encontramos expressa a vontade salvífica de Deus e a orientação de que necessitamos para nossa felicidade. O Deus em quem colocamos nossa confiança é o mesmo Deus de que a Bíblia fala como o Deus de Abraão, de Isaac, de Jacó, de Moisés, de Isaías e de Jesus Cristo, não outro "ser supremo" nem uma projeção filosófica ou psicológica.

Para evitar que nos criemos uma imagem de um deus não existente, um "deus dos filósofos" (Pascal) ou da imaginação, projeção dos anseios mais profundos do ser humano, de sua autoafirmação (Freud, Nietzsche), é necessário conhecer esse Deus. É do verdadeiro Deus que se fala na Bíblia. Nele os profetas e Jesus puseram sua fé e com ele entraram em íntima comunhão, um Deus que se vem manifestando na própria história humana, parte da qual está consignada precisamente na Bíblia.

Em sua condição de meio para o diálogo com Deus, a Bíblia apresenta-nos respostas às perenes perguntas sobre nossa origem, missão, lugar no mundo e razão de existir; as perguntas em torno da dor, do mal, do destino etc. As perguntas existenciais de hoje já foram propostas ontem, e na Bíblia encontramos respostas a elas vistas a partir da fé no Criador e Senhor de tudo.

A Bíblia é especialmente importante para o cristão. Ser cristão é essencialmente ser discípulos de Jesus Cristo. Mas, para poder sê-lo de verdade, sem desvios nem ilusões, é necessário conhecer tanto o próprio Jesus Cristo como o caminho que se deve seguir com o discípulo seu: "Quanto a ti, vem e segue-me!". Como alguém pode seguir a quem não conhece? Para conhecer a Jesus Cristo, nós nos vemos remetidos ao Novo Testamento, que nos oferece testemunhos daqueles que estiveram mais próximos dele e partilharam com ele a vida e a missão evangelizadora. E para conhecer a particularidade de Jesus Cristo, é necessário conhecer o Antigo Testamento, que era a Bíblia de Jesus e de seus discípulos. "A descoberta das Escrituras é a descoberta de Cristo" (DV 25).

A importância da Bíblia para certos grupos e seitas não é bem conhecida: é a única norma, com base em que julgam toda religião. E se vamos dialogar com eles, não nos resta outro caminho além da referência que compartilhamos com eles: a Bíblia. Em muitos setores do catolicismo, tem-se revalorizado a Bíblia como fonte de nossa fé, e, de fato, não podemos nem devemos desvalorizá-la como tal. Toda teologia, todo escrito religioso, toda oração tem direta ou indiretamente sua raiz na Bíblia. O que sabemos a respeito de Jesus nos vem do Novo Testamento. Por isso, pode-se afirmar que a Bíblia é a partida de nascimento do judaísmo (se se limita ao AT) e do cristianismo (se se inclui o NT) – não é que tenha nascido da Bíblia, mas dá testemunho de sua origem e de sua natureza.

O cristão (e o judeu) tem muitas razões para querer estudar a Bíblia em seu afã por melhor conhecer as raízes e fundamentos de sua religião. Pode-se querer estudar a Bíblia também por razões simplesmente culturais: nossa cultura ocidental foi fortemente marcada pelo pensamento judaico-cristão, cujas raízes estão na Bíblia. A mesma coisa se pode dizer sobre o estudo da Bíblia como fonte de informação histórica, como expressão de uma corrente filosófica, como testemunhos da literatura de um povo etc.

O que é a Bíblia?

A palavra "Bíblia" é grega; significa "livros, escritos, documentos" (no plural) – o singular é *"biblos"* ou *"biblion"*. Este substantivo passou tal qual para o latim e daí ao português, como se se referisse a um só livro, no singular. Vemos que o termo mesmo originalmente designava um conjunto de escritos, não apenas um. E isso é correto, pois a Bíblia é um conjunto ou coleção de escritos que para nós estão convenientemente reunidos em uma só encadernação, e por isso costumamos pensar que se trata de um só livro. Mas não foi assim no início.

Na Antiguidade, os diferentes escritos que agora constituem nossa Bíblia eram rolos ou papiros independentes uns dos outros. Quando se lia um "livro", tirava-se somente esse, e não toda a "biblioteca". Quando Jesus foi a Nazaré e entrou na sinagoga, diz Lucas, "lhe entregaram o livro (*biblion*) do profeta Isaías. Ele o abriu e encontrou a passagem em que estava escrito..." (4,17). Estas simples observações nos esclarecem algumas realidades:

- os diferentes escritos foram compostos em diferentes tempos e por diferentes pessoas;
- nem todos são do mesmo gênero literário: alguns são história, outros são profecia, outros são lírica, outros são carta;
- ocasionalmente encontramos repetições de temas, às vezes notamos tensões ou incoerências, até mesmo contradições entre um e outro escrito sobre este ou aquele aspecto (devido precisamente ao fato de serem obras independentes).

Um exemplo, que ilustra a consequência que o descobrimento do fato de que os escritos bíblicos existiram como unidades autônomas acarreta, é proporcionado pelo Apocalipse, onde no final lemos a advertência:

"A todo o que ouve as palavras da profecia *deste livro* (*biblion*) eu declaro: se alguém lhes fizer algum acréscimo, Deus lhe acrescentará as pragas descritas neste livro (*biblion*)..." (22,18ss).

Com frequência, "este livro" é interpretado como referência a toda a Bíblia, assumindo que a Bíblia foi escrita desde suas origens com os "livros" um depois do outro e na ordem na qual os temos agora, sendo o último o Apocalipse. Mas o autor do Apocalipse não sabia que sua obra seria eventualmente colocada dentro de uma coleção, e menos ainda que estaria no final dela. Evidentemente, ao mencionar "este livro" (*to biblion*), João se referia exclusivamente ao Apocalipse e não a toda a coleção que conhecemos como "Bíblia".

Por razões práticas, com o tempo, foram copiados os grandes rolos em "folhas" menores (papiros ou pergaminhos), eventualmente de ambos os lados, que podiam juntar-se, formando assim uma espécie de livro. Desde relativamente muito cedo, os cristãos optaram pelos *códices*, quer dizer, pela escrita em folhas soltas escritas em ambos os lados, que permitiam um formato prático e pouco volumoso, sobretudo para o transporte. Isso tornava possível incluir vários escritos em pouco espaço ou em volumes sob uma só encadernação. A Bíblia é, então, uma coleção (ou biblioteca) de escritos.

Para o crente, a Bíblia não é somente uma coleção de escritos, mas é, além disso, a palavra de Deus. As diferentes maneiras de entender a Bíblia dependem diretamente da maneira como se entende sua composição e sua condição de palavra de Deus. Para alguns, ela significa que Deus mesmo, de alguma maneira, "ditou" a Bíblia, é seu autor e, portanto, deve ser tomada ao pé da letra. Outros, tomando a sério seu caráter literário, reconhecem que Deus não ditou a Bíblia, mas que ela foi composta por pessoas com uma cultura, mentalidade, interesse, educação, e que viviam em uma situação determinada, que estavam em estreita comunhão com Deus. Vale dizer, do ponto de vista de sua natureza, para o crente, a Bíblia tem "algo" a ver com Deus, que está em sua origem, e isso nós qualificamos com a expressão "palavra de Deus", tomada dos profetas. E se admitirmos a plena participação humana, acrescentaremos a qualificação "*em* palavras de homens".

Afirmar a origem divina da Bíblia em forma estrita e absoluta, como se tivesse caído do céu ou como se Deus mesmo a tivesse escrito, *utilizando* certas pessoas como instrumentos seus, e assim negar a dimensão humana, é um indício da incompreensão da natureza da Bíblia. Por outra parte, reconhecer e afirmar a humanidade dos escritos bíblicos não é negar seu caráter divino, mas antes situá-los cabalmente dentro das coordenadas de onde surgiram: a história dos homens. Finalmente, do ponto de vista de seu conteúdo, a Bíblia é um conjunto de escritos que são o produto e o testemunho da vida de um povo (Israel/AT) e de uma comunidade (cristianismo/NT) em diálogo com Deus. São testemunhos de fé dessas pessoas, fé vivida em um mundo real, o de sua época, no Oriente Médio. Esta descrição da natureza da Bíblia é importante, e sua veracidade só se pode apreciar quando se lê com imparcialidade.

Sintetizando o que foi exposto, podemos dizer que a Bíblia:

- é um conjunto de escritos (note-se: "escritos", não "livros", pois a Bíblia inclui cartas, por exemplo),
- que de alguma maneira tem sua origem em Deus: são "palavra *de Deus*" (sem nos pronunciarmos por enquanto sobre a maneira como tem sua origem em Deus, como se transmite ou em que deriva),
- e cujo conteúdo é constituído por múltiplos testemunhos de fé vivida por diversas pessoas e comunidades em diferentes tempos e diante de distintas circunstâncias.

PRIMEIRA PARTE

PALAVRAS DE HOMENS

Começamos pelo mais evidente da Bíblia, aquilo que ninguém questiona: o fato de ser literatura, quer dizer, seu aspecto nitidamente humano.

1.

O CONTEÚDO DA BÍBLIA

A Bíblia contém 73 escritos[1] que estão agrupados em dois "Testamentos", o Antigo e o Novo. Destes, 27 escritos pertencem ao Novo Testamento, que é literatura nitidamente cristã. O Antigo Testamento é literatura judaica.

O termo "testamento" é uma tradução equívoca do original hebraico *berit*, que significa "aliança", "pacto". Não se referia à última vontade, mas ao conceito de aliança, aquela aliança feita com Moisés, que é o coração do Antigo Testamento e, depois, aquela que foi selada com a morte de Jesus (Lc 22,20; 2Cor 11,25). Traduzido este vocábulo para o grego (*diatheke*), começou-se a entender em sua acepção de última vontade, de testamento, e assim se traduziu para o latim (*testamentum*).

Os judeus, obviamente, consideram como Bíblia o que nós, cristãos, chamamos de "Antigo Testamento", porque não reconhecem a vinda de Jesus como a do Messias, e os escritos cristãos não têm para eles caráter sagrado. A divisão da Bíblia em *testamentos* é cristã. O qualificativo "antigo (testamento)" não se deve entender como obsoleto ou como velho, mas como o primeiro com relação ao posterior. Alguns propuseram, por isso, que se falasse antes em "primeiro testamento". Somente se pode falar de "antigo" testamento, quando se admite como real a existência de um "novo" testamento, e essa distinção somos nós, cristãos, que a fazemos. Talvez seja mais correto falar de "Bíblia hebraica", para denotar a propriamente judaica, e de "Bíblia cristã", para designar a inclusão do Novo Testamento como parte da Bíblia por parte dos cristãos.

1 São 73 escritos, quando se consideram Jeremias e Lamentações como duas obras diferentes (como na realidade o são); serão 72, quando se consideram como um só escrito, como aparece em nossa Bíblia (Lamentações como parte de Jeremias).

Isto tem uma implicação importante: quando encontramos, em algum escrito do Novo Testamento, a menção de "Escrituras" (por exemplo, em Lc 24,27.32.45; Jo 5,39; 10,35; 2Tm 3,15) ou "Palavra de Deus/Senhor" (por exemplo, em Mc 7,13; At 6,2; 8,14), não se refere ao Novo Testamento como tal, mas antes ao Antigo Testamento, visto que o Novo Testamento ainda não existia. Recordemos que, quando se escreveu esta ou aquela obra do Novo Testamento, se fez como um escrito independente dos demais e sem ideia de que mais tarde seria agregado a outros para eventualmente fazer parte da Bíblia.

A diferença entre a Bíblia católica e a protestante também será considerada quando falarmos dos Apócrifos. Baste por ora adiantar que não é questão de traduções, mas unicamente da admissão ou rejeição de certos escritos como parte da Bíblia, todos eles judaicos (Antigo Testamento), e nenhum de fundamental importância.

A ordem em que se encontram os escritos da Bíblia não é a ordem em que foram compostos. Gênesis não foi o primeiro a ser escrito, nem o Apocalipse foi o último. Encontram-se ordenados segundo temas e gêneros literários – todos os históricos juntos, os profetas juntos etc. Exceto o bloco que vai de Gênesis a Reis, a ordem dos escritos do Antigo Testamento pode variar de uma Bíblia para outra. Isto se deve ao fato de que a sequência é diferente na versão hebraica e na grega (e latina). Retomaremos isto mais adiante, quando falarmos do cânon.

Originalmente, nenhum dos escritos trazia um título como o que tem hoje. "Gênesis" (a primeira palavra deste livro, em grego, significa "origem, início"; em hebraico é *bereshit*) não era o título do primeiro escrito que encontramos na Bíblia, nem "Evangelho segundo Mateus" era o título do primeiro Evangelho que encontramos no Novo Testamento. Original era somente o texto. Os títulos foram colocados mais tarde por razões práticas, para distinguir um escrito de outro.

Nenhum dos escritos da Bíblia estava originalmente dividido em capítulos e versículos. O códice Vaticano do séc. IV d.C. inclui marcas na margem que são divisões em "capítulos" (para Mateus tem 170 divisões que não são os 28 capítulos que usamos; para Marcos tem 62 divisões). Nos inícios do séc. XIII, Stephen Langton dividiu os escritos da Bíblia (em latim) em capítulos. Em meados do séc. XV,

Isaac Nathan dividiu cada capítulo em versículos para facilitar as referências às passagens bíblicas, como fazemos hoje. Depois, em 1528, foi impressa a Bíblia completa traduzida para o latim, dividida em capítulos e versículos por Sanctes Paginus. Em 1551, Robert Etienne publicou o Novo Testamento em grego com sua divisão em versículos e, alguns anos mais tarde, o fez com a tradução da Bíblia para o francês que ele havia preparado. Mc 12,26 proporciona-nos um exemplo da maneira na qual se citavam os textos bíblicos: "Não leram no livro de Moisés (= Êxodo), no da sarça (= capítulo terceiro) como Deus lhe disse... (segue uma citação textual de Ex 3,6)". Em Rm 11,2, São Paulo cita 1Rs 19,10, simplesmente mencionando como referência que é uma passagem da "história de Elias". As divisões por capítulos e versículos, embora muito práticas, nem sempre foram acertadas; ocasionalmente, cortam o texto onde não deveriam, por exemplo, o primeiro relato da criação conclui em Gn 2,4a e não no final do cap. I, como supôs quem dividiu este livro em capítulos; o último canto do servo de Javé em Isaías começa no final do cap. 52 e não no 53,1, como o supôs quem dividiu este livro em capítulos.

A divisão dos textos em capítulos e versículos baseia-se nos manuscritos conhecidos naqueles tempos, basicamente na tradução latina de São Jerônimo (Vulgata). A Bíblia que lemos, em contrapartida, é tradução baseada em manuscritos mais próximos dos originais (tema sobre o qual voltaremos), nas línguas originais. Isso explica por que ocasionalmente nos surpreende a falta de um versículo: este não estava no original, por exemplo, em Mt 17,21; 18,11; Mc 9,46; 11,26; 15,28; Lc 23,17. Igualmente, há duas numerações dos Salmos, uma delas entre parênteses. Isto se deve ao fato de que as numerações foram feitas no texto latino (cuja numeração se preserva entre parênteses). A troca ocorre a partir do Salmo 9: a versão latina tinha como um só Salmo (9) o que em hebraico são dois, 9 e 10. Isso causou uma discordância correlativa: o antigo Sl 10 na Bíblia latina é o Sl 11 na hebraica, e assim sucessivamente.

Os subtítulos que encontramos (e que variam de uma Bíblia a outra) tampouco são originais. Ocasionalmente, são equívocos: a parábola conhecida como "do filho pródigo" (Lc 15,11ss) não se centra no filho, mas no pai misericordioso, portanto, deveria ser intitulada "parábola do pai misericordioso" – além do que a parábola fala também do outro filho que ficou em casa.

Do *ponto de vista temático*, a Bíblia não é tanto uma coleção de verdades eternas, mas um conjunto de *testemunhos* multiformes da relação de diálogo entre Deus e os homens, relação histórica e humanamente *vivida*. Vista do lado de Deus, a Bíblia apresenta a história das ações de Deus na história dos homens, desde as origens até sua expressão definitiva em Jesus Cristo, e projetando-se para o futuro. Vista do lado dos homens, a Bíblia inclui experiências pessoais de muitos indivíduos, seu diálogo com Deus, suas atitudes de obediência ou de infidelidade, suas reflexões e sua sabedoria. Em outras palavras, levando em conta os diversos gêneros literários que encontramos na Bíblia e o fato de que ela abarca mais de um milênio de história, vem a ser a história singular, sempre atual (pois se fazem as mesmas perguntas, e se apresentam as mesmas atitudes humanas) do diálogo entre Deus e os homens, dos chamados de Deus e das sucessivas respostas dos homens. Os diversos personagens encarnam atitudes humanas que frequentemente são representativas e expoentes das pessoas de hoje.

Há algo mais que nunca devemos esquecer: os compositores dos diversos escritos da Bíblia escreveram para um grupo de pessoas concretas, para *seu* povo ou *sua* comunidade *de então*, daquele tempo. Isto significa que não escreveram pensando em nós, como já advertimos. Quando Isaías falou e escreveu, o fez para os judeus do séc. VIII a.C., e quando Paulo escreveu sua carta aos Romanos, foi para os cristãos de Roma da década de 50, respondendo a seus problemas e necessidades de esclarecimento que nem sempre são os nossos. Hoje em dia, falariam e escreveriam de outra maneira e a respeito de outros problemas. Mas o que escreveram é em certa medida aplicável ainda hoje, a mensagem central continua válida, pois o ser humano é basicamente o mesmo: suas perguntas, atitudes, angústias, alegrias, esperanças continuam acontecendo hoje.

Quando se diz "Antigo Testamento", a maioria pensa quase automaticamente em termos de história, a chamada "história sagrada" que líamos quando crianças e que se vê em filmes. Poucos estão conscientes de que a ênfase não havia sido colocada no que supostamente aconteceu, mas *no que significa* aquilo que se narra, na mensagem do episódio relatado. Por isso, entremesclam elementos mitológicos, anedóticos, históricos e afins. Além disso, se o Antigo Testamento se valoriza apenas como história, se deixarão à margem muitos outros escritos que não narram história, como os salmos, os escritos proféticos, os poéticos e os sapienciais.

A Bíblia, como totalidade, apresenta do princípio ao fim um denominador comum: a relação de diálogo entre Deus e os homens. O único personagem que perdura é Deus; os outros aparecem e morrem, e são julgados segundo sua relação com Deus. Por um lado, *Deus* permanece sempre fiel em seu empenho de oferecer aos homens a prosperidade e a paz ao longo de sua história. É fiel à sua "aliança". Por outro lado, *os homens* se mostram instáveis: hoje, submissos e fiéis; amanhã, rebeldes ou indiferentes diante de Deus, até idólatras. Quando se observam os escritos do Antigo Testamento a partir do lado dos homens, se vê que é uma história *das consequências* de suas atitudes perante Deus: é uma história de êxitos, de alegrias e de fracassos e de frustrações, estreitamente relacionada com sua submissão humilde e confiante ou rebelde e autossuficiente diante da vontade de Deus. Esta é, em síntese, a perspectiva fundamental a partir da qual se apresentam os diferentes escritos do Antigo Testamento, é o que se percebe muito claramente nos relatos. O Novo Testamento, por sua parte, põe em relevo essa vontade salvífica de Deus manifesta agora na pessoa de Jesus de Nazaré: "Deus amou tanto o mundo que enviou seu Filho unigênito, para que todo aquele que nele crê não se perca, mas tenha a vida eterna" (Jo 3,16). No Novo Testamento também aparecem, uma ou outra vez, respostas fiéis e respostas distorcidas, até de oposição a essa vontade divina.

2.

CONTEXTOS HISTÓRICOS DA BÍBLIA

A Bíblia é um conjunto de escritos que falam de circunstâncias e situações vividas em Israel e em comunidades cristãs no império greco-romano. Além disso, esses escritos foram redigidos em determinados momentos da história por pessoas que viviam nela e a ela fazem referência. Portanto, para entender os textos bíblicos, temos de situar-nos nessa história. Por isso, nós nos deteremos nela. Vê-la-emos sinteticamente, ressaltando os momentos que tiveram marcada incidência na formação da Bíblia. Posteriormente, retomaremos a história *tal como é narrada na Bíblia*, quer dizer, a partir da perspectiva de seus redatores. Aspectos culturais ocupar-nos-ão mais adiante (cap. 10). A localização geográfica pode ser visualizada nos mapas que costumam ser incluídos com o texto da Bíblia.

Os fatos históricos

As fontes primordiais para a história de Israel são a arqueologia e os testemunhos extrabíblicos, não a Bíblia mesma, pois ali os textos reescrevem sua história a partir de uma perspectiva religiosa, não cronística. A história propriamente dita pode-se dividir em seis períodos: (1) os patriarcas; (2) êxodo do Egito e instalação em Canaã; (3) a monarquia; (4) o exílio na Babilônia e a diáspora; (5) a reconstrução de Israel; (6) a dominação greco-romana.[1]

1 Uma boa sinopse cronológica pode ser encontrada no final da *Bíblia de Jerusalém*. A história que exponho não coincide em muitos momentos importantes com a "história oficial" que é comum em livros modernos. É uma reconstrução baseada na correlação de dados especialmente arqueológicos.

1. A história de Israel começa com os patriarcas, o que nos situa até o séc. XXI, segundo os dados arqueológicos.[2] Eram clãs nômades que se instalaram na "terra de Canaã" (logo conhecida como Israel e, mais tarde, como Palestina), em busca de terras mais férteis para seus gados. O primeiro foi o de Abraão, oriundo da Mesopotâmia (Caldeia). Por volta do séc. XIII, destacam-se como grupo os "israelitas", associados ao nome de Jacó (= Israel). Pouco sabemos deles com certeza. As narrações em Gênesis são mistura de recordações históricas com lendas, relatos folclóricos e outros, cuja origem é difícil precisar. Gênesis foi escrito por volta do séc. VI.
2. Um grupo de descendentes de Jacó ("filho" de Abraão), associado ao nome de José, eventualmente desceu para o Egito e lá se instalou. Segundo 1Rs 6,1, o êxodo do Egito, uma onda migratória em tempos de seca, teria sido em meados do séc. XV. Seja como for, de tudo isto não temos dados além do que é contado no Êxodo, escrito no séc. VI. Muitos dados ali oferecidos não coincidem com o que sabemos com segurança sobre o Egito. O certo é que Canaã foi desde o séc. XVII até fins do séc. XIII uma província do Egito (estela de Merneptah). Nos sécs. XII-X, os filisteus (Goliat) dominaram na costa de Canaã.

   Os textos bíblicos não são coerentes naquilo que contam sobre o chamado "êxodo" do Egito e sobre a conquista da terra de Canaã. De Moisés e Josué não sabemos nada fora da Bíblia. Os testemunhos arqueológicos e documentários contam outra história. Não há nenhum indício de um suposto êxodo e conquista – além disso, a própria Bíblia atesta que onze das doze tribos nunca abandonaram Canaã. Tudo resumido somos levados a pensar que essa sequência de episódios é uma coleção de epopeias e sagas narradas com fins nacionalistas

2 A menos que indique o contrário, as datas são todas "antes de Cristo". Para uma síntese dos dados arqueológicos até fins do milênio, o leitor interessado pode consultar particularmente W. DEVER, *What Did the Biblical Writers Know and When Did They Know it? What Archeology can Tell us about the Reality of Ancient Israel*, Grand Rapids 2001, e I. FINKELSTEIN – N. A. SILBERMAN, The Bible Unearthed. Archeology's New Vision of Ancient Israel and the Origin of its Sacred Texts, New York, 2001.

para afirmar a identidade de Israel (como povo e como terra), escritas quando foram submetidos, no séc. VI, pelos babilônios (por isso, identificaram a Babilônia com o Egito). O que temos em grande medida é uma história retrojetada que constitui um exame de consciência e uma expressão de esperança de que Deus os libertará ("do Egito") e os guiará de retorno à terra que ele lhes havia dado. Não há "mar" nem "muralhas de Jericó" que possam impedir seu avanço, se Deus os guia. Voltemos à história fática.

3. O sistema de coalizões de povos, liderados em tempos de crise por carismáticos "juízes", eventualmente deu lugar, por razões estratégicas, à instauração de uma monarquia na terra de Canaã que unificara a maioria dos povos sob um projeto comum. Isso permitia maior segurança diante de ataques de fora e dava sentido de unidade e identidade. Foi assim que, em momentos distintos, se forjaram dois reinos distintos: o do Norte ou Israel, que abarca as regiões da Samaria e da Galileia, e o do Sul ou Judá, que abarca a região da Judeia. O primeiro rei de certa importância no Sul foi Saul, ungido pelo profeta Samuel. De Saul não sabemos mais do que o que se lê em 1Sm. Este, da mesma maneira que seus sucessores, os famosos Davi e seu filho Salomão (1005-931), foram reis somente na região de Judá (não sobre todo Israel, como se lê na Bíblia). Destes tampouco sabemos mais do que aquilo que lemos na Bíblia, que está conformado por lendas e epopeias. O silêncio nos escritos dessa época e os dados arqueológicos revelam que era um reino de pouca monta, escassamente povoado e pobre. Até o séc. VIII, Jerusalém era um povoado rodeado de aldeias. Os cananeus continuaram dominando. As grandezas (territoriais, políticas, populacionais) que a Bíblia apresenta são idealizações.

   Lentamente se foi consolidando o reino davídico na Judeia, até chegar a constituir no séc. VIII um verdadeiro reino, com uma capital notável que albergava um admirável templo central e contava com um exército respeitável e uma sofisticada administração. Mas nunca reinou sobre o Norte, que dominava o cenário por suas terras férteis e seu poderio econômico e político.

Em contraste com o Sul, o Norte (Samaria e Galileia), onde se concentrava a maioria das populações e havia uma florescente economia, estava conformado por pequenos reinos e incluía várias cidades importantes (Siquém, Megiddo, Hazor, Dan), até que se impôs Omri, que fixou a capital na Samaria e a encheu de esplendor (884-873; cf. estela de Mesha). O afiançamento desse reino foi levado adiante por seu filho Acab. Foi então que se pôde falar de um verdadeiro reino em Israel. Nesse contexto de grande prosperidade, surgiram vozes de profetas que protestavam contra as explorações e injustiças por parte dos poderosos em Israel (Amós, Oseias, Miqueias). A história bíblica, escrita a partir da perspectiva do Sul, menosprezou e satanizou o reino de Israel (Norte). Dele temos mais informação histórica, porque esteve muito mais densamente povoado do que o Sul, e os vestígios arqueológicos são abundantes. Por volta do ano 730, o império assírio tomou posse do reino de Israel, deportou parte de sua população e a repovoou com estrangeiros, primeiramente na Galileia, logo depois na Samaria, o que resultou em novos sincretismos. Não se anexou o Sul por sua pobreza e difícil geografia.

Depois da aniquilação do reino de Israel pelos assírios, o rei Josias de Judá (639-609) buscou anexar esses territórios a seu reino, coisa que não conseguiu. Mas centralizou o culto no templo de Jerusalém, instituiu a Páscoa como festa principal e ordenou a purificação da religião javista do que era pagão. Seu reinado fixou um marco na história de Israel – embora não tenha durado muito. Josias passou a ser modelo de governante. Nesse tempo, se forjou a corrente chamada "deuteronomista", que acentuaria a observância da Lei.

4. No ano 598, Nabucodonosor tomou Jerusalém e com isso chegava a seu fim o reino de Judá. O templo foi destruído. As pessoas mais cultas foram levadas deportadas em várias ondas para a Babilônia, e não poucas fugiram particularmente em direção do Egito – foi o início da "diáspora". Este é o capítulo de maior impacto na história de Israel. Perdeu-se a unidade nacional, e a identidade entrou em crise. Foi um tem-

po de exame de consciência, de saudades e de sonhos. Compuseram-se elegias, lamentações e não poucos Salmos. Nesta época, grandes profetas elevaram suas vozes de reflexão e de alento ("Deutero-Isaías" [43-45], Jeremias, Ezequiel). Durante todo este tempo, se fixou por escrito grande parte das tradições orais, e se compuseram outras obras, para afirmar a identidade e assegurar o acatamento a Deus. Escreveu-se a "história" de Israel (Josué-Reis). Por falta de culto na diáspora, foram concebidas as sinagogas, entesouraram-se as tradições, e se cultivou o estudo. Os que ficaram desenvolveram correntes de reafirmações da identidade tanto no cultual-sacerdotal (P) como no jurídico (D): são o núcleo do que seria o Pentateuco. A atenção centrou-se mais na observância da "lei de Javé" do que em aspectos cultuais.

5. Ciro, o persa, tomou em 538 o poder das mãos dos babilônios. Uma de suas políticas foi permitir que os exilados retornassem a suas terras. Vários grupos retornaram a Israel e começaram a reconstrução, particularmente do Templo, sob Zorobabel, empresa esta que foi alentada pelos profetas Ageu e Zacarias. A oposição por parte da Samaria a esse projeto originou um antagonismo nunca superado. Por encargo do rei persa Artaxerxes, em meados do séc. V, Neemias foi enviado a Jerusalém para pôr fim às revoltas anárquicas mediante uma reorganização administrativa. É o tempo do profeta Malaquias e início das escolas sapienciais, coleções de provérbios e fixação do saltério. Escreveu-se Jó. Neemias introduziu reformas religiosas, para as quais Esdras contribuiu de modo particular, estabelecendo como normativas uma série de leis da Torah. A Judeia foi constituída como província persa separada da Samaria – desde então seus habitantes foram chamados de "judeus". Em meados do séc. IV, foi reescrita a história (Crônicas, Esdras-Neemias).
6. Com a aparição de Alexandre Magno em cena, chegou ao seu fim o domínio persa. No ano de 332, ele tomou a Judeia. Com isso, se introduziu a cultura helenística, a visão filosófica da vida, o desenvolvimento da arte e do desporto. Sua influência se observa nos livros bíblicos de corte helênico como Coélet e Sabedoria. Dá-se um novo sincretismo, por um lado,

e por outro lado uma resistência à mudança, liderada pelos fariseus. Introduziram-se novidades na arquitetura, na arte, nos desportos, na linguagem, nas vestimentas etc. A Bíblia foi traduzida para o grego. Os gregos toleravam as diferenças culturais, mas Antíoco IV (175-164) propôs-se *impor* o helenismo, proibindo até mesmo as práticas e celebrações judaicas e controlando o Templo (cf. 1Mc). Isso resultou em uma rejeição virulenta daqueles aferrados à observância da "Lei de Moisés", que desembocou na rebelião violenta dos Macabeus. Nesse contexto, foi escrito o livro de Daniel.

No ano 63 a.C., chegou ao seu fim a dominação helênica na Palestina, ao impor-se as forças romanas sob Pompeu. A reordenação do tabuleiro político tornou possível que eventualmente se permitisse a regência de reis locais, súditos a Roma. Os mais conhecidos são Herodes, "o grande" (37-4 a.C.) e seu filho Herodes Antipas. No ano 6 d.C., o imperador Augusto fez da Judeia uma província romana e colocou-a sob a administração de procuradores, dos quais o mais conhecido foi Pôncio Pilatos (26-36 d.C.), que vivia em Cesareia (não em Jerusalém). Na Galileia reinava Herodes Antipas (4 a.C. – 39 d.C.). Os judeus gozaram de amplas liberdades, até que se rebelaram contra os romanos em meados da década de 60 d.C., que culminou com a destruição de Jerusalém no ano 70 sob Tito (do qual resta "o muro das lamentações"). Isso trouxe consigo uma nova diáspora, que incluía comunidades cristãs.

Datas aproximadas de composição dos escritos da Bíblia

Séc. XIII-XI: Tradições orais. Primeiros códigos legais e cultuais.
Séc. X: (Davi e Salomão). Início da sabedoria e salmos. Código da Aliança (Ex 20-23; 34).
Séc. IX: Anais de palácio, base de 1-2 Reis.
Séc. VIII: Época de Amós, Oseias, Miqueias e Isaías (cap. 1-39).[3]
Séc. VII: Núcleo do Deuteronômio (12-26). Código de santidade (Lv 17-26). Época de Sofonias, Naum e Habacuc. Salmos reais.
Séc. VI: (Exílio). Redação da obra deuteronômica (Deuteronômio, Josué, Juízes, Samuel, Reis). Inícios da redação de Gênesis-Números. Jeremias e Ezequiel. Deutero-Isaías (caps. 40-55). Retorno: Ageu, Zacarias (1-8), Abdias.
Séc. V: (sob os persas). Redação final do Pentateuco. Trito-Isaías (caps. 56-66). Rute, Provérbios 10-31, Salmos litúrgicos.
Séc. IV: Época de Joel, Jó, Jonas, Deutero-Zacarias (9-14), Malaquias, Crônicas, Esdras e Neemias.
Séc. III: (sob os gregos). Coélet, Cântico, Provérbios 1-9, Tobias, Ester.
Séc. II: (Época dos Macabeus). Tradução grega dos escritos hebraicos (LXX). Composição de Daniel (aprox. 160), Judite, Baruc, Sirácida (aprox. 180), 1 Macabeus (aprox. 110). Salmos colecionados (saltério). Início da corrente apocalíptica. Qumrã.
Séc. I: 2 Macabeus (aprox. 80) e Sabedoria (aprox. 50). Auge dos apócrifos.

Ano 50 d. C.: Cartas paulinas: 1 Tessalonicenses (50), 1-2 Coríntios (54-55), Gálatas (55 ou 57), Romanos (56), Filipenses (58), Filemon (58)[4].
Ano 70: Evangelho segundo Marcos.
Anos 80: Evangelhos segundo Lucas e Mateus. Atos dos Apóstolos. Epístolas aos Colossenses e aos Efésios. Carta aos Hebreus.
Anos 90: Escritos joânicos: Evangelho, cartas e apocalipse. Cartas de Tiago, 2 Tessalonicenses, 1 Pedro e Judas. Cartas Pastorais (1-2 Timóteo, Tito).
Anos 110: 2 Pedro.

3 A data de composição e de redação final dos profetas, bem como da maioria dos escritos do Antigo Testamento, é difícil de se precisar. Muitos têm uma longa e complexa pré-história de tradições e redações.

4 As datas das cartas paulinas, bem como do resto do Novo Testamento, são aproximativas. Não é possível determinar com exatidão a data de sua composição. Alguns escritos têm sido objeto de revisões e de retoques posteriores. Os Evangelhos e os Atos nutrem-se de longas tradições orais.

O relato bíblico

Os relatos bíblicos não foram crônicas nem história no sentido moderno – por isso, não poucas vezes diferem da história fática (cf. gêneros literários, cap. 9). O que ali encontramos é uma história nacional *em chave religiosa e teológica*. É uma história que entretece recordações históricas com anedotas e figuras exemplares, lendas e epopeias paradigmáticas, instruções e julgamentos divinos, esperanças e aspirações do povo. A história bíblica assemelha-se a uma "novela histórica" sobre a relação do povo, através de seus líderes e profetas, com Deus. Foi escrita durante o exílio na Babilônia (por isso, retrata as esperanças do povo) e posteriormente os capítulos subsequentes. Pois bem, percorramos brevemente a história *bíblica* com esta chave em mente.

1. As origens das diversas atitudes fundamentais que se foram manifestando de múltiplas maneiras ao longo da história de Israel encontram-se ilustradas nos coloridos relatos dos onze primeiros capítulos do Gênesis: o orgulho e o egoísmo revelados na rejeição da vontade de Deus (relato da queda de Adão e Eva), na rejeição do irmão até chegar ao homicídio (ilustrado em Caim e Abel), nos abusos e na libertinagem (Noé e o dilúvio), até sua expressão mais impressionante no relato da torre "com o ponto culminante no céu" (Babel). Em todos estes relatos sempre se mostra a relação Deus-homem: Deus não permanece indiferente, e sua resposta está relacionada com a atitude das pessoas.
2. A história de Israel segundo a Bíblia começa na obscuridade do passado distante com as figuras dos "patriarcas" Abraão, Isaac e Jacó, personagens que se destacam por sua fé em Deus, a qual foi paulatinamente dando forma e identidade ao povo eleito. A origem de Israel é firmemente ancorada na *fé* de Abraão (Gn 12), que é posta à prova em várias ocasiões. A relação dialogal entre Deus e os homens foi expressa pelo conceito de *aliança*, que comprometia ambas as partes a serem mutuamente fiéis. Da descendência de Abraão sempre houve um, o menor, que é fiel (Isaac, Jacó). Todos viviam na terra de Canaã, dada "em herança" por Deus. José, filho de Jacó, é o laço que une essa história dos patriarcas com o grupo que viveu no Egito.

3. Durante o período de *escravidão no Egito* – sempre segundo o relato bíblico –, o povo eleito se queixava dos maus-tratos aos quais estavam submetidos, e Deus escutou seu clamor. Sua resposta foi a eleição de Moisés como encarregado de obter a libertação (Ex 3) e conduzi-los à "terra prometida". O processo para essa libertação é uma sequência de provas de fé em Deus. No caminho do *êxodo* observa-se um movimento pendular entre confiança e murmuração, entre a fé de Moisés e a tendência do povo para a incredulidade, até a idolatria (bezerro de ouro). Deus mostra-se paciente. A mesma oscilação se observa durante o período da *conquista* da terra de Canaã. A idolatria e a autossuficiência orgulhosa trazem como resultado derrotas e morte; a fé em Deus comporta vitórias e prosperidade. Durante o curso da travessia pelo "deserto", Deus reafirmou sua aliança e foi dando paulatinamente a Moisés seus mandamentos, ordens e preceitos que deveriam distinguir este povo (Ex – Dt).
4. Uma vez instalados na terra prometida, os israelitas pouco a pouco foram se esquecendo de Deus. Recorriam a ele somente quando algum perigo ameaçava. Deus continua paciente e suscita *Juízes* para guiar seu povo nas situações de crise. Em dado momento, não quiseram que fosse Deus quem os guiasse e governasse, mas pediram um rei, para serem "como as outras nações" (1Sm 8). Com a *monarquia*, passava-se paulatinamente do esquecimento ao afastamento de Deus, caindo na autossuficiência. Davi estabeleceu um grande reino. Mas com Salomão ressurgiu a idolatria, e simultaneamente brotaram as injustiças e a opressão (séc. X). Deus responde, permitindo que sofram as consequências, e também que o reino se divida em dois por ocasião da morte de Salomão pela prepotência de um de seus filhos. Esta desgraça era fruto do orgulho e da desobediência aos desígnios propostos por Deus, que vinham se arrastando desde os tempos de Davi (2Sm 12). Era o início da decadência. Com a monarquia, o povo e seus reis tinham começado a afastar-se de Deus (já não necessitavam dele), e haviam surgido a idolatria, os abusos e as injustiças dos poderosos (1Rs 18-21). A história da época monárquica é a história das crescentes tensões entre os poderosos e Deus, através de seus

profetas. É história da rebelião, dos chamados à conversão e das rejeições convenientes. É a história das opressões, abusos e injustiças que causariam a ruína de Israel. Deus fez surgir profetas que foram a voz dos sem-voz, do povo explorado, voz que se elevava contra os poderosos, advertindo que Deus não é indiferente diante das injustiças (Oseias, Amós, Miqueias). Eles eram a consciência de Israel que denuncia e anuncia.

5. A conduta orgulhosa e o abandono do caminho traçado por Deus, apesar das advertências proféticas, conduziram a catástrofes maiores: a anulação do projeto humano de supremacia monárquica, a destruição primeiramente do reino do Norte pelas mãos dos assírios (ano 730) e, século e meio mais tarde, a do reino do Sul pelas mãos de Nabucodonosor. Parte da população foi deportada para a Babilônia, exilada da terra que Deus lhes havia dado. O Templo de Jerusalém, símbolo da presença de Deus e garantia visível de sua proteção (mediando o culto), foi destruído: Deus não pode ser manipulado caprichosamente. Esse foi o julgamento divino da conduta infiel de seu povo.
6. Com o exílio, repetia-se o quadro dos tempos da "escravidão no Egito"; era uma volta à página zero. Recorrem a Deus, reconhecendo suas infidelidades e implorando a libertação. Neste importante período, surgiu a esperança de que Deus enviaria um *messias* libertador, como antes havia enviado Moisés, e que algum dia restauraria a glória dos tempos de Davi. Esta esperança e anseio profundo se agudizaram com o tempo, pois os judeus continuaram vivendo sob poderes dominantes: os persas, logo depois os gregos e, finalmente, os romanos. Deus respondeu positivamente à conversão dos exilados, inspirando a Ciro o edito que permitiu o retorno a Israel e a reconstrução de Jerusalém (ano 538). O povo centrou agora sua atenção na importância da fidelidade a Deus mediante a observância estrita da Lei (Esdras-Neemias). Os escritos sapienciais (Pr, Sb, Jó, Ecl) testemunham esta consciência legalista. São particularmente o Deuteronômio e o Cronista que a elaboraram.
7. A resposta definitiva de Deus ao esforço por acatar sua vontade e à confiança que o povo de Israel tinha em que Deus o

libertaria de seus dominadores foi dada com o *envio de seu filho, Jesus de Nazaré* (Lc). No entanto, a libertação que Jesus pregava não era do tipo que seus compatriotas anelavam: eles queriam um reino de Davi, não um reino de Deus. A maneira com que Deus falava não era a que o judaísmo estabelecera que deveria ser, não cabia em seus esquemas (Jo). Exigia conversão. Como resultado, os caminhos se separaram entre os que escutaram a Jesus e reconheceram seu messianismo e os que o rejeitaram (Mt). Para os que o escutaram e aceitaram, optando por segui-lo (Mc), foi garantia de autêntica libertação (Paulo) – garantia selada com sua ressurreição. Para os que não o escutaram, seguros de suas ideias preconcebidas, foi, mais uma vez, causa de destruição. Esta ocorreu com a tomada de Jerusalém e pela destruição de seu templo pelas mãos dos romanos no ano 70.

Esta é, em breve síntese, a perspectiva dos relatos bíblicos. É uma perspectiva pedagógica e existencial, como se pode observar. Indubitavelmente, os acontecimentos estão aí interpretados a distância, mas é a interpretação que os escritos da Bíblia apresentam, guiados pela fé em Deus.

3.

A FORMAÇÃO DA BÍBLIA

Uma grande proporção dos escritos da Bíblia foi redigida depois de mais ou menos longa transmissão oral que ocupa o tempo que transcorre entre o fato acontecido do qual se fala (o "tema") e a comunicação escrita que narra esse fato acontecido. As histórias dos patriarcas (Abraão, Isaac e Jacó), de Davi, de Jesus, foram narradas oralmente durante algum tempo, às vezes séculos, antes de serem fixadas por escrito. Com poucas exceções (por exemplo, as cartas e o apocalipse), os escritos da Bíblia não se originaram com aquele que escreveu, mas se devem a tradições orais. Além do mais, muitos escritos passaram por mais de uma redação. Consideremos brevemente o percurso típico da formação dos escritos da Bíblia.

1) De um modo ou de outro, o que está escrito na Bíblia teve seu ponto de partida em "algo acontecido", sobre o qual se falava, e um dia se colocou por escrito. Este "algo" que ocorreu já era ou um acontecimento público ou presenciado por um grupo (por exemplo, o Êxodo), ou uma experiência pessoal (por exemplo, uma visão). Se não tivesse havido uma batalha de Gelboé e a morte de Saul nela, não teríamos um relato sobre isso (a menos que fosse um conto) (1Sm 31). Se não tivesse havido necessidade de assegurar ordem na comunidade hebraica, não haveria códigos de leis sociais. E se os judeus não tivessem sido deportados para a Babilônia, o profeta Ezequiel não teria falado de um retorno. Deus revela-se (dá-se a conhecer) *na* história humana mediante acontecimentos ou experiências vividas por pessoas.

   Sabemos que tudo o que conhecemos – e aquilo sobre o que falamos – tem sua origem em algo que é *anterior* ao nosso conhecimento e ao nosso discurso: o que conhecemos nos chega por meio dos sentidos e vem do mundo exterior. E tudo aquilo sobre o que falamos é produto de algo que experimentamos, que vivemos precisamente por nosso contato com o mundo exterior (e anterior) a nós: uma parte desse mundo (exterior e anterior a mim) ingressou em meu mundo pessoal, e a partir daí eu penso e falo. Isto constitui a vivência pessoal.

Não necessita explicação o fato de que os escritos de gênero *histórico* têm sua origem nos acontecimentos que eles narram. Os *profetas* também falaram a partir de experiências, de seus contatos com Deus e de suas observações sobre o que estava acontecendo em seu tempo em Israel. Os salmos e cânticos diversos exultam em agradecida alegria ou imploram ajuda com relação ao que seus autores viviam. Os *escritos sapienciais* expressam poeticamente experiências vividas e entesouradas, refletidas e formuladas como conselhos e ensinamentos. As *leis e mandamentos* surgiram como necessidade de fixar ordem na comunidade a partir de experiências ou da comprovação do caos. Os *Evangelhos*, por sua parte, são produtos da fé em Jesus Cristo, fé vivida concretamente pelos primeiros cristãos, além de remontar-se ao histórico acontecimento-Jesus Cristo. As *epístolas* ou cartas foram escritas como respostas a diversos problemas e necessidades para os quais foram compostas. Os *apocalipses* foram escritos com base nas situações de hostilidades e perseguições das quais os fiéis de Deus eram vítimas.

Certamente, alguns gêneros literários *não* foram produtos de acontecimentos *reais*, como é o caso dos mitos e das fábulas (veja cap. 9), mas o processo de comunicação seguiu a mesma sequência que estamos descrevendo. Devem-se à necessidade de comunicar realidades ou comportamentos observáveis na vida humana.

Em síntese, o que encontramos na Bíblia, de uma ou de outra forma (com poucas exceções), teve sua origem em experiências ou em acontecimentos humanos reais. Não são escritos maquinados por mentes criativas ou pela imaginação de seus autores. Dito de outro modo, se não tivesse havido uma experiência, algo sucedido ou um acontecimento, não se teria escrito o que eventualmente se escreveu e que podemos ler na Bíblia.

2) Toda experiência, ou acontecimento, é INTERPRETADA pelo indivíduo ou pelo grupo que o viveu ou presenciou. Não há experiência consciente ou acontecimento contemplado que não seja interpretado. Interpretar é responder à pergunta pelo significado, pelo valor ou importância de algo. Toda interpretação é pessoal, subjetiva: é *minha* interpretação. Em termos populares, qualificamos como "meu ponto de vista". Isso significa que a interpretação de um mesmo acontecimento pode variar (e de fato varia) de uma pessoa para outra. Basta observar como cada jornal interpreta determinado acontecimento. Por isso mesmo, temos quatro Evangelhos, não um só, todos sobre Jesus Cristo e sobre sua mensagem. Sobre isto voltaremos com mais atenção.

   Os escritos da Bíblia oferecem-nos determinada interpretação do que relatam. Seu ponto de vista é o da fé. Isto quer dizer que, na Bíblia, os diversos acontecimentos e experiências não estão relatados de maneira neutra e imparcial, mas que são interpretados. O ponto de vista ou preconceito a partir do qual estão interpretados é substancialmente religioso, não político, social ou econômico. Assim, por exemplo, o êxodo do Egito está interpretado na Bíblia como resultado da ação libertadora de Deus, e não como resultado da astúcia ou da sorte dos hebreus ou da inabilidade estratégica dos egípcios.

   Pois bem, se tomarmos consciência de que alguns acontecimentos foram relatados oralmente durante muito tempo, de uma geração a outra, antes de serem fixados por escrito, e de que cada um que o relatou e cada um que o escutou o interpretou segundo "seu ponto de vista", segundo sua maneira de compreendê-lo, segundo seu nível cultural, segundo suas experiências de vida, podemos ter uma ideia das mudanças que podia sofrer o relato através do tempo. Como veremos mais adiante, a inspiração divina diz respeito precisamente à interpretação dos fatos e das experiências vividas e comunicadas.

3) Toda experiência ou acontecimento considerado importante é transmitido a outra pessoa ou grupo. Para transmiti-lo, obviamente, deve *ser formulado* em uma linguagem que possa ser compreendida pelo destinatário, pois, do contrário, não o entenderá e não haverá comunicação. A linguagem empre-

gada é linguagem humana, não divina. Isto significa que é linguagem própria de determinada cultura, de um povo, em determinado tempo, que não é igual em todos os lugares e em todos os tempos. Vamos discutir isso mais adiante.

4) A experiência interpretada e formulada foi *transmitida* a outra pessoa. A transmissão, em geral, é oral ou escrita. O resultado da contínua comunicação oral nos é bastante conhecido: O que acontece, quando A diz algo a B, e B o diz a C, e assim sucessivamente? O comunicado é primeiramente compreendido e interpretado de certa maneira pelo que recebe a informação, e quando este a comunica a outro, já terá modificado em alguma coisa – acrescenta, tira, atenua elementos ou elabora outros de modo que fique alterado. Sobre este processo, que se conhece como "tradição oral", voltaremos a insistir logo. Basta, por ora, acrescentar que somente o que é considerado importante é transmitido; o que não tem (ou perde) importância não se transmite ou se perde no esquecimento. Isso significa que o que está preservado na Bíblia foi transmitido, porque era considerado importante e significativo, porque continha uma *mensagem* válida no momento de escrevê-lo. Além disso, segundo o tema que tratava e a mensagem que queria comunicar, o autor se expressou em um ou em outro *gênero literário* (histórico, hínico, profético, legislativo etc.), assunto de que também trataremos detalhadamente mais adiante.

5) Eventualmente, um autor literário, o último na cadeia da transmissão oral, *colocou por escrito* aquelas tradições orais importantes. Muitos escritos da Bíblia são, então, coleções de tradições orais (ou as empregaram). A forma escrita não é mais do que outra *maneira ou modalidade* de comunicar o que se transmitia oralmente. Em vez de o receptor receber a mensagem mediante a palavra sonora daquele que a transmite, recebe-a através da palavra escrita: é a transmissão da mesma mensagem.

Nem tudo foi relatado, nem tudo o que foi relatado foi escrito. Preservou-se somente aquilo que tinha importância para eles. O escritor escolheu as tradições que lhe pareceram mais importantes e colocou-as em certa ordem, até retocou-as para que fossem mais uniformes e expressassem melhor a mensagem que ele queria comunicar. Isto se observa facilmente quando se compara um Evangelho com outro. Além disso, não poucas vezes as obras escritas foram revisadas, e foram-lhes acrescentados esclarecimentos ou, ainda, outras tradições. Assim, o Evangelho original segundo João foi enriquecido logo com a introdução do Prólogo (1,1-18), com a cena da mulher colhida em adultério (7,53-8,11) e com o capítulo 21. No Prólogo é fácil observar inserções posteriores (Jo 1,6-8.15).

Os gêneros *carta* e *apocalipse,* e algumas composições poéticas longas e elaboradas (por exemplo, Jó), não passaram por uma tradição oral, mas foram comunicados *diretamente* em forma escrita. Mas, como já indiquei, tiveram sua origem em algum acontecimento ou experiência sobre o qual seus autores trataram. A apresentação escrita, que se lê na Bíblia, constitui o que chamamos de *texto*. O acontecimento ou a experiência vivida constitui o *pré-texto*. O fundamentalista ignora ou recusa levar em consideração o pré-texto e os condicionamentos que destaquei. Quer dizer, ele lê o texto descontextualizado. Muitas interpretações errôneas da Bíblia devem-se ao simples fato de que não se considera o processo de formação dos escritos bíblicos que mencionei.

Cada livro foi composto independentemente dos outros. Nenhum autor escreveu pensando que seria lido milênios mais tarde, em outros continentes, e que sua obra faria parte de uma coleção de "livros sagrados". Alguns, certamente, utilizaram obras escritas como parte de suas fontes. Mateus e Lucas usaram o Evangelho segundo Marcos; o autor da carta aos Efésios usou a carta aos Colossenses.

6) Em um momento da história de Israel, o judaísmo se viu obrigado a decidir quais, dentre todos os escritos existentes, podiam realmente ser "chamados" inspirados por Deus e que poderiam ser considerados como normativos. O que havia acontecido era que o número de escritos com pretensões de "inspiração divina" ia crescendo, alguns dos quais eram de origem e de conteúdo duvidosos, até sectário. A coleção de escritos reconhecidos e admitidos como representativos da religião judaica é conhecida como *cânon* do Antigo Testamento.

Os que foram rejeitados como "ilegítimos" são conhecidos com o nome de Apócrifos. Algo semelhante ocorreu no cristianismo, quando o número de escritos foi crescendo e começaram a aparecer alguns que eram antes coleções de lendas piedosas e outros que apresentavam uma doutrina diferente daquela que remontava confiavelmente a Jesus e aos apóstolos. Em ambos os casos, para o judaísmo e para o cristianismo, a decisão sobre o cânon era uma questão de preservar a unidade e a identidade da comunidade. A partir de então, podemos afirmar que temos "Bíblia": coleção de escritos normativos. Sobre a questão do cânon trataremos mais adiante.

7) Quando os idiomas em que os escritos da Bíblia foram redigidos (hebraico e grego) não eram os idiomas dos lugares onde se queria ler a Bíblia, então se tornou necessário traduzi-los para os idiomas dos novos leitores. Como veremos, toda tradução é por sua vez uma interpretação. Por isso temos, por exemplo, tantas traduções brasileiras.

Eis que aqui expusemos de maneira sintética o caminho que conduziu à formação da Bíblia, que é importante para compreendê-la corretamente. Esquematicamente, a formação da Bíblia seguiu basicamente o seguinte percurso:

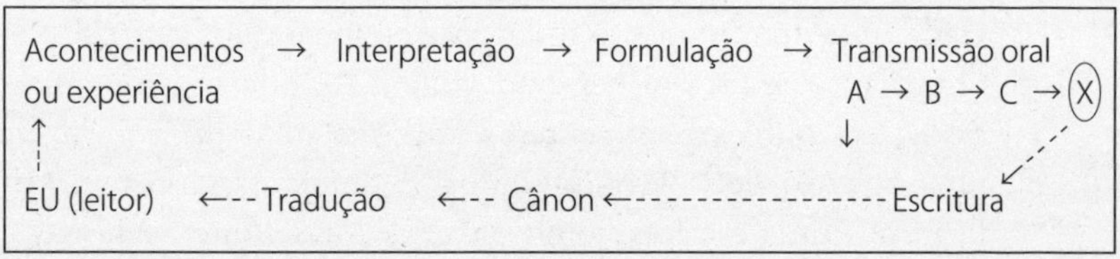

Este resumo tem como finalidade proporcionar uma visão de conjunto, de modo que se compreenda o lugar onde cada "etapa" se situa, dentro do processo de formação da Bíblia, quando nos detivermos nela, e de modo que não se perca de vista o conjunto. A maioria destes momentos será objeto de um estudo mais detalhado nas páginas seguintes. A pergunta última é se "eu", o leitor, compreendo e me identifico com a *mensagem* do acontecimento ou com a experiência primigênia atestados no texto bíblico. O texto é um veículo que me remete à mensagem do acontecimento/experiência que aquele que relatou discerniu, e é a mensagem que me remete a Deus (o revelador e inspirador).

Um dos corolários frequentemente ignorados é que não se devem confundir (1) o momento em que aconteceram ou se viveram as experiências, das quais se falará, e (2) o momento da fixação por escrito. São momentos e tempos diferentes. O que lemos (2) não é "fotocópia" nem "gravação" do que aconteceu (1).

É necessário esclarecer que o ponto de vista aqui exposto é o da formação da Bíblia. Não é o ponto de vista da leitura, que parte do leitor ("eu") e percorre o caminho inverso: *Eu* leio uma tradução do cânon de escritos fixados pelas tradições orais, que haviam transmitido experiências ou acontecimentos que haviam sido interpretados.

4.

A COMUNICAÇÃO E A BÍBLIA

No capítulo anterior vimos que, com poucas exceções, os escritos da Bíblia são produtos de processos de transmissão oral que começaram com algum acontecimento ou com alguma experiência que se comunicou. Deter-nos-emos primeiramente para considerar, mais detalhadamente, o processo de comunicação como tal, para logo centrar-nos na tradição *oral* em si, fonte da maioria dos escritos bíblicos.

Tradição como comunicação

A tradição é um fenômeno linguístico (idioma, gestos, costumes). É, por isso mesmo, fundamentalmente um processo de comunicação (do latim "*tradere*", passar de um para outro), portanto, contrário ao que muitos pensam, tradição não é algo estático. Origina-se como linguagem e não existe separada das pessoas: "transmiti-lhes o que por minha vez recebi...", recordou Paulo aos Coríntios (1Cor 1,23; 15,3). Tradição é vida: ambas são inseparáveis.

Tradição é, então, a comunicação continuada no transcorrer do tempo, que pode ser mais ou menos longo, de uma geração a outra, comunicação de memórias que são importantes e significativas para aqueles que as comunicam. Sua origem costuma ser um acontecimento ou a explicação da causa de algum fenômeno, de uma situação ou algum costume, por exemplo, a explicação da origem de alguma celebração "tradicional" ou do nome de um lugar. É tradição pelo fato de ser comunicado de uma geração à outra. A comunicação costuma ser em forma oral ou escrita, ou ambas, simultaneamente.

Por ser a transmissão de um conteúdo, a tradição é um processo de comunicação. Com frequência, entende-se "tradição" exclusivamente como um conteúdo (o que se transmite), e se ignora aquilo que faz com que a tradição seja precisamente tradição: sua transmissão (quem, entre quais pessoas, suas circunstâncias, como se transmite). A tradição oral, certamente, também inclui leis, credos, hinos etc., além de relatos, poemas, refrãos, entre outras coisas. Quando se trata da transmissão de um texto escrito (a menos que se copie), este é reinterpretado na hora de sua recepção e ulterior transmissão, quer dizer, volta à sua original forma oral.

O processo de comunicação

Em toda comunicação humana, "alguém transmite (diz) algo a alguém". O que transmite é denominado "emissor", o que escuta ou lê é chamado de "receptor", e aquilo que se transmite é conhecido como "mensagem". Esquematicamente temos:

Emissor	-------------------→	Mensagem	-------------------→	Receptor
"alguém transmite (diz)	-----→	algo	-------------------→	a alguém"

Em uma tradição, a menos que seja o último na cadeia de comunicação, o receptor passa a ser, por sua vez, o emissor a transmitir a mensagem a outro. Se refletirmos a respeito disso, nos daremos conta de que os autores dos escritos da Bíblia foram receptores de tradições, e que nós somos receptores das mensagens que estão na Bíblia, embora os autores não os tenham escrito pensando em nós. O leitor é receptor do texto que lê: será receptor *indireto*, se o texto não foi escrito para ele. Quer dizer, a Bíblia age para conosco como emissor da mensagem que lemos (ou ouvimos).

Toda comunicação se realiza mediante uma *linguagem*, que é conhecida tanto pelo emissor como pelo receptor; do contrário, não pode haver comunicação. Não somente se emprega um idioma que ambos conhecem (hebraico, grego), mas o próprio vocabulário, as imagens, as expressões com que o emissor fala devem ser conhecidos pelo receptor para que possa haver comunicação. A linguagem que os profetas empregaram, como também Jesus, por exemplo, era a de *seu* tempo, em Israel, e própria dessa cultura em seus tempos.

Para que haja comunicação deve haver "sintonia" entre o que fala ou escreve e o receptor. Quando não há essa sintonia, se produz a incomunicabilidade ou a incompreensão, e se costuma exclamar: "não sei do que está falando, não o entendo!". Aquele que fala ou escreve deve adaptar sua linguagem a seu auditório, quer dizer, à sua mentalidade e cultura, para que possa ser compreendido. Não se fala de maneira igual a uma criança e a um adulto, a um camponês dos Andes e a um advogado de Lima. Jesus falou aos judeus com a linguagem de *seu tempo e cultura*, e Paulo teve de adaptar a linguagem com a qual comunicava o Evangelho (palestino) a seu auditório de mentalidade grega, e segundo se dirigisse a um público pagão, ou judeu, ou cristão. Em poucas palavras, como Pio XII já advertiu em 1943 em sua encíclica sobre a Bíblia, é importante ter presente que os escritos da Bíblia foram redigidos na linguagem do tempo e da cultura de *seus* autores, que era também a de seus respectivos receptores, pois foi para pessoas de *seu tempo* que eles escreveram (EB 558-562). Se devessem falar ou escrever hoje e aqui, o teriam feito de outra maneira.

Linguagem (falada ou escrita) não é somente idioma (hebraico, grego, português), mas inclui circunlocuções, expressões, modismos, imagens. A linguagem empregada por João em seu apocalipse era compreendida por seus destinatários; eles sabiam a quem se referia com suas diferentes imagens (cordeiro, besta, escarlate, espíritos, sete etc.). Por ser a linguagem própria de um tempo e de uma cultura, que não é nossa, e por expressar-se de maneira diferente da que estamos acostumados, o Apocalipse se nos torna difícil de compreender. Na América Espanhola, todos falam o mesmo idioma e, no entanto, os peruanos nem sempre entendem a maneira como se expressam no México ou na Argentina. Não entendem todas as expressões e imagens do Quixote ou do Cantar do Meu Cid. Por quê?

A linguagem empregada é simplesmente meio ou veículo para comunicar a mensagem. Por isso mesmo, é convencional dentro de uma cultura. O emissor emprega a linguagem mais adequada que ele conhece para comunicar sua mensagem ao receptor, e assim possa ser compreendido por ele. Esquematicamente:

Emissor:	Meio:	Receptor (fim):
O que quer dizer	*Como* o diz	*O que* quer dizer?
Mensagem ----------→	Linguagem (texto)	----------→ Mensagem

O normativo ou autorizado, obviamente, *não* é a linguagem empregada, mas o que por meio dela se quer comunicar: a mensagem. A própria mensagem pode ser comunicada com diferentes linguagens, e cada cultura o faz em *sua* linguagem. Frequentemente se confunde o meio (linguagem) com o fim (mensagem), e a linguagem se torna mais importante do que a mensagem, tomando-a ao pé da letra (literalismo). Por exemplo, quando se quis afirmar que Deus é o criador do homem, o povo de Israel usou a *imagem* do oleiro, e assim em Gn 2,7 lemos que "Deus modelou o homem da argila da terra, soprou em seu nariz alento de vida, e o homem tornou-se um ser vivente". O importante não é *como* Deus fez o homem (o que leio em uma linguagem de imagens empregadas), mas o *fato* de que Deus é seu criador (a mensagem). Por isso, em Gn 1,26s, onde também se fala da criação do homem (e da mulher!), Deus não se apresenta como oleiro, mas simplesmente se afirma que "Deus fez o homem à sua imagem; à imagem de Deus o fez, homem e mulher". Consequentemente, é ingênua e fora de lugar toda discussão sobre a maneira como Deus teria feito os seres humanos, baseando-se em Gênesis: não era essa sua mensagem, mas o *fato* de que é Deus, e nenhum outro, que está no "ponto inicial". Explicar-nos o *como* se deu é uma questão que compete aos cientistas; não é assunto de fé teológica.

Os fundamentalistas tomam ao pé da letra a linguagem, consideram-na sagrada e não levam a sério o fato de que é somente um meio e que, portanto, não deve ser absolutizada. Tampouco levam a sério o fato de que a linguagem empregada na Bíblia é de uma cultura e de um tempo distantes. Repito: o importante é compreender o que é que *mediante* essa linguagem se queria comunicar. Por isso, é necessário ter um mínimo de familiaridade com a maneira de pensar, com as imagens, com o vocabulário e com a maneira que os autores dos escritos bíblicos tinham de entender o homem e o mundo, assunto sobre o qual voltaremos (cap. 10.b).

Toda comunicação se realiza dentro de um *contexto* ou conjunto de condições e circunstâncias, tanto de origem pessoal como ambiental. Não nos esqueçamos de que estamos falando da comunicação *humana* e, portanto, não é a fria transmissão de uma mensagem, como se se tratasse de um objeto material que se passa de mão em mão, ou de uma cadeia de teletipos ou de uma fórmula matemática. Vejamos estes condicionamentos, retomando cada um dos elementos de toda comunicação humana.

Ao falar ou ao escrever, o *emissor* transmite inconscientemente parte de sua própria história e subjetividade: expressa-se segundo *seu* grau de cultura, *seu* estado de ânimo, *seus* conceitos filosóficos e religiosos, *sua* condição socioeconômica etc. Sua personalidade e sua história podem ser "palpadas" em sua mensagem. Se sua mensagem é algo importante para a vida, transmitirá *seu próprio testemunho* disso. Um novelista, ao escrever, está inconscientemente incluindo as experiências de sua vida real, suas convicções, sua maneira de ver a vida, as pessoas e a sociedade, lembranças de viagens e aventuras. Até mesmo os temas dos quais se fala ou se escreve estão frequentemente influenciados pelas circunstâncias que o emissor vive: se há uma crise emocional, falará disso; se lhe aconteceu algo importante ou a um familiar, quererá falar disso. Aquele que fala ou escreve o faz a partir de *seu* ponto de vista, e se é algo que recebeu antes, o modificará de acordo com seu ponto de vista e assim o transmitirá, a menos que seja um copista. Mais ainda, o emissor comunica sua mensagem segundo a imagem que tem do receptor: não é a mesma coisa falar a um auditório acolhedor e receptivo e falar a um auditório hostil. Todo bom orador e todo bom escritor têm presente o auditório ao qual se dirigem. Como podemos avaliar, o emissor não comunica sua mensagem de maneira imparcial e objetiva, mas antes influenciado por muitos fatores, alguns dos quais destaquei. Assim aconteceu também com os autores dos escritos da Bíblia, com os profetas e com Jesus quando falaram – e assim ocorre, quando falamos de alguma passagem bíblica.

A natureza da própria *mensagem* também influi na comunicação. Partilhamos com o outro somente o que consideramos importante, interessante ou significativo para o receptor. Igualmente, entesouramos somente o que tem valor ou importância para nós, e isto geralmente comunicamos, partilhamos. Você pode tentar lembrar-se do que viveu ontem: de que se recorda? Quanta coisa já terá esquecido! Por quê? (descartando a arteriosclerose!). Obviamente, se lembrará de algo importante, porque deixou um rastro, porque é importante para *mim*.

Nossa experiência também nos mostra que é mais fácil comunicar e compreender um relato do que um estudo filosófico, uma anedota do que uma reflexão profunda. Finalmente, a informação, por exemplo, de um problema de química se comunica de outra maneira que uma experiência pessoal ou um acontecimento.

Pois bem, os escritos da Bíblia comunicam experiências e acontecimentos, não simples informação histórica ou outra (o que se passou); são produtos de reflexões sobre algo vivido ou acontecido (o que significa o que se passou). O que se comunica nos escritos bíblicos não é somente o que talvez se passou, mas a *importância* ou *significação* daquilo que se comunica; não tanto o "dado", mas sua interpretação. Precisamente *por isso* se comunica, porque é significativo para o emissor. É importante recordar isto, porque se tende a pensar mais na informação como tal do que se passou, e se esquece que o que se queria comunicar era o seu *significado*. Assim, por exemplo, a recorrente pergunta "por que não se relatou nos Evangelhos algo a respeito dos anos de juventude de Jesus"? deve-se à incompreensão do que acabo de sublinhar. Não se relatou, porque não se considerou importante ou significativo, pois os evangelistas não pretenderam escrever uma biografia de Jesus (e menos ainda em sentido moderno), mas antes destacar a *significação* de sua pessoa e da missão que cumpriu – sua atenção era teológica, não cronística.

Antes de continuar – não pensemos que o importante seja simplesmente a comunicação da mensagem como tal –, devemos ter presente que, quando se transmite uma mensagem, se faz com um *propósito*. A mensagem como tal é aquilo que o emissor deseja *comunicar* ao receptor; é cognitiva. O propósito situa-se antes no nível da vontade e dos sentimentos: é aquilo que o emissor deseja que o receptor faça ou sinta, *sua resposta vital ou reação à mensagem*. A mensagem de uma fatura é informativa (existe a dívida); seu propósito é que se pague a dívida. Ambos são inseparáveis. A mensagem do Apocalipse é que Deus é o Senhor da história e que aqueles que lhe permanecem fiéis serão vitoriosos sobre as forças adversas. O propósito de seu autor é que os leitores de seu livro permaneçam fiéis a Deus, apesar das adversidades que os possam mover a questionar a justiça divina e sua soberania, e os tentem a abandonar a Deus. A mensagem é informativa, o propósito é que confiem em Deus. Portanto, ao falar da "mensagem" está implícita a noção de que se trata de uma comunicação com um propósito.

Quanto ao *receptor*, este escuta ou lê a mensagem criticamente: aceita-a ou rejeita-a total ou parcialmente, segundo seus próprios critérios e condicionamentos. O receptor compreende e interpreta a mensagem segundo *sua* formação cultural, *sua* condição socioeconômica, *suas* ideias, *seus* preconceitos, interesses e anseios, e também segundo a imagem que tem a respeito do emissor. Isso também faz parte de nossa experiência: "não o entendo", "é um tonto, um reacionário", "não me convence", "estou de acordo, mas...". Quantas vezes o receptor não nos compreende ou nos interpreta mal! Por quê? Frequentemente intervém o que se denominam *interferências*. Além das psicológicas, as mais frequentes são as ideológicas: filtram o que lhe convém, segundo seus preconceitos, o que o reafirma em sua posição e, por isso, não escuta a mensagem atentamente ou com abertura. São essas interferências que frequentemente impedem as pessoas de compreender a natureza e a razão de ser da Bíblia. Certamente, com a escuta da mensagem, vem a resposta do receptor, sua reação à mensagem (ao propósito do emissor): conversão, rejeição, meditação, perdão etc.

Toda comunicação se realiza mediante o emprego de um *código* ou conjunto de símbolos compreensíveis ao receptor, estruturados numa forma significativa que costumamos denominar *linguagem*. A linguagem não é somente aquela composta por palavras, mas inclui também todo meio que, de uma ou outra maneira, permite estabelecer uma comunicação (os mudos também se comunicam; eles têm uma linguagem). Daqui resulta o valor comunicativo do comportamento, do testemunho de vida (sobre o que Lucas insiste). Pois bem, o código ou linguagem que se emprega está condicionado por vários fatores, entre eles a *cultura* (circunlóquios, símbolos, metáforas, vocábulos, gestos próprios de um mundo), a mensagem e o propósito do emissor, e a familiaridade que o receptor tem com a linguagem utilizada.

A maioria dos escritos da Bíblia é o resultado de uma repetição ao longo de certo tempo do processo de comunicação que descrevi. "A" fala a "B", "B" fala a "C", e assim sucessivamente. À luz do que foi exposto, poder-se-á compreender por que a mensagem foi sofrendo modificações, não somente por parte do emissor, mas também por parte do receptor, que passava, por sua vez, a ser emissor da tradição recebida. Assim, algo que o profeta Isaías disse foi escutado e entendido de certa maneira por algumas pessoas que depois o contaram a outros, até que um dia se colocou por escrito. Igualmente, o que Jesus fez e disse foi comunicado de uma pessoa a outra por algum tempo, até que um dia foi escrito em um dos Evangelhos. Para muitos, este fato tem sabor de "distorção" com riscos de tergiversação; no entanto, não é outra coisa que o resultado das leis naturais de toda comunicação humana que toca assuntos significativos e vivenciais e que, portanto, não se limita a repetir algo como robô ou teletipo, mas se insere na vida do momento. Comunicação é vida, e vida é evolução.

Algo semelhante se dá entre a mãe e seus filhos. Esta lhes comunica o que ela recebeu como formação moral, por exemplo, mas modificado por suas próprias vivências e reflexões, isso se ela não for informada melhor. Em outras palavras, a mãe não comunica a seus filhos exatamente o que ela recebeu de sua própria mãe (ou pai), e os filhos eventualmente farão o mesmo, condicionados por suas próprias vivências e experiências. Os filhos compreenderão sua mãe segundo suas capacidades e seus condicionamentos, seus interesses e conveniências, suas experiências e conhecimentos, e também segundo a imagem que tiverem dela.

Assim como a vida vai mudando, as tradições também são mudadas pelos que as transmitem, adaptando-as à vida do momento, quer dizer, tende-se a "colocá-las em dia". Como eu já disse antes, não se transmite algo pelo simples fato de que aconteceu ou pelo fato de que se disse, mas *pelo que ele significa*, pelo que tem de relevante. "O que significa" é o motivo da comunicação, por isso se comunicou, e "o que significa" é algo pertinente para o hoje daquele que o comunica. Se não fosse assim, provavelmente não o comunicaria. Por isso, toda comunicação tende a atualizar o que se transmite, de modo que a pessoa que o recebe o aceite como algo relevante para ela.

Em toda comunicação se produz uma espécie de circuito que parte da compreensão, passa pela interpretação e termina com a comunicação como tal. Ao receber uma mensagem, o primeiro ato de todo receptor é a compreensão: ele trata de entender o comunicado que recebe. É sua reação diante do que lhe vem de fora (o comunicado). Seu segundo ato é a interpretação: é sua resposta àquilo que ele compreendeu, sua avaliação e apreciação da mensagem. É isto que ele comunicará: sua interpretação. Isto se repete em uma sequência de comunicações: o receptor compreende e interpreta; ao passar a ser emissor, comunica sua interpretação. O novo receptor compreende e logo interpreta e, ao passar a ser emissor, comunica sua interpretação que será compreendida de certa maneira pelo novo receptor etc.

No processo de transmissão de tradições, geralmente se produzem simultaneamente interpretações, adaptações e aplicações do que foi transmitido. A finalidade dessas alterações é preservar a relevância para o "hoje" da mensagem. Não causa estranheza, então, que se tenda a elaborar e a adaptar *a significação* do comunicado, visto que é precisamente a significação do que foi transmitido que ocasiona sua comunicação. O que não significa nada não se comunica.

Tradições orais da Bíblia

Talvez tudo isto pareça um tanto teórico e sem relação com a Bíblia. No entanto, é um fato que uma boa proporção de escritos bíblicos foi composta com base em tradições orais. Prova disso é que encontramos:

- Duplicações: duas tradições de um mesmo "tema", por exemplo, dois relatos da criação (Gn 1,2-4a e 2,4b-25). As histórias sobre a jarra de azeite que não acabava e da ressurreição de um jovem se contavam tanto de Elias como de Eliseu (1Rs 17; 2Rs 4). Há dois relatos, porque foram duas as tradições diferentes, independentes uma da outra, uma relacionada ao "ciclo de Elias", e a outra ao círculo de Eliseu.
- Pontos de vista divergentes sobre um mesmo fato, por exemplo, 1Sm 9,1-10.16; 11 é um relato da instituição da monarquia favorável a ela, enquanto 1Sm 8,1-22; 10,17-27 é contrário à sua instituição: são duas tradições com duas interpretações totalmente diferentes sobre um mesmo fato, provenientes de duas experiências históricas distintas.
- Menção explícita do emprego de tradições ou fontes de informação, como se lê em Js 10,13 ("o livro de Yashar"), em 1Rs 11,41 ("o livro dos feitos de Salomão"), em 1Rs 14,19 ("o livro das crônicas dos reis de Israel"), em 1Rs 15,7 ("o livro das crônicas dos reis de Judá"), e como o faz Lucas no início de seu Evangelho (1,3).
- Faltas de ordem lógica. Por exemplo, segundo Gn 17,25, Ismael era um rapaz "de treze anos" ao ser circuncidado, mas

quatro capítulos mais tarde, em 21,14, o mesmo Ismael resulta ser um menino que tem de ser carregado por sua mãe.

- A presença de anacronismos. Estes resultam de atualizações de antigas tradições; por exemplo, em Gn 4, Caim e Abel aparecem como agricultor e pastor respectivamente (v. 2), não como nômades, e sua vida se situa junto com a existência de outros povos (v. 14s): como isto é possível, se são filhos de Adão e Eva e supostamente foi há pouco começada a raça humana? Isto se compreende, quando se toma consciência de que o relato que possuímos provém de uma época em que Israel já estava estabelecido na Palestina.

Por estes e outros traços se deduz que existiram muitas tradições orais que tiveram diversas origens e se relatavam independentemente umas das outras, antes de serem reunidas e fixadas por escrito. Detenhamo-nos agora na tradição oral como tal.

5.

A TRADIÇÃO ORAL

Nas aldeias, os anciãos contavam histórias, anedotas, epopeias e lendas; citavam refrãos oralmente, talvez recitassem velhos poemas e velassem pelo cumprimento das leis e costumes. Se o que era narrado não fosse de composição recente, sua origem se perdia no passado remoto. E, como em todo povo, não faltavam pessoas com o dom de tecer relatos. No povoado se contava a origem deste, ou de seu nome, mediante uma história que o explica (etiologia), ou sobre algum herói do lugar. A origem de Israel foi contada, por alguns, como desígnio do Deus que guiou Abraão desde Ur da Caldeia e, por outros, como resultado da conquista ao sair do Egito. Por isso, há uma ruptura entre as histórias dos patriarcas e a que começa com Moisés. Os profetas comunicavam quase todos os seus oráculos oralmente. Paulo pregava o que recebeu da tradição oral na mesma forma, e é nesse sentido que devem ser entendidas as suas cartas, não reduzidas a tratados teológicos, mas de caráter retórico: "a fé vem da audição" (Rm 10,17). Suas cartas tomavam o lugar de sua comunicação oral, viva e direta, que não lhe era possível por sua ausência. O que de Jesus se contava durante muitas décadas se fazia de forma oral (veja 1Cor 7,10.25; 9,14; 11,23ss; 15,3ss; At 20,35), e os Evangelhos foram escritos para ser escutados pela assembleia reunida e guardados na memória. A grande maioria das pessoas se comunicava oralmente, não por escrito.

Por outro lado, a partir da monarquia de Israel, estabeleceram-se alguns centros de educação e se inculcou a escritura, foram preparados escribas e contadores, quer dizer, se fomentou um nível literário, embora limitado às minorias, que habitavam em cidades. É notório que em Israel não se encontraram textos escritos antes do séc. VIII, exceto de algumas anotações cananeias em cerâmica (óstraco, selos), ou tabuinhas como o pequeno calendário de Gezer (séc. X).

Outra é a história em palácios e templos no Oriente Médio, onde foram encontrados grandes arquivos (Ugarit, Mari, Ebla, Assur). Nada parecido se encontrou em Israel. O mais abundante são óstracos, breves anotações em tinta sobre pedaços de cerâmica (na Samaria, foi encontrada uma centena, do séc. VIII, e em Lakish 18, do início do séc. VI), fora a impressionante inscrição que comemora a conclusão do túnel de Gihon (fim do séc. VIII). Estudos sobre o grau de alfabetismo na antiguidade indicam que menos de dez por cento da população da Grécia sabia escrever, enquanto no Egito e na Mesopotâmia não chegava a um por cento, sem mencionar o fato de que possuir textos escritos era custoso, ocupava muito espaço para tê-los em casa, e seu uso era pouco prático. Em geral, limitavam-se a escutar textos ou a reter dados importantes na memória.

Embora a cultura de Israel conhecesse desde cedo a escritura, durante muito tempo foi uma cultura oral, quer dizer, a comunicação era primordialmente oral. As leis foram escritas e estudadas, mas sua interpretação se transmitia em forma oral, e sua própria escritura era em forma abreviada para reter seu sustento oral (*kalakah*, Mishnah, Talmud). Da mesma maneira ocorreu com suas tradições (Midrash, *haggadah*). Isso, certamente, comportava um desenvolvimento e cultivo da memória; por isso, pode-se dizer que as tradições são a "memória viva" do povo. É ilustrativa a passagem em Neemias 8, onde nos inteiramos de que, enquanto se lia a Lei ao povo, esta era traduzida (do hebraico ao aramaico) e interpretada oralmente. Mais tarde, as interpretações corridas de textos bíblicos serão postas por escrito; são os Targum(im).

Vimos que as tradições se transmitiram de geração em geração, produzindo-se adaptações, de modo que fossem relevantes para o momento, isto é, vimos que se produziam atualizações. Ezequiel (33,23ss), falando durante a época do exílio babilônico, interpretou as promessas a Abraão como fundamentos de esperança em um Deus absolutamente fiel, que eventualmente os conduziria de volta à sua pátria. Depois da deportação para a Babilônia, Isaías (51,1ss) interpretou as promessas e bênçãos de Deus a Abraão e à sua descendência no sentido de que não eram garantia de uma infalível proteção divina sem comportar a conduta do povo, mas era necessário converter-se de coração para evitar que semelhante catástrofe se repetisse. Ambos os profetas interpretaram as mesmas tradições sobre as promessas de Deus a Abraão (Gn 12,2ss; 22,17s) segundo os momentos históricos que cada um deles vivia. Jesus interpretou o Antigo Testamento, até contradizendo certas interpretações correntes em seus dias, como aquelas sobre a pureza ritual (Mc 7) e sobre o divórcio (veja Mt 10,1-9), segundo sua maneira de entender a vontade de Deus (cf. Mt 5,21-48).

Tradição é um processo de crescimento, no curso do qual se preserva o velho, mas interpretado como novo. É a contínua comunicação de valores significativos. Não é uma série de etapas nas quais se vai eliminando o velho para substituí-lo pelo mais novo nem é o congelamento de "algo". Por isso, por exemplo, encontramos dois relatos da criação, um mais recente e profundo que o outro (o primeiro: Gn 1,1-2,4a). As tradições foram preservadas, até postas por escrito, uma em continuação da outra, porque cada uma continha uma verdade que se entendia como válida para o futuro.

No transcurso de sua transmissão, algumas tradições se mesclaram com outras semelhantes ou relacionadas. Um claro exemplo é o relato do "sacrifício de Isaac", em Gênesis 22: é o resultado da fusão de duas tradições e uma ulterior reinterpretação. Originalmente, existia uma tradição que explicava a origem do nome de certo monte que era o centro de sacrifícios religiosos, lugar chamado *Iahweh-yreh* ("Deus proverá": v. 8 e 14). Outra tradição (diferente) explicava por que em Israel não se sacrificam os primeiros nascidos (e as pessoas humanas em geral), como em outros povos, mas se substituem pelo sacrifício de algum animal (cf. v. 13). Ambas as tradições se fundiram em algum momento com base em um denominador comum: o sacrifício a Deus de uma vítima – de Isaac substituído por um carneiro no monte de culto *Iahweh-yreh* (veja v. 2 e 14). Posteriormente, pela natureza mesma do relato, foi acrescentado o tema da fé de Abraão, o pai do povo, e por conseguinte ele foi convertido em fundamento e modelo para Israel: *projetou-se* sobre a pessoa de Abraão a fé de todo um povo (do qual é pai). "Atualizou-se" o relato, centrado agora em Abraão, não em Isaac. Para isso, foram introduzidos os vv. 1-11s e 15ss (note-se como o anjo fala como se fosse Deus mesmo), e se retocou o relato. Isto aconteceu provavelmente no tempo do exílio babilônico: por falta de uma fé como a de Abraão, sofreram as perdas

das promessas feitas por Deus a ele; se agora têm uma fé como a sua, serão merecedores outra vez dessas promessas: veja v. 15-18 (cf. Gn 12,1 3; 17,4-8). Posto de maneira esquemática, temos:

1. Tradições existentes:
   a) explicação da origem do nome do centro de sacrifícios conhecido como *Iahweh-yreh* (etiológico);
   b) explicação da origem da rejeição de sacrifícios humanos (mitológico).
2. Um dia ambas as tradições se fundiram em um só relato.
3. Mais tarde, se procedeu a uma atualização da mensagem.

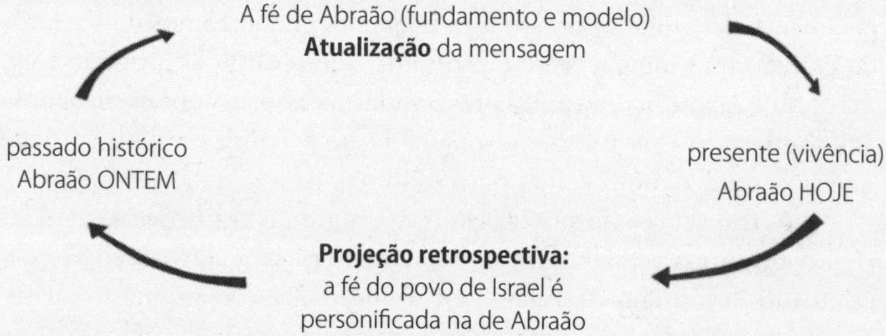

Não era nada estranho que existissem diferentes tradições sobre *um mesmo* fato ou episódio. Por isso, temos dois relatos da criação, ambos recolhidos em Gn 1,1-2.4a e 2,4b-25. Encontramos duas alianças idênticas com Abimelec, uma com Abraão (Gn 21,22-31) e outra com Isaac (Gn 26,26-33), ambas em Bersheba, e que explicam a origem deste nome. Temos duas vezes o Decálogo, mas de forma diferente (Ex 20 e Dt 5). Marcos preservou duas versões da multiplicação dos pães (6,30ss e 8,1ss). Lucas juntou-as e relatou uma só multiplicação (9,10s). De fato, não é raro que duas tradições sobre o mesmo acontecimento tenham sido fundidas na hora de colocá-las por escrito. Assim, o relato do dilúvio é a mescla de duas tradições, uma que falava de "um casal de animais" introduzidos por ordem divina (6,19s) e outra que falava de "sete casais de todos os animais puros... e um casal de todos os impuros, o macho e a fêmea" (7,2); segundo uma tradição, o dilúvio durou quarenta dias (7,12), mas de acordo com a outra durou cento e cinquenta dias (7,24). O relato da cura do endemoninhado de Gerasa, em Mc 5,1-17, é o resultado da fusão de duas tradições semelhantes (veja os v. 2 e 6, e compare com Mt 8,28-34 e com Lc 8,26-37).

Como se pode observar, as tradições não foram consideradas como uma espécie de verdades eternas, mas como expressões de vida e sobreviviam à medida que foram significativas para a vida. O interesse não estava tanto no passado, mas no presente, não tanto na recordação, mas naquilo que o narrado tem de relevante para o hoje daquele que fala ou escreve ao seu auditório, e esse "hoje" pode mudar. A tradição sobre o êxodo do Egito foi retomada e reinterpretada à luz da experiência da deportação para a Babilônia no séc. VI por Isaías (43,14-21; 48). A Babilônia tomou o lugar do Egito, país de escravidão para o povo de Deus. No séc. IV, o autor de Crônicas reinterpretará a história de Israel a partir do ponto de vista da importância que agora tinham o culto e a Lei: Crônicas é uma reflexão piedosa da história narrada nos livros de Samuel e Reis. Os Evangelhos segundo Mateus e Lucas são reinterpretações e adaptações do Evangelho segundo Marcos, que lhes serviu como fonte principal.

Todo acontecimento pode ser interpretado de diferentes maneiras. Igualmente, qualquer relato ou narração. Por isso, repetidas vezes se advertia antigamente contra as interpretações dos falsos profetas: veja Jr 23,9ss; Ez 13; Zc 13,2ss. Os exorcismos realizados por Jesus, por exemplo, foram interpretados, por alguns, como resultados de um pacto com Satanás (Mt 12,22-28) e, por outros, como manifestação da presença ativa de Deus.

Pelo fato mesmo da comunicação ao longo do tempo, em toda comunicação oral se produz uma série de alterações. Algumas das mais frequentes são:

- o acréscimo ou exagero de elementos que tornam o fato narrado mais atraente, mais impactante. Não é estranho que se introduzam diálogos. Em Marcos, se lê simplesmente que Jesus "permaneceu no deserto quarenta dias sendo tentado por Satanás" (1,13), mas em Mateus e Lucas o mesmo está ampliado nas famosas três tentações.
- A perda de detalhes como nomes, datas e outros, ou a introdução de outros elementos mais modernos, é comum. Assim, encontramos a transfiguração de Jesus nos Evangelhos acontecendo "em um monte alto", mas sem nome; mais tarde, o

identificaram com o nome de Tabor, por ser o mais alto da região da Galileia.

- Com o passar do tempo, perde-se a noção das condições culturas da época original. A distância temporal e cultural encurta-se, atualizando nesse sentido o elemento transmitido. Assim, Abel e Caim são apresentados respectivamente como pastor e agricultor, vivendo entre cidades, coisa que não corresponde às origens da humanidade. Outras vezes, se introduzem explicações esclarecedoras. Marcos explicou ao seu auditório não judeu que "os fariseus e todos os judeus, se não se lavassem até o cotovelo, não comiam..." (7,3s). E para o leitor que não conhecia o aramaico, Marcos esclareceu que Gólgota "quer dizer lugar da caveira" (Mc 15,22).
- O dito (pronunciamentos e discursos) tende a receber forma poética que facilita sua recordação. Certas frases significativas costumam repetir-se como estribilho, especialmente quando têm forma poética, como é fácil observar nos Salmos. Igualmente, pode-se observar a inclusão de expressões tradicionais, por exemplo, "o Deus de Abraão, de Isaac e de Jacó".

As tradições orais de um povo, apesar das vicissitudes próprias da oralidade, costumam manter um grau importante de fidelidade a seus conteúdos, visto que, em geral, o comunicado é preservado e transmitido em uma comunidade, em um vasto grupo humano, e não só individualmente. Por isso, se dá uma espécie de controle comunitário.

Pois bem, como em todos os povos, no judaísmo e também no cristianismo não se preservaram todas as tradições orais existentes. Conservaram-se somente aquelas que tinham importância para eles. As que perdiam relevância não se comunicavam mais, se dissipavam no esquecimento. E das tradições preservadas, nem todas foram escritas. Por isso, na Bíblia encontramos enormes vazios de informação que *nós* gostaríamos de conhecer, por exemplo, sobre certos reis importantes de Israel ou sobre a infância e juventude de Jesus de Nazaré, ou sobre a constituição das primeiras comunidades e suas celebrações. O mesmo se deu com a transmissão dos textos escritos.

A comunicação oral coexistiu com a escrita por séculos, como o atesta Dt 6,4-9 sobre a confissão monoteísta: "Escuta, Israel: Iahweh, nosso Deus, é o único Iahweh... Estas palavras que eu te mando hoje estarão sobre teu coração. Se as repetires a teus filhos e *lhes falares* delas, estando em tua casa e andando pelo caminho, ao deitar-te e quando te levantares... *as escreverás* nos portais de tua casa e em tuas portas". O mesmo se observa na Bíblia hebraica, onde frequentemente à margem se encontra a anotação "o escrito" (*Ketib*), "o dito" (*Qere*). Os rabinos citavam de memória. Os Padres da Igreja, por sua parte, raras vezes citavam os ditos de Jesus de algum dos Evangelhos; faziam-no de memória, dando fé ao fato de que a tradição oral continuava viva, mesmo que já existissem textos escritos.

6.

A FIXAÇÃO ESCRITA

Segundo 2Rs 22, o rei Josias ordenou a restauração do templo de Jerusalém no ano 621. No curso dessa tarefa, *foi encontrado* inesperadamente "o livro da Lei", e posteriormente se procedeu a lê-lo em público a "todos os judeus". Seu conteúdo eram as ordens fundamentais da "aliança" com Deus para o povo (23,2). O notório é que todos ficaram surpresos com seu conteúdo, a ponto de reconhecerem que "nossos pais não obedeceram às palavras deste livro, fazendo o que está escrito para nós" (21,13). A partir dele, o rei ordenou uma reforma religiosa.

A surpresa diante do achado do "livro da Lei" e de seu conteúdo deve-se a que (1) o povo vivia guiado por tradições *orais*. As tradições escritas (como este "livro") não tinham mais importância do que as orais: enquanto se perdera "o livro da Lei", continuavam vivendo as tradições, as leis e os costumes que haviam aprendido oralmente. Descoberto e lido publicamente o texto, eles se orientaram agora por ele, quer dizer, se comprometeram a "seguir a Iahweh e a guardar seus mandamentos, seus testemunhos e seus preceitos, e a cumprir os termos desta aliança *tal como estavam neste livro*" (23,3). (2) Isso significa também que o texto escrito não tinha a sacralidade que teria depois. Por isso, pôde perder-se (ou ter sido ocultado). (3) Não havia muitas cópias. Neste caso, não teria havido mais do que uma. (4) Este "livro da Lei" era bastante mais breve do que o que conhecemos agora no Pentateuco – cuja composição se dará muito mais tarde –, pois se podia ler de uma só sentada, como fez o secretário diante do rei e se fez logo diante do povo. Constava substancialmente do que encontramos em Deuteronômio 12 a 26 (onde se condena o paganismo e se exige a estrita lealdade a Deus: 2Rs 22,17). Quer dizer, a Lei, como a conhecemos *agora*, é produto de paulatina elaboração. Israel era uma sociedade de cultura eminentemente oral. A descoberta desse "livro da Lei" foi recente, isto é, no ano 621. Outro tanto se poderia dizer sobre o credo de Israel, cujo núcleo primitivo está preservado em Dt 26,1-11, a partir do qual se juntaram relatos sobre os patriarcas, sobre o êxodo e sobre a conquista da "terra prometida".

As referências a "um livro da Lei" em relatos sobre Moisés e sobre o êxodo, bem como as menções de que se escreveu tal Lei (por ordem de Deus) *durante o êxodo* do Egito (séc. XII), são anacrônicas: foram introduzidas nas narrações para afirmar a origem antiga da Lei e sua relação direta com Deus. A expressão mais clara disto é a afirmação que lemos em Ex 32,16: "As tábuas (de pedra) são obra de Deus, e a escritura é escritura de Deus, gravada nas tábuas" (cf. Ex 31,18; 34,1; Dt 9,10; 10,2-4). Imagine-se o que é carregar durante um par de séculos centenas de tabuinhas de argila, que era o material de escritura usado nesse tempo (o papiro era usado no Egito, lugar onde crescia a planta), e não somente pelo deserto, mas durante a conquista e eventual criação de uma nação! Papiros apareceram em Israel somente no séc. VII. Aprofundar nesse assunto levar-nos-ia a estudar com muito maior detalhe a origem concreta dos diferentes livros do Antigo Testamento, para o que o interessado pode consultar as introduções mencionadas na Bibliografia.

Quando foram escritas as tradições orais

Talvez você se pergunte por que não se escreveram as tradições mais cedo, em vez de permitir que, com a constante comunicação oral, estas se fossem alterando tanto e se perdessem muitos detalhes, como evidencia o episódio sobre a descoberta do "livro da Lei" no tempo de Josias. A resposta tem dois ângulos: razões pelas quais não se fizeram antes e razões pelas quais foram escritas no momento em que se fizeram.

Enquanto o povo hebraico vivia em forma nômade, o material de escritura era incômodo de transportar, especialmente tabuinhas de argila cozida. O papiro e o pergaminho só foram conhecidos muito mais tarde e eram escassos. Além disso, a grande maioria não sabia ler nem escrever. Enquanto o círculo de interessados era familiar ou tribal (pequena e estreita comunidade), o meio natural de transmitir tradições, de relatar lendas, gestas heroicas, poemas, provérbios e as ordens fundamentais era por via oral, como se observa ainda hoje em nossos povos andinos e tribos selvagens.

Mais ainda, enquanto um grupo pequeno não está firmemente estabelecido e não toma consciência de sua "identidade", não se interessará em escrever seu passado, sua história e experiências: vive mormente ocupado com o presente. Enquanto o grupo não se projeta para um futuro mais distante do que o de seus filhos, tampouco se interessará em escrever sua história. Assim sendo as coisas, as tradições que se encontram em Gênesis, aquela sobre Moisés, as gestas heroicas dos Juízes, de Josué e de outros personagens, as atividades de Jesus de Nazaré, foram relatadas primeiro oralmente em pequenos grupos, e começaram a ser escritas somente quando o grupo tomou consciência de sua identidade própria, e com isso se interessou por sua história pretérita como fundamento de seu presente e de sua projeção para o futuro. Enquanto os cristãos eram poucos e dispersos e sua identidade estava bastante clara, e não se projetavam para um futuro distante (pois esperavam o pronto retorno de Jesus e com isso "o fim do mundo"), não se escreveram os Evangelhos – o mais antigo é o Evangelho segundo Marcos, escrito por volta do ano 70.

Somente quando um grupo humano cresceu, está firmemente assentado e se projeta para o futuro, então começa a ser importante para ele a questão de sua identidade. Isto é mais certo, quando este grupo trata de distinguir-se de outros, para o que destaca aquilo que o caracteriza seja como povo ou raça, seja como cultura ou religião. Consciência de identidade própria e história são aspectos inseparáveis: a identidade, aquilo que o distingue de outros, deve-se à própria história do grupo em questão. Portanto, não se deve estranhar que a história de Israel – baseada em suas tradições e nas recordações mais próximas – começa a ser escrita somente quando o povo está firmemente estabelecido na Palestina e já é um reino, sentindo a necessidade de destacar sua identidade em contraste com os povos e reinos que o rodeavam. Esta necessidade tomou especial força quando os Assírios destruíram e dispersaram os habitantes do reino de Israel (Norte) – foi então que se colocaram por escrito oráculos de profetas como Amós, Oseias, Miqueias e Isaías (cap. 1-39) –, e muito mais ainda quando, século e meio mais tarde, o caos foi completo devido à aniquilação do reino de Judá (Sul) sob os Babilônios, com o que se havia perdido o total domínio sobre a terra prometida. A capital e o Templo foram destruídos, dois símbolos de identidade. Muitos foram deportados, e outros mais se dispersaram, de modo que se perdeu a unidade como povo. O povo entendeu a deportação para a Babilônia como um exílio, não como deportação, trazendo à memória e revivendo espiritualmente a situação de antigamente no Egito. É assim que os elementos mais estáveis, como a escritura, códigos firmes de conduta e formalização de instituições e estruturas sociais (sinagoga?), e graças ao fato de que os deportados eram a elite intelectual e culta, incluídos profetas, afirmaram sua identidade como povo escolhido de Deus. Eram o povo "de Judá" em exílio e serão conhecidos como "judeus". Sentiram imperativo afirmar e assegurar sua identidade agora quando muitos viviam dispersos em terras estrangeiras. De fato, a partir do exílio no séc. VI, começaram a ser escritas as grandes obras do Antigo Testamento: a história (Samuel, Reis), que fazem remontar às origens do mundo (Gn 1-11), passando pelos pais do povo (Gn 12-50), para deter-se em uma recordação do êxodo e das leis fundamentais (Êxodo-Juízes). Ao mesmo tempo, foram colocados por escrito oráculos e discursos dos profetas importantes (especialmente Isaías, Jeremias, Ezequiel), assim como textos que ajudassem a manter viva a religião como tal (Salmos). Em Jeremias 36, lemos que o profeta chamou Baruc para que aja como secretário de um extenso texto que lhe vai ditar, texto que se leu no Templo; depois de ser queimado o rolo por ordem do rei, Jeremias voltou a ditar o texto.

Juntamente com o retorno a Judá e a reconstrução, continuou a produção de obras literárias. Profetas da "reconstrução" acompanharam-nos e fizeram sentir suas vozes (Ageu, Zacarias, Abdias), reconstituiu-se a vida religiosa como tal (Esdras-Neemias), e cultivou-se a poética que canta sobre a vida. À margem de sua validade histórica, não deixa de ser notória a indicação em 2Mc 2,13 de que Neemias, em meados do séc. V, "para fundar uma biblioteca, *reuniu* os livros referentes aos reis e aos profetas e os cânticos (de Davi)".

Algo parecido aconteceu com o cristianismo, quando este cresceu e em seu seio se sentiu a necessidade de afirmar sua identidade (Marcos) e de estabelecer claramente sua diferença, especialmente diante do judaísmo (Mateus), e não ser considerado como uma seita judaica (Lucas), e a Jesus como tudo, menos como messias (João).

Do que foi exposto se deduz que uma das razões mais poderosas que impulsionaram a redação dos escritos bíblicos foram as situações de crise, situações nas quais sentiu-se a necessidade de destacar e afirmar a *identidade* da comunidade (que é inseparável de sua história e a distingue das demais). O cisma depois da morte de Salomão que dividiu o reino em dois, o exílio na Babilônia, a época de dominação persa e em seguida da dominação grega na Palestina, foram momentos nos quais se elaboraram a maioria dos escritos do Antigo Testamento. Nesses momentos, crescia a tentação de perder a identidade própria a favor do sincretismo, da assimilação de costumes e ideias estranhas e de confundir-se com outros povos, de aceitar e assumir costumes pagãos, de ser "como as demais nações" (1Sm 8,5ss). O mesmo ocorreu com a maioria dos escritos do Novo Testamento: são produtos de momentos de crise, nos quais era necessário afirmar a identidade cristã (Evangelhos, Atos, Apocalipse) ou dar orientações éticas concretas (epístolas).

Como se procedeu para se colocar por escrito?

Com o correr do tempo, e por razões diversas, as diferentes tradições que circulavam e se preservavam como unidades independentes umas das outras foram reunidas em pequenos "livros". Assim, por exemplo, juntaram-se tradições sobre Jacó e sua rivalidade com Esaú (Gn 25,19ss; 27,1ss; 32,3ss; 33,1ss), sobre seus encontros com Deus, outras relacionadas com algum lugar importante de culto (Betel: 28,10s; 35,1ss; Penuel: 32,22ss; Siquém: 33,18ss) e sobre suas relações com a família de Labão (27,46ss; 29,1ss). Juntaram-se relatos sobre a libertação do Egito (Ex 1-18) e sobre o êxodo (Nm 10-34). Os pronunciamentos de Amós, que foram em parte ditados pelo próprio profeta (por exemplo, 1,3-2,16) e em parte preservados oralmente (por exemplo, 3,1-15; 4,1-13; 5,1-9), que começam por "Escutem esta palavra...", foram ajuntados primeiro em coleções, às quais logo se acrescentaram outras tradições, até finalmente adquirir a forma que têm atualmente. Os escribas (sábios de Israel) juntaram provérbios e reflexões cheias de profunda sabedoria. Certas comunidades cristãs, por sua parte, juntaram tradições sobre Jesus, especialmente com fins catequéticos. Mateus, por exemplo, juntou no cap. 13 sete parábolas sobre o reino de Deus, e nos caps. 5 a 7 juntou uma série de pronunciamentos dispersos de Jesus.

As tradições de corte histórico, especialmente aquelas referentes aos anais e à correspondência, foram preservadas em sua forma escrita nos "arquivos" do palácio, como era costume na época. A estas provavelmente remete a frequente menção do "livro das crônicas dos reis de Israel" (1Rs 14,19; 15,21) e do "livro das crônicas dos reis de Judá" (1Rs 15,7; 22,45). Com relação ao "livro da Lei de Moisés" (Js 8,31; 2Rs 14,6), temos em 2Rs 22 uma passagem esclarecedora que já vimos. As tradições de corte profético eram preservadas em "escolas proféticas", formadas por discípulos de um profeta, mormente em forma oral, como depois fizeram as escolas rabínicas. Os santuários eram os lugares naturais para a preservação de tradições relacionadas ao culto e a tudo o que era sagrado. Os sacerdotes geralmente eram pessoas instruídas. As grandes descobertas arqueológicas de textos antigos foram feitas em palácios e em templos.

Os escritores contaram não somente com tradições orais para a composição de suas obras, mas também com fontes escritas. Assim, Pr 22,17-24,22 é uma coleção de provérbios adaptados de um texto "escolar" egípcio dos tempos de Amenémope (séc. X). Lucas usou diversas tradições, predominantemente escritas: "muitos empreenderam o trabalho de compor um relato dos acontecimentos que se cumpriram entre nós, tal como nos transmitiram os que desde o início foram testemunhas oculares e depois servidores da Palavra; e também, depois de ter investigado diligentemente tudo isto, decidi escrevê-lo ordenadamente..." (1,1ss). E certamente alguns escreveram, baseando-se integralmente em outra(s) obra(s) escrita(s). Já vimos que Crônicas é uma nova edição de Samuel-Reis. O autor de 2 Macabeus diz expressamente que "a história de Judas Macabeu e de seus irmãos... tudo isto, exposto em cinco livros por Jason de Cirene, tentaremos nós compendiar em um só" (2,19-23). O autor da carta aos Efésios parafraseou em grande parte a carta aos Colossenses, e o autor da 2 Pedro tomou praticamente a carta de Judas para seu cap. 2.

Da massa de material que estava à disposição do escritor, tanto tradições orais como textos escritos, este fez uma *seleção*. Não incluiu tudo, como se observa facilmente nas obras históricas, onde encontramos episódios justapostos e nos encontramos com grandes lacunas aqui e acolá, ou quando se comparam duas obras que tocam o mesmo tema e observamos que uma contém material que a outra não tem. Isto é ainda mais claro quando passamos às obras escritas que usaram como base outra(s) obra(s) escrita(s). 1 Crônicas abreviou a história de Saul e omitiu muito material que achamos em 1 Samuel (que serviu de base) sobre os reis. Quando se comparam os Evangelhos, chega-se à mesma conclusão. João omitiu o batismo de Jesus, a transfiguração e o relato da instituição da eucaristia, por exemplo. Isto indica que o redator teve certas razões para a seleção do material disponível: teve um *propósito*. De todas as tradições sobre Davi, o autor do livro de Crônicas selecionou aquelas que o mostram positivamente, como um rei piedoso e poderoso: *seu propósito* era mostrar Davi como o rei ideal, devido às esperanças messiânicas de tipo davídico, vivas no séc. IV.

O material selecionado foi *ordenado* de maneira mais ou menos lógica pelo escritor. Em alguns casos, a ordem é cronológica; em outros, é temática, ou segundo o que o escritor queria comunicar. Que a ordem era frequentemente arbitrária se observa, por exemplo, no agrupamento de leis em Dt 12,1-26,15 (leia uma porção pelo menos para convencer-se), ou em parábolas do reino em Mateus 13, algumas das quais situam-se em outros momentos nos outros Evangelhos. Em Gênesis 24, Abraão é "um velho avançado em anos" (v. 1) que se prepara para sua morte, ajeitando o matrimônio de Isaac, mas surpreendentemente Gn 25 começa indicando que Abraão "voltou a tomar outra mulher" e teve meia dúzia de filhos: como explicar essa sequência? A expulsão dos mercadores do Templo foi relatada por João no início da missão pública de Jesus (cap. 2), enquanto os outros três evangelistas a relataram no final. Visto que as tradições existiam em sua maioria como unidades autônomas, se podiam ordenar de diferentes maneiras na hora de juntá-las. A ordem na qual o redator colocou o material obedecia ao seu *propósito*. Mateus juntou material tematicamente por um afã catequético, não biográfico. Algo parecido fez Garcilaso de la Veja em seus "Comentarios Reales".

Para *unir* as tradições, com frequência os redatores empregaram frases ilativas como "Depois de algum tempo...", "um dia...", "de volta ao outro lado do lago...", "em certa ocasião...", sem precisar o lugar, o tempo, ou ambos. Além disso, nas obras narrativas, frequentemente há um vazio entre uma cena e a seguinte, e não sabemos o que ocorreu entre as duas: falta continuidade. Veja, por exemplo, Atos dos Apóstolos. Tradições de diversas origens foram colocadas umas ao lado das outras, *segundo o ponto de vista e segundo o propósito do redator*.

As tradições transmitidas oralmente em geral eram rítmicas e fáceis de reter. As peças mais antigas na Bíblia são de estrutura poética, por exemplo, o cântico de Miriam em Ex 15,21, precedido agora pelo "de Moisés"; o credo em 1Cor 15,3-5 e o hino incluído por Paulo em Fl 2,6-11. Por ser de estrutura rítmica, estas variavam pouco. As tradições narradas sofriam as mudanças típicas de todo relato que já vimos: elaborações, exageros, adaptações; são as que mais mudaram no transcurso de sua transmissão. Em contrapartida, as poéticas são mais estáveis, porque retêm a forma graças à sua cadência rítmica.

O trabalho editorial

O escritor, como veremos, não se limitava a copiar tradições ou a encadear unidades autônomas, mas foi um autêntico autor literário, como o foram Guamán Poma de Ayala e Ricardo Palma com relação às tradições peruanas, cada um com seu estilo, enfoque, liberdade editorial. Por isso, ao ler certos escritos que contêm multiplicidade de tradições, se tem a impressão de estar diante de uma unidade completa e coerente, como se sempre tivesse sido um todo fluente.

O olho atento poderá observar a mão do redator em muitos detalhes que a delatam: as suturas com as quais uniu diversas tradições, os acréscimos e os comentários editoriais, as adaptações ao seu momento histórico (que chegam a ser anacronismos). Certamente, nem sempre é fácil determinar com absoluta precisão o que provém da tradição e o que se deve ao redator. Isto é trabalho de *crítica literária*.

Recordemo-nos de que aquele que colocou por escrito as tradições, sejam estas orais ou escritas, passou de receptor a emissor. Ao comunicá-las, as alterou, não somente escrevendo, com seu próprio estilo, mas também segundo sua maneira de entender essas tradições e de acordo com o que queria comunicar a seu auditório. Por isso mesmo, o escritor deu ao texto que ia escrever circunlocuções, ênfase, recortes ou acréscimos que pareciam necessários, segundo *seu* ponto de vista. Isto se observa, quando temos presente o mundo do escritor em contraste com aquele do qual herdou as tradições, ou quando podemos comparar obras que tratam o mesmo tema. Isto é evidente na maneira como o autor de Crônicas manejou o texto de Samuel-Reis, e como Mateus e Lucas trabalharam o texto de Marcos, que lhes serviu como uma de suas fontes. O que temos é, em maior ou menor medida, a maneira de entender as tradições por parte *desse* redator, influenciado pelas circunstâncias e condicionamentos culturais e históricos de *seu* momento. Por isso mesmo, Marcos adaptou o pronunciamento de Jesus sobre o divórcio ao mundo greco-romano (10,11s), onde a mulher também podia divorciar-se de seu marido (no judaísmo somente o marido podia divorciar-se da mulher: veja Mt 5,31s). Às quatro bem-aventuranças originais, preservadas por Lucas (6,20-22), Mateus acrescentou outras cinco para orientar eticamente sua comunidade em um ambiente conflitivo (5,5.7-10). A oração dominical (Pai-nosso) é diferente, quanto ao texto e ao contexto, em Lucas (11,1-4) e em Mateus (6,7-15). Como vemos, não somente foram alteradas as tradições orais, mas também as fontes escritas. De fato, quando um texto escrito é usado por outra pessoa, toma-se da mesma maneira que o material herdado em forma oral, quer dizer, volta de certo modo à sua oralidade. De fato, os textos bíblicos foram escritos para ser *escutados*, não para ser lidos em particular. Em poucas palavras, o redator é emissor de uma mensagem para *sua* comunidade em *seu* tempo.

Os escritos foram redigidos por escribas, pessoas cultas e preparadas para a escritura e composição de textos. Mas não poucos foram escritos por amanuenses, aos quais se ditava diretamente ou se encarregava a composição do texto. Tal é o caso dos grandes blocos de oráculos nos livros dos profetas e da maioria das epístolas. Em Jr 36,4 o amanuense é identificado: é Baruc, filho de Nerias; em Rm 16,22 o secretário de Paulo, Tércio, dá-se a conhecer, ao introduzir suas saudações pessoais.

Não nos esqueçamos de que cada livro foi composto *independentemente* dos outros: os autores não escreveram com o propósito de que suas obras fizessem parte de uma coleção (que se fez somente muito mais tarde). Cada livro era uma unidade completa e autônoma. Quando Jesus foi à sinagoga em Nazaré, lhe passaram somente o rolo de Isaías (Lc 4,17), que existia como obra independente das demais, e não toda uma biblioteca. Quando Paulo escreveu suas cartas, ele não tinha ideia de que mais tarde elas seriam juntadas e que nós as iríamos ler, dois mil anos mais tarde, como parte da Bíblia.

Depois da primeira edição

Uma vez redigida a obra, nem sempre permaneceu tal como o escritor a deixou. Assim como as tradições orais foram reinterpretações por parte do receptor daquilo que recebeu do emissor, assim também em não poucas ocasiões os textos escritos foram reinterpretados em *outros* textos escritos. Assim, os evangelistas Mateus e Lucas foram receptores de Marcos, e o transmitiram com outros acentos e a partir de outro ponto de vista, como antes fizera o autor de Crônicas ao reescrever a história de Samuel-Reis, que era uma história de fracassos que quer explicar como se chegou até a ruína total de Israel, primeiramente em Israel (reino do Norte) e depois em Judá (Sul): por suas infidelidades a Deus. As reinterpretações escritas deram-se não somente em obras novas, mas, sobretudo, em revisões das próprias obras, ou seja, em edições novas, não poucas vezes profusamente aumentadas. Os capítulos 17-21 de Josué e de 2 Samuel 22-24 são acréscimos posteriores. Os livros de Daniel e de Esdras foram originalmente escritos em hebraico, mas mais tarde alguém acrescentou Dn 2,4-7,28 e Esdr 4,8-6,18 e 7,12-26 em aramaico (um idioma diferente do hebraico), e mais adiante se acrescentarão a Daniel os capítulos 13-14 em grego. O Evangelho segundo João passou pelo menos por duas redações, com episódios novos acrescentados (por exemplo, o relato da mulher colhida em adultério, 7,53-8,11, e o capítulo 21), além de mudanças feitas no próprio texto.

Algumas obras foram retocadas, seja acrescentando, eliminando ou alterando o texto. Não era raro que se fizessem anotações nas entrelinhas ou às margens do texto (glosas), e quando se fazia nova cópia se integravam essas anotações no próprio texto (interpolações). É o que se observa, por exemplo, no início de muitos Salmos. O famoso "Salmo 50" (original 51) tem a seguinte anotação: "Do mestre de coro. Salmo. De Davi. Quando o profeta Natan o visitou depois de ter-se unido a Betsabé" (51,1-2). No prólogo do Evangelho segundo João, em 1,6-8 e 1,15, subitamente se fala de João Batista (em forma narrativa!); e no capítulo 4 alguém introduziu no v. 2 o esclarecimento "na verdade, não era Jesus que batizava, mas seus discípulos". A conclusão abrupta do Evangelho segundo Marcos no sentido de que muitas mulheres "por medo não disseram nada a ninguém" sobre o encargo de ir para a Galileia, porque lá Jesus apareceria (16,8), deu base para que se criassem distintas conclusões que mencionam um encontro com o ressuscitado. Mudanças significativas feitas ao texto por aqueles que fizeram cópias estão indicadas ao pé da página nos textos críticos da Bíblia na língua original, as mais notáveis das quais se podem encontrar também nas notas ao pé da página da *Bíblia de Jerusalém*. Os rolos e fragmentos de escritos bíblicos encontrados no Mar Morto atestam claramente esse fato: acharam-se versões diferentes dos livros de Samuel e de Jeremias e distintas coleções dos Salmos. É que os textos escritos, como já adverti, não somente não foram considerados sagrados por muito tempo, mas primordialmente eram para ser escutados, quer dizer, para retornar à comunicação oral, que era a forma principal de comunicação. Daqui resulta que alguns passaram a ter uma segunda e até uma terceira edição "revisada e aumentada".

No judaísmo, de modo particular, as cópias dos textos *tidos por inspirados por Deus* eram cuidadosamente realizadas, de maneira que se assegurasse a fidelidade ao original, que era um texto materialmente sagrado. Não se ditava, para evitar erros de audição. A cópia era logo verificada por alguma autoridade.

Um momento adicional no processo de transmissão da Bíblia é sua tradução a outros idiomas, assunto que nos ocupará mais tarde.

Segundo 1Mc 1,56s, por ordem do rei Antíoco "foram quebrados e lançados ao fogo os livros da Lei que podiam achar. Quem era encontrado com um exemplar da Aliança em seu poder... era condenado à morte". Isso significa que, em meados do séc. II a.C., já havia muitas cópias da Lei em Israel. Isto vem confirmado pelas descobertas feitas em Qumrã, próximo do Mar Morto.

Em síntese, o processo de composição da Bíblia seguiu basicamente o seguinte percurso:

Tradições isoladas orais	→	Coleções de tradições	→	Colocação por escrito	→	Retoques e acréscimos	→	Coleção de escritos (Bíblia)

A fixação escrita de tradições orais, embora se tenha convertido em uma comodidade para a liturgia, para o transporte e para o estudo pessoal, entre outros, foi também uma perda para muitas tradições orais. A transmissão viva, a partir do coração e da mente do comunicador, que mantém vivas as tradições em um perene "hoje", o do emissor do texto, viu-se recortada ao ser fixada por escrito. A forma escrita permitia referir-se ao texto com caráter de norma, o que o rodeava de uma sacralidade que a forma oral não tinha; por isso, o texto era lido nas assembleias e estudado. No entanto, a comunicação oral manteve a primazia durante muito tempo. De fato, os textos que foram fixados por escrito deviam ser lidos em voz alta, o mais possível diante da comunidade, e comentados, quer dizer, atualizados. Jesus nem escreveu nem mandou escrever, e fica por demonstrar-se que os apóstolos tivessem feito diferentemente: a pregação e as memórias eram transmitidas oralmente. E a fixação escrita, como vimos, não significava de maneira alguma para eles o fim da oralidade. Como São Paulo com suas cartas, a escritura era uma maneira de comunicar-se pela impossibilidade da presença física e pela comunicação oral direta (cf. 1Cor 11,34; 2Cor 13,10; Gl 4,20). Os rabinos mantinham o caráter oral da maioria de suas tradições, e quando as fixaram por escrito foi em forma abreviada, para obrigar seu retorno à comunicação viva oral e provocar a interação com a mensagem à luz do momento atual, e em sintonia com outras tradições. Por isso, o rabinismo não se restringe ao texto bíblico, mas o faz "avançar" com as tradições orais vivas.

7.
COMUNICAÇÃO E INTERPRETAÇÃO

Não vamos deter-nos aqui no tema da interpretação de textos, mas devemos tomar conhecimento da correlação entre a comunicação e a interpretação do comunicado. Mencionamo-lo repetidas vezes, mas merece algumas palavras esclarecedoras adicionais.

É evidente que toda comunicação *humana* comporta uma interpretação (a menos que se trate de matemáticas), pois é inseparável do intérprete (não há interpretação "em si"), que inevitavelmente traz consigo sua subjetividade e sua história. Interpretar é perguntar-se pelo que algo significa, pelo seu valor e importância. Expressa a apreciação que se tem de algo, a opinião sobre alguém. Tudo o que se vê ou se ouve (entra na pessoa) interpreta-se "segundo a lente com que se vê". E, por isso mesmo, tudo o que se comunica é interpretado pelo emissor.

Eu interpreto a Bíblia desde o momento em que a leio. E ela também me interpreta! Mas a Bíblia mesma já vem interpretada, pois o texto que leio é produto de um autor que interpretou o que recebeu como tradição ou, pelo menos, os acontecimentos ou circunstâncias sobre as quais escreveu. Quando os hebreus pensavam que Deus era como um rei ou como um chefe de um clã, falavam dele nesses termos. E com esse modelo, quando estavam em guerra, falavam de Deus como se fosse um líder vingador, até sanguinário, tal como se lê em Juízes e em Josué. Por sua parte, Jesus tinha uma ideia diferente de Deus; falava dele predominantemente como pai. São Paulo interpretou o que acontecia em Corinto segundo a informação que lhe trouxeram os de Cloé (1Cor 1,11s) e, com base nisso, escreveu sua carta. Lucas interpretou Marcos quando escreveu, anos depois deste, sua própria versão do Evangelho, usando-o como uma de suas fontes de informação. Já antes, a pessoa de Jesus e o que ele fazia e dizia era interpretado de diferentes maneiras por seus discípulos (favoravelmente), por seus adversários (negativamente) e pelas multidões, cada um segundo suas ideias, preconceitos e interesses inconscientes.

Toda interpretação é pessoal, subjetiva: é *minha* interpretação. Em termos populares, qualificamo-lo como "meu ponto de vista". Interpretar é, então, a apreciação ou valoração que se tem sobre algo, sobre alguém ou sobre um acontecimento. Supostamente, a interpretação de um mesmo acontecimento ou de um mesmo texto pode variar (e de fato varia) de uma pessoa para outra. Basta observar como cada jornal interpreta determinado acontecimento ou personagem. A execução de Jesus, por exemplo, pode ser interpretada como produto de inveja (Mc 15,10), como resultado da "segurança do Estado" diante de um revolucionário (Jo 11,48ss; 18,30), como vontade de Deus (At 2,23; 4,28) ou por causa de nossos pecados (Rm 4,25). Sua morte pode ser interpretada como absurda, como trágica, como salvífica, como redentora, como expiatória, como sacrifical. As diferenças devem-se ao prejulgamento daquele que interpreta, à sua ideologia, ao seu nível cultural, às suas experiências de vida, à sua teologia etc. Um enfermo, por exemplo, pode interpretar seu sofrimento como um castigo de Deus, mas o médico o interpretará como resultado de algum mau funcionamento, ou de uma deficiência, ou de um agente externo. Um mesmo acontecimento ou discurso é interpretado diferentemente segundo os *modelos* políticos, sociológicos, filosóficos, religiosos ou outros que os intérpretes possam ter.

Os textos bíblicos apresentam interpretações primordialmente *religiosas*, não políticas, sociais ou econômicas (embora inevitavelmente as incluam). Nos livros de Samuel-Reis se interpretaram as atuações dos reis a partir do ponto de vista de sua fidelidade à aliança com Deus. Séculos mais tarde, essa história foi reescrita, mas novamente interpretada, agora em função das atitudes dos reis diante do culto, no que resultou o livro de Crônicas. Aqui se apresentou Davi como modelo de homem religioso. Os profetas interpretaram situações que viviam ou observavam e, a partir delas, pronunciavam seus oráculos. Tudo o que está narrado nos Evangelhos encontramos interpretado pelos seguidores de Jesus, não por seus adversários, por isso, são interpretações favoráveis: é o Filho de Deus, o Messias. Em outras palavras, é impossível uma interpretação imparcial e neutra, como é impossível não ter preconceito algum (o que acredita não tê-lo já tem um).

As interpretações que se oferecem na Bíblia sobre os diversos acontecimentos estão diretamente relacionadas *ao nível de conhecimento e ao grau de cultura* dos diversos intérpretes. Enfermidades mentais e neurológicas eram interpretadas como resultado de possessões demoníacas. Em Mc 9,14-29, narra-se a cura de um jovem que, segundo seu pai, "está possuído de um espírito mudo e, quando se apodera dele, o lança por terra, e o menino lança espuma e range os dentes e fica rígido" (v. 17s). Quando vê Jesus, "o espírito imediatamente agitou o jovem com violentas convulsões, o qual, caindo por terra, se revolvia lançando espumas" (v. 20). Trata-se do que agora conhecemos como epilepsia. Qualquer tipo de deficiência visual era qualificado como "cegueira", e o que chamamos de "lepra" não era outra coisa que alguma enfermidade cutânea contagiosa (varicela, varíola, sarampo, sarna). Por isso mesmo, as diferentes leis que se encontram, por exemplo, no Pentateuco provêm do nível cultural de um povo nômade, das experiências acumuladas ou da influência de diversas culturas. Não causa estranheza, então, que bom número de leis se assemelhem, por exemplo, ao famoso código de Hamurabi. Mas não somente as enfermidades eram interpretadas segundo o grau de cultura e de conhecimentos, mas também a vida mesma em sua relação com Deus se entendia segundo *sua* ideia de Deus, *suas* experiências religiosas, *sua* antropologia. Por isso, a visão do "reino de Deus" que Jesus pregava chocava com a ideia de Deus que especialmente os fariseus tinham. E, não por último, a apreciação (interpretação) de Jesus por parte de Marcos é diferente da que teve o autor do Evangelho segundo João – e continua reverberando a pergunta de Jesus: "Quem dizem vocês que eu sou?" (Mc 8,29).

Tudo isto implica que nem tudo o que se encontra na Bíblia deve ser absolutizado e considerado indefectivelmente correto e válido para todos os tempos. A interpretação é relativa à medida que depende do nível cultural e cognitivo, tanto do emissor como do receptor.

Por isso mesmo, a interpretação das passagens da Bíblia está orientada pela ideia que se tem dela mesma, de sua origem, de sua natureza, de seus alcances e limites, além da ideia que se tem a respeito de Deus, do mundo, do homem e da relação entre estes. Distinta será nossa interpretação de narrações, se as entendermos como reportagens históricas imparciais ao invés de entendê-las como interpretações religiosas por parte de seus narradores. Igualmente acontece com as partes de corte legal: se entendermos as leis, mandatos e preceitos que estão na Bíblia como ordens de origem diretamente divina, as interpretaremos e aplicaremos como leis eternas, mas se os entendermos como ordens surgidas de determinados momentos culturais e históricos, compreenderemos seus alcances, sua atualidade e suas eventuais limitações (até sua vigência), como fez Jesus com relação à lei de Moisés e as tradições.

8.

A PERGUNTA PELO AUTOR

A questão do autor não constitui um problema em obras *diretamente* escritas (ou ditadas) por seu criador, como as cartas, as obras poéticas complexas e os apocalipses – nenhuma dessas é produto de tradições orais –, com a possível exceção da pergunta pela identidade dele. Mas outra é a história em obras que são produto de um longo percurso antes de ter a forma que conhecemos. Nestas, surge a pergunta pela determinação do autor, quer dizer, se, ao falar de autor deste ou daquele escrito, não devemos pensar também a respeito de todos os que tornaram possível sua escritura, e não somente a respeito do escritor (independentemente do eventual recurso a um secretário). Quem é o autor do livro do Gênesis? Foi a pessoa que pela primeira vez viveu e comunicou sua experiência ou reflexão? Ou foram também os que intervieram no processo de transmissão oral (interpretando, adaptando a mensagem)? Ou foi somente aquele que mais tarde o colocou por escrito? Não deveríamos considerar seriamente como autor aquele que pela primeira vez relatou o que o outro, mais tarde, escreveu, ou seja, o "autor intelectual"? E o que dizer daquele que escreveu nova versão do texto escrito?

Livros longos e complexos, como o Gênesis, demoraram muito tempo para tomar a forma que têm agora. Êxodo a Deuteronômio são obras que se formaram lentamente: primeiro se conformaram alguns blocos de leis, e pouco a pouco se foram acrescentando outros blocos – por isso, temos algumas duplicações e incoerências – e se entreteceram com narrações. O Saltério é uma coleção de muitos Salmos de origem diversa – como Provérbios é uma coleção de refrãos – que se juntaram, primeiramente, em várias coleções, para em seguida se juntarem estas e se formarem um todo, por isso inclui repetições (por exemplo, Sl 14 e 53). Cabe, então se perguntar quem seria considerado seu autor: aquele que compôs pela primeira vez o que eventualmente se escreveu, ou aquele que o compartilhou com o escritor, ou o próprio redator.

Alguns escritos são produtos de "escolas", como muitas das obras proféticas, pois os profetas frequentemente formaram com seus discípulos uma "escola". Os chamados "Javista" e "Eloísta", assim como o "Deuteronomista", que se associam para a composição do Pentateuco –, e alguns estudiosos os mencionam como se fossem "autores" –, na realidade são correntes teológicas orgânicas ou escolas. O livro atribuído ao profeta Isaías inclui material de diferentes momentos históricos que vão do séc. VIII até o séc. V. De fato, Isaías 40-55, conhecido com "deutero-Isaías", é dos tempos do exílio, e os capítulos 56-66 são posteriores ainda. Zacarias é a justaposição de dois grandes momentos, por isso, devidos a dois redatores distintos, caps. 1-8 e caps. 9-14. Joel consta de duas partes devidas a dois compositores distintos, os caps. 1-2 e os caps. 3-4. Não poucos estudiosos postulam que o Evangelho segundo Mateus seja produto de uma escola de "escribas cristãos". Da escola joânica procedem as cartas que trazem seu nome. As cartas a Timóteo e a Tito não são de Paulo, mas de sua escola do final do primeiro século.

Pois bem, impõe-se a necessidade de definir o sentido e a extensão do vocábulo "autor", que contrasta com o de um copista ou de um plagiador. Autor é o que produz uma obra; é, em certa medida, seu criador que viria a ser o autor *intelectual*. Mesmo assim, dado o tipo de obras que encontramos na Bíblia, é necessário distinguir pelo menos entre "autor" no sentido amplo, que inclui todos os que intervieram na comunicação oral, e autor *literário*, que é o escritor (não copista) – que aliás podem ter sido vários, se houve mais de uma redação ou mais de uma edição.

Entre os autores literários (escritores) temos compositores e redatores. Aquele que *cria* sua obra (embora ocasionalmente tenha empregado material que já existia), como é o caso do novelista, que cria sua novela ainda que com base real, é um *compositor*. Igualmente se diz comumente dos músicos (autores). Este "autor intelectual" se diferencia daquele que compõe sua obra mediante a coleta, seleção e ordenação de material que o precedia e que o retrabalha, *editando*-o e dando-lhe sua própria expressão e estilo; este é um *redator*. Ricardo Palme, por exemplo, criou os relatos anedóticos que constituem suas

"Tradições Peruanas", embora se tenha baseado em alguns dados das tradições que ele foi recolhendo como tema. Em contrapartida, Garcilaso de la Vega fez um trabalho de redator em seus "Comentários Reais", porque sua obra é uma coleção de tradições que ele juntou, elaborou e pôs por escrito, dando-lhes seu estilo e sabor pessoal. Um é "autor" em sentido estrito, porque sua obra é composição nitidamente sua, por isso, ele é qualificado como compositor; o outro é "autor" em sentido amplo, quer dizer, é redator.

A maioria dos Salmos, o livro de Jó, as epístolas, os apocalipses são criações de *compositores*. Em contrapartida, o Pentateuco, os livros históricos, Provérbios, os Evangelhos, entre outros, são obras de *redatores*: são coleções de tradições orais de outros "compositores" (obras daqueles que pela primeira vez as narraram e que continuaram sendo transmitidas até que o redator as escreveu). Cada um daqueles que transmitiram oralmente o texto em questão foi também "autor", pois interpretou e adaptou o que ele por sua vez transmitia. O último redator é também o último "autor". A que vem tudo isto? Simplesmente pelo fato de que, quando se diz que o "autor" foi inspirado por Deus, deve-se cuidar de não limitá-lo *exclusivamente* ao redator, quando se trata de obras que tiveram um percurso mais ou menos longo de tradição oral, ou quando o texto atual é resultado de mais de uma redação profusa. Se falarmos do "autor" do quarto Evangelho (João), deveremos perguntar-nos se nos referimos àquele que fez o primeiro esboço escrito do Evangelho (o apóstolo), ou ao que realizou a composição mais extensa ou talvez ao redator final (que incluiu o cap. 21, por exemplo).

Costuma-se afirmar, sem mais nem menos, que "Deus é o *autor* da Bíblia". Esta inocente afirmação, tomada literalmente, passa por cima da comunidade onde se viveu o escrito na Bíblia, não faz menção alguma de um autor *humano* – e menos ainda do papel que desempenharam a tradição oral ou as fontes escritas que foram usadas – e emprega para Deus um termo "autor" *no mesmo sentido* em que se emprega correntemente para os seres humanos. Deixa-se a impressão de estar afirmando que Deus, e somente ele, é responsável por todo o texto bíblico, com o qual ele é responsabilizado pelos erros na Bíblia! Seria correto somente se "autor" significasse "a origem" do que está *comunicado* na Bíblia. Deus não pegou a caneta nem ditou os textos! E quando se afirma, como é válido fazê-lo, que "Deus inspirou o autor humano", a quem realmente se refere? Somente ao redator e – no caso de vários – ao último? Sobre isto nos deteremos quando falarmos da inspiração e da revelação.

Autores dos escritos da Bíblia

Se observarmos os escritos da Bíblia do ponto de vista da *identificação* de seus autores, descobrimos que:

1) Somente em alguns escritos o autor literário se identifica expressamente, como, por exemplo, Ben Sirac (Eclesiástico, no final: é o único autor conhecido do Antigo Testamento), e Paulo (em suas cartas). Tenhamos presente que os títulos ou cabeçalhos com os quais conhecemos os escritos da Bíblia (por exemplo, "Livro de...") não são originais, mas acrescentados posteriormente para poder distingui-los.
2) Em outros escritos, o autor (o literário e o intelectual) não se identifica de modo algum, de maneira que não sabemos quem foi. São obras *anônimas*. É o caso dos escritos que constituem o Pentateuco (Gênesis a Deuteronômio), dos livros históricos (Josué a Reis) e da carta aos Hebreus, entre outros. Algumas destas obras se associaram a nomes de personagens importantes: o Pentateuco a Moisés, certos Salmos a Davi, a carta aos Hebreus a Paulo.

   O fato de que precisamente os escritos que são produto de longas tradições orais sejam anônimos sugere que o "autor", na realidade, é a comunidade em seu percurso histórico-tradicional. Os autores são muitas pessoas ao longo de muito tempo.
3) Alguns escritos foram redigidos por pessoas diferentes de seu autor intelectual, quer dizer que quem as escreveu não foi seu suposto autor. É o caso de muitos escritos proféticos: os profetas mesmos não os escreveram nem os ditaram. Somente em determinadas ocasiões, algumas partes foram ditadas pelo profeta. Em outras palavras, foram compostos por outras pessoas e com base nas ideias gerais daquilo que o profeta em questão havia anunciado *oralmente*.

   Alguns escritos da Bíblia trazem como título (que não é original) o nome do personagem principal da obra – que não é seu autor. O "livro de Josué" traz esse nome (que é um título) por ser Josué seu personagem central: igualmente se dá com os livros de Samuel, de Rute, de Jó etc.

4) Finalmente, um bom número de escritos é atribuído a supostos autores que, na realidade, não o foram. São *pseudônimos*, como a Sabedoria de Salomão, muitos Salmos atribuídos a Davi, a carta aos Efésios e as cartas a Timóteo e a Tito que aparecem sob o nome de Paulo. Talvez isto seja chocante, pois estamos acostumados a pensar que os autores foram todos aqueles sob cujos nomes conhecemos as obras. A justificação da pseudonomia é fácil de compreender: frequentemente o escritor compôs sua obra com base nas tradições provenientes de alguém importante e, por isso, as apresentava sob esse nome; ou simplesmente o autor literário seguiu no mesmo espírito e linha de pensamento que seu personagem ideal (que pode ter sido seu mestre) e, por conseguinte, apresentou seu escrito sob o nome desse personagem que o inspirou. Além disso, o respaldo moral do nome de algum personagem respeitável faz com que uma obra seja mais aceita, especialmente se seu conteúdo é considerado importante para a comunidade. Isso explica por que algumas obras anônimas foram atribuídas pela tradição (não pelo escritor) a algum personagem do passado, como, por exemplo, a Sabedoria a Salomão, ou a carta aos Hebreus a Paulo. Conhecemos a pseudonomia tanto na literatura profana (por exemplo, os discursos de Platão) como nos Apócrifos (por exemplo, os evangelhos de Pedro, de Tiago e de Tomé, o Apocalipse de Pedro).

Os escritos proféticos não são integralmente composições dos supostos profetas. A maioria é produto de tradições que remontam ao profeta em questão, e de reflexões posteriores dos discípulos dele. Assim, por exemplo, enquanto no cap. 1 e em 2,11-19 o profeta Ageu anuncia o juízo (= condenação) divino, em 2,3-9 e 2,21-23 se colocaram em seus lábios anúncios de salvação (messiânica), supostamente dirigidos ao mesmo povo no ano 520. Certamente, Isaías 56 a 66 não é do mesmo profeta Isaías 1 a 39. Trata-se de uma velada pseudonomia. Talvez o leitor pense que todas estas afirmações são inventadas e infundadas. Primeiramente, é necessário fixar-se bem no que se diz e no que não se diz nos próprios textos, sem projetar neles preconceitos, ideias preconcebidas ou suposições. Em segundo lugar, vários critérios, suficientemente provados e objetivos, conduziram os estudiosos às conclusões mencionadas. Por um lado, a linguagem deve corresponder à linguagem própria desse tempo; o estilo e vocabulários empregados devem corresponder ao suposto tipo de composição da obra, e o tema tratado deve também corresponder a situações e circunstâncias (incluídas as culturais) desse momento. Por outro lado, os acontecimentos e os costumes mencionados e o grau de desenvolvimento teológico devem corresponder (pelo menos na essência) ao tempo em que seu suposto autor viveu, e não ser posteriores a ele. Assim, por exemplo, o livro de Daniel se situa em tempos de Nabucodonosor, mas, com base nos escritos mencionados, sabemos que data dos tempos dos Macabeus, quatro séculos mais tarde, tempo ao qual se referem com surpreendente exatidão (11,21-45), não ao tempo que o precede. A segunda carta de Pedro é notoriamente diferente da primeira, e a situação da Igreja à que se refere é própria de inícios do séc. II, portanto, é razoável deduzir que não foi escrita pelo apóstolo (algo que São Jerônimo já percebeu), quer dizer que é uma obra pseudônima.

Questionar a identidade do escritor não é pôr em dúvida a inspiração do autor, seja ele quem for. A pergunta pela identidade do autor é de caráter acadêmico, não matéria de fé teológica (e menos um dogma de fé). Afinal de contas, é determinante para o valor de uma obra conhecer quem foi seu autor literário ou até intelectual? Não é mais importante o próprio conteúdo, mesmo se desconhecemos a identidade de seu autêntico autor? Julga-se o valor de uma obra por seu conteúdo e não pela identidade de seu autor. Há obras de veneráveis literatos que não valem uma semente de cominho, e há obras anônimas que são jóias literárias. De fato, foi seu conteúdo mais que sua suposta autoria que constituiu um critério importante, quando se tratava de determinar que livros são normativos e "sagrados" – por isso, se rejeitaram os "apócrifos", apesar de trazerem nomes de patriarcas ou de apóstolos.

9.

GÊNEROS LITERÁRIOS

Nem todos os escritos da Bíblia têm o mesmo "caráter": alguns são histórias, outros são coleções de provérbios, outros são cartas ou exposições de algum profeta, e outros são cânticos ou salmos. Estes se chamam "gêneros literários": histórico, sapiencial, epistolar, profético, hínico. Distinguem-se uns dos outros, porque seus temas (de que se trata) e sua estrutura e linguagem (como o apresentam) são diferentes. Além disso, como veremos, os gêneros distinguem-se pelo propósito característico de cada um: o propósito de uma história não é o mesmo que o de um provérbio, ou de uma carta, ou de um hino.

O desconhecimento dos gêneros literários utilizados na Bíblia e sua leitura como se tudo fosse uma espécie de reportagem jornalística transparece em perguntas como estas:

- Por que Deus castiga com dores e sofrimento toda a humanidade por culpa do pecado de Adão e Eva (Gn 3)?
- Por que Deus exigiu de Abraão que lhe sacrificasse seu filho, o único que tinha, Isaac (Gn 22)?
- Por que Deus ordenou aos hebreus aniquilar homens, mulheres e crianças das terras que iam conquistando (Juízes)?
- Por que Deus pôs à prova o justo Jó de um modo tão drástico, destruindo sistematicamente toda a sua família (que não tinha culpa) e seus bens, até deixá-lo na miséria?
- Jesus multiplicou realmente pães e peixes para alimentar cinco mil pessoas, e mudou seis enormes talhas com água em vinho?

Que é um gênero literário?

Geralmente, aplica-se o termo *gênero* literário ("literário", porque se estuda em sua expressão escrita) a uma obra vasta e completa, como um livro. Mas, dentro de um livro, podemos encontrar minigêneros, conhecidos como *formas*, por exemplo, a citação de algum provérbio ou refrão, diálogos e disputas, a inclusão de uma missiva ou de um poema. Mas a obra como conjunto será do gênero histórico, se o escritor se propôs narrar acontecimentos históricos, com o fim de informar o leitor. Será uma novela, se seu propósito é entreter com ampla narração dinâmica cheia de elementos fictícios com sabor de reais.

O gênero e a forma literária são essencialmente iguais; muitas vezes, os termos são empregados intercambiavelmente. No entanto, eles se distinguem por sua extensão. Fala-se de "formas" para distinguir as unidades, que constituem a obra, da obra mesma como um todo, que se qualifica *segundo seu propósito* (informar, exortar, orientar, entreter) como "gênero" (histórico, epistolar, novelesco). Estas pequenas unidades ou minigêneros se chamam "formas literárias", porque sua forma ou estrutura é bastante fixa, quer dizer, seguem basicamente o mesmo esquema. Os relatos de vocações, por exemplo, têm sempre o mesmo esquema ou estrutura, seja a vocação de Abraão ou de Paulo, quer dizer, se relatam da mesma maneira. As cartas têm sempre a mesma forma, com algumas variantes secundárias; igualmente os provérbios, os convites matrimoniais, as receitas. E precisamente porque têm a mesma forma quase fixa, os reconhecemos e também sabemos o que é que pretendem comunicar, quer dizer, qual é seu propósito. Por isso mesmo reconhecemos uma fatura, um convite matrimonial ou uma receita.

O gênero (e a forma) literário é simplesmente o produto da necessidade de comunicar-se adequadamente. De fato, nasce da necessidade. A necessidade de comunicar a um paciente que medicamento ele deve tomar deu origem à forma conhecida como prescrição ou receita médica. Uma variante é a receita culinária. O emprego de um gênero (ou forma) literário, em lugar de outro, responde à simples pergunta: "Qual é a melhor maneira que conheço (o gênero) para comunicar isto (minha mensagem e propósito)?". O gênero (maneira de falar ou de escrever) é *o meio* que se usa, a linguagem. O que se deseja comunicar, obviamente, é a mensagem que, como já vimos, é inseparável do propósito do emissor em relação ao receptor, o que deseja que este faça ou sinta, quer dizer, sua reação ou resposta à mensagem.

Já em sua encíclica sobre a Bíblia em 1943, Pio XII reforçou que é de suma importância reconhecer a estreita e inseparável relação entre gênero e o propósito do que o emprega (EB 558-562). Se me proponho comunicar por escrito notícias a um familiar, empregarei o gênero carta; se me proponho convidar a uma celebração, empregarei o gênero adequado de convite, onde indico de quem se trata e o motivo (aniversário, matrimônio), além da data, da hora e do lugar da celebração. Isto ocorre, quando sou emissor. Inversamente, quando recebo uma carta, antes de lê-la, já suspeito que seu propósito é de comunicar-me notícias (pois é o propósito do gênero carta); quando recebo um convite matrimonial, sei que o propósito é convidar-me a participar de sua celebração e não simplesmente informar-me do fato mesmo. Embora esquematicamente, o movimento é o seguinte:

Emissor: o que quero dizer? ----------→ qual é a melhor maneira de dizê-lo?
(propósito/mensagem) (gênero literário/linguagem)

Receptor: leio/ouço um gênero literário -----→ o que quer dizer-me?

O emissor emprega o gênero literário adequado para expressar seu propósito. O receptor, por sua parte, lê (ou escuta) o gênero e determina o propósito do emissor e sua mensagem. Ambos conseguem comunicar-se, pois recorreram a um gênero que conhecem. O gênero literário (linguagem) foi o *meio* ou veículo de uma comunicação significativa.

O problema elementar

Tudo isto parecerá bastante óbvio, quase pueril. No entanto, quando se trata de aplicá-lo à Bíblia, costumamos defrontar-nos com problemas. De fato, um dos graves problemas do fundamentalismo e da leitura literalista é que simples e redondamente ignora o que isso implica, ou reduz os gêneros literários existentes na Bíblia a uns poucos, especialmente considera qualquer narração como sendo do gênero literário histórico, de modo que tomam tudo ao pé da letra, confundindo os gêneros literários lenda, mito, epopeia e história e reduzindo-os a história; profecia e apocalipse são reduzidos a vaticinios sobre o futuro, preceitos e exortações são tomados como sendo do gênero jurídico etc. Leem a Bíblia como leem as notícias e informações dos jornais.

Sabemos diferenciar os gêneros literários que são correntes *em nosso meio* e, por isso, sabemos também qual é seu propósito. Sabemos distinguir uma fatura de uma receita, uma novela de uma biografia, e sabemos qual é o propósito típico de cada um destes gêneros literários. Mas, quando nos encontramos com gêneros literários que não conhecemos bem, como acontece com certa frequência quando lemos a Bíblia, instintivamente tendemos a pensar que esse gênero *deve* ser semelhante a algum que conhecemos, pensamos que *é* daqueles correntemente usados hoje. Por conseguinte, pensamos que a mensagem (e propósito) do autor bíblico deve ser esta ou aquela, quando na realidade é outra. Assim, por exemplo, o fato de não conhecer o gênero apocalíptico (pois não é dos empregados hoje) conduz a pensar que se trata do gênero de vaticínios ou anúncios futuristas que conhecemos pelo gênero *moderno* de ciência-ficção e, consequentemente, se pensa que o propósito do Apocalipse é o de informar a respeito dos acontecimentos que sucederão antes do fim do mundo. No entanto, este gênero literário era comum quando seu autor o empregou e teria por finalidade animar os perseguidos por sua fé a permanecer fiéis a Deus até o final, porque, embora pareça que Deus os abandonou, no final os premiará; não triunfarão as forças do mal, mas Deus e os seus. Para comunicar esta mensagem, os autores do livro de Daniel (caps. 7-12) e do Apocalipse empregaram um gênero literário muito conhecido em *seu* tempo, mas em desuso hoje, que logo descreveremos. O mesmo acontece com o livro de Jonas, o qual costuma ser tomado como história, quando, na realidade, é um grandioso relato pedagógico. Outro tanto ocorre com os escritos dos profetas: o gênero profético, apesar de sua aparência de vaticínios, não se propõe revelar o que sucederá em um futuro distante (para seus autores), mas antes para advertir que, se não se converterem a Deus, ele os castigará – seu fim é exortar à conversão, não vaticinar.

Em síntese, uma vez que se reconhece o gênero literário no qual foi composta uma obra e se está familiarizado com ele, se poderá conhecer o propósito que o autor teve e, visto o conteúdo, se poderá saber qual foi a mensagem que quis comunicar. O autor, raras vezes, diz expressamente qual é seu propósito, porque presume que o leitor conhece o gênero que está empregando e que, por conseguinte, o receptor saberá o que se propõe comunicar-lhe.

Crítica de formas literárias

A crítica de formas, a ciência que estuda e situa os diversos gêneros literários, procura determinar o propósito geral de cada gênero (e forma literária). Isto se realiza mediante o estudo comparativo com outras obras do mesmo gênero e do mesmo tempo e ambiente cultural e histórico. É assim que se pôde esclarecer o gênero e o propósito dos escritos apocalípticos, pois corresponde a mais de uma dezena de obras similares desse tempo e mundo. A chamada "história das formas" (*Formgeschichte*), por sua parte, é o estudo da evolução das formas (minigêneros) literárias através do tempo e segundo os momentos culturais: uma carta não se escreve hoje da mesma maneira que em tempos de São Paulo (veja a carta a Filemon). O estudo da história das formas literárias permite-nos descobrir a origem de determinada forma de expressar-se e o que em determinados tempos e culturas se queria comunicar mediante ela, e qual seu propósito. Cada um se expressa segundo as formas de fazê-lo em seu tempo e cultura, e a forma de expressão os reflete, como um espelho.

Formas literárias seguem em geral um mesmo padrão. Assim, os relatos de milagres começam sempre por apresentar a situação de desgraça, frequentemente com detalhes, em seguida o chamado de atenção para o taumaturgo para que seja realizado o milagre, geralmente em forma de um pedido, segue naturalmente o milagre propriamente dito ou por gesto e palavra ou por ambos, cujo realismo é ressaltado por detalhes que confirmam o fato (o paralítico caminhou, o mudo começou a falar), e conclui com a menção da admiração dos presentes. Relatos da criação, de batalhas e triunfos, de disputas, e muitos mais, seguem quase sempre um mesmo esquema – que lhes é natural. Relatos da criação na Mesopotâmia, no Altiplano andino e em Gênesis são basicamente iguais em sua essência: do caos a divindade restabelece ordem e faz surgir os componentes do mundo, e finalmente faz surgir um casal para que o habite.

Não nos esqueçamos do que foi dito antes a respeito da linguagem: ela é um meio para comunicar algo, não é o fim. Algo se diz de certa maneira. A linguagem é essa "certa maneira" de comunicar "algo". A pergunta fundamental é: "O que quer comunicar (com essa linguagem/esse gênero)?". Para isso, é necessário estar familiarizado com o gênero literário que o autor empregou, e isso, aplicado à Bíblia, significa que, quando se trata de um gênero literário que não se usa hoje, ou quando há dúvidas sobre ele, é necessário *consultar*, informar-se, estudar. Isto já era advertido claramente pelo Concílio Vaticano II em sua "Constituição sobre a Divina Revelação", retomando o que fora dito em 1943 por Pio XII em sua encíclica sobre a Bíblia: "Para se descobrir a *intenção* dos autores sagrados, entre outras coisas, deve-se atender aos *gêneros literários*, visto que a verdade é proposta e expressa de diversas maneiras nos textos de diferente gênero: histórico, profético, ou em outras formas de falar" (DV 12; DAF 20-21). Para um maior aprofundamento sobre tudo isto, a pessoa interessada pode ler o simples, mas magistral e instrutivo livro de G. Lohfink, *Agora entendo a Bíblia* (Ed. Paulinas).

Entre os gêneros e formas literários que a Bíblia inclui, temos: história, lendas, anedotas, epopeias, sagas, mitos, fábulas, etiologias, narrações em forma de novelas, relatos paradigmáticos, crônicas, anais, diários, itinerários, genealogias, listas, catálogos, autobiografia, orações, cânticos, salmos, hinos, credos, leis, preceitos, mandamentos, decretos, exortações, litígios, apologias, controvérsias, cartas, provérbios, pronunciamentos, sentenças, bênçãos, proclamações, lamentações, parábolas, alegorias, diálogos, discursos, diatribe, oráculos, vaticínios, advertências, visões, apocalíptica.

Gêneros literários mais comuns na Bíblia

Vejamos em seguida brevemente alguns gêneros literários mais extensos da Bíblia, que frequentemente são mal entendidos:

a) *Lenda* é um relato criado a partir de um núcleo histórico, que narra um acontecimento admirável ou a respeito de um personagem importante. A lenda – que não deve ser confundida com o conto ou com o mito – tem por finalidade destacar a heroicidade (ou outro aspecto) de *um personagem*, para que sirva de inspiração ou modelo ou para provocar admiração. O personagem e a virtude com a qual ele relaciona-se substancialmente existiram (não foram inventados), e o que se narra é em essência histórico, mas se exagerou tanto o aspecto no qual a lenda se concentra que parece incrível. Os relatos sobre Josué e aqueles que se encontram no livro de Juízes, assim como muitos dos relatos sobre Samuel, Saul e Davi, são legendários, como aqueles sobre Elias e Eliseu, por exemplo. A maioria destes está relatada de tal modo que fica claro que a fidelidade a Deus resulta em êxito e prosperidade, enquanto a infidelidade atrai o "castigo divino". Nos Evangelhos e nos Atos dos Apóstolos também encontramos relatos de colorido legendário, por exemplo, com relação à infância de Jesus e a milagres desmesurados.

Embora as lendas em geral centrem-se em pessoas, também há as de caráter *etiológico*, quer dizer, que narram a origem de algum fenômeno natural (a coluna de sal, em Gn 19), do nome de algum lugar (a cidade de Hai, em Josué 7-8), também de algum povo (Canaã, em Gn 9), a origem de algum costume ancestral (a circuncisão, em Gn 17 e Ex 14) ou celebração (a páscoa, em Ex 12).

A *epopeia*, por sua parte, assemelha-se à lenda, mas distingue-se desta por concentrar-se em um acontecimento como tal, não em um personagem, por exemplo, a conquista de Jericó. Epopeias encontram-se em abundância em torno do êxodo e da conquista de Canaã, mas também se encontram em Samuel-Reis. São narrações glorificadas de acontecimentos de interesse nacional. Não poucas inspiraram filmes.

Note-se que, em todos estes, quando o relato coloca palavras na boca de alguém, não se trata de uma citação textual do que foi dito pelo personagem. Em sintonia com o gênero literário, faz parte deste dar-lhe vida, fazendo os personagens falarem. Por isso, não devemos perguntar: "por que Deus diz isto?", mas "por que a lenda (ou epopeia, ou novela) apresenta Deus dizendo isto?".

b) O *mito*, ao contrário, não se baseia em acontecimento histórico, mas é um relato de algo *supostamente* ocorrido em um tempo *imemorial*, que se expressa com personagens representativos e em figuras simbólicas e coloridas e, em geral, com a intervenção de seres, poderes ou forças que não são deste mundo. Reflete a maneira de compreender e de expressar-se do mundo que é pré-científica e pré-filosófica. De fato, os mitos baseiam-se em uma visão "primitiva" do mundo e em chave religiosa. Fala-se de anjos, de demônios e de forças estranhas, de lugares e tempos remotos, cientificamente não comprováveis e historicamente não verificáveis. Não é um conto ou mera fantasia. O mito não é "falsidade".

O mito propõe dar expressão comunicável a uma verdade não sensível ou transcendente da qual seu autor está convencido: o mundo foi feito por Deus, as desgraças são castigos divinos. Os mitos falam de realidades (não ficção) que estão além de nossa simples compreensão pragmática: por isso, se expressam em símbolos. Diferentemente da história, o mito não parte de um fato acontecido, mas de experiências ou da constatação de uma realidade existencialmente significativa. Respondem às simples perguntas: "Por que sofremos (morremos, há cataclismos)?" e "qual é a origem dos homens (dos idiomas)?".

O mito coloca em forma de relato a *crença* em algo que não se pode verificar científica e historicamente. A qualificação desses relatos como mitos é nossa. Para eles, eram realidades. A distinção entre mito e realidade é nossa, graças a nossos conhecimentos científicos. De fato, nos mitos se trata de realidades não mensuráveis, mas que se experimentam, ou que são transcendentes: a origem do mundo e do homem, a causa do mal. A *finalidade* do mito é explicar ou situar a origem de algo: do mundo, da humanidade, de um povo, de uma arte, da natureza, do culto etc. Também há os mitos sobre o sentido do mundo, do homem (escatologia). Os onze primeiros capítulos de Gênesis são uma coleção de relatos mitológicos. É um erro muito comum pensar que são história; mas tampouco são contos. Voltaremos a este tema mais adiante (cap. 21).

Mitos da criação são conhecidos em todas as culturas que incluem a criação dos seres humanos. Na Babilônia, narrava-se o mito da criação conhecido como *Enuma Elish*. Os relatos em Gênesis a este respeito são também mitos. Adão e Eva são nomes simbólicos (literalmente "da terra", "vivente"), como o são o paraíso, a árvore da ciência do bem e do mal, a serpente. A "criação" (literalmente, Deus "fez") realiza-se em seis dias de trabalho, separando-se o "shabbat" para descansar, com o que se explica a origem da semana. A mensagem básica é que tudo tem sua origem em Deus.

Os hebreus exilados na Babilônia deram-se conta de que se falavam muitos idiomas, e se perguntaram a que isto se devia. Para explicá-lo, narraram aquele mito sobre a "torre de Babel (Babilônia!)" (Gn 11). Algumas dessas impressionantes torres (*ziggurats*) se podem ver ainda hoje precisamente na Mesopotâmia. Pouco importava se aconteceu realmente; o que conta é o que o relato diz e explica: Deus castiga a soberba humana, e uma de suas manifestações é a multiplicidade de idiomas que impede que os homens se entendam. Outro tanto se deve dizer do relato do dilúvio universal (Gn 6-9), do qual encontraram-se várias versões mais antigas na Mesopotâmia (epopeia de Gilgamesh), que explicam os grandes desastres naturais como castigos divinos. O povo hebreu vivia entre cananeus que tinham muitos mitos que nos são conhecidos, motivo pelo qual não se pode negar *a priori* a influência (veja G. de Olmo, *Mitos y leyendas de Canaán*, Madri, 1981).

Próximos do mito estão as fábulas e os contos, fantasiosos, mas com a finalidade de mover o leitor a tirar uma lição geralmente relacionada com alguma qualidade humana, ou seja, de caráter ético (vício ou virtude). Relatos de ficção didática são os livros de Jonas e de Jó, por exemplo. Não distantes são as parábolas.

Crianças tomam o conto de "Pinóquio" como uma história: vivem-no e creem como se tivesse sido um personagem real, não fictício. Em sua apreciação, Pinóquio é do gênero história: viveu, e aconteceu como se narra. Mas nós, adultos, sabemos, por uma série de traços característicos, que é um conto. Nem por isso é "mentira", pois cumpre seu propósito: comunica a lição de moral: "não mentir". Muitos são como as crianças: creem que tudo o que é narrado, pelo fato de estar na Bíblia e por ser relatado em tempo verbal pretérito e dar nomes, é história.

c) Quando afirmamos que este ou aquele relato é de *gênero histórico*, o fazemos em função de *nosso* conceito de história, e não naquele dos tempos bíblicos. E fazemo-lo com nossos conhecimentos científicos em particular. Assim, o que para nós resulta uma lenda ou um mito, para aquelas pessoas de antigamente era tido como história, quer dizer, era considerado como relato de algo que *realmente* aconteceu. Somos nós, com nossa visão mais crítica e analítica, que distinguimos história de lenda e de mito, baseando-nos em *nossa* definição de história: o que sucedeu real e verificavelmente e por causas naturais, que não é o caso das lendas e dos mitos. Por outro lado, nos tempos bíblicos dava-se mais importância à significação dos fatos e às suas implicações do que aos fatos mesmos, e, por isso, costumavam exagerá-los, especialmente para destacar como a relação com Deus é importante na vida das pessoas.

A historiografia semítica é popular: entretece lendas, mitos, epopeias, relatados como se se tratasse de história fática acontecida. Mas o acento está no que isso diz ao povo, o que tem de significativo. Por isso, são narrações coloridas, vívidas, incluem detalhes e "dados", tudo o que lhes dá esse ar que ainda hoje nos impressiona como se fosse real. Pouco interessava se o episódio da entrega da Lei no Sinai ocorreu como se narra. O que interessava ressaltar era que o Decálogo, que contém as leis naturais básicas sociais, provém de Deus: lei divina fundamental (como a Constituição do Estado). Por isso, se narrava. De fato, muito antes em outras civilizações conceberam-se códigos similares, portanto não era o Decálogo o primeiro; recordemos o código de Hamurabi, que data do séc. XVIII, na estela o rei recebe a lei das mãos do deus Marduk!

Nos tempos bíblicos, não se perguntava se o que está relatado *realmente aconteceu*, ou se foi da maneira como se relata, pois se assumia que foi assim (até dentro de sua cosmovisão mítica); nós, ao contrário, perguntamos sobre a historicidade. Sobre isto também teremos de retornar mais adiante (cap. 20).

A confusão de gêneros literários observa-se claramente na maneira como muitos interpretam o relato da tentação de Eva no paraíso, em Gn 3. Trata-se de um *mito*, mas costuma ser tratado como se fosse história – como fazem com os dois relatos da criação. Nele, se relata em linguagem de imagens a origem da tendência dos seres humanos a erigir-se em divindade e em juiz único de suas ações (árvore do conhecimento do bem e do mal), quer dizer, querer ser "como Deus" (v. 5). Mas tudo isso foi frequentemente interpretado como se fosse história, como se se tratasse de duas pessoas reais que cometeram um pecado em um tempo e em um lugar igualmente reais, e que a partir deles todos estamos condenados a sofrer, a trabalhar, a morrer e tudo por culpa alheia, por culpa de Adão e de Eva. São Paulo, como todo judeu de seu tempo, acreditava assim: Rm 5,12ss. No entanto, a realidade é que não se trata de história (quem o teria relatado? Desde quando uma serpente fala? etc.), mas de uma explicação dessa atitude de soberba dos homens que se explicita nos mitos que seguintes de Caim e Abel, de Noé e da torre de Babel.

d) Capítulo à parte, que não deixa de ter interesse para muitas pessoas, é aquele relacionado com os *milagres*: são lendas ou história? São relatos ou testemunhos de fatos ocorridos? Uma discussão detalhada não é possível em curto espaço, mas é necessário tecer algumas observações. Milagres são narrados em muitos povos da antiguidade, não somente no judaísmo e no cristianismo. Em qualquer discussão deve-se, por um lado, ter claro o que entendiam antigamente e o que entendemos hoje por "milagre", visto que estamos julgando textos de antigamente. Por outro lado, não se pode excluir *a priori* a possibilidade de que Deus irrompa de maneira excepcional na história e no curso da natureza.

O dicionário da Real Academia define milagre como um "fato não explicável pelas leis naturais e que se atribui à intervenção sobrenatural de origem divina". A palavra associa-se ao prodigioso e ao admirável (*miraculum*). De fato, milagre é um vocábulo que evoca *para nós* o sobre-natural ou extra-ordinário, devido a uma suposta intervenção divina, porque não tem explicação científica. Digo que é o que evoca "para nós", porque na antiguidade não era essa a maneira de explicar fatos inexplicáveis.

A ideia de milagre baseia-se na convicção que se tem sobre o mundo e do que rege o universo: se é Deus ou se são as chamadas "leis da natureza". Tem como fundo determinada cosmovisão. Na Antiguidade, acreditava-se que o mundo regia-se pela providência divina. Assim como a origem, o curso dos acontecimentos está nas mãos da divindade que, portanto, pode intervir diretamente sobre sua criação. Em contrapartida, nós, baseados nas ciências, sabemos que o mundo se rege pelas leis da natureza, não pelo manejo direto de Deus. Em outras palavras, a diferença fundamental no conceito de "milagre" deve-se à diferença na compreensão do mundo.

Do ponto de vista de Deus, não há nada sobrenatural. E é assim a maneira como o viam na Antiguidade: Deus é Senhor sobre tudo. Do nosso ponto de vista, é sobrenatural tudo aquilo que está além do que entendemos como "natural", segundo as leis da natureza e segundo a nossa experiência.

Pois bem, fala-se de milagre, quando se centra a atenção no fato mesmo, não em Deus, e se coteja com as leis da natureza. Desta maneira, dizemos que milagre é todo fenômeno que "passa por cima (ou suspende) das leis da natureza". Quer dizer, há um componente cultural e cognitivo que determina a qualificação de "milagre". Além disso, a qualificação "milagre" ou "milagroso" baseia-se na crença em Deus e em seu poder. Para os ateus e incrédulos, não ocorrem milagres.

O que hoje se explica em termos de leis da natureza antigamente explicava-se como intervenções divinas. O que em uma época parecia extraordinário hoje não o é, e tem uma explicação natural. A epilepsia antigamente era considerada produto de possessão demoníaca; hoje sabemos que é uma desordem neurológica.

Para os hebreus (e isso inclui os cristãos), Deus é o criador, o Senhor do universo, e tudo está em suas mãos. Portanto, a Providência rege o curso da natureza. Deus pode intervir quando desejar, e isso nada tem em si de sobrenatural. O admirável é o momento preciso e o efeito de sua intervenção. Por isso, não falavam de milagres, mas de sinais e de portentos. Sinais, porque evidenciam a presença salvífica de Deus; portento, porque são expressões impressionantes do poder divino. E isso é questão de fé; não é demonstrável objetivamente. Milagres não se demonstram: acredita-se neles. É o crente que vê "milagres". Portanto, não são "provas", mas sinais (para o que crê) da presença divina. É assim que Jesus entendia a história de Jonas: como um "sinal" (Lc 1,29). E é assim que João apresenta e designa em seu Evangelho os "milagres" de Jesus: como sinais (*semeia*; cf. 2,11.24; 4,54).

Nós perguntamos: "O que é isto?". Na antiguidade, perguntavam antes: "O que significa isto?". Nós cotejamos o fato com a ciência; na Antiguidade era com a mensagem. Quer dizer, nós colocamos em primeiro plano o sobrenatural do fato, enquanto antigamente a atenção estava fixada na experiência da presença ou proximidade divina que, por ser mais intensa e explícita, produz admiração. O milagre era entendido como *sinal* dessa presença divina.

A passagem do mar apresenta-se de duas formas em Êxodo 14: uma, como produto de um forte vento do leste que secou o mar (v. 21), e a outra, como ação de Deus que separou as águas, formando duas muralhas (v. 22.26). Seja como for, em ambas trata-se da mesma coisa: a possibilidade de cruzar a pé o mar *justamente quando o necessitavam com urgência* era um *sinal* de que Deus estava presente, guiando-os, pois é um Deus libertador (v. 17s). É isso que o relato queria comunicar e, para fazê-lo com mais impacto, o exagera. "Existe um deus que tenha vindo para tomar para si uma nação de outra nação, com provas, sinais, prodígios?" (Dt 4,34; Sl 77,12s; cf. Dt 13,2ss). Os Evangelhos sinóticos (Mc, Mt, Lc) falam de portentos (*dynameis*) e de atos de poder (*erga*), não falam do sobrenatural ou de milagres. Alguns viam nesses atos sinais da presença de Deus entre eles; outros não: nem todos criam nele. Eram parte da pregação de Jesus: seus "audiovisuais" que ilustravam suas mensagens: a proximidade do reino de Deus (Lc 11,20). Deve-se recordar que os milagres no Novo Testamento narram-se em um contexto em que se narravam milagres de diferentes personagens, tanto no judaísmo como no mundo greco-romano pagão (Hanina ben Dosa, Esculápio, Apolônio de Tiana) – não causa estranheza que Marcos seja o que narra mais milagres. Nos relatos de "milagres" no Novo Testamento não se pergunta por sua historicidade. O que conta é o narrado e o impacto que produz no leitor, convidado a admirar-se e a perguntar-se, como o faz o público no relato. A Igreja narrava esses episódios, exagerando-os com fins catequéticos, para responder à pergunta que se repete em Marcos: "Quem é este?".

Recordemos que o que possuímos são relatos da Antiguidade, não testemunhos diretos. Quer dizer, não estamos diante do próprio milagre, mas diante de textos, de narrações de apreciações, e estas *segundo a cosmovisão e teologia* de antigamente, que entretecia realidade e mitologia. E, ao falar do Novo Testamento, não nos esqueçamos de que Mateus e Lucas *retrabalharam o relatos* de milagres (entre outros) que conheciam pelo Evangelho segundo Marcos, o qual eles usaram como fonte, quer dizer, não estavam preocupados com a questão histórica fática, mas com a boa nova a partilhar (veja abaixo, par. g).

O leitor interessado no tema pode informar-se mais amplamente nos livros de A. Weiser, *¿A qué llama milagros la Biblia?* Madri, 1979 (excelente, breve e didático); A. Piñero (ed.), *En la frontera de lo imposible*, Córdoba, 2001 (boas exposições culturais históricas); J. I. González Faus, *Clamor del Reino*, Salamanca, 1982; H. C. Kee, *Medicina, milagro y magia en tiempos del Nuevo Testamento*, Córdoba, 1992; X. Léon-Dufour (ed.), *Los milagros de Jesús*, Madri, 1979; R. Latourelle, *Milagros de Jesús y teologia del milagro*, Salamanca, 1990; R. Aguirre (ed.), *Los milagros de Jesús*, Estella, 2002.

e) O gênero *profético* com frequência é mal entendido, pois ingenuamente costuma-se definir em termos de vaticínios sobre algo que acontecerá. Para compreender este gênero, deve-se entender qual era o papel dos profetas, em cuja boca aparecem as profecias. O profeta falava em nome de Deus, como seu porta-voz, e também fazia as vezes da consciência de Israel. Os profetas falavam com base em suas observações de determinadas situações que seu povo vivia, e as *interpretavam* a partir de sua fé e das exigências da aliança com Deus. Por isso, com frequência referiam-se às injustiças que se cometiam, às idolatrias, às alianças feitas com povos pagãos, quer dizer, às infidelidades para com a aliança com Deus. Ao deduzir as *consequências* fatais que a conduta infiel a Deus traria, os profetas chamavam a atenção desesperadamente à conversão. Esse era seu tema constante: conversão, fidelidade absoluta a Deus. Os profetas falavam a partir do presente e para *o presente* de seu auditório, não para além de vinte séculos adiante. Quando se referiam ao futuro, anunciando catástrofes, não era para predizer o que de qualquer maneira haveria de acontecer, mas para pressionar a uma conversão: era o *método da intimidação*, que não tinha outra finalidade que a de alcançar a conversão *agora*, já, como um pai faria com seu filho desobediente: "Se não fizeres isto (se não te converteres)... então cairás". Isso não quer dizer que de qualquer maneira cairá sobre ele o castigo – por isso muitos "vaticínios" *não* se cumpriram – ou que, por ser desobediente, não lhe fale outra vez, em lugar de castigá-lo (por isso, se repetem as advertências e as ameaças). Em outras palavras, os profetas não eram anunciadores ou vaticinadores do que irremediavelmente aconteceria por predeterminação divina e, menos ainda, muitos séculos adiante (a quem interessa o que acontecerá muitos séculos mais tarde?). O propósito de grande proporção dos pronunciamentos proféticos era denunciar os males existentes e exortar à conversão a Deus; para isso ameaçavam com algum castigo divino possível ou prometiam a salvação. Certamente, também encontramos expressões de paz e de libertação, de reconstrução e de esperança, mas sempre se referiam a um futuro imediato, não distante.

f) O gênero *apocalíptico* está aparentado com o profético, razão pela qual os dois costumam ser confundidos. Para entendê-lo, é necessário conhecer sua origem. O gênero apocalíptico floresceu e era popular especialmente em momentos em que o judaísmo e, em seguida, o cristianismo experimentavam graves dificuldades pelas hostilidades e pelas perseguições por parte dos poderes pagãos. O livro de Daniel foi composto em tempos de perseguições sob Antíoco IV (167-164 a.C.), e o apocalipse de João, quando os cristãos eram vítimas de multiformes hostilidades em tempos do imperador Domiciano (década de 90). Sob estas circunstâncias, muitos se colocavam a lógica pergunta pela presença/ausência de Deus e de sua justiça, pois o mal parecia sair vitorioso. Seus autores assumiram papel semelhante ao dos profetas (de certo modo tomaram sua postura; 1Mc 9,27 afirma que a profecia havia cessado). O propósito fundamental dos escritos apocalípticos era infundir esperança em uma situação sentida como desesperadora, dar ânimo quando parecia melhor renunciar, afirmar a fé em momentos em que há dúvidas sobre a justiça divina, assegurando aos seus leitores (mediante os quadros que pintavam, onde se contrasta o mau com o bom, as trevas com a luz) que no final desse túnel escuro está a luz salvadora para os que permanecem fiéis ao Senhor, apesar de todas as adversidades. A apocalíptica não tinha como finalidade vaticinar ou anunciar, com todo o luxo de detalhes, o final do mundo e os resplendores da "nova Jerusalém", de modo que possamos antecipar como e quando acontecerá esse fim. Seu propósito era antes assegurar aos fiéis sofredores que, no final, seriam eles que triunfariam, e as forças do mal seriam destruídas, pois Deus é absolutamente fiel: o que ri por último ri melhor.

Característica do gênero apocalíptico é que se apresenta como produto de uma série de revelações de segredos (daqui seu nome, do grego *apokálypsis* = revelação) e de planos divinos a um "profeta" (porta-voz), seja por meio de visões, de sonhos, seja de raptos fora deste mundo. O mais notório é sua linguagem: cheia de imagens e de símbolos que hoje em dia nos resultam obscuros ou incompreensíveis (monstros, astros, catástrofes, cores, cifras). É uma linguagem figurada, em boa medida inspirada na linguagem figurada dos profetas de antigamente, com a qual se pintam quadros que, portanto, têm sentido quando são vistos como totalidades. Dada a situação de hostilidades sob as quais se compuseram estas obras, não causa estranheza que expressem uma visão pessimista do mundo, e que o considerem tão profundamente "endiabrado" (a raiz daquilo pelo qual os fiéis sofrem) que terá de ser destruído por Deus para poder inaugurar um mundo novo, livre de todo mal, paradisíaco para seus fiéis. O autor está convencido de que esse fim está próximo (não vinte séculos mais tarde) e iria acompanhado de catástrofes que desembocariam no castigo ou na destruição dos malvados. Para evitar as más interpretações, em momentos-chave aparece um "anjo intérprete" que esclarece o significado da cena ou dos símbolos. A este gênero literário pertencem

Daniel 7-12, o apocalipse de João, além de trechos dos escritos dos profetas (por exemplo, Is 24-27; Zc 9-11; Jl), e mais de uma dúzia de apócrifos.

O desconhecimento deste gênero literário, que é profusamente citado em algumas seitas, levou (e ainda leva) muitas pessoas a ler e interpretar os escritos apocalípticos como se se tratasse de descrições exatas e infalíveis do que vai acontecer (dentro de um período muito breve?). Isto se deve simplesmente a uma leitura desses escritos ao pé da letra e à projeção de preconceitos doutrinais: "é isso que a Bíblia diz em... e nunca falha, porque é Palavra de Deus", afirmam presunçosamente. No entanto, não se perguntam *por que* foi escrito nem o que é que o autor queria comunicar *mediante* esta linguagem. Além disso, ignoram que foram escritos para pessoas concretas do tempo do autor e *não* para muitos séculos mais tarde (em cujo caso não lhes teria interessado): era para *eles* que a obra tinha uma mensagem concreta.

g) Os Evangelhos combinam história com pregação, catequese e apologética. Contrário ao que alguns pensam e à impressão que uma leitura superficial produz, os Evangelhos não são simples biografias de Jesus. Certamente que têm elementos biográficos, mas não se interessam primordialmente pelo passado, mas pela significação desse passado para *hoje* (o de seus autores), quer dizer, pela mensagem que possam comunicar. O Jesus que os Evangelhos apresentam é um Senhor vivo e presente que continua falando e guiando sua comunidade: é o Jesus do ontem e do HOJE. Por isso, há quatro Evangelhos, não um só: são quatro maneiras *distintas* de apreciar e de apresentar a Jesus como Senhor e Mestre para agora; o "agora" de Marcos, de Mateus, de Lucas e de João. Ou, dito mais exatamente, são quatro versões de um mesmo Evangelho (no grego trazem este título "Evangelho *segundo* Marcos/Mateus..."), que é o histórico acontecimento-Jesus Cristo. Depois de uma tradição *oral* mais ou menos longa, quando foram escritos, já se entreteciam as experiências da vida cristã (de ser discípulo) com a vida de Jesus (o Mestre). O que tinha primazia para os evangelistas não era tanto quem era Jesus, mas quem é o que ele foi. O propósito dos Evangelhos não foi escrever uma biografia de Jesus, mas guiar os cristãos de suas respectivas comunidades em sua vivência como discípulos desse mesmo Jesus, mas aqui e agora.

10.
TEXTOS E CONTEXTOS

Para poder compreender corretamente um texto qualquer e sua mensagem, além de conhecer o gênero literário em que se apresenta, é necessário estar minimamente familiarizado com os contextos na vida do autor, que incluem as dimensões culturais, históricas, situacionais. Igualmente importante é o contexto literário, quando se trata de um texto que é parte de uma obra. Em várias ocasiões, mencionei estes contextos. É hora de deter-nos para considerá-los mais de perto.

a) Contexto e situação vital

As pessoas não vivem isoladas, em uma proveta, mas imersas em um ambiente ou contexto no qual convergem fatores de índole diversa: histórico, político, econômico, social, religioso, cultural, próprios de determinado momento e lugar. A isto chamamos *contexto* vital. Há circunstâncias concretas que afetam a vida de maneira direta, em um aqui e agora concretos, e que ocasionam uma reação igualmente imediata. Estas circunstâncias nós chamamos de *situação* vital (*Sitz im Leben*).

O *contexto* vital é o âmbito mais amplo; a *situação* vital é a circunstância mais diretamente relacionada com o indivíduo que ocasiona uma resposta de sua parte. Para conhecer o contexto vital, é necessário estar familiarizado com o momento histórico e cultural do indivíduo que age, fala ou escreve. Para conhecer a *situação* vital, é necessário estar familiarizado com as circunstâncias e os fatores concretos que ocasionaram a reação do indivíduo, que o moveram a dizer o que disse ou a escrevê-lo. É aquela situação que, no caso em que não tivesse acontecido, não se teria falado ou escrito.

Portanto, para compreender bem os textos bíblicos, deve-se conhecer a ambos, o contexto e a situação vital. No momento, nos concentraremos na situação vital. Posteriormente, nos deteremos no contexto cultural, que é o menos conhecido. O contexto histórico, político e religioso pode-se conhecer facilmente mediante livros sobre Israel e sobre o cristianismo nascente. Interessa-nos destacar a importância da situação vital, porque esta está estreitamente relacionada com a compreensão dos textos bíblicos e de sua mensagem/propósito, já que estes respondiam a situações concretas. Além disso, o conhecimento da situação vital alerta-nos a respeito do alcance e das limitações do texto em questão, algo sumamente importante quando se trata de doutrinas ou de ética.

Transmite-se determinada mensagem, porque *algo* ocasiona sua comunicação. Esse "algo" que ocasiona a comunicação é precisamente a *situação vital*: um fator ou circunstância concreta na vida do emissor. Um artigo de um jornal que expressa desacordo com um Ministro sobre a imposição de novo imposto, por exemplo, tem como situação vital uma situação econômica que se está vivendo concretamente nesse momento e que, segundo o autor do artigo, seria negativamente afetada pelo novo imposto. Essa é a *razão* pela qual um autor escreveu um artigo de polêmica (gênero literário). Sua finalidade ou propósito responde à situação vital em questão: que não se imponha esse novo imposto. Compreenderemos o propósito do relato do sacrifício de Isaac (Gn 22), quando nos inteirarmos de que a situação vital (no início) era a tendência de imitar os cananeus (vizinhos dos hebreus) de sacrificar seres humanos a uma divindade. Este relato etiológico tinha como finalidade rejeitar esse costume e justificar sua substituição pelo sacrifício de algum animal. A situação vital explica por que se relatou o "sacrifício de Isaac", e por que se fez mediante um relato etiológico (que explica a origem de um costume). *Não tendo havido esta situação, não se teria relatado*. A situação vital deu origem ao relato. O *contexto* vital era cultual.

É importante distinguir *contexto* de *situação* vital. A situação vital é concreta e imediata; é a convergência de determinadas circunstâncias que se vivem em dado momento (por exemplo, perseguição, fome extrema, pregação, crise). Fala-se de situação vital para referir-se à origem dos textos (orais ou escritos): A que situação respondia? Que circunstâncias *ocasionaram* o texto que, caso não fosse por elas, não se teria produzido o texto? O contexto é amplo, englobante e nem sempre é a ocasião que move a comunicar-se, mas é o sustento ou fundo onde se dá a situação em questão.

Do que foi exposto até agora, pode-se observar uma estreita relação entre a situação vital e a mensagem/propósito do escritor (expressa mediante o gênero literário que emprega), já que esta é uma resposta à situação vital em questão. A situação vital *explica a origem* da mensagem. E podemos ver que, para compreender a mensagem e o propósito do texto, é necessário ter presente tanto o gênero literário como a situação vital que ocasionou a comunicação. Ambos são necessários.

Esquecer a importância que tem o conhecimento do gênero literário e seu propósito geral facilmente conduz ao *literalismo*. O propósito de uma lenda, por exemplo, não é idêntico ao de uma história. E a ignorância da situação vital que ocasiona ou origina a composição ou a narração de algo facilmente conduz ao *dogmatismo*: o leitor que a ignora tratará como "verdades eternas e absolutas" o que na realidade é produto de certas circunstâncias histórico-culturais transitórias. É o que costuma ocorrer entre os que consideram as leis do Antigo Testamento como "decretos divinos inquestionáveis ou inalteráveis" e têm dificuldade para explicar por que no Novo Testamento, ainda hoje, são relativizadas ou até mesmo abolidas.

Posto esquematicamente, a partir do ponto de vista do emissor ou autor, o percurso é:

situação vital	--------→	mensagem	--------→	gênero literário
(*por que* diz?)		(*o que* diz?)		(*como* diz?)
causa, razão		propósito, finalidade		o texto

Quando lemos um texto – como é o nosso caso diante da Bíblia, pois somos *receptores* dela –, a sequência é diferente:

eu --------→ *texto*: gênero literário --------→ MENSAGEM
(propósito do autor?)
↑
situação vital
(a que circunstância
ou a que fato responde?)

Para determinar a mensagem de um texto e o propósito do autor (o que no fim das contas se busca, quando se afirma que foi inspirado por Deus?), temos de conhecer *primeiro* o gênero literário empregado. É o que sai imediatamente ao nosso encontro (o texto). O conhecimento do gênero literário dar-nos-á uma primeira aproximação da mensagem. Se é uma parábola, *como toda* parábola, terá como propósito geral convidar à reflexão para desembocar na conversão; se é uma lenda, *como toda* lenda terá como propósito geral oferecer um exemplo de comportamento e virtude. Mas o propósito *específico* deste texto que estou considerando nos é proporcionado pela nossa familiaridade com a situação vital do autor (e também de seu auditório) do texto, pois é uma resposta concreta a determinadas circunstâncias (as que concernem ao auditório). Para ilustrar o que foi dito, tomemos como exemplo a frequentemente citada seção apocalíptica de Daniel (caps. 7 a 12).

O livro de Daniel foi escrito como reação a uma situação de adversidades hostis ao judaísmo sob o rei Antíoco IV (entre 167 e 164 a.C.), que chegaram até a produzir mártires (sobre isso veja 1 Macabeus). O gênero literário empregado pelo autor para expressar sua mensagem foi o apocalíptico.

Pois bem, sabemos que esse gênero tem por finalidade dar motivos de esperança e de confiança em Deus e em sua justiça, sob circunstâncias dramaticamente hostis. Não tivesse sido pela situação (vital) de perseguições e hostilidades à religião judaica, não se teria composto este escrito. Inversamente, como *leitor* de Daniel, eu me encontro diante de um gênero literário que (supostamente) conheço e cujo propósito também conheço. Isso me dá uma *primeira* ideia a respeito da finalidade de Daniel. É tão-somente quando conheço a situação vital vivida pelo escritor e por seu auditório que entendo o propósito *específico*: dirige-se aos judeus (não aos cristãos) perseguidos e, *por isso*, fala de circunstâncias que estavam vivendo e o faz em linguagem de imagens, típica do gênero apocalíptico. E por isso também sei que Daniel foi escrito para *eles*, não para nós, e que não se trata de vaticínios a respeito do fim do mundo, mas de assegurar aos seus compatriotas que Deus é absolutamente fiel e fará justiça.

Se a situação vital influi no autor a ponto de ocasionar a composição de sua obra, então a obra levará os vestígios dessa situação vital. Estes "vestígios" são as alusões às circunstâncias vividas, o vocabulário e o tema tratados, o estado de ânimo que se sente (ironia, carinho, cólera) no texto etc. Isso, certamente, supõe um mínimo de informação e de familiaridade com esse mundo. O v. 12 do Salmo 44, por exemplo, reflete a situação de exílio na Babilônia: "Entregaste-nos como se fôssemos ovelhas para o matadouro; dispersaste-nos entre os pagãos". Daí, podemos deduzir que o Salmo é exílico. A situação vital ajuda-nos a compreender *por que* se escreveu o que está escrito e *por que* se fez dessa maneira, as circunstâncias que o autor viveu. A preocupação que o Evangelho segundo Mateus mostra pelas perseguições reflete uma situação vital correspondente. O interesse que João manifesta em sua versão do Evangelho pelo amor fraterno deve-se à falta desse amor em sua comunidade. Um bom comentário bíblico oferecerá a informação necessária para conhecer a situação vital que se precisa conhecer para entender o texto.

O leitor interessado encontrará pedagogicamente explicadas uma vintena de exemplos de textos bíblicos na obra coletiva *Exégesis Bíblica*, de Ediciones Paulinas, e uma dezena mais nos livros mencionados de G. Lohfink. A tradução castelhana da Bíblia conhecida como "Bíblia da América", da Casa da Bíblia (Madri), contém excelentes introduções a cada livro bíblico para conhecer seu gênero e contexto vital, além de explicar *todos* os parágrafos de *todos* os livros bíblicos, breve, mas precisamente.

O que expus limita-se ao mundo do autor *literário* de um texto: sua situação vital e a de seus destinatários. Mas, no caso de relatos históricos, há uma diferença entre a situação vital que ocasionou o *acontecimento* histórico (por exemplo, o que ocasionou o "êxodo" do Egito?) e a situação vital que fez com que se relatasse esse acontecimento (por que se relatou? para que sirva de recordação? para que sirva de fundamento para a fé em Deus? ou porque necessitavam explicar sua origem como povo escolhido por Deus?). Nada sucede sem que "algo" ocasione que o emissor o comunique: a situação vital.

Falei anteriormente da tradição oral e das mudanças que nesse processo de transmissão geralmente ocorrem. Uma dessas mudanças também é o de situações vitais. A situação vital do escritor nem sempre é idêntica àquela de quem pela primeira vez transmitiu o que o escritor mais tarde redigiu. Assim, por exemplo, embora a situação vital do relato do sacrifício de Isaac inicialmente fosse o costume de sacrificar seres humanos a alguma divindade, quando se escreveu, muitos séculos mais tarde, já havia mudado algo no relato e se havia introduzido outro tema, com outro propósito e mensagem, que era resultado de outra situação vital. Como o temos agora, Gênesis 22 acentua a fé de Abraão, quer dizer, se transferiu o interesse da questão ética à fé. Por quê? A necessidade de sublinhar a importância da fé *incondicional* em Deus (como a de Abraão) com relação às promessas divinas (v. 15ss) deveu-se a uma situação vital nova: Israel havia recaído na idolatria e começava a decadência e a desintegração do povo e, no entanto, muitos criam que Deus os manteria como grande nação, apesar da falta de fidelidade e de fé nele. O relato mudou a finalidade. Agora, *no tempo do escritor*, ressalta-se a importância da fé radical e incondicional em Deus para que as promessas divinas da "aliança" (feitas inicialmente a Abraão) se mantenham, para que Israel não se desintegre e deixe de ser uma grande nação – como efetivamente aconteceu mais tarde: o povo foi disperso, muitos exilados para a Babilônia.

A situação vital que ocasionou o emprego da parábola do Bom Samaritano por parte de Jesus não era igual à situação vital de Lucas, quando este empregou essa parábola várias décadas mais tarde. Jesus compôs esta parábola (Lc 10,30-35) como um modo de *pregação* com a finalidade de chamar seus compatriotas à conversão, concretamente a deixar de lado todos os preconceitos (como o de crer que eram superiores a outros e o de crer que cumpriam cabalmente a vontade de Deus e que amavam a todos quando, na realidade, se limitavam ao amor a seus concidadãos), para poder acolher a Palavra de Deus que ele anunciava como autêntica expressão da vontade divina. No tempo de Jesus, a situação que ocasionou o relato da parábola do Bom Samaritano era a hostilidade para com sua pregação por parte dos judeus que se tinham por justos. Foi somente mais tarde, no tempo de Lucas, que a mesma parábola foi utilizada com outro propósito: como exemplo de conduta, quer dizer, como *instrução* (não pregação) para cristãos (não judeus). Essa era a nova situação vital: necessidade de instruir concretamente a respeito do amor *universal*, quando o cristão já se havia aberto ao "mundo amplo e alheio". Como sabemos isto? Tal como a lemos agora, da pena de Lucas, a parábola é a resposta à pergunta: "Quem é o meu próximo?" (v. 27s e v. 36s). Mas esta pergunta *não* é original, do tempo de Jesus (seria absurda! Além do mais, era sabido), mas do mundo grego; é uma pergunta que provoca uma explicação ou instrução necessária, não uma pregação sobre o alcance de "próximo". Vejamo-lo mais detidamente.

Para entender o que foi exposto sobre a parábola e suas situações, deve-se ter presente um par de dados: Jesus dirigia-se a um auditório judaico (não cristão), aos quais pregava com o fim de convidá-los a converter-se, quer dizer, a aceitar sua pregação da boa nova do Reino de Deus, de um Deus "Pai" universal. O evangelista, em contrapartida, compôs sua obra para cristãos, já convertidos, com o fim de orientá-los em sua vida cristã, quer dizer, para instruí-los (não para pregar-lhes). Além disso, deve-se ter presente que na Palestina de Jesus os judeus eram hostis aos samaritanos. Em contrapartida, no tempo de Lucas, longe da Palestina, esta inimizade era desconhecida. Tudo isto parte do *contexto* vital que não se deve ignorar. Com estes dados, vejamos mais de perto o emprego da parábola do Bom Samaritano por parte de Jesus e, depois, de Lucas.

O contexto literário e o próprio v. 25 indicam claramente que a parábola foi dirigida originalmente (por Jesus mesmo) aos judeus, concretamente a "um doutor da Lei" que, no dizer do texto, perguntou: "Que devo fazer para herdar a vida eterna?". Pois bem, a parábola apresenta um *judeu* ferido e despojado por malfeitores, do qual nenhum *judeu* que passou (sacerdote, levita) teve compaixão, mas antes um samaritano, seu inimigo! Se Jesus tivesse querido esclarecer quem é o próximo para qualquer judeu, teria invertido a figura: um *samaritano* ferido, do qual um judeu teria compaixão (como o era o auditório da parábola), quer dizer, o próximo *do judeu* será até seu inimigo (samaritano). Se a figura está ao contrário, é porque, no tempo de Lucas, longe da Palestina e alheios à questão da inimizade entre judeus e samaritanos, a parábola servia como *exemplo* que mostra aos cristãos (não judeus), para os quais escreveu, quem é o próximo: qualquer pessoa que com ele cruze, sem prestar atenção à sua origem ou condição socioeconômica. É notório que quem ajuda o judeu ferido é um samaritano *rico* (tem cavalgadura, paga os gastos), como era boa parte da comunidade de Lucas: gente abastada a quem não brotava espontaneamente a vontade de ajudar o despossuído ou o pobre (por isso, Lucas apresenta Jesus com grande preocupação social). O evangelista utilizou a parábola como exemplo em um *contexto vital de instrução* à sua comunidade, que necessitava ser esclarecida até que ponto se estende o conceito de próximo: "Quem é o meu próximo?" é agora a pergunta orientadora do relato, *introduzida* por Lucas em razão da *situação* vital à qual queria responder. Ao contrário, no tempo de Jesus, essa parábola tinha por finalidade "sacudir" seu auditório judaico para que despertasse de sua complacência e aceitasse sua mensagem. De fato, deve ter sido chocante para os judeus ouvir que não foi um dos seus, mas antes seu tradicional inimigo, que se preocupou pelo ferido da parábola: ele, sim, cumpriu a vontade de Deus que Jesus pregava! A situação vital no tempo de Jesus era sua confrontação com o auditório judaico reacionário *à sua pregação*: situa-se em sua missão de pregar. Se não houvesse surgido a necessidade de sacudir seu auditório, tão seguro de sua fidelidade a Deus, que recusava aceitar a pregação de Jesus, não teria pronunciado essa parábola. E se não fosse a necessidade de esclarecer seus correligionários cristãos – mormente do mundo grego-romano, onde não se praticava o amor ao próximo que não era o mesmo estrato social –, Lucas não teria narrado a cena como fez, utilizando (e apresentando) a parábola como exemplo de amor cristão. Essas são as situações vitais que motivaram o emprego da parábola do Bom Samaritano.

Vemos por este par de exemplos como as velhas tradições não foram repetidas inalteravelmente, mas foram adaptadas a novas circunstâncias, a novas situações vitais, de modo que mantivessem viva sua capacidade de comunicar uma mensagem pertinente em seu momento.

b) O contexto cultural

Embora seja certo que toda situação vital é inseparável de seu contexto cultural, nós os estudamos separadamente em razão da importância que tem este último para a compreensão da Bíblia.

A cultura, que é o nível de conhecimentos e de desenvolvimento que um povo tem, caracteriza-se por costumes, modos de pensar e por valores que dão sentido de identidade, que o distinguem dos demais. A gente nasce e cresce em determinada cultura. A cultura na qual vivemos condiciona nossa maneira de pensar e a maneira como nos expressamos. A cultura não é estática, mas muda com o correr do tempo e varia de um povo a outro. Assim como para compreender um povo é necessário compreender os costumes e modos de pensar e de expressar-se que o caracterizam, assim também, para compreender um texto, é necessário compreender o contexto cultural do qual provém.

O condicionamento cultural não se limita a costumes e modos de pensar, mas inclui o próprio vocabulário com o qual se expressam. Sabemos que as próprias palavras nem sempre denotam a mesma coisa em culturas diferentes. Assim, por exemplo, o termo "burguês" tem hoje uma conotação diferente da que tinha na Idade Média europeia, onde se referia ao habitante da cidade (o "*burg*"), e não à sua condição econômica. O termo "tacho" denota coisas diferentes em Lima (= recipiente de lixo) e em Piura (= vasilha para esquentar água; "tetera" [= chaleira], em Lima). Obviamente, para compreender um texto, é necessário compreender o significado dos termos no contexto cultural do qual procede o texto em que se empregam os termos.

Pois bem, os escritos da Bíblia originaram-se em contextos culturais diferentes do nosso. Portanto, para ter melhor compreensão da Bíblia e de seu mundo, é útil e proveitoso conhecê-los. Seu berço e lar é o Oriente Médio mediterrâneo, a Palestina de, pelo menos, dois milênios. Os conhecimentos, os costumes, as ideias e conceitos e o significado de muitos termos eram diferentes dos nossos – que são científicos, "modernos", filosóficos, de arranjo ocidental grego.

Não é minha intenção apresentar um quadro completo do contexto cultural do mundo da Bíblia, que abarca muitas áreas, mas apresentar algumas pinceladas da ideia que tinham do mundo, do homem e de Deus. Comecemos por tomar nota de que no Antigo Testamento predomina a mentalidade semítica, da qual faziam parte os hebreus. Em alguns escritos tardios do Antigo Testamento e no Novo Testamento aparecem em maior ou menor grau elementos próprios da mentalidade grega (da qual nós somos herdeiros).

Duas mentalidades: hebraica e grega

Mesmo sob o risco de caricaturar, os traços que menciono a seguir, embora às vezes exagerados, dão uma ideia das diferenças substanciais de mentalidade e, portanto, da cultura do "mundo bíblico". Assim como há notáveis diferenças, especialmente nos tempos remotos, com os quais se associam o Pentateuco e os Profetas, também é certo que, do terceiro século a.C. em diante (Alexandre Magno e a propagação do helenismo), em não poucos pontos a mentalidade semita e a grega começam a se assemelhar. Se exagero no esboço que segue, é para impressionar em nossas mentes o fato de que os textos bíblicos são filhos de culturas distintas à nossa, europeia, com sua "lógica aristotélica". Relevante é a diferença que ainda hoje se encontra entre o mundo árabe do Oriente Médio (que em não pouco se assemelha à mentalidade andina!) e o mundo do Ocidente. O hebreu é um semita mediterrâneo, cujas raízes são orientais (cananeia e mesopotâmica). Os escritos do Novo Testamento estão também marcados, uns mais do que outros, por essa mentalidade e cultura palestina, que foi, além do mais, a de Jesus e de seus discípulos. Embora escritos em língua grega, não eram nitidamente gregos de mentalidade e de ideias. Certamente, com Paulo e outros, a adoção de conceitos e expressões gregas é evidente em seus escritos. Quer dizer, foi-se dando uma helenização paulatina. Seria estranho se não se desse, pois as comunidades de Corinto, Éfeso, Colossos estavam na helênica Ásia Menor, e outras, como a de Tessalônica, estavam na Grécia. Nós estamos marcados pela mentalidade ocidental de raiz greco-romana, com sua lógica e sua abstração, sua precisão matemática e cuidado do corpo, sua ética de vícios e de virtudes, seu sentido de estética e de cenografia.

Mentalidades e atitudes

O grego contempla o mundo e admira-o; o hebreu olha-o e aproxima-se, escuta-o e fala-lhe. O grego diz o que é algo como tal; o hebreu diz o que percebe e como o sente. Para o grego, o sentido mais importante é a vista; para o hebreu é o ouvido. Por isso, a arte grega é para ser contemplada, a hebraica é para ser vivida. De fato, o hebreu é uma pessoa eminentemente prática, o que se vê na cerâmica: não se interessava por sua beleza, mas por sua utilidade. A cerâmica grega, ao contrário, caracteriza-se por sua admirável beleza mais do que por sua utilidade, produto da mente inclinada à contemplação e à harmonia.

A mentalidade grega é eminentemente lógica; pergunta-se pela origem das coisas, de si mesmo, e por sua razão de ser. Pergunta pelas essências. Por isso, a filosofia está associada à Grécia. O hebreu, por sua parte, se pergunta pelo que as coisas fazem, é eminentemente prático e relacional. Conhecimento para o grego equivale a definir as realidades; para o hebreu, é interagir com elas. A verdade para o grego é intelectual, ele a discute, a deduz; para o hebreu, é relacional, "se faz" (Jo 3,21). O grego busca objetividade e exatidão; o hebreu predomina em subjetividade e afetividade. O grego busca a compreensão de algo, o hebreu busca sua significação. Com esta mentalidade cada um escreveu a "história" e, por isso, nos custa entender as narrações bíblicas.

O grego analisa, quer compreender, definir, sistematizar, aponta para a perfeição nas formas de conduta, busca a harmonia. (É o que nós fazemos.) A mentalidade hebraica move-se antes pela ação: é dinâmica e eminentemente relacional. Não busca tanto conhecer o mundo, mas dominá-lo. Por isso, Paulo observou que, a propósito do evangelho da Cruz, "os judeus pedem sinais (milagres), e os gregos pedem sabedoria" (1Cor 1,22).

O hebreu tende a exagerar, e muito; já o grego não é assim, pois se prende aos fatos e busca objetividade. Assim, a afirmação de que "Abraão viveu cento e sessenta e cinco anos" (Gn 25,7) ou de que Matusalém viveu "novecentos e setenta e nove anos" (Gn 5,27) significa, em semítico, que era um homem abençoado por Deus, pois a vida é dom de Deus, e não que literalmente viveu tantos anos. Quando lemos a advertência de Jesus "se alguém vem a mim e não odeia seu pai e sua mãe..." (Lc 14,26), devemos compreender que não se trata de odiar, mas de amar menos, como precisamente lemos no paralelo em Mt 10,37. Quando Jesus diz "não vim chamar o justos, mas os pecadores" (Mc 2,17), devemos compreender que não se trata de exclusões, mas de prioridades, no sentido de "não tanto a – como a". É importante entender o sentido de textos de corte histórico e os de aparência jurídica, entre outros.

Observam-se as diferenças de mentalidade particularmente na *linguagem* como tal, pois esta é o reflexo mais claro da estrutura mental e do temperamento dos que criaram e usam tal linguagem. É a expressão mais clara da maneira como cada um se situa diante do mundo, em que centra sua atenção e em que é prioritário. Assim, no idioma grego, o elemento mais importante é o substantivo (objetivação); no hebraico é o verbo (ação). Isso corresponde à sua mentalidade: uma centra-se nas coisas em si e em sua essência; a outra nas coisas para mim e no que fazem. O idioma grego busca comunicar o mais precisamente possível a realidade ou a ideia da qual se trata, por isso é claro em distinções e matizes, rico em vocábulos e qualificativos. O hebraico, que é pobre em vocábulos, constrói seus substantivos a partir das raízes verbais, pois as coisas significam pelo que fazem e como se relacionam com a pessoa. Nada de estranho: o grego inclina-se para a contemplação, o outro para a ação. O grego fala do que foi processado pela razão e pelas ideias, o hebreu fala do que foi sentido nas emoções e afetos.

Para o hebreu, o idioma é um instrumento de comunicação e, como tal, não está preocupado com detalhes linguísticos e gramaticais. De fato, o idioma hebraico é sumamente rústico; sua gramática é elementar. O grego, ao contrário, entende o idioma como obra de arte, por isso, é sumamente cuidadoso em questões de gramática e de retórica (artes que se estudam).

Devido à sua idiossincrasia, entende-se que o hebreu fale usando muitas imagens, metáforas, relatos, quer dizer, é pictórico. Bons exemplos são os profetas e a apocalíptica. O grego, em contrapartida, vangloria-se do bom manejo do idioma, do cuidado dos vocábulos, de sua riqueza de palavras e matizes para falar de generalidades e abstrações. Do mundo greco-romano saíram os grandes poetas, literatos e oradores, cujas obras consideramos como "clássicas". Enquanto não entraram em contato com o mundo grego, os escritos judaicos não ofereciam reflexões de corte filosófico, mas relatos vivenciais.

Cosmologia

A maneira como as pessoas da Antiguidade imaginavam o mundo provinha de suas observações e impressões empíricas. É natural que, se olhavam para o alto, à direita ou à esquerda, e sempre viam como limite o horizonte celeste, concluíssem que a terra estava encerrada em uma espécie de meia esfera. E vendo que o que se movia eram nuvens e os astros, pensavam que esse horizonte era firme, como o era a terra onde as pessoas habitavam. É natural que, se os limites de seu conhecimento da extensão da terra firme terminavam onde havia água, concluíssem que a terra estava rodeada de água ou mares. A própria terra era, em sua experiência visual, uma espécie de gigantesca plataforma irregular que estaria sustentada por colunas e rodeada de águas por todas as partes, mesmo debaixo, pois brotam fontes e mananciais, nascem rios e há lagos. Descrições dessa ideia do mundo encontram-se no Salmo 104,2-14 e em Jó 26,6-11; 38, entre outros.

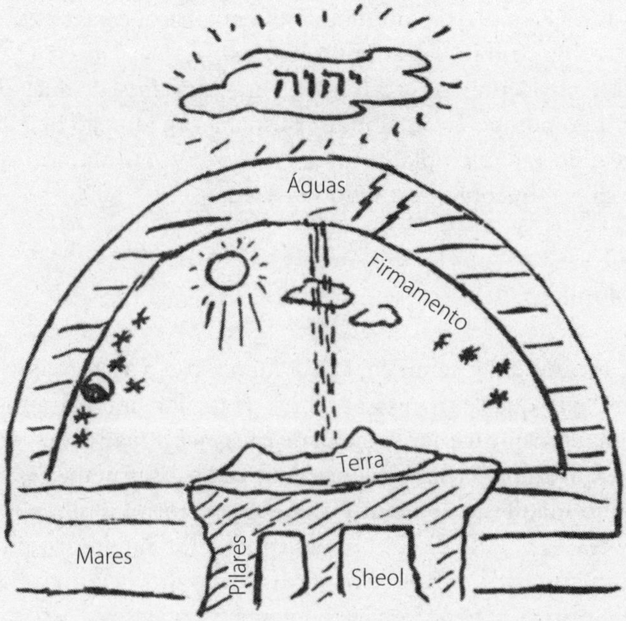

A experiência da chuva, incluindo a neve e o granizo, levou-os a pensar que acima da abóbada do firmamento haveria reservatórios de água que Deus controla. Os astros ou luminárias encontram-se debaixo dessa abóbada ou teto, mas não se veem quando a grande luminária (o sol) dá sua luz. O sol e a lua eram concebidos como luminárias manejadas por Deus. Até a própria luz (que pode dar-se sem ver o sol, veja Gn 1) era uma realidade em si mesma, e, por isso, se relata como criada à parte. Deus e seus anjos teriam sua residência acima desses "céus" (plural, porque pensavam que havia vários níveis, habitando Deus no último). Debaixo da terra se encontrariam os abismos ou profundidades (o "*sheol*" ou "*hades*"), que também é o lugar de residência dos mortos, posteriormente separado do lugar dos infernos. Para referir-se ao mundo visível, usavam a expressão "céus e terra". Todos os fenômenos naturais estão regidos por Deus: raios, trovões, ventos, sismos, que podem também ser expressões da ira ou da proximidade de Deus (teofania). Com esta ideia empírica do mundo se compôs o relato da criação, que falava de diversos fenômenos e eventualmente da participação de espíritos, por não ter conhecimentos e uma compreensão científica do mundo, como a que possuímos hoje. Sua visão do mundo era empírica, e suas explicações dos fenômenos cósmicos eram mitológicas.

A diferença com o grego fundamenta-se no fato de que, enquanto para este o mundo é o cosmo, um sistema organizado que deve ser compreendido e contemplado, para o hebreu é um mundo que nos afeta e está totalmente governado por Deus.

Antropologia

Na mentalidade semítica, o ser humano era visto como totalidade, um "eu" que se manifesta de diversas maneiras. Termos como corpo, sangue, espírito, carne, além de referir-se a realidades, frequentemente eram empregados para designar as diversas maneiras como o ser humano manifesta sua existência. Assim, corpo designa a pessoa ("eu"), vista do ângulo de sua comunicabilidade. Sangue e espírito (ou alento) conotam vida, porque é o que distingue aquele que vive daquele que está morto (o sangue já não flui nem está quente; a pessoa já não respira mais). Carne é a materialidade como tal, a que sofre, e com a morte se desintegra (não acontece assim com o corpo!). As entranhas são a sede dos sentimentos e emoções. O sangue de Abel que clama ao céu, pedindo justiça (Gn 4,10), e o sangue que Jesus derramará pelas pessoas (Mc 14,24), não é outra coisa que sua vida, seu "eu" como ser vivente neste mundo. O ser humano *é* corpo; não "tem" um corpo. Por isso, Jesus disse "tomai e comei meu corpo": entrem em comunhão comigo. Paulo advertiu os coríntios que "a carne e o sangue não podem herdar o reino de Deus" (1Cor 15,50). A expressão "o Senhor esteja com teu espírito" equivale a dizer "o Senhor esteja contigo". Espírito é um "eu" que se expressa nas atividades vitais, dado por Deus e que pertence a ele (recordemos a criação: Deus soprou seu alento).

Quando São Paulo se referia às pessoas com suas realidades relacionais, costumava fazê-lo a partir da antropologia semítica. Assim, a carne é a culpável pelo pecado e opõe-se ao espírito. Por isso, a ressurreição será do corpo, não da carne (1Cor 15,35ss). Para Paulo, como para todo semita, a alma é a sede das funções de consciência e deixa de existir com a morte; não é a alma, mas o espírito que sobrevive. A alma, da mesma maneira que a carne, pertence a este mundo transitório e deixa de ser com a morte. Tudo isto nos parecerá estranho, pois pensamos como os gregos, não como os semitas.

No mundo de ascendência grega, em contrapartida, devido à influência das filosofias aristotélica e platônica em particular, o ser humano era considerado como um composto de corpo e alma, como que com uma totalidade simples. O helenismo supervalorizava a alma, menosprezando frequentemente o corpo; a prática de virtudes era vista como o maior tesouro. O "espiritual", as essências, era o primordial para o grego. A morte veio a ser entendida como a separação do corpo e da alma – não como a mudança de modo de existência com a permanência do "eu", como o semita o entende –, e a salvação concerne somente à alma. Esta é a maneira de entender o ser humano que herdamos e que difere do pensamento da maioria dos escritos da Bíblia. Em outras palavras, o semita tem uma visão *unitária* do ser humano (é um todo, um "eu" em diversas manifestações); o grego tem uma ideia dualista que contrapõe "corpo e alma".

Além disso, temos de destacar que, no mundo de raiz semítica, a pessoa era considerada como um ser eminentemente *relacional*: sua vida se definia por suas relações com seus semelhantes e com Deus e não pelo que a distingue ou separa dos demais. Os "dez mandamentos" expressam isto claramente, e é evidente na pregação de Jesus de Nazaré. A atenção está fixada na vida comunitária, que é decisiva, e não na vida individual nem na vida interior "íntima". Perguntava-se pela atuação da pessoa (pela sua relação com o mundo), e não pela sua essência (separada do mundo). O hebreu pergunta *quem* é a pessoa; o grego pergunta o *que é* a pessoa. Como veremos, isto tem sérias implicações éticas.

Deus e religião

A ideia que os povos têm de seus deuses está marcada por suas experiências com o cosmo, sendo os deuses os que estão "acima" do mundo e o manejam. Não estranha que os hebreus inicialmente tivessem semelhantes ideias sobre seu deus. O mais notório e, às vezes, chocante é a ideia de Deus em termos militares: é o "Senhor dos exércitos", o que ordena massacres, que julga e fulmina. É um deus que, ao mesmo tempo em que tem compaixão, é vingativo e sem misericórdia com seus "inimigos" (confira Juízes, Sl 58, entre outros). Estas maneiras de entender e apresentar a Deus foram assimiladas de algumas religiões dos arredores, predominantemente cananeias, e só lentamente se foram purificando, embora em termos racistas: é o deus de Israel que age somente a favor deles. O cristianismo rompeu com esta compreensão exclusivista e excludente de Deus.

Por outro lado, com seu temperamento prático e seu sentido comunitário, o hebreu se pergunta: Quem é Deus *em relação a* nós? Assim, entendia a Deus em termos relacionais, como libertador, pai, criador, juiz, quer dizer, como um Deus *para* as pessoas. No mundo greco-romano, em contrapartida, inclinado à especulação e à contemplação, se perguntava: Quem é Deus *em si mesmo*? Qual é a sua essência? O grego entende a Deus em termos filosóficos, como onipotente, onisciente, espírito puro. Para o hebreu, a perfeição de Deus não é ontológica, mas relacional: "faz nascer o sol sobre maus e bons e manda a chuva sobre justos e injustos" (Mt 5,45). O hebreu escuta a Deus e lhe fala; o grego, em contrapartida, o olha e admira.

Como consequência dessa ideia de Deus, a relação com ele era pensada e vivida diferentemente. Para os semitas, era uma relação de confiança, de diálogo, pois é um deus que se preocupa por eles; para os de ascendência grega, era uma relação antes de adoração, de temor, a quem se deve manter satisfeito. Por extensão, a ética também era diferente.

No judaísmo (como no islamismo), vida e religião são inseparáveis: toda conduta está governada pela vontade de Deus; portanto, deve-se estar em graça com ele. No mundo de mentalidade grega, a conduta da pessoa está governada pelo ideal da perfeição pessoal e concentra-se na prática das virtudes. Para o judaísmo, a ética é essencialmente social, pois a religião é vivida comunitariamente. Israel tinha (e tem) forte consciência de ser um *povo* escolhido por Deus. No helenismo, ao contrário, a ética é predominantemente individual e, até certo ponto, familiar, marcada pela contraposição de vícios e virtudes (cf. Gl 5,19-23; Ef 5,21-6,9).

Nas origens (semíticas), ser cristão significava ser discípulo de Jesus e, como ele, o cristão devia expulsar demônios, curar enfermos, anunciar a proximidade do reino de Deus. Quando entrou a mentalidade grega, o acento foi sendo colocado na *imitação* pessoal de determinadas "virtudes", e Jesus passou a ser uma espécie de modelo de homem perfeito. Do seguimento de Cristo se passou à imitação de suas virtudes. É assim que aparecem os catálogos de vícios e de virtudes como essenciais para a ética, por exemplo, em Rm 1,29s; Ef 5,3ss; Fl 4,8. Por conseguinte, enquanto que para uns o pecado tem uma dimensão eminentemente social, para os outros é essencialmente pessoal. Por isso mesmo, a perfeição se adquire, segundo o mundo grego, por meio da *ascese*, na prática de virtudes pessoais, enquanto que, na mentalidade semítica, é questão de uma *práxis*, quer dizer, de um comportamento que conduz à vida social harmoniosa, em *shalom*.

O grego prioriza o espiritual e o abstrato, o hebreu o material e sensível. Por isso mesmo, para o grego a salvação diz respeito à alma, que ele considera imortal e eterna, enquanto que o hebreu fala de ressurreição (inaceitável para o grego, que considera o corpo como o cárcere da alma; cf. At 17,32; 1Cor 15,12.35), de reavivamento pelo espírito (não pela alma), de vida para sempre (Jo).

Atitude diante da vida

Para o hebreu, a vida *se vive*, não se analisa. As realidades são relativas e têm sentido nas relações que se estabelecem. A vida como tal não se analisa metafisicamente. O cristão é um *seguidor* de Jesus Cristo, não simplesmente um imitador. As "melhoras" vão-se realizando no caminhar da vida, na linearidade da história; por isso, para o hebreu, é importante o tempo (em sentido de processo e projeção, não de cronologia mensurável).

O hebreu não define; descreve a partir de suas relações com o mundo. Não busca informação para logo raciocinar, mas conhece, inter-relacionando-se com o objeto de sua atenção. Enquanto o semita fundamentava seus conhecimentos na experiência e, consequentemente, entendia a vida em termos de relações, o helenista entendia a vida em termos de ideais. "Conhecer" equivale para o hebreu à relação íntima: não é intelectual, mas vivencial. Não busca saber o que algo é (substantivo), mas o que faz (verbo). A identidade das pessoas não se dá em títulos, posições ou riquezas, mas por seus laços familiares e sociais ou pelo que faz. Jesus é "o filho de José", de "Nazaré", "operário".

Enquanto para o grego o tempo é mensurável, é passado, presente ou futuro, para o hebreu é processo de realização (o idioma hebraico não conhece tempos verbais, mas modos). O grego olha mais para o passado, enquanto o hebreu olha para o futuro. Do mundo grego vem a história pretérita, do hebreu a história como significatividade existencial para agora, representada nitidamente pelos profetas. O grego vê a passagem do tempo espiralmente, com um "eterno retorno" (visível no ciclo das estações do ano), mas o hebreu o entende antes linearmente, projetando-se para a meta (escatologia). Daqui o peso da esperança para o hebreu. É notório que o grego não conhece a criação, como os semitas a conhecem. Tampouco conhece a fatalidade, mas insiste na fidelidade a Deus.

Em contraste com nossos valores, no antigo mundo mediterrâneo a honra era um valor supremo na valia social da pessoa; a desonra era uma das maiores desgraças, particularmente no Oriente Médio. Junto com a honra, o mais valorizado na vida para o hebreu era a paz em seu sentido semítico de *shalom/salam*; o ideal de vida para o grego era a vida vitoriosa. Paz não é ausência de conflito, mas harmonia e bonança. Por isso, o hebreu, que é notoriamente alegre e extrovertido, sente prazer com a natureza e festeja-a. A saudação hebraica é *shalom*, é seu desejo para o outro. O grego, em contrapartida, diz "saudações" (*chaire/ave*).

O hebreu tem forte sentido de comunidade, de solidariedade, o que não acontece com o grego, que vive sua própria vida independentemente da dos demais. Por isso, o grego não conhece nem a caridade nem a compaixão, mas sim a democracia e a disciplina. A solidariedade dá-se somente entre membros da mesma classe social e é interesseira: convido, e tem de me convidar. Para o hebreu, seu futuro está fixado primordialmente em seus filhos, não em bens materiais.

Em resumo, enquanto o hebreu dava prioridade à audição, à comunicação e à comunidade, o grego acentuava a visão, a contemplação e a perfeição pessoal. Um era amante de festas; o outro do teatro. Enquanto o hebreu pensava com o coração e sentia com as entranhas, o grego pensava com a mente e sentia com a alma.

Quero encerrar, reiterando o que foi dito mais acima: estas caracterizações das duas mentalidades são esquemáticas e pecam por ser simplistas, mas têm por objeto alertar-nos sobre a realidade idiossincrática desses mundos, o semítico (oriental) e o grego (ocidental), que certamente não estavam contrapostos, nem suas diferenças eram como branco e preto.

Quisemos ilustrar o fato de que é importante ter presente o contexto cultural no qual nasceram e cresceram os textos da Bíblia. Isto implicitamente nos adverte, por um lado, que devemos cuidar-nos de projetar sobre os textos bíblicos nossos conceitos, supondo ingenuamente que, naqueles tempos, pensavam exatamente como nós. Por outro lado, nos alerta para o fato de que a cultura é fator *relativo*, condicionado por uma série de elementos. Os aspectos culturais não constituem a mensagem como tal (a menos que sejam expressamente seu tema), mas sua roupagem.

c) O contexto literário

O contexto literário é aquele conjunto do qual o texto que se estuda ou se cita é parte integrante. O contexto de uma frase é a frase (ou série de frases) que a precede e a que a segue. O significado da frase em questão está geralmente determinado pela frase que constitui (ou pelas frases que constituem) seu contexto. Igualmente ocorre com as palavras: mudam de sentido segundo o contexto literário. Assim, por exemplo, o termo "inferno", além de denotar um lugar de sofrimento, pode significar desgraça, catástrofe, como nas frases "vai para o inferno", "isto é um inferno", "sua vida virou um inferno". No Salmo 14, afirma-se literalmente: "Deus não existe" (v. 1). Mas, se alguém o lê em seu contexto, acaba a surpresa: "O insensato diz em seu coração: 'Deus não existe'" (de novo no Sl 53,1). A sentença de Jesus "se teu olho direito te escandaliza, arranca-o e lança-o longe de ti...", no contexto de Mt 5,29 é uma séria exortação a não cobiçar a mulher do próximo (veja o versículo anterior: "todo aquele que olha uma mulher com mau desejo...", que por sua vez está precedido pela menção do mandamento "não cometerás adultério"; tudo isto é seu contexto literário). No contexto de Mt 18,9, em contrapartida, essa mesma sentença de Jesus tem uma função totalmente diferente: "se teu olho direito te escandaliza, arranca-o..." é um grave chamado a evitar escandalizar os membros mais fracos da comunidade (veja os versículos anteriores, quer dizer, o contexto: "Ai do mundo pelos escândalos!... Ai daquele homem por quem vem o escândalo!", que por sua vez tem como contexto o v. 6: "Se alguém é ocasião de pecado para qualquer destes pequenos que creem em mim...").

Lamentavelmente, estamos acostumados a ler ou a escutar textos da Bíblia *isolados* de seus contextos literários e, por conseguinte, eles são interpretados segundo os interesses ou preconceitos daquele que cita o texto, isso se não se citam precisamente com a finalidade de confirmar a ideia que já se tem, como é o caso no emprego da Bíblia por parte da maioria das "seitas" e dos fundamentalistas. Isolado, separado de seu contexto literário, um texto pode ser interpretado em um sentido marcadamente diferente daquele que seu autor quis comunicar, sentido que é precisamente dado pelo contexto. Por isso, para assegurar-se de que se entenda bem o sentido de um texto, *é indispensável lê-lo dentro de seu contexto literário*. Em termos práticos, isto significa ler pelo menos algumas frases *antes* de chegar ao texto ou passagem em questão. É que, para compreender o sentido no qual o autor quis que se entenda determinado parágrafo ou frase, é necessário entendê-lo em conjunção com o precedente ou com os precedentes.

Quando se escreve, logicamente, uma frase, um parágrafo, ou até um capítulo, segue a outro; o escritor constrói sua obra literária apoiando cada frase, cada parágrafo e cada capítulo no anterior (a menos que comece por ele). Isto significa que o sentido está entrelaçado, que o que este texto diz se apóia, para seu sentido, no que o texto *anterior* diz. Não foi em vão que o autor colocou determinado texto *nesse* e não em outro lugar ou contexto literário. É como um quadro: o pintor pintou um traço por vez, e cada um está em relação com outros, e todos juntos constituem o quadro. Uma folha de uma árvore se compreende em relação com a árvore, e a árvore tem sentido (mensagem) dentro do conjunto no qual o pintor a situou.

Não poucas vezes o sentido do texto (frase, parágrafo) foi esclarecido por seu autor no que vem *depois*. Por isso é recomendável observar o texto seguinte ao que se está tratando de compreender.

Jesus empregou a parábola da ovelha perdida como um meio de *pregação* com o propósito de chamar à conversão os seus compatriotas (fariseus) que se sentiam demasiadamente seguros do favoritismo de Deus. *Mateus*, que se dirigia aos cristãos, não aos judeus, empregou esta parábola, adaptando-a a um contexto (vital) de instrução, e situou-a no cap. 18, dedicado a instruções para a vida em comunidade, de modo que lhe serviu de exemplo para ilustrar a conduta que os cristãos devem observar com relação ao irmão que facilmente se escandaliza (18,10-14): por isso, ele a situou nesse contexto. *Lucas*, ao contrário, escrevendo para uma comunidade composta majoritariamente por convertidos do paganismo, que precisamente por isso era criticada pelo ambiente judaico (contexto vital), empregou essa mesma parábola com uma finalidade *apologética*: defender sua comunidade, justificando a aceitação de pagãos convertidos. Para isso, Lucas construiu um *contexto literário* para a parábola da ovelha perdida, que é apologética: leia 15,1ss. No tempo de Lucas, essa introdução (contexto) traduzia o fato de que os judeus (= fariseus e escribas da introdução) criticavam (= murmuravam), porque as autoridades cristãs no tempo de Lucas (= Jesus) aceitavam na comunidade (= acolhiam) pagãos (= pecadores). Parte do contexto literário em Mt e em Lc não é somente o que precede a parábola, mas também a "lição moral" que se encontra em cada um no final: Mt 18,14 ("Da mesma maneira seu Pai que está nos céus não quer que *se perca* um só destes pequenos"), diferente de Lc 15,7 ("Igualmente, haverá mais alegria no céu por um só *pecador que se converte* do que por noventa e nove justos"). Este exemplo ilustra vários pontos que já estudamos.

Além do contexto literário imediato, é recomendável ter presente o contexto *totalizante*, quer dizer, a obra como totalidade. A soma das partes (frase, parágrafo, capítulo) está a serviço da mensagem que o autor quis comunicar com sua obra. Por isso, a obra é o contexto mais vasto de cada um dos textos que a constituem: O que é que Ezequiel (e não outro) quis comunicar com este ou com aquele texto de sua obra profética? Por que o colocou neste e não em outro contexto? Assim, por exemplo, o fato de Lucas relatar em seu Evangelho o encarceramento de João Batista (3,18ss) *antes* do batismo de Jesus se compreende somente quando se tem presente que, para Lucas, o Batista representava um período da história salvífica que terminava com ele, e com a aparição de Jesus em cena começava um período novo: "A Lei e os profetas chegam até João; a partir de então, se anuncia o Evangelho do reino de Deus" (Lc 16,16). Lucas situou o relato do encarceramento de João nesse contexto literário (não histórico) para ressaltar essa ruptura na história salvífica. Contrariamente ao que muitos fazem com textos proféticos, evangélicos e apocalípticos, *não se deve* isolar nenhum texto e interpretá-lo de maneira diferente daquela que se depreende de seu contexto literário imediato e do contexto totalizante, mas antes em relação com ele. Interpretar as visões de pragas e cataclismos no Apocalipse como anúncios do que acontecerá pouco antes do fim do mundo é *contrário* à intenção e à mensagem do Apocalipse *como obra* (contexto totalizante).

Há um contexto muito mais amplo para a leitura dos textos bíblicos: o contexto *canônico*, quer dizer, o sentido dos textos bíblicos que resulta de tomá-los como parte da Bíblia como um todo, considerada toda ela Palavra de Deus. É assim, de fato, a maneira como os cristãos interpretam muitos textos do Antigo Testamento: leem-nos à luz do Novo Testamento. No entanto, embora legítima essa leitura, já atestada no próprio Novo Testamento nas citações do Antigo Testamento, esse é um contexto de índole *hermenêutica*, vale dizer, de índole interpretativa. Vai além do sentido literal e literário dos textos. Para isso, põe-se entre parênteses o contexto tanto histórico como situacional do texto.

d) Síntese: a comunidade, o autor e sua obra

O autor de qualquer escrito é "filho de seu tempo", quer dizer, está condicionado e influenciado pela situação e pela cultura em que vive. Visto que os autores dos escritos da Bíblia viveram em comunidades que tinham preocupações, inquietudes e problemas concretos de seu tempo e contexto vital, e visto que seus escritos tinham por destinatários essas comunidades, é de se supor que as preocupações, inquietudes e problemas que compartilhavam se refletem nesses escritos. Observa-se, então, uma interação entre a comunidade, o autor e sua obra: ele reflete as inquietudes de sua comunidade, ao mesmo tempo em que se dirige a ela; a comunidade influi sobre o autor, e este por sua vez influi sobre a comunidade com seu escrito. O autor é, de certo modo, o porta-voz de sua comunidade, ao mesmo tempo em que assume o papel de guia para ela.

Os escritos da Bíblia são produtos da *vida* de comunidades, além de serem produtos da vida do autor: de suas buscas, vivências e reflexões, de tradições que lhe foram dando identidade. As tradições nasceram na comunidade, foram interpretadas e reinterpretadas, preservadas e escritas como parte de sua história e como expressões de sua identidade. Comunidade e tradição são inseparáveis. Quer dizer, *comunidade e Bíblia cresceram juntas*. Por isso, muitos escritos são anônimos: seu autor (não redator) é a própria comunidade. Por isso, foi a comunidade, como veremos, que decidiu a respeito do valor canônico ou normativo de determinados escritos para constituir o conjunto chamado "Bíblia".

Os escritos da Bíblia são, então, TESTEMUNHOS da VIDA da comunidade (judaica, cristã) em seu processo de formação, em sua afirmação de sua identidade – que distingue essa comunidade de outros povos – e na expressão de sua fé – que a distingue de outras religiões.

Do que até agora vimos podemos precisar que

A BÍBLIA É UM CONJUNTO DE TESTEMUNHOS DE VIDA E DE FÉ.

1) A Bíblia é "um conjunto", porque nem é o único testemunho (continuaram acontecendo outros testemunhos) nem inclui todos os testemunhos dados.

2) São "testemunhos de vida", porque revelam as vivências reais de determinados tempos, idiossincrasias, culturas, vicissitudes vividas por seus autores, herdeiros de tradições vividas por outros e pela comunidade. Estes são representados pelos personagens dos quais se fala e os que falam, ou mediante eles.

3) São "testemunhos de fé", porque através desses escritos revela-se a fé de seus autores e também daqueles sobre os quais se fala e de suas comunidades. São testemunhos de sua fé, por certo como eles a entenderam e expressaram, com sua maneira de compreender a Deus e seus desígnios. Entretecem-se, então, vida e fé testemunhadas pelo desejo de compartilhá-las e de servir de guias para seus destinatários: sua comunidade.

Poder-se-ia dizer que a Bíblia é o documento de *identidade* para o judaísmo (Antigo Testamento) e para o cristianismo (Novo Testamento): inclui os testemunhos de sua origem e de seu crescimento e formação. Por isso, tanto para o judeu como para o cristão, a Bíblia é uma referência crítica insubstituível.

O que foi exposto até aqui sobre a Bíblia nos ajuda a entender por que nela se diz que Deus ordenou massacres impiedosos como os que lemos nos livros de Josué e de Juízes. Igualmente, esclarece a impressão que se tem de que o deus do Antigo Testamento é iracundo e malvado, contrastado com o deus do Novo Testamento tido por misericordioso e amoroso – como já havia observado e objetado Marcião no séc. II d.C. De fato, quando se tomam os relatos bíblicos de massacres como reportagens jornalísticas, como ordens *literalmente* dadas por Deus, são escandalosos e inaceitáveis para nossa sensibilidade humana, e um deus dessa espécie é um tirano. Uma leitura fundamentalista deste tipo serviu de justificação para as matanças de negros na África do Sul (equiparados aos cananeus bíblicos) nas mãos dos imigrantes holandeses (que se imaginaram ser o povo de Deus), por exemplo. Mas, quando se conhece a origem da Bíblia, o assunto resulta diferente, e podemos compreender corretamente os *relatos* de massacres. Comecemos por ter presente que os relatos são posteriores aos próprios acontecimentos. Os acontecimentos que o povo de Israel viveu foram *interpretados* por ele como ordens divinas.

O grupo de semitas que saiu do Egito foi conquistando por sua astúcia e força muitos povos em seu ingresso nas terras de Canaã. Suas vitórias (e também suas derrotas), que provavelmente eles não esperavam, os levaram a *interpretá-las* como intervenções divinas. Como explicaram que pudessem tomar este ou aquele povoado, e depois outro, sendo eles um grupo amorfo? Como intervenção divina! E como interpretar suas derrotas? Como castigos divinos! Em outras palavras, séculos mais tarde, os hebreus viram sua história em termos de bênçãos e de maldições de Deus, de recompensa e de castigos (veja Dt 30,15-20). Fizeram o mesmo que muitos outros povos, que viam sua história nos mesmos termos, por isso buscavam aplacar a seus deuses. Eles *interpretaram* essa história como vontade ou desígnio divino e, ao relatá-la, o fizeram como se Deus tivesse ordenado os massacres. Mais ainda, para ressaltar a suposta intervenção divina, exageravam as descrições e as cifras: a cidade estava cercada por muralhas, os inimigos eram milhares etc. Não é que tenha sido assim na realidade (por exemplo, Jericó), mas sim que, *mediante* o exagero, o *relato* sublinhava a intervenção divina: sem sua ajuda não teriam tido os impressionantes êxitos, pensavam eles. Se por curiosidade computarmos os números de inimigos mortos, segundo os relatos bíblicos (bem como as cifras no curso do êxodo), ficamos surpresos, pois supõe uma população em Canaã muitas vezes superior à que essas terras tiveram. Mas a matança de um inimigo tinha a importância que teria ter matado a mil, como a vitória do minúsculo Davi (= Israel) sobre o gigante Golias (= Filisteia). É uma avaliação subjetiva.

Para sublinhar a importância da tomada de Jericó, ponto estratégico fundamental, ela foi pintada como grande cidade cercada de muralhas, com milhares de soldados que caem ao toque de trombetas etc. Igualmente, fizeram com relação à cidade de Hai (Js 6-8). Com isso, os narradores queriam produzir um impacto em seu auditório. Os trabalhos de arqueologia ajudaram a compreender isto. Ao se desenterrarem as supostas cidades gigantescas, descobriu-se que, na realidade, eram pequenas, que sua população era muito inferior à que a Bíblia menciona e que, além disso, no tempo da conquista nem Jericó nem Hai existiam como cidades povoadas, mas eram pequenos vilarejos junto às ruínas do que *séculos antes* tinham sido respeitáveis cidades, coisa que os cantores de gestas não supuseram séculos mais tarde. O que os relatos bíblicos põem em relevo não é a impiedade e a vingança de Deus, sua aparente sede de sangue, mas antes a *convicção* de que Iahweh foi guiando esse povo em sua conquista da terra de Canaã, que eles levaram a cabo "a sangue e fogo". São épicas epopeias militares, com as típicas acentuações nacionalistas que colocam Deus como agente principal dessas "glórias", porque assim legitimam sua posse de Canaã e afirmam sua identidade judaica como povo da "aliança" (conceito político), como o povo favorecido por Iahweh, seu Deus.

Estas afirmações costumam ser chocantes e contradizem as supostas provas da existência de cidades como Jericó, Betel e Hai no séc. XIII a.C., como propalam certos programas de televisão e livros como o de W. Keller "E a Bíblia tinha razão". Para ilustrar-se de maneira informada, o leitor interessado deveria remeter-se às reportagens arqueológicas ou à "New Encyclopedia of Archeological Excavations in the Holy Land", ed. por E. Stern (Jerusalém, 1993). Uma boa síntese sobre o tema oferecem os renomados arqueólogos W. Dever, em seu livro *What did the Biblical Writers Know end When did They Know it? What Archeology Can Tell Us about the Reality of Ancient Israel* (Grand Rapids, 2001) e I. Finkelstein – N.A. Silberman, em *The Bible Unearthed, Archeology's New Vision of Ancient Israel and the Origin of Its Sacred Texts* (Nova Iorque, 2001).

11.

O TEXTO BÍBLICO

Queremos agora deter-nos no texto escrito em sua materialidade: a questão dos materiais empregados e dos originais, os idiomas originais e o problema das traduções.

Os idiomas

A dimensão humana dos escritos da Bíblia manifesta-se claramente nos idiomas em que estes foram redigidos, incluída a gramática e questões afins. Eram os idiomas próprios da época, e os lugares de composição eram os mesmos em que naquele momento se falavam. Em nenhum caso é um idioma "especial", menos ainda uma espécie de "idioma divino".

Os escritos que constituem o Antigo Testamento foram compostos, até dado momento, em hebraico, o idioma falado em Israel. Como resultado do exílio babilônico (séc. VI), muitos judeus falavam e escreviam o aramaico, idioma da mesma família que o hebraico, embora se continuasse falando o hebraico na Palestina (veja Ne 8). Na Bíblia, não temos obras escritas em aramaico, mas sim trechos em Daniel (2,4-7,28) e em Esdras (4,8-6.18; 7,12-26), que foram acrescentados. Não se escreveram obras em aramaico, porque o hebraico foi preservado como idioma do culto e da literatura religiosa (como foi o latim na Igreja). No entanto, acharam-se em Qumrã não poucos textos em aramaico, e existe outra literatura judaica em aramaico (*targumin*, *midrashim*, Talmud).

Com o helenismo trazido com a conquista de Alexandre Magno, o grego passou a ser o idioma predominante, razão pela qual a partir do séc. III se começou a escrever também nesse idioma. Nesse tempo se realizou, além disso, a tradução dos textos hebraicos para o grego (LXX). É um grego popular (*koiné*), distante do grego dos clássicos. A tradução de Ester para o grego foi aproveitada para introduzir partes nesse idioma, como se passou com Daniel, que foi acrescido com os capítulos 13-14. Alguns textos recentes, embora talvez escritos em hebraico ou aramaico (como Eclesiástico), foram preservados e lidos em grego, como os chamados "deuterocanônicos". Os escritos que constituem o Novo Testamento foram compostos todos eles em grego.

A afirmação de que o Evangelho segundo Mateus foi originalmente escrito em idioma aramaico (afirmação baseada no que foi supostamente dito por Papias) não é sustentável, e hoje não é defendida por nenhum exegeta que tenha estudado Mateus. O Evangelho mais antigo é o de Marcos, escrito em grego, o qual Mateus usou como uma de suas fontes. O Evangelho segundo Mateus que possuímos é composição nitidamente grega; não é uma tradução. Fica aberto para discussão saber se a referência de Papias (inícios do séc. II), citada por Eusébio de Cesareia (séc. IV), a um evangelho de Mateus em aramaico, na realidade descreve o que os estudiosos chamam de "o documento Q", uma reconstrução hipotética de uma suposta coleção de ditos de Jesus, reconstrução que Mateus e Lucas teriam conhecido e usado.

O fato de a Bíblia ter sido escrita em idiomas diferentes dos nossos significa que foram empregadas expressões, construções gramaticais e modos de expressão idiomática diferentes dos nossos. Isto apresenta um problema para as traduções, como o compreenderá qualquer um que esteja familiarizado com outro idioma.

O hebraico é um idioma criado com base na experiência com o mundo (não com a reflexão) e fala dele. Por isso, predomina a ação, expressa pelo verbo e não pelo substantivo. O idioma hebraico não conhece tempos verbais como tais (passado, presente, futuro), mas modos ou estados de realização da ação: totalmente concluída (perfeito) ou em curso de realização (imperfeito); o tempo é deduzido do contexto. Alguém não "é", mas "está" ou "esteve" em processo de devir. Deus não "é", mas se dá a conhecer por sua ação; por isso, a famosa apresentação de Deus em Ex 3,14 deve ser entendida neste sentido dinâmico ("eu sou aquele que devém em seu agir", como mostrará a Moisés), não no sentido estático ontológico grego ("eu sou o que sou"). Em hebraico, o verbo ser, que é ativo (nunca abstrato), frequentemente é tácito. O hebraico tem poucos adjetivos e advérbios e um vocabulário reduzido e referente ao sensível, ao concreto: é uma linguagem que expressa o sentido, por isso são abundantes as imagens e verbos de movimento. A língua hebraica tem poucos vocábulos para abstrações e para generalidades, por isso não tem palavras para dizer: nada, eterno, todos, pessoa, falsidade, universo. Visto que não pensa em abstrações, em função de ideias, se aproxima delas usando metáforas, símbolos, hipérboles, tomadas do mundo sensível. O conceito de universo é expresso por "céus e terra": isso é o que se observa. O ser humano designa-se por "filho de homem", a pessoa é "corpo" (não carne nem materialidade), a eternidade é "sempre", todos é "muitos", e para referir-se aos sentimentos fala de entranhas. O hebraico é um idioma que se presta a jogos com palavras pela fácil combinação de sons (onomatopeia); é um idioma sonoro para o ouvido.

O grego, ao contrário, é um idioma polido, com uma gramática refinada e muitos termos para abstrações. É um idioma da reflexão e para a reflexão. É um idioma que se presta para matizar muito bem o que se quer expressar mediante complexas conjugações verbais, preposições e sufixos. O grego inclina-se menos ao relato do que a discursos e frases profundas; gosta do idioma, cultiva-o e deleita-se nele, à diferença do hebreu. Para o grego, o idioma é arte; para o hebreu é instrumento.

O grego da Bíblia não é o clássico, mas um grego popular (*koiné*) que se impôs com a conquista de Alexandre Magno em seu vasto império (séc. IV). Era o idioma comum ou *língua franca* no império romano, razão pela qual o Novo Testamento foi escrito todo em *koiné*. Os chamados "deuterocanônicos" (Tobias, Judite, Baruc, Eclesiástico, Sabedoria, 1-2 Macabeus) foram escritos ou popularizados (e preservados) em grego.

Não é raro encontrar, nos textos bíblicos escritos em grego, expressões que são semíticas (semitismos), tais como "fazer a verdade", "filho da mentira" (da perdição, do homem), "ter acepção de pessoas", e até vocábulos hebraicos (ou aramaicos), transliterados para o grego, como "amém", "satanás", "geena". Certamente os mesmos vocábulos em um idioma e em outro nem sempre significam a mesma coisa, problema frequente e sério ainda hoje; por exemplo, justiça, verdade, glória, corpo, espírito, paz.

Até inícios do séc. II d. C., o latim não era a língua comum fora de certas regiões na Itália (Lácio). No império, era a língua das autoridades romanas para assuntos oficiais, mas não a língua comum da vida cotidiana; somente paulatinamente se foi impondo e substituindo o grego em algumas regiões, pelo que eventualmente se fizeram traduções para este idioma. Nenhum escrito bíblico foi redigido em latim.

Os manuscritos

O material comumente usado no início da escritura era argila, que, depois que os caracteres eram gravados, era cozida, razão pela qual este tipo de material sobreviveu até hoje. Mais tarde, se escrevia com tintas sobre cerâmica, geralmente pedaços quebrados, usados para breves anotações (óstraco), e possivelmente também sobre madeira. Posteriormente, foram usados o papiro e o couro como materiais sobre os quais se podia escrever. Nestes materiais, foram escritos os textos da Bíblia. Por serem materiais orgânicos, não sobreviveram, exceto em lugares muito secos e quentes (Egito, Mar Morto). Por isso, *não possuímos nenhum texto original (autógrafo) de nenhum dos escritos da Bíblia*. Possuímos tão-somente cópias, sendo a grande maioria cópias feitas à base de outras cópias.

Temos indícios do uso do papiro em Israel já no séc. VII (Wadi Murabba'at). No tempo dos persas (séc. V), começou-se a empregar couro, originando os pergaminhos (Qumrã), também ocasionalmente lâminas metálicas. Para preparar e escrever sobre estes materiais era necessário estar treinado, razão pela qual esse trabalho estava a cargo dos "escribas".

Até as descobertas do Mar Morto a partir de 1947, com exceção de alguns trechos soltos, os manuscritos mais antigos do Antigo Testamento que se possuíam datavam de meados do séc. IV d.C. Trata-se dos manuscritos (códices) conhecidos como Sinaítico e Vaticano, feitos por cristãos. No entanto, o manuscrito do Antigo Testamento mais importante por conter o texto completo e mais confiável era o de Leningrado (guardado aí), escrito no Egito, nos inícios do séc. XI (são 491 folhas de pergaminho escritas em ambos os lados, um códice). Este é o texto lido nas sinagogas e que serve de base da edição crítica do Antigo Testamento em hebraico, ao qual se remetem os estudiosos (Bíblia Hebraica Stuttgartensia). Um tanto mais antigos, mas não por isso mais confiáveis quanto à fidelidade com relação ao suposto original, são o códice do Cairo, que tem o texto dos profetas, escrito no final do séc. IX d.C., o códice de Aleppo, de inícios do séc. X, que contém todo o Antigo Testamento, e alguns fragmentos do séc. VIII encontrados na Geniza (depósito) do Cairo. Mas os manuscritos mais antigos do Antigo Testamento que possuímos agora provêm do Mar Morto, majoritariamente de Qumrã, embora de muitos se tivessem encontrado somente fragmentos. O único texto completo ali encontrado é o rolo do profeta Isaías, e o único do qual nada se encontrou é o livro de Ester.

E do Novo Testamento? Do Novo Testamento temos uma centena de papiros que são as cópias mais antigas, todos provenientes do Egito pelo clima seco e quente. O mais antigo (P52) é um pequeno trecho do Evangelho segundo João (18,31-33.37-38) que data do ano 130, aproximadamente. Seguem-se em antiguidade quatro papiros do ano 200 aproximadamente, o mais importante dos quais é uma coleção de cartas paulinas de inícios do séc. III (P46).

Em 1972, José O'Callaghan afirmou que um minúsculo trecho de papiro escrito em grego achado em Qumrã, classificado como 7Q5, corresponde ao evangelho segundo Marcos. Essa afirmação causou grande alvoroço, já que os materiais ali encontrados datam de antes do ano 68, portanto, esse seria o trecho manuscrito mais antigo do Novo Testamento. Em círculos que consideram os evangelhos como *crônicas* fiéis da vida de Jesus, defende-se apaixonadamente essa afirmação, pois leva água para seu moinho; com base nele, afirmam que Mc foi escrito antes do ano 50, ou seja, próximo a Jesus, e não em torno do ano 70, como a grande maioria dos estudiosos afirma, fato do qual deduzem que, por isso, será mais fiel aos fatos e ditos de Jesus do que o que os exegetas sustentam. No entanto, não somente a própria leitura do texto 7Q5 é altamente conjetural – porque contém letras soltas, algumas delas borradas (portanto, pode corresponder a um texto não bíblico) –, mas são mais as perguntas que suscita do que as que a suposição de que se escondera em um refúgio essênio (judeus marcadamente conservadores) um manuscrito cristão (e o único!) pode responder. Em 1994, Carl Thiede afirmou ter descoberto que três pedaços de um papiro com textos de Mateus (P64) datariam de "pouco depois da destruição do Templo" (ano 70), e não de fins do séc. II, como sustentam os eruditos. Essa hipótese amplamente difundida não encontrou eco, exceto, uma vez mais, em alguns círculos tradicionalistas e na imprensa sensacionalista. Sobre tudo isto, veja o estudo de G. Stanton, *¿La verdad del evangelio?*, Estella (Navarra), 1999.

O "códice Sinaítico" (em couro, encontrado no Sinai), que data de meados do séc. IV, é o manuscrito mais antigo que contém todo o Novo Testamento. Mas, que surpresa, inclui também a carta de Barnabé e parte do "Pastor de Hermas"! Este manuscrito, do qual lamentavelmente parte do Antigo Testamento foi destruído, é considerado pelos estudiosos como o mais importante e valioso para o Novo Testamento. Coetâneo e também considerado uma cópia bastante confiável é o chamado "códice Vaticano" (ali guardado), manuscrito que inclui apócrifos judaicos. Estes são os mais notáveis.

Como se pode apreciar, há um lapso mais ou menos longo que separa a composição original das cópias mais antigas que sobreviveram às inclemências do tempo e a tantas outras circunstâncias. Esta situação não é excepcional, pois os manuscritos originais da maioria dos escritos da Antiguidade sofreram igual ou pior sorte; muitos simplesmente não sobreviveram.

Embora pareça um exagero, *o texto* bíblico é um privilegiado da Antiguidade, porque as cópias que possuímos são mais próximas de seus originais do que a vasta maioria de outras produções. A história escrita por Heródoto (séc. V a.C.) chegou até nós via um manuscrito de 1.300 anos mais tarde. A história escrita por seu coetâneo Tucídides é conhecida graças a manuscritos que datam de nove séculos mais tarde. Os textos de Platão e de Aristóteles, nós os conhecemos de manuscritos que datam de mais de um milênio depois de seus originais. O mais antigo que possuímos de *A Guerra das Gálias*, de Júlio César, escrita por volta do ano 50 a.C., data de uns 800 anos mais tarde. Os discursos de Cícero, nós os conhecemos de cópias de mil anos mais tarde. Dos 142 livros que Lívio escreveu em meados do séc. I a.C. sobre a história de Roma, somente se conservam 35. Dos 14 livros da história escrita por Tácito, do séc. I d.C., só restam quatro, e dos 16 livros que conformam seus "Anais" restam tão-somente dez, todos em manuscritos dos sécs. IX e XI respectivamente.

Como eu já disse, não possuímos originais, mas cópias, cópias de cópias. Sabe-se que a tarefa de fazer manuscritos de um texto abre a possibilidade de que se produzam mudanças no texto copiado, seja voluntariamente, seja involuntariamente. Pode-se produzir uma cópia defeituosa ao omitir involuntariamente uma palavra, uma linha ou até uma frase; ou ao confundir uma palavra com outra semelhante, seja por má leitura, seja por má audição (quando era ditada) ou por distração. Em Jo 17,15, que originalmente dizia: "Não te peço que *os tires do mundo, mas que os guardes do Mau*", no códice Vaticano se lê: "Não te peço que os guardes do Mau": o copista saltou de um "que" ao outro! Quantas vezes não nos aconteceu algo parecido! Mas o copista também pode alterar intencionalmente sua cópia ao tratar de melhorar a construção gramatical, de esclarecer o aparentemente incompreensível (interpolações) ou ao acrescentar ou omitir algo para matizar ou corrigir certas ideias ou referências. Ao fazer uma cópia de um texto ao qual se tinham acrescentado anotações entre as linhas ou nas margens, não poucas vezes o copista as incorporava como parte do texto (glosas). Ao Pai-nosso foi acrescentado em Mt 6,13 a aclamação "porque teu é o poder, a honra e a glória pelos séculos. Amém". Em 1Jo 5,7 se introduziu uma fórmula trinitária: "três são os que dão testemunho: o Pai, o Verbo e o Espírito Santo, e estes três são um só". Também acrescentaram grandes blocos, como um longo final a Marcos (16,9-20). Pois bem, se pensarmos que estas e outras possíveis alterações podem ter-se produzido em um texto copiado, imagine qual pode ser o resultado de uma cadeia de cópias, de cópias de cópias.

A leitura do original autógrafo, tanto do Antigo Testamento como do Novo Testamento, foi restabelecida pelos estudiosos com base nas cópias disponíveis por meio de critérios cientificamente estabelecidos, aplicando a metodologia da *crítica textual*. É o mesmo método que se emprega para estabelecer, com o maior grau de probabilidade possível, o texto original de qualquer escrito da Antiguidade. Recentemente, a partir do séc. XIX, se começou o estudo científico dos manuscritos para determinar a leitura original, cotejando todos os que se tinham. Que valha o esclarecimento: o manuscrito mais antigo não é necessariamente o que melhor preservou o texto original, pois um manuscrito mais recente pode ser uma cópia mais fiel do que outro mais antigo, se resulta de uma cadeia (família) de cópias todas elas mais fiéis do que outra cadeia de cópias menos fiéis. Antiguidade não é necessariamente garantia de fidelidade absoluta.

O trabalho de crítica textual é sumamente importante e valioso, pois nos aproxima da leitura do texto original (que não possuímos). Ao mesmo tempo, evidencia a maneira como se foi interpretando o texto em questão, pois toda mudança intencional obedece à maneira de entender o texto por parte do copista, portanto, expressa a maneira como quer que se entenda. As mudanças introduzidas por copistas revelam-nos como se foi entendendo o texto em questão. São testemunhos da tradição! Tradição é vida, é manter relevante a mensagem original.

Hoje se dá por estabelecido que possuímos com segurança a leitura exata de aproximadamente 98% do texto original dos escritos *normativos* do Antigo Testamento. Isto ficou confirmado quando se encontrou em Qumrã o rolo de Isaías, com o qual se pôde comprovar a precisão do trabalho de crítica textual que se tem levado a cabo (que até então se baseava especialmente nos manuscritos de Leningrado e de Aleppo). De fato, comparado o texto de Isaías do rolo de Qumrã com o que até então tínhamos, de uns dez séculos de diferença, nota-se a grande coincidência; as variações são especialmente ortográficas; nenhuma que afete substancialmente o sentido e conteúdo. Isso deu uma boa ideia do esmero dos copistas judeus em ser fiéis em suas cópias ao texto que copiavam, quando estes tinham adquirido certa sacralidade. De fato, tudo parece indicar que foi a sacralidade de um texto que, na hora de fazer uma cópia, determinou a fidelidade ao texto que se copiava; por isso, cópias de Jó, por exemplo, se encontraram com muitas variantes entre si; o mesmo não ocorreu com as cópias de Isaías.

A sacralidade do texto bíblico hebraico foi determinada no final do séc. I d.C., junto com a preocupação por fixar definitivamente o cânon de escritos judaicos normativos, embora nem todos os escritos estivessem definidos nesse sentido, e os textos não se tornassem como sacrossantos em todas as partes até fins do séc. II. Essa preocupação foi precipitada pela destruição do Templo no ano de 70 d.C. por mãos dos romanos e pela ocupação da cidade. Com isso, desapareceram as instâncias centrais que normatizavam a religião, o sinedrim e as autoridades sacerdotais como tais, e se fez necessário reafirmar a identidade para todo o universo judaico, vendo nas Escrituras essa autoridade, razão pela qual o texto (sua própria escritura) tinha de ficar inalterável. Por isso, os manuscritos medievais reproduzem fielmente o texto estabelecido no séc. II (que não possuímos). É o que atestam as citações bíblicas nos escritos rabínicos desse tempo. E, por isso mesmo, os judeus abandonaram a LXX e produziram traduções gregas mais fiéis ao texto hebraico.

O Novo Testamento conta com mais variantes (leituras diferentes nos diversos manuscritos) do que o Antigo Testamento, devido à maior quantidade de manuscritos importantes existentes e ao fato de que não se imprimiu um selo de sacralidade ao texto até passados vários séculos. Dá-se por certo que mais de 96% do texto estabelecido pela crítica textual reproduz o texto original e, lá onde persiste a dúvida, em poucos casos se trata de variantes que afetam substancialmente o significado da mensagem bíblica ou as ideias de seus autores. De fato, a maioria de variantes é de ordem estilística ou gramatical.

As variantes mais importantes encontram-se ao pé da página das edições críticas (hebraicas e gregas) do Antigo Testamento e do Novo Testamento, e também se mencionam nelas as traduções que procuraram preservar a leitura original (por exemplo, a "Bíblia de Jerusalém"). O alto grau de fidelidade na preservação do texto bíblico excede de longe o que possa reclamar a maioria de escritos profanos da Antiguidade.

Finalmente, devemos distinguir entre o texto original e o texto autorizado. A maioria dos textos sofreu evoluções em sucessivas edições, enriquecimentos, adaptações, ao serem vistos como palavra *viva e vivificante*. Isto vem ilustrado pelas descobertas feitas em Qumrã: de um mesmo "livro" foram encontradas *simultaneamente* várias versões existentes. É que não existia um texto autorizado, normativo para todos. Todos os textos eram originais, a menos que por original se entenda o primeiro de todos e que serviu de base para os outros. Gênesis, Êxodo, Jeremias e Salmos, por exemplo, eram considerados, vários séculos a.C., como livros sagrados, mas, diferentemente de Isaías, não era "sagrada" a forma *textual* em que sua versão era apresentada ou lida, da qual havia várias cópias. Além disso, os copistas não estavam preocupados em preservar a leitura do texto original enquanto texto, mas antes na leitura autêntica, na sua mensagem, em sintonia com a tradição oral. Foi recentemente, no Renascimento, que surgiu a preocupação por recuperar o "texto original".

Nossos Evangelhos passaram, uns mais e outros menos, por revisões (Mc, Mt) e, ainda, por novas edições corrigidas e aumentadas

(Jo). Atos dos Apóstolos é o único escrito do Novo Testamento do qual sabemos que circulavam duas versões distintas, a Ocidental e a de Alexandria. O texto Ocidental é aproximadamente dez por cento mais extenso do que o Alexandrino, e mostra uma atitude hostil para com os judeus. Dado que a tendência natural é ampliar, introduzir detalhes e explicar, é muito provável que o texto curto e mais áspero, o Alexandrino, seja mais próximo do que saiu da pena de Lucas. Este é o que se lê em nossas traduções. Seja como for, *autorizado* é o texto reconhecido e referendado como normativo para a comunidade, independentemente do fato se foi ou não o primeiro a ser escrito. É o que encontramos, tanto na Bíblia hebraica como na cristã.

As traduções

Todo tradutor da Bíblia deve começar por determinar qual é, em sua opinião, a leitura que representa o texto original autorizado que traduzirá. Esta é uma das razões pelas quais nem todas as traduções da Bíblia tenham o mesmíssimo texto. A maioria aceita confiantemente a reconstrução do original que os especialistas em crítica textual estabeleceram.

A tradução da Bíblia realizada pelas Testemunhas de Jeová ("Tradução do Novo Mundo das Santas Escrituras") baseia-se em uma seleção arbitrária de leituras de manuscritos segundo critérios *dogmáticos* (o preconceito do anônimo Comitê de tradutores) e não segundo os critérios científicos da crítica textual. Eles rejeitam toda outra tradução como supostamente errônea; não aceitam a reconstrução original esmeradamente realizada por especialistas em crítica textual, reconhecida pela maioria dos exegetas como correta e confiável. Por isso, empurram o uso de sua tradução. Esta é a única tradução realmente objetável, até por parte de seus primos-irmãos, os Adventistas.

Traduzir é comunicar. O tradutor é, ao mesmo tempo, receptor do texto que traduzirá e seu emissor, em outro idioma. O tradutor tem primeiro de esforçar-se por *compreender* o texto, e para isso não lhe basta conhecer o idioma como tal (vocabulário, gramática, expressões idiomáticas), mas deve estar familiarizado com o idioma tal como se empregava no tempo e lugar onde se falava, além de conhecer a história e a cultura desse tempo e do escritor em particular. O tradutor deve esforçar-se por entender o pensamento expresso pelo autor em seu idioma para poder reproduzi-lo em outro idioma, quer dizer, deve estar familiarizado com a teologia e com as situações vitais do autor, entre outras considerações. Pois bem, como todo receptor de um texto, o tradutor o compreenderá de certa maneira, estará influenciado por seus preconceitos filosóficos, doutrinários e outros que porventura possa ter. Por conseguinte, o tradutor está sujeito às mesmas influências básicas como todo intérprete. De fato, o tradutor é um intérprete, e toda tradução é uma *interpretação*, a do tradutor. Esta é outra razão pela qual existem tantas traduções, e por que seitas como as Testemunhas de Jeová se agarram à sua própria tradução. Posto de maneira esquemática, temos:

Texto hebraico/grego: Tradutor: Leitor:

(1) compreensão

Emissor ←---------------- *Receptor*
----------------→ ↓
(2) interpretação (3) tradução
Emissor --------------------→ *Receptor*

Quando se traduz, inevitavelmente se dão alterações linguísticas. Por um lado, é praticamente impossível reproduzir em outro idioma os jogos de palavras, a cadência e a assonância de palavras, particularmente em textos poéticos. Assim, por exemplo, é impossível recolher o jogo de palavras no hebraico em Ecl 7,1, literalmente: "Melhor bom nome (*shem*) do que perfume (*shemen*)", ou em Jó 42,6, onde se lê: "Por isso me aborreço e me arrependo no pó (*'afar*) e cinza (*'efer*)". Há nomes que linguisticamente têm um significado que se reconhece somente no idioma original. É o caso, no Antigo Testamento, de todos os nomes que começam com "Ia" ou terminam com "el", que são apócopes de nomes de Deus, Iahweh e Elohim respectivamente. O nome de Isaías em hebraico é Iesayahu, que linguisticamente significa "Ia(weh) é salvação"; o nome Miguel, em hebraico Mikael, significa literalmente "quem é como El (Deus)", e Belém, "casa de pão". Se não se passa pelo original, não se entende por que o anjo diz a José que ao menino "porás o nome Jesus, porque *ele salvará* seu povo" (Mt 1,21); *Iashua* significa "Deus salva".

Por outro lado, a mesma ideia se expressa diferentemente em idiomas diferentes. Por exemplo, quando literalmente se lê "filho da mentira", o equivalente português é "mentiroso"; a frase "não te fixes no rosto das pessoas" corresponde a "não discrimines". Além disso, muitas palavras podem ser entendidas de diferentes modos, dependendo do contexto em que se usam ou do preconceito do leitor. Nos dicionários, encontramos várias palavras que traduzem uma só estrangeira (ou vice-versa): como o tradutor saberá qual delas corresponde, em seu idioma, à ideia do autor do texto que está traduzindo? O que determina que um termo tão importante na teologia de São Paulo, como é *dikaiosune*, seja traduzido por alguns como justificação, por outros como salvação, e por outros ainda como libertação? Então é determinado pelo contexto em que Paulo o usou e pelo conhecimento que o tradutor tem da teologia de Paulo, entre outros fatores.

A incompreensão do idioma levou a absurdos como a tradução de "descida ao *sheol*" por "descida aos infernos" (*sheol* era o lugar para onde vão os mortos, não um lugar de castigo). A mesma coisa acontece com o vocábulo hebraico *nephesh*, que costuma ser traduzido por "alma" e entende-se em termos gregos, quando o *nephesh* é a garganta (cf. Sl 42,2) e, por extensão, a própria vida. Em Ex 34,30 lemos literalmente "todos viram Moisés com a pele de seu rosto radiante (*qaran*)", mas São Jerônimo traduziu este último vocábulo (não da forma Qal, mas Hifil do verbo *qrn*) na Vulgata como "seu rosto tinha chifres (*quod cornuta esset*)", com base na qual a iconografia apresentou Moisés com dois chifres sobre a cabeça (veja a escultura de Moisés por Michelangelo, em São Pedro in Vinculis, Roma). E como traduzir a identificação de Deus diante de Moisés em Ex 3,14? Como "Eu sou o que sou" ou como "Sou o que serei" ou "o que estou ou estarei" (com vocês)? Para isso deve-se ter presente que o hebreu não pensa como o grego em termos filosóficos (ontológicos), mas em termos relacionais dinâmicos.

Um dos problemas com o hebraico é que é um idioma do qual não temos outro meio que a Bíblia mesma para conhecer o significado de muitos dos vocábulos, pois é escassa a literatura hebraica dessa época. Quando certos vocábulos aparecem uma ou poucas vezes, se o contexto não é claro, é necessário determinar o seu sentido exato, como é frequente no livro de Jó. Também é um problema o fato de que o hebraico se escrevia sem vogais – os sinais para representar as vogais foram criados pelos rabinos (os massoretas) na Idade Média. Dependendo da vocalização (não escrita), as mesmas consoantes designam coisas distintas; o indicador mais direto é o contexto. Um referente útil é a Septuaginta, primeira tradução do Antigo Testamento (embora tivesse sido feita com mentalidade grega), por sua proximidade dos textos originais.

A primeira tradução da Bíblia foi do Antigo Testamento hebraico *para o grego,* feita pela e para a comunidade judaica de Alexandria (Egito). Sobre sua origem se teceram lendas, sendo a mais conhecida a da Carta de Aristeias. Seu nome comum nasce daí: teria sido traduzida por 72 sábios de Israel (seis tribos) em 72 dias, por encargo de Ptolomeu II (285-246) para a biblioteca de Alexandria. Arredondando a cifra para 70, ela passou a ser chamada "a dos setenta (varões)", ou simplesmente Septuaginta, abreviada pelo número LXX. Seja como for, o Pentateuco foi traduzido para o grego no início do séc. III, e o resto terminou de ser traduzido em meados do séc. II a.C. A LXX é uma tradução bastante fiel, embora em partes com claras interpretações com relação ao texto hebraico, o que nos dá uma ideia de como entendiam então o antigo texto bíblico, por exemplo, com relação ao messianismo. A LXX é a versão que os primeiros cristãos mais usaram, e não o original hebraico, porque o grego era a língua da maioria. Por isso mesmo, no início do séc. I d.C., se revisou essa tradução grega para ser mais fiel ao texto hebraico. Em meados do séc. II d.C., Áquila levou a cabo uma nova tradução para o grego com estrita literalidade com relação ao hebraico, até na ordem das palavras, o que atesta a sacralidade do texto (lamentavelmente não a possuímos).

Ben Sirac traduziu para o grego a obra de seu avô Jesus (o Eclesiástico ou Sirácida), quando foi para o Egito no ano de 132 a.C. Ele mesmo escreveu no prólogo que lhe antepôs que "ficam convidados a ler este livro com benevolência e atenção, assim como a ser indulgentes lá onde lhes pareça que, apesar de nossos denodados esforços de interpretação, não acertamos na tradução de algumas expressões. É evidente que as coisas ditas em hebraico não têm a mesma força que quando são traduzidas para outra língua" (v. 15-22).

Ben Sirac estava consciente da impossibilidade de verter os textos em outro idioma com absoluta fidelidade em tudo. Assim o disse expressamente em seu prólogo (v. 18-26). A Mishnah preserva um dito rabínico: "Aquele que traduz um versículo literalmente é um falsificador; o que acrescenta algo é um blasfemo" (*Qiddushin* 49,4). E não falta razão ao proverbial dito italiano: "traduttore, traditore" (= tradutor, traidor).

No final do séc. II d.C. foram feitas traduções de partes da Bíblia do grego *para o latim* no norte da África e, em seguida, na Gália e na Itália, conhecidas como *"vetus latina"*, todas feitas por cristãos. Não conhecemos traduções latinas feitas por judeus. Por encargo do papa Dâmaso, São Jerônimo (347-420) preparou uma versão latina, revisando as traduções já existentes. Depois fez uma segunda revisão do Antigo Testamento. Eventualmente, decidiu traduzir por sua conta toda a Bíblia para o latim, dando como resultado um texto baseado no hebraico, não na LXX (razão pela qual não incluía os "deuterocanônicos"), que será conhecida como *Vulgata*. Não sabemos como Jerônimo fez para o Novo Testamento, pois este foi escrito em grego, e já havia boas traduções para o latim. A Vulgata impôs-se somente com o tempo, séculos mais tarde, na Idade Média. Além disso, as cópias que se faziam da Vulgata eram alteradas, "revisadas e emendadas", em função da *"vetus latina"*. Visto que não possuímos o original de Jerônimo, é um problema de crítica textual reconstruí-lo, tarefa que está em curso há um século. A primeira que Gutenberg imprimiu foi uma versão latina da Bíblia.

O manuscrito *latino* mais antigo é do séc. V. Da *"vetus latina"* possuímos muitas versões, mas fracionárias, pois não há uma cópia antiga que tenha sobrevivido. Essas traduções foram as mais difundidas até a Idade Média, e não a de São Jerônimo. De todas elas havia muitas versões em circulação. Por causa da Reforma Protestante, a Igreja Católica adotou oficialmente como "autêntica", no Concílio de Trento, a Vulgata (em versão corrigida e purificada das alterações que se haviam feito) como a versão oficial (1546) – até o Concílio Vaticano II – e foi usada para traduções para outros idiomas. Hoje em dia, se tem resgatado a sábia política de traduzir a Bíblia a partir de línguas originais, não do latim (cf. DV 22). É que toda tradução que deseja ser fiel ao texto e pensamento da Bíblia terá de ser feita a partir das línguas *originais*, e não de alguma tradução (por exemplo, da Vulgata).

Uma obra é traduzida com a finalidade de colocá-la ao alcance de um público que não pode lê-la no idioma do original. É, portanto, um meio para torná-la exequível a um público mais vasto. A tradução não é a versão original nem é sua substituição em sentido estrito. Se não podemos ler *Hamlet* de Shakespeare em inglês, não nos resta alternativa que fazê-lo em tradução brasileira, mas não é o original nem o substitui. O mesmo aconteceu com a Bíblia; por isso, foi traduzida para o latim, mas sem afã de substituir o texto original. Resulta desconcertante hoje que se insista em oferecer traduções da Bíblia do latim, como se fosse o idioma original. É como traduzir *Hamlet* do francês para o português em lugar do original inglês!

Até o Concílio IV de Latrão, a Bíblia era lida em latim; o Concílio, em 1215, autorizou que se fizessem traduções para idiomas próprios do país. A tradução castelhana mais antiga da Bíblia conhecida é a chamada "Pré-afonsiana", que data do séc. XIII, da qual se preservam somente algumas páginas. No entanto, há indícios de que já antes, na primeira parte do século, foram feitas traduções da Bíblia no reino de Aragão. A estas seguiu-se a promovida por Afonso X, o Sábio (a *Grande e Geral Estória*). São traduções baseadas na Vulgata, como a grande maioria naquela época. Com base nas línguas originais foram feitas algumas traduções espanholas a partir do séc. XIV pelo menos, especialmente na comunidade judaica. A primeira Bíblia impressa em espanhol foi a tradução de Bonifácio Ferrer, em 1473, conhecida como "Bíblia de Valência". Graças à imprensa, iniciou-se uma série de traduções de partes da Bíblia no séc. XVI. Em 1543, foi impressa a primeira importante tradução castelhana do Novo Testamento em grego, feita por Francisco Encinas. Influente quanto ao Antigo Testamento foi a tradução castelhana do hebraico conhecida como "Bíblia de Ferrara", pelos judeus Pinel e Vargas, várias vezes reimpressa a partir de 1553. Cassiodoro de Reyna publicou em 1509, na Basileia, uma tradução castelhana de toda a Bíblia, tradução baseada nas línguas originais que se lê ainda hoje (revisada). A partir do final do séc. XVIII, foram publicadas muitas traduções da Bíblia, completa ou parcial, baseadas na Vulgata. A mais conhecida foi a de Filipe Scio de São Miguel (1793), corrigida mais tarde por Félix Torres Amat (1825, surpreendentemente divulgada ainda hoje como se fosse atual). Recentemente, em 1944, foi publicada uma tradução católica de toda a Bíblia para o espanhol com base nas línguas originais (hebraico e grego), realizada por Eloíno Nácar e Alberto Colunga, seguida pouco depois pela tradução de José Maria Bover e Francisco Cantera. Todas estas traduções, como as que não cessam de se fazer até hoje, obedecem ao desejo de tornar acessível a Bíblia a todas as pessoas.

A quantidade de versões latinas da Bíblia que circulavam era impressionante. Tem-se calculado que ultrapassam a centena. Por isso mesmo, o Concílio de Trento, que declarou em 1546 a Vulgata como o texto para uso oficial da Igreja, iniciou um trabalho de fixação do texto latino (concluído em 1592), restringindo ao mesmo tempo as edições e as traduções (mas não as proibiu). Fez isto porque o latim era a língua oficial da Igreja e na teologia, e não porque considerasse que a Vulgata fosse a versão original da Bíblia. Em 1551 a Inquisição proibiu ter Bíblia e qualquer texto "que fale ou trate da sagrada Escritura", proibição reiterada em 1640, que freou sua leitura assídua – exceto para as pessoas cultas e com autorização – até final do séc. XVIII. Uma reviravolta decisiva foi dada com Pio XII, que de forma clara e enfática exortou em sua encíclica sobre a Bíblia (1943) à sua leitura assídua por parte de todos os fiéis, exortação reiterada a partir de então, e que as traduções da Bíblia deveriam ser preferentemente das línguas originais.

Algumas pessoas ficam perplexas diante da quantidade de traduções que existem e que continuam aparecendo. Já indiquei algumas razões que explicam este fenômeno (a questão textual e a linguística), às quais se devem acrescentar a ideia que o tradutor tem do que significa traduzir e a intenção que tem ao fazê-lo, além do público para o qual traduz e que tem em mente. Existem basicamente três tipos de traduções:

1) Um primeiro tipo centra-se no *texto como tal*; tem por finalidade oferecer um texto *estritamente fiel à letra* do original. É a tradução *literal*, que é útil para o estudo, indicada para as pessoas que não manejam os idiomas originais. Desse tipo são as traduções realizadas por E. Nácar e A. Colunga (BAC), a de J. M. Bover e F. Cantera (BAC) e, mais recentemente, a de F. Cantera e M. Iglesias, assim como a antiga tradução de C. de Reyna (revisada por C. de Valera, e outros em seguida).
2) Um segundo tipo de tradução é aquele cujo centro de atenção é o *leitor do texto*; por isso, se interessa especialmente pelo conteúdo ou pela mensagem do texto e se propõe torná-lo acessível às grandes massas; que seja fácil de ler e com um vocabulário simples. É a denominada tradução popular, como

a "Bíblia Latino-americana" e a cuidadosa versão das Sociedades Bíblicas Unidas, "Deus fala hoje" (o Novo Testamento é conhecido como "Deus chega ao homem"), e mais recentemente a "Bíblia para todos" (SBU).

3) Finalmente, certas traduções têm em mente a fidelidade às ideias do texto e a compreensão por parte do leitor; por isso, elas oferecem um texto que expresse o melhor possível a mensagem do original em um idioma atual (equivalência dinâmica). Combina as preocupações dos outros dois tipos de traduções. Entre estas estão a denominada "Bíblia de Jerusalém", a da equipe dirigida por L. Alonso Schökel, "Nova Bíblia Espanhola", retrabalhada e publicada como "Bíblia do Peregrino", e mais recentemente a "Bíblia da América", publicada pela Casa da Bíblia.

A fim de ilustrar as diferenças em traduções, baste como exemplo o importante texto de Mt 5,32, a respeito do divórcio:

- Bover-Cantera: Aquele que despedir sua mulher, exceto no caso de fornicação, a faz cometer adultério.
- Reyna-Valera: Aquele que repudia sua mulher, a não ser por causa de fornicação, faz com que ela adultere.
- Nácar-Colunga: Quem repudia sua mulher – exceto no caso de fornicação – a expõe ao adultério.
- Bíblia de Jerusalém: Todo aquele que repudia sua mulher, a não ser por motivo de fornicação, faz com que ela adultere.
- Latino-americana: Se um homem se divorcia de sua mulher, a não ser por motivo de infidelidade, é como mandá-la a cometer adultério.
- Deus fala hoje: Se um homem se divorcia de sua esposa, a não ser no caso de uma união ilegal, a coloca em perigo de cometer adultério.
- Nova Bíblia Espanhola: todo aquele que despede sua mulher, fora do caso de união ilegal, a leva ao adultério.
- Bíblia do Peregrino: Quem repudia sua mulher – salvo em caso de concubinato – a induz a adultério.
- Bíblia da América: Todo aquele que se separa de sua mulher, salvo em caso de união ilegítima, a expõe a cometer adultério.

Trata-se de um texto cuja importância convém ressaltar. Nas diversas traduções se observam duas diferenças fundamentais: a exceção que ocasiona o divórcio (original grego: *porneia* = fornicação; união ilegal [consanguínea?]; infidelidade; concubinato), e o efeito que pode ter para a divorciada (a faz cometer adultério; a expõe ao adultério). A que se devem estas diferenças?

Em geral, todas as traduções que hoje estão a nosso alcance são boas. Haverá diferentes razões pelas quais se escolhe uma em lugar de outra. A qualidade e compreensibilidade é maior em umas do que em outras. Uma tradução literal (para o estudo) será geralmente menos compreensível para o comum das pessoas do que uma tradução popular. Aquelas feitas na Espanha (ou em Portugal), naturalmente, empregam um vocabulário e expressões linguísticas que nos são menos familiares do que as traduções realizadas na América Latina.

Os católicos tendem a pensar que somente as traduções feitas por católicos são boas, e que não devem usar aquelas feitas por protestantes, porque supõem que "estão malfeitas". Este é um preconceito sem fundamento, exceto para o caso de traduções claramente sectárias, sendo o único caso notório a tradução das Testemunhas de Jeová (pela anônima "Watchtower Society"). O problema não é tanto a tradução da Bíblia que se usa, mas a interpretação do texto. Com relação aos sete escritos do Antigo Testamento que não estão em algumas Bíblias protestantes, os chamados "deuterocanônicos", voltaremos mais adiante.

SEGUNDA PARTE

PALAVRA DE DEUS

Até agora, nos centramos na dimensão humana da Bíblia, quer dizer, enquanto composições humanas. Nesta segunda parte, nossa atenção se concentrará em outra dimensão, a divina. Falarei basicamente de três relações: a entre Deus e o autor humano (inspiração), entre o autor e sua obra (inerrância), e entre sua obra e a comunidade (ou o crente) que a acolhe como normativa (canonicidade). Começaremos pela última, por ser a questão mais evidente e que envolvia discernimentos e decisões humanas e, ao mesmo tempo, de fé.

12.

UMA QUESTÃO DE IDENTIDADE: O CÂNON

A palavra "cânon" vem do grego; designava uma vara para medir. Por extensão, significava também regra ou norma (cf. 2Cor 10,13.15.16; Gl 6,16). Este termo era usado para referir-se aos critérios e às regras literárias ou artísticas, por exemplo. O cristianismo adotou este termo para referir-se à *coleção* de escritos que considerava "inspirados" por Deus e que, como conjunto, constituíam *a regra ou norma* para a fé e para a vida do crente. O termo "cânon" foi usado, então, para designar a *coleção* de escritos "inspirados" e para sublinhar seu caráter normativo, quer dizer, de regra ou de norma de vida.

Origem da canonicidade

A decisão de precisar a coleção (cânon) de escritos reconhecidos e admitidos como normativos deveu-se a razões históricas, de conflitos e de crise de identidade, tanto no judaísmo como, em seguida, no cristianismo. A razão principal pela qual se decidiu delimitar o cânon era que circulavam escritos de diversa índole que ofereciam tanto o que era produto da imaginação piedosa como uma visão equívoca da fé judaica ou cristã. Por conseguinte, impôs-se a necessidade de separar claramente os escritos que, sem dúvida, eram testemunhos fidedignos da revelação histórica, daqueles que tergiversavam a autêntica fé judaica (ou cristã).

Ao se falar da Bíblia *judaica*, se está falando do cânon ou coleção de escritos que nós, cristãos, conhecemos como "Antigo Testamento". Ao falar da Bíblia *cristã*, se está falando de duas coleções que constituem *um todo*: a Escritura de origem judaica (Antigo Testamento) e os escritos de origem cristã (Novo Testamento). O cânon judaico e o cristão fixaram-se em tempos diferentes, embora por razões semelhantes. A história da constituição das coleções canônicas ocupar-nos-á mais adiante.

Para compreender corretamente o caráter da decisão de fixar um cânon, tanto do judaísmo como do cristianismo, é necessário ter presente o seguinte:

1. A comunidade existia *antes* que se escrevesse uma só linha. A comunidade cristã, por exemplo, já existia como tal antes que se escrevesse o mais antigo dos escritos do Novo Testamento, a primeira carta de Paulo aos Tessalonicenses, por volta do ano 50. Isto significa que os escritos da Bíblia, como vimos na Primeira Parte, foram compostos *na* comunidade e em referência a vivências *da* comunidade.
2. No início, cada escrito bíblico foi composto como unidade autônoma. Nenhum escrito foi composto com a intenção de fazer parte de um cânon ou coleção. Nem Joel nem Paulo, por exemplo, tinham a intenção de que seus escritos se juntassem a outros e fossem lidos durante séculos. Nem o sonharam. Escreveram, porque era necessário fazê-lo para *aquelas* circunstâncias em que o fizeram, e ponto. Isto significa que, ao falar do cânon, se está falando de uma decisão *posterior e independente* da composição dos próprios escritos e da intenção de seus autores.
3. A partir de certo momento, a comunidade (judaica, cristã) se guiou, ao menos parcialmente, com base em determinados escritos que reconhecia como normativos *antes* que se tomasse uma decisão oficial de fixar um cânon. Esses escritos básicos e fundamentais foram "a Lei de Moisés" para o judaísmo, e as cartas de Paulo e os Evangelhos para o cristianismo. Os escritos em questão eram lidos nas reuniões comunitárias, e sua autoridade era reconhecida pela comunidade. Isto implica que existia uma espécie de cânon "não oficial", *tacitamente* reconhecido como normativo, *antes* que se oficializasse para todas as comunidades e todos os tempos. Os escritos em questão tiveram seu berço em uma comunidade e, uma vez compostos, serviram de guia autorizado para a comunidade no transcurso do tempo, até que um dia foram declarados oficialmente canônicos – embora na prática já fossem trata-

dos como tais, talvez sem a sacralidade com a qual eles foram selados em seguida.

4. A *decisão* de fixar um cânon de escritos normativos surgiu, como já indiquei, tanto no judaísmo como no cristianismo, de situações conflitivas: a necessidade de determinar e deslindar de uma vez por todas quais – de todos os escritos existentes – verdadeiramente representam a fé da comunidade, pois haviam aparecido muitos escritos duvidosos, e a produção não cessava. Que dizer, por exemplo, de um "Testamento dos Patriarcas" ou de um "Evangelho de Tomé"? Tratava-se uma questão de *identidade* religiosa – de ortodoxia, diríamos hoje.

Posto esquematicamente o que foi dito até agora, temos a seguinte sequência:

Comunidade --------→ composição de escritos --------→ fixação de um cânon.

Destas observações pode-se deduzir que, antes da decisão oficial que delimitaria o cânon, já existia um cânon *tácito* que definia a identidade da comunidade, mas que ainda não tinha limites claramente definidos. No princípio, a explicitação de um cânon (coleção) de escritos teve como finalidade delimitar *a lista* de escritos tidos por normativos. Visto que continuavam circulando diferentes versões de um mesmo texto, como evidenciaram os manuscritos encontrados em Qumrã, eventualmente a canonicidade (determinação do material elencado) incluirá a canonização dos próprios textos, quer dizer, o texto em sua escritura como tal. No final de longo processo, fixaram-se *limites* externos e internos para os escritos considerados como normativos. Mais para o final do séc. II d.C., no judaísmo, a Bíblia como tal (Antigo Testamento) havia sido "estabilizada" e adquiriu aura de santidade: já não se admitiam alterações a nenhum texto. O mesmo aconteceu com o cristianismo por volta do final do séc. IV.

O limite *externo* era constituído pelo fato de que a lista ou coleção de escritos reconhecidos e referendados como canônicos (normativos) estaria hermeticamente fechada: não se aceitariam outros escritos. O cânon foi produto de uma seleção. A fixação de um cânon tinha como finalidade pôr fim às discussões e dúvidas sobre quais escritos são normativos e quais não são. Certamente, a preocupação por fixar um cânon definitivo obedecia à urgência de *unificar* a comunidade (judaica, cristã) em torno da mesma fé e no mesmo Senhor, fé testemunhada precisamente nesses escritos, que atestavam fidedignamente a revelação histórica que era o fundamento da comunidade. O limite *interno* era constituído pela sacralização do próprio texto: não se permitia a mínima mudança em nenhum dos textos canônicos; isto se observou mais no judaísmo do que no cristianismo, como vimos a propósito dos textos. Qualquer comentário, incluindo adição, teria de ser feito à margem do texto ou em outros livros. No judaísmo constitui uma espécie de segundo cânon (Mishnah, Talmud). Tampouco se permitia alterar ou eliminar parte alguma: o texto era intocável, era "sagrada escritura".

A designação da Bíblia como "(sagrada) escritura" provém da ideia de que o texto, de certo modo, é sagrado, vem de Deus, portanto é distinto das demais escrituras. Está relacionado com a ideia de revelação e inspiração divina. Chegou-se a falar até de linguagem e estilos divinos. O quadro representativo é a recepção do Decálogo por parte de Moisés, decálogo "escrito pelo dedo de Deus", que se guardou como uma espécie de presença do próprio Deus na "arca da aliança" (1Rs 8,9). Foram os cristãos que se referiam à Bíblia como "as Escrituras" (plural por encontrar-se em rolos; o singular era usado para referir-se a alguma passagem concreta).

Critérios de canonicidade

Com que critérios se decidiu que os escritos deveriam ser canônicos? O critério fundamental foi o da *identidade* entre a *fé vivida* pela comunidade e a fé que se expressava no escrito em questão. É a *regula fidei*. É lógico que um escrito que tinha sido lido, meditado e comentado durante muito tempo (Antiguidade) na maioria das comunidades locais (universalismo) como "Palavra de Deus", ou pelo menos como altamente venerável, fosse reconhecido e referendado oficialmente como canônico por essa mesma comunidade onde nasceu. Esse foi o caso, evidentemente, dos escritos que constituem o Pentateuco ou Torah na comunidade judaica, e dos evangelhos e das cartas paulinas no cristianismo. Mas, o que dizer dos escritos duvidosos que foram usados como normativos em algumas comunidades, ou que fizeram sua inesperada aparição não fazia muito tempo? Para ser admitido como canônico, fazia-se a mesma pergunta: este escrito (em questão) representa e reflete (como se fosse um espelho) a fé que *vivemos e sustentamos*? Este é o critério da *ortodoxia*, com o qual se descartaram os escritos de tendência herética. Além disso, o escrito em questão deveria ser *coerente* com outros escritos que desde algum tempo já haviam sido reconhecidos como "sagrados", como é o caso do Pentateuco para o judaísmo: nenhum escrito pode estar em contradição com o Pentateuco nem deve apresentar um judaísmo radicalmente diferente. Este é o critério da *coerência*. Isto pode visualizar-se como segue:

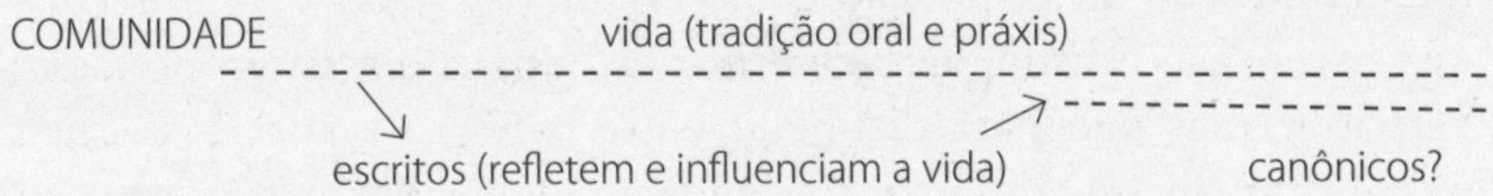

Os escritos considerados para constituir parte do cânon já deviam ter servido como norma de fé e de conduta desde algum tempo e em todas ou na maioria das comunidades, sinal de que contavam com aceitação tradicional e universal. São os critérios da *tradição* e da *catolicidade*. Com esses critérios se excluíram os escritos demasiadamente recentes (às vezes com pretensão de ser antigos), e outros que somente se empregaram em alguns grupos. Grupos sectários tendem a produzir sua própria literatura e apresentam-na como antiga (que supostamente teria estado escondida ou perdida) e autorizada. Esta serve para legitimar a seita. Outros escritos são simplesmente falsificações.

A questão do *autor* foi de importância relativa, pois havia obras que se apresentavam sob nomes de veneráveis personagens, mas na realidade eram falsificações, como, por exemplo, o Testamento de Abraão ou o Evangelho segundo Pedro. A questão do autor desempenhou um papel mais concludente no judaísmo do que no cristianismo na decisão canônica.

Finalmente, o critério de *inspiração divina* desempenhou um papel importante no judaísmo desde o início, mas não no cristianismo. No judaísmo, o Pentateuco (tradicionalmente atribuído a Moisés como receptor da revelação de Deus) e os escritos proféticos (oráculos de Iahweh), assim como os atribuídos a Davi (Salmos) e a Salomão

(Provérbios, Cântico), foram considerados como produtos de inspiração, até mesmo de ditado divino. Por isso, eram lidos nas sinagogas, e Jesus e os autores do Novo Testamento os citavam. No cristianismo, em contrapartida, uma suposta inspiração divina não foi considerada para canonizar escritos cristãos. Foi ao contrário: uma vez canonizados, foram considerados inspirados. Mas, tanto no judaísmo como no cristianismo, os livros que seriam considerados para o eventual cânon já eram tidos, por força de uso e aceitação natural, como "Escritura" (termo comum no Novo Testamento para referir-se aos escritos judaicos; Mc 9,12; Lc 4,21; At 8,32; Rm 4,3 etc.).

Contrariamente ao que se poderia pensar, não conhecemos nenhuma menção da inspiração como critério de seleção no cristianismo, exceto para distinguir os escritos ortodoxos dos heterodoxos ou heréticos, mas não para distinguir entre os escritos ortodoxos nem para distinguir os canônicos dos não canônicos. Por isso mesmo, temos no Novo Testamento diversidade de enfoques teológicos e, no entanto, há unidade. A teologia de Paulo é diferente da de Mateus, por exemplo, mas ambas são ortodoxas por serem fiéis ao "Evangelho".

Os escritos apócrifos judaicos de gênero apocalíptico apresentavam-se como produtos de revelações (secretas) divinas e, no entanto, não foram admitidos no cânon. Obviamente, isso foi com base em outros critérios que o da inspiração. No cristianismo, os apocalipses também se apresentavam como produtos de revelação, mas somente foi admitido como canônico o de João, embora tardiamente e depois de muitas dúvidas e discussões.

Em resumo, os escritos que constituem o cânon são aqueles que tiveram papel *formativo* continuado no processo de formação da identidade, tanto do judaísmo como, em seguida, do cristianismo. São escritos da época *fundacional* e, por isso, situam-se dentro de um *limite cronológico* que se estende até que "a personalidade" característica da comunidade já esteja definida. Para o judaísmo, era importante que os escritos em questão fossem testemunhos fidedignos e confiáveis da revelação histórica como palavra inspirada de Deus. Para o cristianismo, era decisivo que os escritos fossem *próximos* do acontecimento-Jesus Cristo. Por isso, o cânon poderia ser qualificado como a "porta de nascimento e de formação básica". É a carta de identidade – a identidade tem suas raízes em suas origens e define-se em sua etapa formativa.

O cânon é produto de um processo histórico e de uma decisão teológica. Um processo histórico, porque, como veremos em seguida, foi ganhando consistência lentamente até que se fixou definitivamente. Foi uma decisão teológica, porque se fixou com base em profundas convicções de fé e de critérios primordialmente teológicos.

O cânon judaico

O cânon judaico de Escrituras, ou Bíblia hebraica, chamado pelos cristãos de "Antigo Testamento", consta de três partes: *Torah* (mandamentos), *Nebiim* (profetas), *Ketubim* (escritos). Por isso, os judeus se referem à Bíblia com o acrônimo *TaNaK*.

Torah (Pentateuco): Gênesis, Êxodo, Levítico, Números, Deuteronômio.
Profetas: "Anteriores": Josué, Juízes, Samuel, Reis.
"Posteriores": Isaías, Jeremias, Ezequiel e os "Doze menores" (Oseias a Malaquias).
Escritos: Salmos, Provérbios, Jó, Cânticos, Rute, Lamentações, Eclesiastes ou Coélet, Ester, Daniel, Esdras, Neemias e Crônicas.

A ação de afiançar o cânon dos escritos que constituiriam o "Antigo Testamento" é o resultado de um longo processo cuja história começou séculos antes de sua fixação definitiva. Começou com a convicção de que certos pronunciamentos, leis e juízos eram de origem divina (Ex 24,12; 31,18; 34,28). Leis foram escritas, recompiladas e paulatinamente enriquecidas com acréscimos, como o mostra a história do Pentateuco, e se entreteceram certas tradições. Este material era guardado em lugares de culto (cf. 2Rs 22).

A ideia de um cânon de Escrituras normativas está relacionada com o exílio babilônico (séc. VI). Nesse momento, foi posta seriamente a questão da identidade e da fidelidade a Deus. No entanto, o primeiro indício claro que temos de uma "canonização" situa-se nos tempos do rei Josias, depois da descoberta do "livro da Lei" no Templo, no ano 621. Ele o considerou fundamental e o proclamou e impôs como tal ao povo com caráter de lei sagrada (cf. 2Rs 22). Seu conteúdo é o núcleo original do Deuteronômio (veja a discussão acima).

Por volta do final do séc. V, a *Torah* (ou *Pentateuco*) havia sido fixada em sua forma definitiva (*torah* em hebraico significa "preceitos"; *pentateuco* em grego significa "cinco rolos"). É significativo que os profetas, ativos ainda nesse tempo, não faziam referências ao Pentateuco, sinal de que ainda não tinha o caráter normativo que lhe foi dado em seguida. Isto aconteceu no tempo de Esdras que, ao retornar da Babilônia, no início do séc. IV, trouxe consigo o rolo da Lei, o leu diante de todo o povo reunido e impôs sua obrigatoriedade como lei (Ne 8). Tratava-se de um texto muito mais amplo do que aquele que Josias havia encontrado e imposto séculos antes. O autor do livro de Crônicas, escrito no séc. IV, conheceu o Pentateuco formado e com peso normativo.

Provavelmente a *Torah* original, anterior ao exílio na Babilônia ou desse tempo, constava dos quatro primeiros livros (Gn, Ex, Lv, Nm, ou seja, um tetrateuco). Não é impossível que uma versão mais breve de Josué fosse a conclusão natural, pois narra o ingresso na terra prometida realizada por Josué como sucessor de Moisés. Seja como for, o livro do Deuteronômio é uma composição mais recente, com um estilo e conteúdo marcadamente diferentes, que retoma leis dos outros livros, atualizando-os (veja o Decálogo em 5,1-21).

A denominada "história deuteronômica" (Josué, Juízes, Samuel e Reis) foi escrita no tempo do exílio. Não recebeu reconhecimento canônico até que começou a ser lida com os escritos dos *profetas* nas sinagogas, por volta do séc. III a.C. Esses livros, que chamamos de "históricos", na Bíblia hebraica fazem parte dos *profetas*, mas qualificados como "anteriores". Isto obedece à ideia de que seus personagens centrais foram pessoas possuidoras do espírito de Deus que os inspirava em suas empresas salvíficas, apesar de que entre eles apareçam profetas como tais. Estes escritos (Josué-Reis) foram incrementados posteriormente pela inclusão da *obra cronística* (Crônicas, Esdras-Neemias), escrita dois séculos mais tarde. Por ser posterior, não fez parte dos "profetas", mas dos "escritos". Na lista grega, foram acrescentados, além disso, 1 e 2 Macabeus, partes de Ester, Judite e Tobias.

Deuteronômio é o fundamento da chamada "obra deuteronômica", centrada toda ela na Lei, e que está composta pelos que chamamos "livros históricos" (Josué-Reis). A história, especialmente em Samuel-Reis, está narrada a partir da perspectiva *nomista*, quer dizer, a partir da observância da Lei de Deus. Por tratar especificamente da Lei, Deuteronômio foi associado antes com os livros relacionados diretamente a Moisés (Gn-Nm), vindo assim a formar parte da Torah.

Os "profetas" constituíam um bloco canônico no séc. III. A obra do neto de Jesus Ben Sirac (190 a.C.) deixou a certeza de que em seu tempo já existia uma Bíblia com *duas* grandes partes: a Lei e os Profetas (cf. Eclo 49,4-10). Os profetas, portanto, já constituíam um bloco tão venerável como a Lei de Moisés. Por isso, o livro de Daniel, escrito por volta do ano 164, não foi incluído entre os profetas, mas entre "os outros" escritos. O neto de Ben Sirac, quando traduziu para o grego por volta do ano 132 a.C. a obra de seu avô, conhecia *três* partes: "a Lei, os profetas e os restantes (livros)" (Prólogo 1.8-10.24ss).

Daniel conta-se entre os profetas na LXX e na Vulgata, sem o ser na realidade. Isso se deve à confusão de gêneros, ao equipar a apocalíptica (Dn 7-12) com o profetismo. Jonas, que não é um livro profético, mas uma grandiosa parábola, foi incluído entre os profetas para completar a cifra de doze – os qualificados como profetas *menores*, que constituem um bloco na Bíblia.

Os "outros (ou restantes) escritos" constituíram um terceiro bloco do cânon judaico, e foi o mais lento para ser delimitado. Conhecemos este bloco comumente como "livros didáticos" ou simplesmente "sapienciais" (embora nem todos o sejam). Os judeus conhecem-no como "Escritos" (*ketubim*). Prontamente, neles se incluíram os Salmos, alguns dos quais já haviam sido consagrados pelo uso litúrgico séculos antes de serem recompilados, e os escritos atribuídos a Salomão (Provérbios e Cânticos), além de Daniel e da obra cronística (Cr, Esd-Ne). Veneravam-se e liam-se também muitos outros escritos que foram aparecendo, mas logo ficaram excluídos (deuteronômicos e apócrifos), como o atestam a LXX (que inclui muitos destes), as citações que se acham no Novo Testamento e as descobertas de manuscritos em Qumrã, Massada e Murabba'at.

O *Saltério* tem uma longa história em si. Tal como o temos, o Saltério consta de cinco livros, delimitados por fórmulas no final de cada um: o primeiro consta dos salmos 2 a 41 (coleção mais antiga, pré-exílica); o segundo, de 42 a 72; o terceiro, de 73 a 89; o quarto, de 90 a 106; e o quinto, de Sl 107 a 149. Os Salmos 1 e 150 foram acrescentados à maneira de grande marco para o conjunto, em chave sapiencial; os Salmos 84 a 150 são pós-exílicos. Em Qumrã foram encontradas diferentes coleções, além de outros salmos. Outra coleção não-bíblica, mas importante (de 18 salmos) por provir dos fariseus, é a conhecida como "Salmos de Salomão".

A partir do Salmo 9 até o Salmo 147, a numeração na Bíblia é dupla. Isso se deve ao fato de que a LXX, e a Vulgata seguindo-a, dividiu o Sl 9 em dois salmos. Preservou-se esta numeração, colocando-a entre parênteses, porque a Vulgata era a versão que se usava comumente, especialmente nas orações. Assim, o famoso "salmo 50" (Miserere) é o 51 na Bíblia hebraica, razão pela qual na Bíblia aparece como "50 (51)".

O terceiro bloco, os "Escritos", não ficou claramente definido até o século segundo de nossa era, quer dizer, até que se encerrou o cânon bíblico judaico. São escritos diversos em todo sentido, por isso qualificados como "os demais". Enquanto havia critérios firmes para a aprovação de outros blocos, especialmente os critérios de antiguidade e autoridade, relacionados com Moisés, Davi e os profetas, com os "demais escritos" não havia tais critérios, exceto o da veneração que recebiam. Alguns deles foram objeto de discussões e reparos durante longo tempo.

Entre rabinos se discutia a santidade de Coélet (Eclesiastes, em grego) por seu forte sabor helênico e por entrar em tensão com a Torah. Igualmente se discutia a qualidade do livro de Ester, por narrar o matrimônio entre uma judia e um pagão sem criticá-lo (por isso se acrescentou logo 14,15ss), e não menciona a Deus (em Qumrã não se achou nem um trecho deste livro).

Pensa-se que a primeira formulação do cânon hebraico da Bíblia como tal foi quando Judas Macabeu recolheu, no ano 164 a.C., as escrituras escondidas, cuja destruição o rei Antíoco Epífanes tinha ordenado (2Mc 2,14s). Por isso mesmo, Eclo fala de três blocos de literatura judaica: "lei, profetas e outros" (Prol. 8ss) e menciona uma coleção de 12 profetas (49,10; os chamados "menores").

A enumeração mais antiga que conhecemos de escritos judaicos com peso canônico provém do historiador judeu Flávio Josefo que, em seu "Contra Apião", escrito no ano 95 d.C., indica que "nossos livros, aqueles que são *justamente acreditados,* são *somente vinte e dois*: os cinco livros de Moisés, treze provenientes dos profetas que seguiram a Moisés, e quatro livros que contêm hinos a Deus e preceitos para a condução da vida humana". Isto soa a uma lista fechada, um cânon. Alguns anos mais tarde, em 2Esd 14,44s, se fala de 24 livros.

(A diferença resulta do fato de que Josefo, como outros, contavam Juízes e Rute como um só livro, igualmente Jeremias e Lamentações; a cifra de 22 corresponde ao número de letras do alfabeto hebraico.) Isso corresponde à Bíblia hebraica, que vigora até hoje no judaísmo, exceto por dois livros, provavelmente Ester e Coélet. É o chamado "cânon palestinense", pois se associa com o rabinismo da Palestina.

Em Qumrã, perto do Mar Morto, onde floresceu uma comunidade sectária (essênios) entre o séc. II a.C. e final dos anos 60 d.C., encontrou-se parte de sua biblioteca escondida em covas. Esta incluía todos os escritos que se acham na Bíblia hebraica – exceto o livro de Ester, do qual não se encontrou nada – além de Tobias, Eclesiástico (Sr), Judite e 1 Macabeus, assim como outros escritos de caráter apocalíptico, comentários, hinos e os escritos próprios da comunidade essênia.

A *Septuaginta* (LXX) originalmente era a tradução dos textos hebraicos para o grego. Mas em comunidades judaicas de língua grega também eram lidos com veneração certos livros popularizados em língua grega, os chamados "deuterocanônicos" (segundo cânon): Sirácida (Eclesiástico) e Sabedoria (esta atribuída a Salomão), Tobias, Judite, Baruc e 1-2 Macabeus (todos relatos de identidade nacional), além dos trechos acrescentados em grego à tradução de Ester e de Daniel. A esses se somaram também outros escritos menos extensos como 3-4 Macabeus, 3 Esdras e Salmos de Salomão. Eventualmente, circularam exemplares da LXX que os incluíam, especialmente entre judeu-cristãos.

A LXX constitui o que se passou a chamar "o cânon Alexandrino", por ter sido tradicionalmente associado com Alexandria (Egito), embora na realidade nunca houvesse tal cânon. Era lida e venerada entre os judeus de língua grega, especialmente distantes da Palestina (diáspora). Era lógico que o cristianismo, que desde muito cedo incluiu muitos convertidos de língua grega e se expandiu ao longo do Mediterrâneo, utilizasse como "sagrada Escritura" a versão grega, e não a hebraica.

Apesar de ter sido empregada e venerada por tantos judeus de língua grega (muito mais numerosos do que os que viviam na Palestina), a LXX *nunca* foi reconhecida como canônica pelo judaísmo oficial (rabínico), e eventualmente caiu em desuso (por isso, Flávio Josefo falava de somente 22 livros: era a *lista* hebraica). Mais adiante, para os judeus de língua grega, foram feitas novas traduções da Bíblia hebraica. De fato, a partir do séc. II d.C., os judeus deixaram de usar a LXX e recorreram antes às novas versões gregas. Mas a LXX (incluídos os deuterocanônicos) continuou viva entre os cristãos, pois era lida nas reuniões litúrgicas e citada na pregação e na catequese, como o atestam o Novo Testamento e os Padres da Igreja.

A delimitação da LXX, que consistiu na exclusão de certos escritos (apócrifos) e na *inclusão* de outros (deuterocanônicos), foi obra do cristianismo, não do judaísmo. De fato, a LXX chegou a nós por manuscritos cristãos. Uma das razões pelas quais o judaísmo reconheceu canonicidade exclusivamente à Bíblia hebraica foi precisamente o fato de que a LXX era a versão que se identificou com o cristianismo. Por isso, no judaísmo foram feitas novas versões gregas, descartando a LXX e qualquer outro livro que não estivesse na lista da Bíblia hebraica, ou seja, os deuterocanônicos, entre outros.

Um segundo fator que influiu na delimitação do cânon judaico de Escrituras foi a popularidade dos escritos apocalípticos e suas consequências. Estes escritos tinham alimentado o zelo nacionalista e o fanatismo religioso que trouxe como consequência a destruição de Jerusalém por mãos dos romanos no ano 70 d.C. Apresentavam-se como revelações divinas secretas, mas seu conteúdo e sua origem eram duvidosos. Pois bem, se a corrente de pensamento apocalíptico tinha trazido como resultado a destruição de Jerusalém, seus escritos não podiam ter sido inspirados por Deus. O livro de Daniel é o único deste gênero (somente em seus caps. 7-12) que foi incluído no cânon, em razão de sua suposta antiguidade, seu caráter profético e sua aceitação geral. Vale acrescentar que a apocalíptica teve grande influência no cristianismo nascente, se compuseram até escritos deste gênero literário em seu seio.

Não houve uma decisão oficial ou um "concílio" judaico (por exemplo, em Yabneh ou Yamnia) que delimitasse o cânon, como o atesta o fato de que até final do séc. II d.C. havia judeus que liam como escritos veneráveis alguns que com o uso deixaram de sê-lo, e a discussão sobre o estatuto de alguns livros prolongou-se até o séc. III. O que decidiu o encerramento do cânon de escrituras normativas judaicas foi a força do uso e sua aceitação pelas autoridades rabínicas como textos autorizados para sua leitura nas sinagogas e para o ensino (por isso, também dando quase igual peso à Mishnah e ao

Talmud). Por isso se procedeu, a partir do cânon com um texto "estável", a fazer novas traduções para o grego.

Recapitulemos os termos mais importantes que empregamos:

- *Bíblia hebraica* = cânon Palestinense = cânon oficial do judaísmo rabínico que vigora até hoje. Constitui o cânon judaico de sagradas Escrituras.
- *Septuaginta* (LXX) = "cânon" Alexandrino = os escritos da Bíblia hebraica traduzida para o grego. Inclui também alguns escritos compostos em grego, e outros mais que foram reconhecidos como canônicos pelo judaísmo normativo.
- *Deuterocanônicos* = os *sete* escritos (parte da LXX) não aceitos como canônicos nem pelo judaísmo nem pelo protestantismo, mas sim pela Igreja católica (voltaremos a falar sobre isso).
- *Vulgata* = tradução latina feita por São Jerônimo no séc. IV.

Algumas observações finais com relação ao cânon judaico:

1. A terminologia usada no tempo dos evangelistas para referir-se à "Bíblia" deixa entrever que, até final do séc. I d.C., pelo menos, esta estava conformada substancialmente por *dois* blocos normativos firmemente estabelecidos: "a Lei e os profetas" (cf. Lc 16,29; 24,24.27; Mt 5,17; 7,12), não o mesmo com o terceiro bloco ("os escritos").
2. Os termos Lei, Torah (em hebraico) e Pentateuco (em grego) são sinônimos, porquanto designam os cinco primeiros livros do Antigo Testamento.
3. A *ordem* na qual se encontram os *blocos* da Bíblia *hebraica*, conhecidos como Torah, Profetas e Escritos, não corresponde à ordem de sua composição, mas à ordem na qual foram aceitos como normativos. Esta ordem reflete a primazia da Lei. Alem disso, os diferentes escritos estão agrupados por afinidade literária (segundo "tipos"), não segundo a data de composição.
4. A ordem em que se encontram os escritos na LXX (Pentateuco, Históricos, Didáticos, Proféticos) não é a mesma que a da Bíblia hebraica. É a mesma ordem da Vulgata e foi seguida nas traduções.

   O critério para a ordem da Bíblia hebraica é o caráter legal dos escritos. O critério para a ordem na LXX/Vulgata é o de seu dinamismo histórico-profético: o Pentateuco e os históricos (= passado), depois os chamados Didáticos (= presente), finalmente os Proféticos (= futuro).

5. A ordem em que se encontram os escritos proféticos não é a ordem cronológica de sua composição nem de uma suposta classificação por importância, mas a de sua extensão: Isaías é o mais extenso (66 capítulos), por isso está em primeiro lugar, e os "doze profetas menores" são todos mais curtos, por isso são conhecidos como "menores".
6. Os livros de Samuel, de Reis e de Crônicas originalmente eram, cada um, um só rolo (certamente bastante extenso). Ao serem traduzidos para o grego, foram divididos em dois por razões práticas: a escritura do idioma grego ocupa quase o dobro da extensão, devido à inclusão de vogais (o hebraico é um idioma mais breve e se escreve sem vogais ou estas estão situadas debaixo da consoante), o que tivera resultado em rolos de extensão quase não manejável. O resultado é o que conhecemos como 1Sm e 2Sm, 1Rs e 2Rs, 1Cr e 2Cr.

Bíblia católica e Bíblia protestante

A diferença entre a Bíblia católica e a protestante gira em torno da lista de livros *judaicos* pelos quais se regem. Os católicos regem-se pela lista da LXX, que é a mesma que a Vulgata, portanto, incluem como canônicos os sete escritos chamados *deuterocanônicos*. Estes são Tobias, Judite, Sirácida (Eclesiástico), Sabedoria, Baruc e 1 e 2 Macabeus, além dos acréscimos em grego a Ester (no início, entre os versículos 3,13.14; 4,17.18; 5,1.2.3; 8,12.13; 9,19.20; e no final 10,4ss) e a Daniel (3,24-90; 13-14). Os protestantes regem-se pela lista da Bíblia hebraica, que não inclui os deuterocanônicos. Esta é a única diferença substancial entre a Bíblia católica e a protestante. Foi Lutero que declarou que os deuterocanônicos (que ele chamou de "Apócrifos") não deveriam ser considerados como parte da Bíblia, pois não são da Bíblia hebraica. Esta teria sido a Bíblia no tempo de Jesus. É certo que os deuterocanônicos não são parte da Bíblia hebraica. Mas também é certo que no tempo de Jesus ainda não existia uma Bíblia hebraica fechada. Por isso mesmo, o cristianismo utilizou com valor canônico os deuterocanônicos desde suas origens, tal como o atesta seu uso no Novo Testamento. Uma das surpresas nas descobertas de Qumrã foi encontrar em língua hebraica textos que antes críamos que haviam sido originalmente compostos em grego, como Tobias e Sirácida, e que por isso haviam sido considerados (equivocadamente) como apócrifos.

Em sua tradução da Bíblia para o alemão, em 1534, Lutero reteve os deuterocanônicos como um grupo à parte, qualificando-os como "úteis e bons para a leitura". Ele se apoiou na opinião de São Jerônimo, que inicialmente se pronunciara a favor da Septuaginta (que inclui os deuterocanônicos), mas posteriormente defendeu o cânon Palestinense como o único autêntico, pois pensava que esse tinha sido o cânon *já fixo* no tempo de Jesus. Mas nisso ele se equivocou. Não houve tal cânon até depois do início do séc. II d.C. Conscientes hoje disso, alguns exegetas protestantes propuseram reconsiderar a inclusão dos deuterocanônicos como parte integrante da Bíblia. De fato, algumas edições protestantes da Bíblia os incluem, embora como um bloco à parte (por exemplo, "Deus fala hoje").

O Concílio de Trento, em 1546, declarou como canônica a Vulgata, que inclui os deuterocanônicos e os acréscimos gregos a Ester e Daniel. A Vulgata era, de fato, a versão quase universalmente aceita até então. De qualquer forma que se julgue o valor dos deuterocanônicos, o certo é que não são de *vital* importância. Não são Tobias, Judite, Sabedoria, Sirácida, Baruc ou Macabeus os que nos separam.

O cânon cristão

O cânon cristão consta de escritos de proveniência judaica e de escritos de origem cristã, que conhecemos respectivamente como "Antigo Testamento" e "Novo Testamento". Constitui um todo. Antes de nos determos em descrever o processo que conduziu à delimitação do "Novo Testamento", é necessário apreciar a decisão do cristianismo sobre o "Antigo Testamento", visto que a Igreja herdou e adotou escritos, não um cânon preestabelecido (como se costuma pensar).

A única "Bíblia" à que apelavam tanto Jesus como os primeiros cristãos era a judaica de seu tempo. Esta era lida, comentada e meditada nas reuniões litúrgicas como "Palavra de Deus". Isto explica por que encontramos tantas citações e alusões às Escrituras, frequentemente introduzidas por expressões como "o Senhor disse por meio de...", ou "a Escritura diz..." (Mt 1,22s; 2,15; 22,29ss; Lc 4,21; Jo 10,34s).

Recordemo-nos que o cânon judaico ainda não tinha sido delimitado até depois do início do séc. II d.C., o qual permitiu que os cristãos utilizassem livremente os escritos tidos popularmente como sagrados entre os judeus. Assim é que Judas 14 e seguinte cita 1 Henoc, livro de que também se inspirou o autor do Apocalipse. Encontramos alusões a livros como 3 Esdras, Salmos de Salomão, Baruc, Assunção de Moisés, Testamentos dos Doze Patriarcas (veja o índice de textos aludidos no *Novum Testamentum Graece*, E. Nestlé – K. Aland). O que a Igreja herdou e adotou foi uma série de *escritos*, não um cânon preestabelecido e fixado. Por isso, não se pode legitimamente falar de "deuterocanônicos" e de "apócrifos" *nessa* época.

Embora não houvesse um cânon *judaico* fechado e definitivamente definido, a maioria dos escritos que o constituiriam já eram tratados como "Escritura" e eram lidos publicamente. O Pentateuco já era objeto, desde séculos antes, de escrutínio estudioso por parte dos rabinos. Os profetas eram lidos assiduamente, e os Salmos recitados nas reuniões litúrgicas. Estes escritos eram lidos pelos cristãos como "Escritura" em suas reuniões comunitárias; eram suas "escrituras". E quando começaram a ler junto com estas alguma carta de Paulo ou algum Evangelho, este novo escrito, por força de referir-se com peso autorizado a elas, também ia adquirindo o caráter de "Escritura". Tão certo é isto que eventualmente Marcos foi usado como obra autorizada por Mateus e por Lucas para a composição de suas versões do Evangelho. O autor de 2 Tessalonicenses usou como base 1 Tessalonicenses de Paulo, e o autor de Efésios usou a carta aos Colossenses (em uma espécie de cópia retocada e profusamente ampliada).

Pois bem, na hora de definir o cânon, o cristianismo nascente não se guiou por todos os critérios judaicos de canonização. Além disso, quando o judaísmo delimitou seu cânon com caráter normativo, o cristianismo já tinha sido expulso da sinagoga. Isso o obrigou a tomar a sua própria decisão a respeito da canonicidade dos escritos judaicos.

A rápida expansão do cristianismo pelo mundo helênico fez com que se inclinasse pela Septuaginta como versão bíblica por estar no idioma que todos conheciam, em grego. Por força do contínuo uso nas celebrações litúrgicas (critério de tradição), a LXX viria a ser canônica no cristianismo, apesar da preferência pela Bíblia hebraica por parte de influentes teólogos como Orígenes e São Jerônimo. Como a Igreja distinguiu os deuterocanônicos dos apócrifos? Os deuterocanônicos continuavam tendo aceitação no judaísmo, o que contribuiu para sua inclusão como canônicos no cristianismo, não acontecendo assim com os apócrifos (sobre os quais veremos mais adiante).

No princípio, as opiniões estavam divididas sobre se deviam ou não ser aceitos os deuterocanônicos como Escritura. Por volta do ano 170, Melitão de Sardes oferecia a primeira lista (conhecida) *cristã* de escritos judaicos tidos como inspirados, que não é outra coisa do que a Bíblia hebraica (não incluía os deuterocanônicos). Nos inícios do séc. III, Orígenes apresentava a mesma lista, mas qualificou-a como "suas escrituras", distinguindo-a de "nossas escrituras" (*Ad Afric.* 9), sem pronunciar-se claramente, mas dando a entender que os cristãos não se regiam pelo cânon judaico. Já mencionei a opinião de São Jerônimo. Em contrapartida, Santo Agostinho pronunciou-se decididamente pela LXX como inspirada (*Civ. Dei* 18,42s).

Inconscientemente, o cristianismo chegou à *sua própria decisão* a respeito do cânon de escritos da "antiga aliança" que tomaria como autorizados, como inspirados por Deus. Esta "decisão" foi ratificada por uma série de sínodos e concílios: Laodiceia (363), Hipona (393), Cartago (397), todos estes reafirmaram a canonicidade da Septuaginta (que incluía os deuterocanônicos). O Concílio de Trento declarou com um sentido vinculante universal, em 1546, como cânon do "Antigo Testamento" *a lista e o texto* estabelecido da Vulgata, que incluía os deuterocanônicos. O Concílio Vaticano II sabiamente indicou que, no que se refere à versão normativa, esta é a "dos textos primitivos dos sagrados livros" (DV 22), quer dizer, nos idiomas originais, hebraico e grego.

Quando Marcião, o influente advogado cristão de meados do séc. II, rejeitou os escritos judaicos como incoerentes com o cristianismo, afirmando que Iahweh, "o deus do Antigo Testamento", não era o mesmo que o Pai de Jesus Cristo, implantou-se abertamente a questão do valor canônico desses escritos. A discussão que ressaltou o fato de que o cristianismo como tal, sim, reconhecia a canonicidade da Bíblia hebraica (e, além disso, a dos deuterocanônicos). Por seu antijudaísmo, Marcião excluiu, em sua ideia do cânon, todos os escritos cristãos que tiveram sabor judaico, por isso aceitou como canônicos somente Lucas (editado) e as cartas paulinas.

A inclusão das Escrituras judaicas como *parte* do cânon cristão resultou do reconhecimento lógico do valor histórico-revelador desses escritos. Depois de tudo, o berço do cristianismo não é outro que o judaísmo, e suas escrituras eram as de Jesus e da igreja nascente. A paulatina leitura formal de determinados escritos cristãos (cartas, Evangelhos) junto com as Escrituras judaicas foi dando a esses uma autoridade semelhante, e é assim que eventualmente se ampliará a "Bíblia" para incluir escritos propriamente cristãos.

Pois bem, ao falar da constituição do cânon de escrituras do "Novo Testamento", devemos ter presente que seus autores não compuseram suas obras para um futuro distante, mas para um auditório próximo, respondendo a necessidades do momento. Por isso mesmo, Paulo escreveu para os cristãos em Corinto de sua época; Lucas escreveu para Teófilo (Lc 1,3; At 1,1). Portanto, não escreveram com o propósito de que suas obras fossem fazer parte de alguma coleção.

As *cartas de São Paulo* foram preservadas pelas comunidades que as receberam, e eventualmente foram copiadas e juntadas, porque as comunidades consideravam seu conteúdo valioso para o cristianismo em geral. Isto começou no último terço do primeiro século, quando se procedeu a imitar o estilo de Paulo com as chamadas cartas deuteropaulinas (Colossenses, Efésios, 2 Tessalonicenses, 1-2 Timóteo, Tito). No início do séc. II, o autor de 2 Pedro fala em 3,16 de "todas as cartas" de Paulo e as equipara às "outras escrituras". Embora não saibamos exatamente quantas eram "todas as cartas" de Paulo, o certo é que para aquele momento o bloco de cartas de Paulo como tal tinha peso canônico. A este se acrescentaram cartas compostas por discípulos de Paulo, escritas em seu nome e sob "seu espírito".

Por razões que desconhecemos, algumas cartas de Paulo se perderam. De fato, em 1Cor 5,9 o apóstolo refere-se a uma carta que anteriormente havia escrito aos coríntios e, em 2Cor 2,4, menciona uma carta escrita "com lágrimas", que tampouco conhecemos (não é 1Cor). Em Cl 4,16, o autor menciona uma carta dirigida aos laodicenses, que também, entretanto, se perdeu. Isto indica que as diversas cartas não tiveram um valor canônico desde seu início, mas eram pertinentes somente às comunidades às quais se dirigiram. Por isso,

Lucas não fez nenhuma menção das cartas de Paulo nos Atos dos Apóstolos.

Os *Evangelhos* escritos por Marcos, Mateus, Lucas e João, todos compostos no último terço do primeiro século, não foram os únicos nem gozaram de autoridade exclusiva até o século terceiro. No séc. II foram escritos outros, como os de Tomé, de Pedro e de Tiago, que foram recolhidos em pé de igualdade com os outros quatro durante algum tempo. E a produção não cessou. A decisão a favor dos quatro exclusivamente (o que implicava uma seleção) foi paulatina. Em meados do séc. II, Justino Mártir considerou em grande estima os três Evangelhos sinóticos (Mc, Mt, Lc, chamados assim porque se podem ler sinoticamente, postos em paralelo) como "memórias dos apóstolos", e menciona que se liam nas reuniões litúrgicas (*Apol.* i.67); mas Justino também fez uso de outras tradições que não conhecemos através dos Evangelhos canônicos. Por volta do ano 170, Taciano compôs sua "Harmonia dos quatro Evangelhos" (*Diatessaron*), que é uma vida de Jesus composta com base nos três Evangelhos, para o que empregou os que conhecemos, mas não os citava literalmente (o que indica que não concedia sacralidade ao texto como tal) nem exclusivamente (o que revela que empregou outras fontes: Evangelhos?). A primeira evidência clara que temos a favor de um reconhecimento de uma autoridade exclusiva dos quatro Evangelhos se encontra nos escritos de Santo Ireneu de Lyon, no último terço do séc. II, ao referir-se a eles apologeticamente, o que implicava uma rejeição de qualquer outro Evangelho existente: "não pode haver nem mais nem menos do que estes Evangelhos", sentenciou ao mencionar os quatro canônicos (*Ad. Haer.* iii, 11,8s). A lista de escritos conhecida como "cânon de Muratori", de inícios do séc. III, igualmente menciona, em tom apologético, esses mesmos quatro Evangelhos (o que significa que a essas alturas eles ainda não haviam recebido reconhecimento exclusivo em toda a Igreja). Na mesma época, Orígenes deixou entrever que ainda se tinham em alta estima o Evangelho segundo Pedro e o Evangelho dos Hebreus. No séc. IV, a situação era clara: somente os Evangelhos segundo Marcos, Mateus, Lucas e João eram reconhecidos como canônicos.

O simples fato de que Mateus e Lucas se tivessem baseado no Evangelho de Marcos (o primeiro a ser escrito; cf. 1,1: "início do Evangelho") para a composição de suas respectivas versões do Evangelho (cf. Lc 1,1ss), além de usar outras tradições, indica que nenhum deles considerava suas obras como sagradas e como normativas para toda a Igreja. E o fato de que sofreram retoques e acréscimos aponta na mesma direção. Além do mais, se prosseguia livremente a composição de Evangelhos, e, se muitos deles eram venerados em pé de igualdade com os outros quatro, era porque estes não gozavam de exclusividade.

A resposta à pergunta frequente por que não foram escritos Evangelhos mais cedo, antes de Marcos, que foi escrito por volta do ano 70, inclui vários fatores: (1) os cristãos eram um grupo pequeno no início, muito disperso, que não sentiu a necessidade de escrever, necessidade que surgiu mais tarde com as crises de identidade e dos conflitos com o judaísmo; (2) os cristãos inicialmente seguiam o culto judaico, para o qual já tinham Escrituras sagradas, a Bíblia hebraica (a eucaristia era uma ceia de caráter familiar); (3) Jesus mesmo não escreveu nada, e nada indica que sequer sugerisse que escrevessem algo sobre ele e sobre sua mensagem; (4) a pregação era oral e não a partir de textos (Rm 10,14s; Mt 10,5ss; 28,19s) e, em boa medida, era itinerante, sobre o que, sim, houve exortações de Jesus; (5) gravitou consideravelmente a convicção de que a parusia (segunda vinda do Senhor) seria logo (cf. 1Cor 16,22; 1Ts 4,15ss): para que escrever, se o fim está próximo e, portanto, não há razão para preocupar-se do futuro (para o qual se escreveu depois)?

O escrito *Atos dos Apóstolos* provavelmente se preservou junto com o Evangelho segundo Lucas e, mais tarde, foi separado, quando se intercalou o Evangelho de João – posto ali por ser de caráter muito diferente.

Resumidamente, por volta do ano 200, já se reconheciam como canônicos os quatro Evangelhos, Atos, as cartas paulinas e as cartas 1 Pedro e 1 João. Muitos outros escritos foram apreciados e lidos até o séc. III já iniciado, como o atesta Orígenes, mas nem todos foram incluídos depois no cânon oficial e definitivo. Outros, ao contrário, eram objetos de dúvidas e de discussões, mas terminaram sendo aceitos no cânon, entre eles, o Apocalipse de João e as cartas de Tiago, Judas, 2 Pedro, 2-3 João e Hebreus. O Apocalipse era popular no Ocidente, mas não no Oriente; em contrapartida, a Carta aos Hebreus era popular no Oriente e não no Ocidente. Em sua "História Eclesiástica", escrita por volta do ano 325, Eusébio de Cesareia distinguiu entre os escritos "reconhecidos" e os "discutidos". Entre os primeiros menciona os quatro Evangelhos, Atos, as cartas associadas a São Paulo, 1 Pedro e 1 João. Entre os segundos, cita as cartas de Tiago, Judas, 2 Pedro, 2-3 João e o Apocalipse de João, mas inclui também, como obras veneráveis que se liam nas igrejas, a Epístola de Barnabé, a Carta primeira de Clemente, o Pastor de Hermas, a Didaquê (todos estes escritos em torno do ano 100), assim como Atos de Paulo e o Apocalipse de Pedro.

O cânon do Novo Testamento ficou definitivamente fixado na segunda metade do século quarto. No Oriente, foi proclamado pelo sínodo de Laodiceia (363), com exceção do Apocalipse – e depois, aberta e claramente, pela carta do influente bispo Atanásio dirigida às igrejas na Páscoa do ano de 367, que incluía como canônicos 27 escritos que constituem nosso atual Novo Testamento. No Ocidente, o mesmo cânon foi fixado nos concílios de Hipona (393) e de Cartago (397), e foi reafirmado pelo papa Inocêncio I no ano de 405.

O "cânon de Muratori" (séc. III) inclui todos os escritos que conhecemos, exceto as cartas de Tiago, de Pedro, aos Hebreus, e uma carta (não especificada) de João. O chamado "cânon de Cheltenham" (meados do séc. IV) menciona todos, menos as cartas de Judas, de Tiago e aos Hebreus. Os escritos cuja aceitação foi mais discutida foram a carta aos Hebreus e o Apocalipse de João, por seu forte sabor judaico.

Por que o cristianismo se preocupou por oficializar um cânon? A razão principal surgiu da necessidade sentida de assegurar a unidade do cristianismo em torno de uma mesma confissão de fé, testemunhada por escritos de confiável raiz apostólica, quer dizer, era uma razão de identidade. Esta necessidade de unidade foi-se acentuando conforme cresciam as tendências heréticas, incluindo as sectárias, de modo particular as tendências a judaizar radicalmente o cristianismo (ebionitas) e a interpretar a mensagem de Jesus em termos filosófico-místicos (gnósticos). Nestas, e em outras correntes, se compuseram escritos que pretendiam ser apostólicos (muitos com o nome de um apóstolo), mas eram demasiadamente diferentes dos que tradicionalmente se admitiam como autênticos escritos apostólicos para ser reconhecidos como tais. A questão de um cânon se colocou abertamente quando, em meados do séc. II, Marcião afirmou que os únicos escritos canônicos para os cristãos se conformavam com o Evangelho segundo

Lucas (mas editado, eliminando todo o judaizante) e com as cartas paulinas. Certamente, também preocupava a frequente aparição de novos escritos com pretensões de apostolicidade. Particular influência na decisão por um cânon teve a proliferação de escritos gnósticos no cristianismo, ao encontro dos quais se saiu com um cânon de escritos ortodoxos (Novo Testamento).

Como vimos, o processo de seleção e canonização foi lento e tortuoso. Somente no final do séc. IV chegou-se a um consenso que reconhecia como canônicos os 27 escritos que definem a identidade cristã. Em meados do séc. V, alcançou-se a uma consonância em todas as igrejas sobre o cânon do Novo Testamento, a qual foi ratificada mais adiante pelos concílios de Florença (1445) e de Trento (1546). Tanto católicos como protestantes reconhecem como canônicos esses mesmos 27 escritos.

A ordem em que se agruparam os 27 escritos do Novo Testamento não é a de sua composição (as cartas de Paulo são todas anteriores aos Evangelhos), mas a ordem de importância, como aconteceu com o Antigo Testamento. Estão em uma sequência histórico-salvífica: os Evangelhos testemunham o acontecimento-Jesus Cristo, Atos é a continuação dessa "história", e as cartas são orientações para a vida cristã. O apocalipse contempla o fim dos tempos. Obviamente, os Evangelhos receberam a honra de preeminência, como a recebeu o Pentateuco no cânon judaico. Dos Evangelhos, o de Mateus foi considerado como o mais completo e foi o mais apreciado; por isso, está no início (Marcos é o mais antigo). As cartas estão aproximadamente na ordem de sua aceitação canônica. As cartas de Paulo estão ordenadas segundo sua extensão – a carta aos Romanos é a mais longa (não a mais antiga).

Os critérios que, explícita ou implicitamente, foram tomados em consideração para determinar a canonicidade dos escritos em questão foram:

- *Sua origem apostólica*, quer dizer, deviam ter sido compostos por um apóstolo ou por alguém próximo dos apóstolos que garantisse a fidelidade à tradição apostólica. Com isto ressaltam-se a importância do testemunho apostólico e a proximidade do acontecimento-Jesus Cristo. Mediante este critério, se estabelecia um *limite cronológico* – deviam ser obras suficientemente próximas ao tempo de Jesus – e se descartavam as falsificações, que eram posteriores e que, por este critério, frequentemente eram apresentadas sob o nome de algum apóstolo (por exemplo, o Evangelho de Pedro, de Tomé, de Filipe, de Tiago).

- Complementarmente, deviam ser conformes com a fé apostólica (a *regula fidei*), quer dizer, os escritos em questão deveriam testemunhar a fé transmitida unissonamente pelos apóstolos e ser *coerentes* com ela. Por sua origem apostólica, as comunidades deveriam *poder reconhecer nesses escritos sua fé vivida*. Com este critério, descartavam-se as obras que falavam de "outro Jesus Cristo", de tendência herética; por exemplo, os Evangelhos gnósticos (que ainda hoje se encontram).
- *Sua aceitação e uso universal* nas comunidades foi outro critério. Os escritos em questão, para serem reconhecidos como canônicos, deviam ter sido aceitos e reconhecidos como tais na maioria de comunidades (*sensus fidelium*), onde até se liam nas reuniões litúrgicas. Isso tacitamente supõe que sua origem era conhecida. Com este critério descartavam-se as obras compostas em pequenos grupos, de origem duvidosa, não aceitas como apostólicas pela maioria das comunidades cristãs.

Em síntese, os escritos reconhecidos como canônicos expressam coerentemente a fé apostólica que o cristianismo estava vivendo (e de onde surgiram esses escritos). "Coerência" não significa que não houvesse certo pluralismo teológico, como o que de fato encontramos no Novo Testamento. A Igreja reconhecia-se nesses escritos e achava expressa sua identidade no cânon neotestamentário. Poder-se-ia, por isso, dizer que o cânon do Novo Testamento se constituía como o "documento de identidade" do cristianismo, onde está expressa sua origem e sua razão de ser. Isso não significa que a compreensão do acontecimento-Jesus Cristo tivesse alcançado a plenitude de sua maturidade (como de fato não foi assim). É cristão, portanto, todo aquele que crê no Jesus testemunhado nesses escritos e que segue o caminho ali expresso: "vem e segue-me".

O termo "Novo Testamento (Nova Aliança)" não se referia originalmente a escritos, mas a uma nova *era*, em contraste com a "Antiga Aliança", antecipada em Is 55,3; 61,8; Jr 31,31; 32,40; Ez 16,60, (cf. Lc 22,20; 2Cor 3,6). Os termos "Antiga" e "Nova Aliança" foram usados pelos cristãos do final do séc. II, notavelmente por Clemente de Alexandria, Melitão de Sardes e Tertuliano, para referir-se ao conjunto de *escritos* canônicos judaicos e cristãos respectivamente (cf. 2Cor 3,14). Infelizmente, "aliança" (*berit*) foi traduzida por testamento (*diatheke, testamentum*), dando a ideia equivocada de um legado.

Em virtude do testemunho *apostólico* que os escritos do Novo Testamento contém, estes adquiriram importância suprema na Igreja. O testemunho nesses escritos é a única ponte entre os crentes (nós) e o Senhor. Por isso, o Novo Testamento tem um valor normativo *insubstituível*. Não se pode conhecer a Jesus Cristo, a não ser passando pelos testemunhos que o Novo Testamento apresenta. Caso contrário, onde vamos encontrar testemunhos a respeito de quem foi Jesus, do que significava sua vida e sua missão? Isto explica por que o cânon fixou um limite temporário: proximidade de Jesus. Esses escritos nos remetem às origens da fé cristã, e somente remetendo-nos a esses escritos podemos manter uma continuidade com a mesma fé, a fé apostólica gerada pelo acontecimento-Jesus Cristo.

Como já indiquei, em dado momento a Igreja – o cristianismo em seus líderes – se perguntou quais escritos vinham servindo ao longo de sua vida como norma objetiva e vivida em questões de fé e de costumes, quer dizer, ela centrou sua atenção na *tradição*. Visto que a tradição não começou com os primeiros escritos, mas é anterior a eles, ela conduz até suas próprias origens, quer dizer, o próprio Jesus Cristo. Por conseguinte, a tradição é a norma *viva* que estabelece a continuidade entre a Igreja e Jesus Cristo. Assim, visto que os escritos neotestamentários são produtos e *testemunhos* dessa tradição vivida, a Igreja deveria poder reconhecer-se, séculos mais tarde, em *seus* escritos, se (condicional) ela se tivesse mantido fiel às suas origens no transcurso do tempo (continuidade).

Significado do cânon

Como se terá podido apreciar, o cânon, tanto judaico como cristão, foi resultado de longo processo. Eram processos que envolviam *uma série de interpretações*, tanto dos escritos individuais como de sua inter-relação e de sua pertença à comunidade. De fato, a fixação de um cânon era em si uma interpretação do valor dos escritos que o constituíram, tanto judaicos como cristãos.

A questão era, em essência, uma questão de identidade e de fidelidade às origens que remetem ao próprio Deus. Os escritos que conformam tanto o cânon do Antigo Testamento como o cânon do Novo Testamento constituem o conjunto mais antigo e fidedigno de testemunhos da Revelação histórica, do fato e de seu significado. A história do cânon é a história da busca da fidelidade à Revelação, tanto em sua raiz histórica como em seu valor como guia e orientação. Por isso, no cânon convergem o passado e o futuro existencial como referência presencial de fidelidade a Deus. Os escritos não têm importância como tais, mas como *testemunhos* da Revelação histórica e de seu significado. Por isso, foi-lhes posto um limite temporal: deveriam ser próximos aos acontecimentos reveladores. Isso explica por que não se receberam mais tarde (ou hoje) outros escritos que possam ser tanto ou mais "inspiradores", alguns dos quais terminaram como apócrifos.

Os escritos que conformam o cânon foram incluídos porque se viu neles uma capacidade comunicativa, que ia além dos limites originais desses escritos, além das razões e circunstâncias às quais responderam originalmente, e além do destinatário original. Assim, por exemplo, os juízos dos profetas ou as cartas de São Paulo encerram mensagens que se podem aplicar em novas circunstâncias e, por isso, continuavam sendo lidos e eventualmente foram canonizados: têm um valor permanente (não somente histórico) para os crentes. O judaísmo viu esse valor no fato de sua apreciação dos escritos em questão como "palavra de Iahweh". O cristão o viu em seu caráter de testemunhos apostólicos próximos e fiéis ao acontecimento-Jesus Cristo e ao seu espírito. É o que se conhece como "o cânon (norma) dentro do cânon (lista)".

Os diferentes escritos expressavam interpretações dos acontecimentos e as vivências reveladoras. Alguns escritos canônicos eram, ao mesmo tempo, interpretações de outros escritos canônicos, por exemplo, Crônicas de Samuel-Reis, Mateus e Lucas de Marcos. Situados no cânon, *todos* têm *igual* normatividade; foram postos em pé de igualdade. Por quê? Simplesmente porque foram considerados como testemunhos fidedignos da Revelação e porque todos têm uma capacidade comunicativa e orientadora que ultrapassa seus limites originais. Aliás, a ordem em que se situaram os escritos – começando pelo Pentateuco e pelos Evangelhos, no Antigo Testamento e no Novo Testamento respectivamente – revela a importância que lhes foi concedida e a maneira como se valorizou a relação de uns escritos com relação a outros, por exemplo, dos profetas com relação à Lei ou das epístolas com relação aos Evangelhos. Por isso, mais do que antologia de textos normativos, o cânon é uma interpretação de seu valor e é, ao mesmo tempo, um meio de interpretação para o presente. Depois de tudo, o Antigo Testamento e o Novo Testamento constituem unidades completas que são mais do que a soma de suas partes – um todo que, a partir de diferentes ângulos, testemunha a Revelação histórica e seu significado.

O *sentido canônico*, sobre o qual retornaremos mais adiante, não é o que cada autor viu em seu escrito, mas o que nasce do fato de ser *agora* parte integrante de um todo, de um cânon. E isto é o produto de uma interpretação posterior: a da comunidade que estabeleceu o cânon e colocou os escritos na ordem em que os conhecemos.

13.

OS EXCLUÍDOS: APÓCRIFOS

Denominam-se apócrifos aqueles escritos que se apresentavam como inspirados por Deus, até como produtos de revelações, mas que definitivamente não foram reconhecidos como tais e ficaram excluídos do cânon. O termo "apócrifo", termo grego, literalmente significa "escondido, oculto", em referência à sua origem "secreta".

No protestantismo, os deuterocanônicos são considerados frequentemente como apócrifos. Recordemos que esta é a única diferença substancial entre a Bíblia católica e a protestante. Os deuterocanônicos foram considerados como tais a partir da Reforma (séc. XVI), porque estes nos eram conhecidos somente em grego, não em hebraico, razão pela qual tampouco estão na Bíblia hebraica. No entanto, como vimos, em Qumrã foram encontrados, para nossa surpresa, trechos de alguns destes em hebraico, o que confirma a suspeita de que originalmente foram escritos nesse idioma, não em grego.

Os apócrifos dão a impressão de ser Escritura, tanto pela linguagem que eles empregam como pelos temas que tratam. Muitos se apresentam como obras de algum personagem importante: um patriarca, um profeta, um apóstolo. Apresentam-se como obras, cujas mensagens haviam sido escondidas por tratar-se de "revelações secretas", reservadas a um círculo fechado de privilegiados e que, por isso, somente agora saem à luz. Na realidade, os apócrifos são, em sua maioria, composições tardias, muito distantes do tempo em que supostamente teriam sido escritas. Quanto ao seu conteúdo, alguns são dogmaticamente não-ortodoxos, quando não francamente heréticos, outros são simplesmente novelescos, fantasiosos. Costumam ser ampliações ou complementos mais ou menos piedosos ou filosóficos da informação ou da revelação que se encontra nos escritos canônicos, cuja existência eles conhecem e supõem.

Alguns apócrifos são coleções de lendas (por exemplo, a respeito da infância de Maria e de Jesus), outros são apocalípticos (muitos dos apócrifos judaicos) ou são obras que pretendiam justificar uma visão teológica diferente da tradicional e oficial, isto é, se propunham expressar a identidade de um grupo herético. Por exemplo, o famoso Evangelho de Tomé, remontando-se a um suposto testemunho desse apóstolo, serviu para justificar ou validar a posição de uma corrente gnóstica. Alguns apócrifos são produtos da ficção piedosa, outros de determinada corrente teológica ou de um interesse pedagógico edificante.

A origem nebulosa desses escritos, a natureza de seu conteúdo e o fato de não terem sido reconhecidos como canônicos pela maioria determinaram sua exclusão do cânon. Como fontes de informação histórica, os apócrifos de corte fantasioso obviamente têm pouco ou nenhum valor. Mas permitem-nos compreender algumas tendências heterodoxas que aparecem no cristianismo, quer dizer, são importantes para o estudo do desenvolvimento do cristianismo. Outros foram autênticas fontes de inspiração e de edificação piedosa. Seja como for, um dos valores dos apócrifos é seu testemunho dos desenvolvimentos populares piedosos do cristianismo, de sua pluralidade de compreensões de Jesus Cristo, assim como do predomínio de certas correntes teológicas. Os apócrifos atestam a persistência e o desenvolvimento de tradições orais.

Os apócrifos *judaicos* foram compostos, em sua maioria, entre os séc. II a.C. e II d.C. São-nos conhecidos porque foram preservados em círculos cristãos. O judaísmo os havia relegado ao esquecimento, ao consagrar como normativos os escritos canônicos. Esses "apócrifos" foram desterrados porque, por um lado, se desviavam não poucas vezes do que era considerado como tradicional e normativo e, por outro lado, porque depois da catástrofe do ano 70, com a destruição de Jerusalém e do Templo, percebeu-se que essa literatura, especialmente a de caráter apocalíptico, que se interessava por supostas revelações de secretos planos de Deus que poriam fim aos adversários de Israel, tinha contribuído para essa derrota e se temia que alentasse outros movimentos do mesmo corte. Da literatura apocalíptica o cristianismo adotou muitas de suas imagens e conceitos sobre os últimos tempos, o céu, o inferno, o julgamento final etc.

Os apócrifos judaicos notáveis, segundo seu gênero literário, são: (1) *Narrativos*: Jubileus, carta de Aristeias, 2 Esdras, 3 Macabeus, Vida de Adão e Eva, Ascensão de Isaías, Testamento de Jó, José e Asenet, 4 Baruc, Vida dos Profetas. (2) *Sapienciais*: 4 Macabeus e Achicar. (3) *Testamentos*: Testamentos dos Doze Patriarcas, de Abraão, de Isaac, de Jacó, de Salomão, de Jó. (4) *Apocalípticos*: 1 e 2 Enoc, Oráculos Sibilinos, Apócrifo de Ezequiel, Apocalipse de Abraão, de Elias, de Sofonias, de Esdras, 2 e 3 Baruc, 4 Esdras. (5) *Orações*: Salmos de Salomão, Odes de Salomão, Oração de Manassés.

Os apócrifos *cristãos* são mais numerosos do que os escritos canônicos; são quase de uma centena. Os mais antigos datam do séc. II, e os mais recentes datam da Idade Média. Entre os evangelhos apócrifos, destacam-se os de Tiago (sobre os pais de Jesus e seus primeiros anos) e de Pedro (com detalhes sobre a Paixão e a Ressurreição). Em sua maioria, esses evangelhos são novelescos, com o claro propósito de encher o "vazio histórico" deixado pelos canônicos. Outros são de franca tendência herética, dos quais o mais conhecido é o Evangelho gnóstico de Tomé (coleção de sentenças de Jesus), popularizado em novelas e no cinema. As cartas apócrifas mostram claro interesse em legitimar a fundação de alguma comunidade. Algumas se apresentam como cartas "perdidas". Finalmente, entre os apocalípticos se destacam os de Pedro e o de Tomé.

Os apócrifos cristãos mais notáveis são: (1) *Evangelhos* de Tiago, de Pedro, de Matias, de Judas, de Bartolomeu, de Maria, de Nicodemos, de Gamaliel, dos Nazarenos, dos Egípcios, dos Ebionitas, dos Hebreus. A estes se devem acrescentar os Evangelhos gnósticos, entre eles o Evangelho de Tomé, de Filipe, da Perfeição, o da Verdade, a Pistis Sofia, o de João (gnóstico). (2) *Atos* de André, de João, de Paulo, de Tomé, de Pedro, de Pedro e dos Doze, de Pedro e de Paulo, Atos de Pilatos. (3) *Cartas*: 3 Coríntios, aos Laodicenses; Carta dos Apóstolos, de Paulo a Sêneca, Pregação de Pedro, os *Kerigmata Petrou,* e a gnóstica carta de Pedro a Filipe. (4) *Apocalipses*: de Pedro, de Tomé, de Paulo, da Virgem, de João, de Estêvão, e os gnósticos de Tiago e de Paulo. Muitos destes, os conhecemos somente por referências ou por alguns fragmentos.

14.

RELAÇÃO ENTRE O ANTIGO E O NOVO TESTAMENTO

Os escritos canônicos judaicos eram simplesmente "a Bíblia", *tanak*. Os cristãos primeiramente se referiam a eles como "as Escrituras", mas logo os qualificaram como "Antigo Testamento". Com esse termo, não somente expressava-se um contraste desses escritos com os escritos cristãos, mais tarde chamados de "Novo Testamento", mas também destacava-se manifestamente a convicção de que, a partir da vinda de Jesus de Nazaré, se havia relativizado, como algo do passado (antigo), a história salvífica que concluía com sua vinda. Assim o expressou Lucas em 16,16: "A Lei e os profetas (= Antigo Testamento) chegam até João; a partir de então, se anuncia o Evangelho do reino de Deus". E mais adiante lemos que Jesus afirmou: "este é o cálice da nova aliança em meu sangue" (Lc 22,20; 1Cor 11,25). Depois de tudo, o próprio Jesus havia relativizado, mudando, declarando nula ou radicalizando, a revelação anterior que se encontra atestada nos escritos judaicos, como pertencentes a um período "imperfeito" (cf. Mt 5,21-48).

Convém recordar que o termo "Antigo Testamento" originalmente se referia à época histórica anterior à vinda de Jesus, e não a um conjunto de escritos. Os escritos foram mais tarde denominados assim por serem testemunhos dessa história, vista pelos cristãos como "antiga aliança". Outro tanto ocorreu com o termo "Novo Testamento".

Valorização do Antigo Testamento

É um fato que os cristãos geralmente não outorgam grande importância ao Antigo Testamento, até se sentem incomodados com ele, exceto por certas passagens. Consideram-no como algo superado e sem atualidade, totalmente superado pelo Novo Testamento. De fato, raras vezes se prega com base no Antigo Testamento. Costuma-se pensar que a importância que o Antigo Testamento possa ter é a de simples história que preparava o caminho para a vinda de Jesus. Ainda se ensina o Antigo Testamento como "*história* sagrada", sem consideração de gêneros literários (mitos, lendas, sagas, anedotas, são tratados como história), e se omitem os livros proféticos e os didáticos e sapienciais. Quando se consideram os livros proféticos, estes costumam ser apresentados mediante seleções de textos que supostamente antecipavam ou prediziam diferentes facetas da vida de Jesus. No entanto, admitimos que todos foram inspirados e são Palavra de Deus, como de fato o cristianismo o reconheceu ao decidir sobre sua canonicidade.

A pouca aceitação que o Antigo Testamento costuma ter entre a maioria dos cristãos deve-se tanto ao fato de que não estão familiarizados com a natureza da própria Bíblia como ao fato de que ela é considerada quase exclusivamente em função do Novo Testamento ou, mais concretamente, em função de Jesus Cristo. No entanto, o Antigo Testamento tem valor *em si mesmo*. (Veja sobre tudo isto o documento da Pontifícia Comissão Bíblica, "O povo judeu e suas Escrituras Sagradas na Bíblia cristã".)

Ao falar do Antigo Testamento, especialmente com relação ao acontecimento-Jesus Cristo e aos escritos que constituem o Novo Testamento, é importante ter presente o ângulo a partir do qual ele é enfocado: como literatura que expressa vivências ou como Palavra de Deus.

Como *literatura* que comunica vivências, acontecimentos ou experiências (pessoais ou coletivas), o Antigo Testamento tem pleno sentido e valor *em si mesmo*, como todo texto literário. Como tal, deve ser valorizado dentro de seu próprio contexto situacional, dentro de seu berço.

Como *Palavra de Deus*, o Antigo Testamento ficava aberto a posteriores compreensões e elucidações. Visto a partir do acontecimento-Jesus Cristo, o Antigo Testamento adquire um valor que não se conhecia e que não se compreendia antes. Sobre este aspecto, voltaremos depois de nos determos a considerar o Antigo Testamento como literatura testemunhal.

Os escritos que constituem o Antigo Testamento *não* foram compostos com olhares voltados para os do Novo Testamento, como espécie de antecipação ou de preparação. Foram escritos independentes e com valor próprio, que testemunham as vivências religiosas de um determinado período histórico e sob determinadas circunstâncias. Além do mais, não se projetavam para um futuro demasiadamente distante, pois se dirigiam a um público concreto e às suas necessidades do momento. Ezequiel, por exemplo, falou e escreveu para os judeus no tempo do exílio na Babilônia, no séc. VI, não olhando para o primeiro século de nossa era. Certamente, alguns profetas (não todos) esperavam a vinda de um messias, mas os textos messiânicos são geralmente imprecisos e proporcionalmente são poucos.

Do ponto de vista da história, os acontecimentos e as experiências vividas pelo povo de Israel não ocorreram *para que* servissem de prefiguração, com a *finalidade* de ser modelos ou mesmo como preparação para a vinda de Jesus de Nazaré. Deus não alimentou os hebreus no deserto com o maná, por exemplo, com a finalidade de prefigurar a eucaristia, mas simplesmente para salvar esse povo da fome. Da mesma maneira, Deus não inspirou a Moisés para guiar seu povo e dar-lhe um código de leis *para que* Jesus mais tarde tivesse um modelo, ou com o fim de que pudesse relativizar ou reinterpretar esse código de leis, mas para o bem do povo hebreu *naquele* tempo.

A questão messiânica

Considerar o Antigo Testamento como testemunhos das promessas ou como preparação para a vinda do messias é só parcialmente correto. Esta maneira de ver o Antigo Testamento corre o risco de não levar a sério os momentos e as vivências exclusivamente *históricas* daqueles tempos. Mais ainda, considerar o Antigo Testamento exclusivamente como a preparação para a vinda do messias implica considerar o messianismo como o coração do Antigo Testamento, e isso não concorda com os próprios textos, pois a maioria não faz referência alguma a um messias. Em outras palavras, ver o Antigo Testamento em chave de preparação, de promessa ou de messianismo leva a ver os profetas como essencialmente anunciadores de acontecimentos futuros, distantes, e não como aquilo que foram, isto é, porta-vozes de Iahweh para seu povo em seu aqui e agora concretos. Esta ideia leva a ver a própria história de Israel como simples recordações que prefiguram ou preparam a hora do messias, e os escritos didáticos ou sapienciais como acessórios de pouca importância. No entanto, reconhecemos que *todo* o Antigo Testamento foi inspirado por Deus e é Palavra de Deus, e não somente os textos que, de alguma maneira, se relacionam com Jesus Cristo ou com o Novo Testamento.

A história antiga do povo de Israel precedeu à vinda de Jesus, mas isso não quer dizer que sua única razão de ser era a preparação, e menos ainda a antecipação de sua vinda. De fato, o tema messiânico apareceu no cenário histórico a partir do debate do séc. VI a.C., sob os babilônios (e daí se projetou nos escritos para trás). No judaísmo se esperava a vinda de um messias, mas isso não significa que os judeus viviam sua história e suas vidas, tecendo tapetes para o dia em que Cristo fizesse sua aparição. Essa maneira de ver as coisas deve-se à ideia que nós, cristãos, costumamos ter a respeito do Antigo Testamento. Além disso, nos escritos bíblicos e nos não-bíblicos judaicos se descobrem diferentes *imagens* do esperado messias, não uma única. Nem do ponto de vista histórico nem do literário o messianismo constituiu o centro do pensamento e o sentimento expresso no Antigo Testamento.

Os textos de caráter messiânico que se costumam citar como provas de que Jesus era o messias esperado, todos eles podem ser interpretados e aplicados de diversas maneiras, não somente referentes a Jesus de Nazaré. Assim, por exemplo, o importante cântico do Servo de Iahweh, em Isaías 53, referia-se ao povo de Israel, personificado no "homem das dores", que estava sofrendo o exílio na Babilônia (o cântico é dessa época). O judaísmo posteriormente continuou vendo nesse Servo de Iahweh a personificação de seu povo ao longo de sua história de sofrimento e perseguições, também na Alemanha nazista. O cristianismo, por sua parte, interpretou Isaías 53 como referência a Jesus de Nazaré. Quem tem razão? Qual das compreensões e interpretações é a correta? A quem se referia o autor inspirado no momento de escrever? As respostas variam segundo o ângulo a partir do qual se lê (literário, histórico, da fé) e a partir da convicção com a qual se enfoca, quer dizer, a partir do "pré-conceito" com que se lê. O fato é que Isaías 53 é susceptível de ser interpretado e aplicado de maneiras diversas.

Sem dúvida, um aspecto do profetismo era a predição do futuro, mas não de um futuro muito distante, porém de um futuro que concerne ao destinatário, embora essa não fosse a função principal dos profetas (cf. Dt 13,1ss; 18,21s). Só excepcionalmente suas pregações eram precisas; o mais das vezes eram vagas. Mas, mais tarde, o judaísmo concentrou sua atenção na dimensão de predição do profetismo, à medida que crescia o interesse pelo messianismo. Isto se observa claramente nos escritos apocalípticos e também no uso que os cristãos fizeram do Antigo Testamento, sintetizado em 1Pd 1,12: "não foi para eles, mas para nós" que antigamente profetizaram. Tanto se ampliou a ideia de predição, que se interpretaram como tais os textos que se referiam ao passado e não ao futuro (por exemplo, Os 1,11 em Mt 2,15), e textos que não provinham dos profetas mesmos (por exemplo, Sl 91,11ss em Mt 4,6). Os cristãos herdaram essa maneira de compreender e de interpretar o Antigo Testamento.

Não devemos esquecer-nos de que o Antigo Testamento inclui mais de um milênio de tradições, de momentos históricos e de circunstâncias muito distintos, e também diferentes graus de compreensão da Revelação. Os escritos do Antigo Testamento testemunham uma gama de experiências e de vivências mais rica e mais vasta do que as que encontramos no Novo Testamento. Por isso, para poder apreciar o Antigo Testamento, é necessário começar lendo-o *em si mesmo*, cada escrito em seu tempo e em suas circunstâncias históricas, sem projetar neles preconceitos cristãos. Da mesma maneira, devemos proceder com o Novo Testamento.

É um fato que o Antigo Testamento é parte do cânon cristão. E o é porque foi valorizado como Palavra de Deus e não como mudas recordações. Segundo os Evangelhos, o próprio Jesus se referiu em diversas ocasiões ao Antigo Testamento como Palavra de Deus (Mc 7,6-13; 10,2-9; 12,25s). Para ele, como para os primeiros cristãos, essa era sua "Bíblia". Sua maneira particular de entender o Antigo Testamento como Palavra de Deus *sempre atual*, dinâmica, que expressa a vontade de Deus mesmo, levou Jesus, e depois a seus seguidores, a reinterpretar esses velhos textos, seja ab-rogando alguns ou corrigindo outros, seja aprofundando-os (veja Mt 5,21-47). A tudo isto se deve acrescentar que o Deus de Jesus foi o mesmo que o de Abraão, de Moisés e dos profetas, apesar da diferente maneira como cada um o entendeu. E tanto Jesus como seus discípulos empregaram a linguagem do Antigo Testamento: suas imagens, termos e alusões, símbolos e títulos honoríficos; eles se referiam à criação, a determinados momentos históricos, a promessas, bênçãos e pecados, a esperanças e anúncios expressos em textos do AT, além de citá-los expressamente em certas ocasiões.

A Igreja primitiva entendeu e valorizou o Antigo Testamento especialmente (mas não exclusivamente) como anúncio e promessa salvífica. Por isso, ela destaca as referências aos textos de caráter profético e messiânico do Antigo Testamento, tanto nos escritos do Novo Testamento como nos dos Padres da Igreja. Se o Antigo Testamento era venerado como a Palavra de Deus, e o acontecimento-Jesus Cristo era expressão viva e máxima da Palavra desse mesmo Deus, era natural que no seio do cristianismo se prestasse especial atenção à relação do Antigo Testamento – que era sua Bíblia e que se lia em suas reuniões – com o acontecimento-Jesus Cristo. E se a vinda de Jesus foi reconhecida como o início de nova etapa da história salvífica, era natural que os cristãos considerassem os tempos anteriores como previsões, do ponto de vista da salvação, e como preparatórios para o acontecimento-Jesus Cristo, do ponto de vista da história (salvífica).

O Antigo Testamento e Jesus

A partir do próprio Jesus, para entender sua missão, era necessário entender o Antigo Testamento, e para ressaltar essa relação os cristãos *selecionaram* determinados textos e passagens do Antigo Testamento que *mostravam* Jesus como aquele que, segundo sua convicção, cumpria a vontade de Deus e inaugurava o início do cumprimento das promessas e esperanças messiânicas. Mas os textos e passagens empregados, eles os *adotaram* e *aplicaram* de modo que aparecessem como antecipações ou, ainda, como predições. Assim, por exemplo, para sustentar a tese de que Jesus recorria a parábolas "para que se cumprisse o anunciado pelo *profeta*" (!), Mateus citou em 13,35 um Salmo (78,2). No entanto, o que se lê no Salmo não era um anúncio e, por certo, não é um texto profético. Ocasionalmente, acontecimentos ou personagens do Antigo Testamento foram apresentados por autores do Novo Testamento como protótipos ou prefigurações de algum aspecto da vida ou da pessoa de Jesus. Assim, por exemplo, o relato da serpente de bronze que Moisés elevou no deserto para curar a todos os que a olhassem (Nm 21,8ss) é apresentado por João em sua versão do Evangelho como prefiguração da cruz (3,14s). Tratava-se, então, de uma reinterpretação de certos textos e do sentido do Antigo Testamento como totalidade. Por que fizeram isso? Por duas conveniências fundamentais:

Primeira: O Antigo Testamento é Palavra de Deus, e esta não fala somente para os tempos nos quais foi posta por escrito, mas continua falando hoje.

Segunda: Pela convicção de que, com a vinda de Jesus, chegou à sua culminância uma história salvífica que remonta aos inícios da história da humanidade. Viam tudo como se faz com um filme ou uma novela: quando se chegou no final, tudo o que é anterior começa a ter um sentido que talvez não se viu antes; as perguntas que iam brotando (como terminará, para onde conduz tudo isto) encontraram a resposta adequada. Ao mesmo tempo, o acontecimento-Jesus Cristo marcava novo rumo na história salvífica, havia uma continuidade entre ele e as esperanças e promessas expressas no Antigo Testamento; Jesus era o messias esperado com ânsia, que inaugurava uma nova etapa. Isso foi expresso sinteticamente por Lucas: "A Lei e os profetas (Antigo Testamento) chegam até João (Batista); a partir de então, se anuncia o reino de Deus" (16,16). Havia, então, descontinuidade dentro da continuidade histórica.

Um bom número de textos tirados do Antigo Testamento originalmente não eram vaticínios, e frequentemente tinham um sentido diferente daquele que lhes foi dado no cristianismo. Assim, por exemplo, em Mateus 2,18, o pranto de Raquel por seus filhos, que em Jr 31,15 se referia ao exílio babilônico, foi relacionado por Mateus (ou pela tradição que o precedeu) com a matança dos inocentes. Segundo Mt 8,17, as curas realizadas por Jesus teriam sido antecipadas em Is 53,4. Aliás, as trinta moedas pagas a Judas por sua traição, segundo Mt 27,9, teriam sido previstas por Jeremias – quando na realidade o texto citado é de Zc 11,12 e não era uma pregação, mas uma queixa profética. A razão pela qual empregaram e adaptaram estes e outros textos era demonstrar que Jesus era o enviado definitivo que Deus havia prometido. Essa, certamente, era uma interpretação cristã, feita por crentes cristãos, não por judeus. Mas não somente adaptaram os textos do Antigo Testamento, mas também ao contrário: adaptaram ocasionalmente o relato ao texto. Deste modo, na versão de Mateus da entrada de Jesus em Jerusalém lemos que trouxeram dois animais, uma jumenta com um burrinho e, com aclamações, "puseram sobre *eles* os mantos, e Jesus montou por cima" (dos dois animais?), pois assim se encaixa com o texto citado de Zc 9,9: "Olha que teu rei vem montado em uma jumenta e em um burrinho, filho de um animal de carga" (Mt 21,1-7). Em Marcos e em Lucas o relato fala de um animal somente.

É preciso esclarecer que o que foi descrito é a maneira como os primeiros cristãos interpretaram os acontecimentos. Isso não significa que os acontecimentos na vida de Jesus e os inícios do cristianismo ocorreram *com o fim* de cumprir algo supostamente anunciado, como se tem impressão ao ler o Novo Testamento. Uma coisa é o anúncio ou a promessa de um messias em geral, e outra é a relação de *alguns* detalhes da vida de Jesus com alguns *textos* do Antigo Testamento. Não é este o lugar para nos enredarmos em uma discussão sobre o messianismo de Jesus de Nazaré. Interessa-nos a relação entre o Antigo Testamento e o Novo Testamento. Vale, então, algumas observações suplementares.

Deve-se distinguir entre os acontecimentos ocorridos ou relatados e a interpretação desses acontecimentos feita pelos cristãos. É diferente "o que aconteceu" realmente do "relato do que aconteceu", que, como já vimos, vem inevitavelmente interpretado pelo relator:

acontecimento (história) --------------------→ interpretação (via AT) --------------------→ relato (no NT)

Pois bem, os autores dos escritos do Novo Testamento olharam o Antigo Testamento *para interpretar* e ressaltar o significado do acontecimento-Jesus Cristo. Mas o que Jesus viveu, disse e fez não foi com o olhar no Antigo Testamento ou com a finalidade "de cumpri-lo". Jesus não relatou parábolas para assim cumprir uma suposta profecia no Salmo 78, mas para chamar à conversão ou à reflexão. Tampouco foi crucificado *para assim* materializar uma suposta prefiguração da serpente de bronze elevada por Moisés, segundo Nm 21,8ss. Em outras palavras, enquanto os fatos mesmos seguiam uma linha histórica continuada, do Antigo Testamento ao Novo Testamento, os autores dos escritos do Novo Testamento e os Padres da Igreja olharam para trás, para o Antigo Testamento, a fim de reinterpretar a partir daí os fatos, *com o fim de destacar sua significação* histórica e salvífica na vontade total de Deus. Para eles (como para nós), a vontade de Deus era conhecida objetivamente nas "Escrituras".

Os cristãos *partiam* da convicção de que Jesus era verdadeiramente o messias, o enviado definitivo de Deus. Esse era seu preconceito. *Para expressar* essa convicção sua, para ilustrá-la, esclarecê-la, colocá-la em evidência, e *para destacar a significação* e implicações do acontecimento-Jesus Cristo, recorreram a determinados textos do Antigo Testamento. *Por isso*, adaptaram de tal maneira os textos citados que acabavam por dar brilho ao fato e à significação de que Jesus era verdadeiramente o messias anunciado e esperado. Por isso, além do mais, utilizaram expressões tais como "isso aconteceu a fim de que se cumprisse o que fora dito por...", ou "assim se cumpriu a Escritura...". Contrariamente ao que muitos pensam, não se tratava de *provas* de que Jesus era o messias, mas de esclarecimentos e reafirmações de uma convicção. Os cristãos não chegaram à convicção de que Jesus era o messias *porque* cumpria certas profecias, mas porque *ressuscitou*. A ressurreição é *a* prova do messianismo de Jesus. Depois de tudo, Jesus nem cumpriu todas as profecias messiânicas nem se dedicou em sua vida a cumprir profecias. Dedicou-se a anunciar o reino de Deus. Em outras palavras, primeiro estava a convicção de parte dos cristãos de que Jesus era o messias, e com esta convicção logo viram nos textos do Antigo Testamento referências a Jesus, e os citavam ou remetiam a eles com o propósito de respaldar essa convicção, quer dizer, com fins fundamentalmente catequéticos e apologéticos. Os textos do Antigo Testamento nem provam nem demonstram o messianismo de Jesus; ilustram-no e esclarecem-no – por isso, esse tipo de argumentação (citando textos do Antigo Testamento) não convence a nenhum judeu a respeito do messianismo de Jesus.

Sintetizando: é preciso distinguir *dois níveis* de leitura do Antigo Testamento com relação ao acontecimento-Jesus Cristo: o da *história*, que se move do Antigo ao Novo Testamento em sequência cronológica histórica, e o nível da *interpretação cristã*, que retrospectivamente vai do Novo ao Antigo Testamento e tem o propósito de destacar o messianismo de Jesus de Nazaré.

Em gráfico:

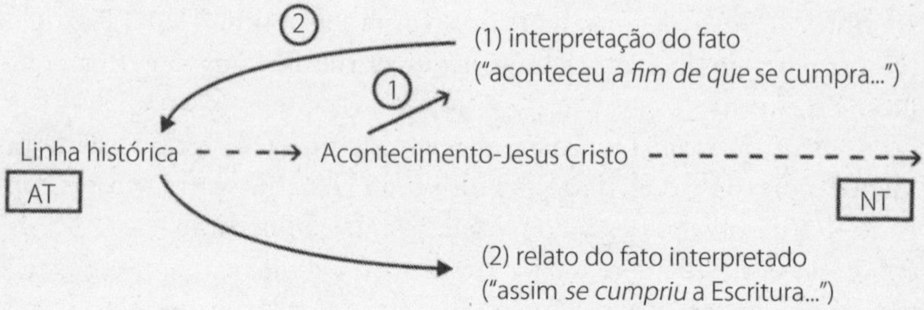

O Antigo Testamento é a tradição na qual Jesus se encarnou – acima de tudo, era judeu – e a partir da qual ele mesmo (e depois a Igreja) compreendeu sua missão salvífica. Quando se quer compreender o distintivo de Jesus e de sua missão, dever-se-á ter presentes o Antigo Testamento e as tradições a partir das quais estas foram elaboradas. Ao ter presente o Antigo Testamento e o acontecimento-Jesus Cristo, os autores do Novo Testamento puderam destacar o contraste e a continuidade entre ambos. Em outras palavras, quando se deixa de lado o Antigo Testamento, não se conseguirá compreender e apreciar plenamente Jesus Cristo e o Novo Testamento. Depois de tudo, os autores dos escritos do Novo Testamento expressaram-se frequentemente com imagens e termos tirados do Antigo Testamento, até intercalando frases dali, e se referiam a acontecimentos, esperanças e promessas ali expostos. Lucas, por exemplo, imitou admiravelmente o estilo da LXX nos primeiros capítulos de sua versão do Evangelho, intercalando, além disso, frases e até cânticos compostos de frases do Antigo Testamento (o *Magnificat* e o *Benedictus*), dando assim um sabor nitidamente veterotestamentário à origem de Jesus.

Por onde começar a ler, pelo Antigo Testamento ou pelo Novo Testamento?

A Igreja primitiva, cuja única Bíblia (antes da composição de escritos do Novo Testamento) era o Antigo Testamento, a lia de maneira diferente da leitura que muitos cristãos fazem hoje. Os primeiros cristãos preocupavam-se por entender o acontecimento-Jesus Cristo e sua significação, não tanto o Antigo Testamento. Perguntavam-se: como entender o Antigo Testamento a partir de Jesus Cristo? A leitura correta é a primeira, a que eles praticavam, pois corresponde à trajetória histórica. Portanto, não é acertada a tese de que é *necessário* começar por ler o Novo Testamento antes de ler o Antigo Testamento para compreendê-lo. Mais grave é a afirmação de que *não se pode* entender o Antigo Testamento, se não se entende o Novo Testamento. Esse tipo de leitura conduz a ver somente os textos "úteis" ao cristianismo e interpretá-los somente em termos de antecipações, com o resultado de que grande parte do Antigo Testamento fica marginalizada. É necessário conhecer o Antigo Testamento para entender e apreciar o Novo, e não o contrário. Trata-se da *história* salvífica, e ambos os termos, "história" e o qualificativo "salvífica", devem ser levados a sério.

O que foi dito anteriormente não implica que se deva ler primeiro o Novo Testamento e depois o Antigo. Mas essa não seria uma leitura em nível histórico e literário, mas estritamente em função da *fé* cristã. É o que se costuma chamar "a leitura *cristã* (em contraste com outras) da Bíblia". Essa leitura do Antigo Testamento a partir da perspectiva (ou com as lentes) do Novo Testamento é uma leitura "com preconceito": lê o Antigo Testamento com a convicção de que Jesus é o messias e, portanto, que o Antigo Testamento era a etapa preparatória para sua vinda (visão que, certamente, alguns autores do Novo Testamento adotaram). A concentração não está no Antigo Testamento, mas no Novo Testamento como critério supremo. De fato, para o cristão, em contraste com o judeu e com as seitas "veterotestamentárias" como os Adventistas e as Testemunhas de Jeová, a última palavra não está no Antigo Testamento, mas começa no Novo Testamento, mais concretamente no acontecimento-Jesus Cristo. Por isso, para o cristão, como já o manifestaram os autores dos diversos escritos do Novo Testamento, há partes do Antigo Testamento que ficaram ab-rogadas, outras deixaram de ser normativas, e outras foram relativizadas ou corrigidas, especialmente as leis do Pentateuco. A significação e a validade do Antigo Testamento, especialmente em sua dimensão ética, mede-se *a partir do acontecimento-Jesus Cristo*, que estabeleceu a norma suprema para o cristianismo. Embora válida e legítima a partir da perspectiva da fé cristã, a leitura do Antigo Testamento a partir do Novo Testamento, por ser precisamente uma leitura "com preconceitos", deve cuidar para não projetar sobre o texto ideias ou imagens estranhas: predições, amplificações ou prefigurações obscuras. Sobre isto voltaremos com maior atenção mais adiante.

O Antigo Testamento tem valor cristão para aquele que o lê e o interpreta a partir da fé cristã. O que não significa que *necessariamente* tenha de ser interpretado cristãmente. Por isso, o judaísmo não admite como "provas" do messianismo de Jesus textos do Antigo Testamento: nenhum texto diz expressamente que se trata de Jesus de Nazaré; isso somente se admite, quando já foi aceito e acreditado que Jesus é o messias, como o fizeram os autores do Novo Testamento, quando usaram textos do Antigo Testamento. Há muitos aspectos da vida de Jesus que simplesmente não têm correspondência no Antigo Testamento, e muitos anúncios do Antigo Testamento não têm correspondência com a vida de Jesus. A convicção de que Jesus é o messias não vem de um jogo de textos bíblicos, mas da admissão de que Jesus ressuscitou: se ele ressuscitou, então... (1Cor 15,14ss). Todo o resto é uma tentativa de ressaltar a significação do acontecimento-Jesus Cristo, que se situa na linha da história da Revelação e, portanto, do Antigo Testamento.

Com base no que foi exposto, podemos fazer as seguintes indicações:

1) Deve-se evitar projetar sistematicamente no Antigo Testamento o conceito de realização ou de cumprimento, como se o único (ou o mais importante) valor e função do Antigo Testamento (e da história de Israel) fosse antecipar ou predizer, e até preparar, o acontecimento-Jesus Cristo.
2) Do ponto de vista *literário e histórico*, o Antigo Testamento deve ser lido em si mesmo, sem preconceitos, deixando que as experiências e vivências ali testemunhadas falem por si mesmas. O percurso deve ser, então, do Antigo para o Novo Testamento.
3) Do ponto de vista da *fé cristã*, a leitura será do Novo para o Antigo Testamento – e deverá voltar ao Novo Testamento. Quanto à Palavra de Deus, os escritos bíblicos estão abertos a compreensões e aprofundamentos posteriores: não é estática nem monolítica. Isto é certo não somente para o Antigo Testamento com relação ao Novo Testamento, mas também para o Novo Testamento com relação à tradição posterior. Mas a leitura *cristã* da Bíblia deve evitar projetar seus preconceitos dogmáticos sobre os textos bíblicos, não somente sobre o

Antigo Testamento, mas também sobre o Novo Testamento. Outro risco é que seja uma leitura seletiva.

4) Deve-se ter presente que o Antigo Testamento encerra muitos valores que lhe são próprios e exclusivos, muitas vivências únicas. Diante do Novo Testamento, alguns destes valores certamente são caducos (por exemplo, as leis de pureza ritual), outros correspondem a certos momentos e mentalidades culturais, e somente tendo isso em conta serão compreensíveis (por exemplo, a poligamia), e outros se foram paulatinamente aprofundando (por exemplo, a imagem de Deus).
5) O Novo Testamento de nenhuma maneira invalida o Antigo Testamento como totalidade, relegando-o ao passado, mas explicita seus valores profundos. Por isso mesmo, é parte do cânon cristão da Bíblia. O Antigo Testamento, por sua parte, ilumina o Novo Testamento, sendo uma das chaves de interpretação do acontecimento-Jesus Cristo. Isto certamente não exclui o fato de que, na época cristã, parte do Antigo Testamento seja caduco. Ambos os testamentos constituem uma totalidade (que chamamos Bíblia) e ambos são igualmente Palavra de Deus: um fala da pessoa em sua existência e de suas possibilidades *antes* dos tempos em que Deus manifestou definitivamente seus desígnios em Jesus Cristo – situação que se dá ainda hoje –, e outro dá a conhecer a vontade salvífica de Deus em toda a sua radicalidade (Gl 4,2s; Hb 1,1s).

Todo texto deve ser interpretado, respeitando-se seus contextos (histórico, cultural, religioso, além de literário), e levando-se em conta que entre o Antigo Testamento e o Novo Testamento houve um desenvolvimento, um "aperfeiçoamento" (especialmente no plano ético: Mt 5,17), de modo que o cristão cinge-se pela pauta de Cristo, o enviado e intérprete definitivo de Deus.

A unidade da Bíblia

A Bíblia apresenta-se a nós como um todo, embora constituído por muitos escritos diferentes. A unidade da Bíblia foi confirmada pela decisão do cânon. O que unifica todos os escritos é seu caráter de Palavra de Deus.

É frequente ouvir a afirmação de que a Bíblia é um todo harmonioso, unidade perfeita, e é assim que, sem mais nem menos, se costumam tirar textos de diversos escritos e combiná-los como simples partes de uma única obra de um único autor (Deus). No entanto, se observarmos, por exemplo,

- que entre os textos mais antigos e os mais recentes da Bíblia transcorreu quase um milênio com tudo o que isso implica;
- que na Bíblia encontramos testemunhos de vivências muito variadas e de maneiras diferentes de compreender a Deus e ao ser humano;
- que os escritos mais antigos, por exemplo, não manifestam sequer a ideia de uma vida depois da morte ou consideram Iahweh como um deus entre outros deuses (veja Gn 28, 13.21; 31,53; 35,1 s; 46,3; etc.);
- que as regras de conduta em um determinado aspecto não são idênticas em todos os escritos bíblicos (por exemplo, com relação ao matrimônio: nos mais antigos se permitia a poligamia, mas não foi assim nos textos mais recentes);
- e que, evidentemente, em muitos aspectos o Antigo Testamento é diferente do Novo Testamento, *então* temos de concluir que a unidade da Bíblia não é tão harmoniosa ou perfeita como se costuma afirmar. Quando se estudam os escritos bíblicos na ordem cronológica de sua composição, se observa uma evolução nas concepções ou ideias, como é evidente ao comparar o Pentateuco com o Novo Testamento. Tudo isto significa que na Bíblia há *diversidade* dentro de sua unidade, e que a unidade não significou nunca uniformidade.

Os escritos da Bíblia são diversos em sua dimensão *humana*, enquanto "palavras de homens". A Revelação (sobre a qual retornaremos) foi-se compreendendo e apreciando lentamente e de maneiras diferentes com o transcurso do tempo, e isso o atestam os escritos mesmos que constituem a Bíblia. Quando se decidiu sobre o cânon, admitiu-se a diversidade de expressões, uma vez que todos eram reconhecidos como Palavra de Deus. É importante ter isto presente para evitar cair no erro de absolutizar alguma parte ou algum escrito da Bíblia. Deve-se ter muito presente que cada escrito representa a maneira de compreender a Revelação *em determinado momento histórico*, que é diferente de outro momento, até os escritos do Novo Testamento.

Os diversos escritos bíblicos não foram compostos ao mesmo tempo, no mesmo contexto histórico e circunstancial, com a mesma mentalidade e horizonte cultural, nem com o mesmo grau de percepção do significado da Revelação.

Por que, então, se preservaram todos estes escritos? Por que não se tomaram como canônicos somente os mais recentes, os mais desenvolvidos e maduros? Quando falei do cânon, indiquei que os escritos que constituem a Bíblia foram declarados normativos, pondo um *limite cronológico* (não podiam ser mais recentes do que certo momento ou tempo), porque estes escritos constituíam os testemunhos do percurso da Revelação desde o início até o momento em que se definiu a identidade de Israel e do cristianismo respectivamente. Será que a evolução na compreensão da Revelação se definiu no escrito mais recente da Bíblia? Certamente que não. Prova disso é que no judaísmo se continuaram escrevendo livros e comentários a partir dos escritos bíblicos, meditando e aprofundando sobre seu conteúdo e implicações. Igualmente aconteceu no cristianismo. Para os cristãos, o Novo Testamento é um passo definitivo de evolução, de maturação, com relação ao Antigo Testamento, mas a busca do significado da Revelação em todas as suas dimensões prosseguiu, passando por muitos concílios (por exemplo, com relação à pessoa de Jesus; a respeito da Trindade), e continua hoje. Embora com o cânon se pusesse fim à questão a respeito dos escritos *normativos*, nem por isso se punha fim à reflexão, ao aprofundamento e à maturação na compreensão da Revelação.

Como totalidade, a Bíblia testemunha as múltiplas manifestações de Deus através da história: os inícios, a evolução e a culminação definitiva em Cristo. O fato de que o Novo Testamento testemunhe a revelação definitiva de Deus não significa que se possa descartar ou desprezar o Antigo Testamento como relíquia histórica. O Novo Testamento não se compreende plenamente, a não ser à luz do Antigo Testamento, como já indiquei. O Antigo Testamento é como o primeiro piso de um edifício, necessário para sustentar o segundo, e não se chega a este a não ser passando pelo primeiro.

Cada escrito tem sua própria riqueza e testemunha um conjunto de vivências e apreciações religiosas diferentes das de outro escrito bíblico. Em todos eles trata-se do mesmo Deus; o que difere é a experiência e a compreensão de sua Revelação. Existe, então, uma *com-*

plementaridade entre diversos escritos bíblicos. Assim, por exemplo, a acentuação de São Paulo sobre a primazia da fé sobre as obras para a salvação é diferente da acentuação da carta de Tiago, que sublinha que as obras são indispensáveis para a salvação e evidenciam a fé.

Em resumo, unidade não é sinônimo de uniformidade. Com referência aos escritos da Bíblia, mais correto seria falar de continuidade evolutiva. Não se pode honestamente afirmar que existe harmonia e unidade perfeitas entre os diversos escritos da Bíblia, nem sequer entre os escritos do Novo Testamento. A diversidade de enfoque, de conceitos e de momentos históricos representados é um fato inegável, e deve ser tomada em conta, sem forçar os textos para uma uniformidade não existente, como a que pretedem demonstrar os fundamentalistas. A maneira de entender o acontecimento-Jesus Cristo em Marcos, por exemplo, é diferente da maneira de entender de João. No entanto, ambos são canônicos, ambos são Palavra de Deus. A Bíblia atesta, então, a possibilidade da unidade na diversidade – algo que faríamos bem em tomar nota. Enquanto Palavra de Deus, reconhecida nas decisões sobre o cânon, é que a Bíblia constitui uma unidade.

15.
A AUTORIDADE DA BÍBLIA

O que é que faz com que a Bíblia tenha mais autoridade do que qualquer outro livro? O que lhe dá esse caráter de "livro sagrado"? Sua autoridade é absoluta? A pergunta pela autoridade da Bíblia está entrelaçada com a do cânon e da inspiração. A canonicidade, como já vimos, foi a ratificação oficial da autoridade da Bíblia, de seu caráter normativo, e o reconhecimento da origem dessa autoridade, a inspiração divina.

Quando falamos da autoridade da Bíblia nos referimos à relação desta comigo: texto-eu. Quando dizemos que os escritos da Bíblia foram inspirados, nos referimos à relação Deus-autor/texto. Vistas em conjunto, ambas as relações manifestam o fato de que a Bíblia é *um meio* entre Deus e as pessoas:

inspiração autoridade (canonicidade)

Deus ←---------------------→ Bíblia ←---------------------→ EU

Começaremos pela pergunta sobre a autoridade da Bíblia como tal, pois esta nos conduzirá àquela sobre a inspiração. É recomendável ter presente a seguinte sequência, que enlaça as questões que estamos considerando:

Deus ------→ revelação ------→ autor(es) ------→ texto------→ Igreja/eu

Fé na Bíblia ou em Deus?

A fé do judeu e a do cristão é no Deus que é testemunhado na Bíblia: o Deus de Abraão, de Isaac e de Jacó, o Deus dos profetas e de Jesus de Nazaré. *Nossa fé NÃO é fé na Bíblia* (um conjunto de escritos), mas naquele a quem a Bíblia nos refere: Deus. E o Deus de que fala e que se atesta nos escritos bíblicos distingue-se de outras divindades: é um Deus credível e confiável; não é uma projeção humana ou criação fictícia (ídolo). É um Deus livremente soberano, não manipulável ou controlável, que se foi manifestando na história – como o atestam precisamente os escritos da Bíblia (veja Isaías 43-44) –, que misericordiosamente deseja o bem e a salvação das pessoas. Essa vontade salvífica de Deus é incessantemente testemunhada na Bíblia – a expressão "segundo as Escrituras", ou "como está escrito em...", significa o mesmo que "segundo a vontade de Deus", pois ela se encontra *escrita* na Bíblia.

A Revelação não se deu em um só instante nem de forma escrita, mas ao longo da história, a pessoas concretas e através de acontecimentos vividos que foram compreendidos como reveladores por essas pessoas de fé, as quais os interpretaram como tais. A fé, então, existiu *antes* que se escrevesse uma só linha. A fé brotou das manifestações de Deus neste mundo (Revelação), das quais mais tarde se deu testemunho por escrito. Em outras palavras, a Bíblia situa-se entre nós e os acontecimentos ali testemunhados: a única maneira que temos de conhecer esses acontecimentos reveladores e o que significavam é *através do* testemunho bíblico. Isto significa que os escritos bíblicos são *meios*, veículos que apontam para os acontecimentos ali relatados – ou em relatos (não históricos) que apontam para experiências vividas –, e estes por sua vez apontam para Deus, o revelador. É assim que foram interpretados. Por conseguinte, a Bíblia não tem autoridade em si nem por si mesma, mas em relação a Deus. Por isso, ela é qualificada como "Palavra de *Deus*".

Valha o esclarecimento: o que nos remete a Deus não são os relatos dos fatos como tais, mas a *interpretação* desses fatos que os autores incorporaram entretecidos em seus relatos. O que nos remete a Deus não é o relato do êxodo como acontecimento em si e sem mais nada, mas o que o êxodo revelava a respeito de Deus. Como tal, o êxodo simplesmente foi a fuga de um grupo humano da escravidão do Egito, mas o que revelava – e é assim que foi compreendido, interpretado e transmitido – era que a fuga foi cheia de êxito, graças à ajuda de Deus e, portanto, remete a Deus que se manifestou como libertador.

A autoridade da Bíblia

Os escritos da Bíblia têm autoridade única, diferente da de qualquer outro escrito religioso, não somente por sua origem em Deus, mas porque contêm os testemunhos da Revelação que deu origem e identidade ao judaísmo, e depois ao cristianismo, e contêm testemunhos da fé *fundante* com a qual nos identificamos. O Deus em que cremos é aquele de Abraão, de Moisés, de Davi, de Isaías etc., e o messias confessado pelos cristãos é aquele que é testemunhado de um modo insubstituível no Novo Testamento. A esse Deus e a esse messias nos remetem os escritos bíblicos. É em continuidade com a fé testemunhada nesses escritos que nos situamos.

Israel contemplava suas origens e preservava suas tradições como testemunhos de que Deus os havia escolhido, guiado e tinha seus olhos postos neles como seu "povo escolhido" de maneira privilegiada. Eles estavam convencidos dessa eleição divina *com base no passado histórico*, que para eles continuava confirmando-se pela contínua presença salvífica do próprio Deus. O mesmo aconteceu no cristianismo com relação ao acontecimento-Jesus Cristo.

Os profetas, mais claramente do que nenhum outro tipo de personagem, afirmavam que suas palavras tinham a autoridade de Deus mesmo (que os inspirava), quando em seus discursos intercalavam expressões tais como "palavra/oráculo de Iahweh", "assim fala Iahweh", ou quando se introduzem os discursos proféticos com as expressões tais como "a palavra de Iahweh veio a este (ou àquele) profeta". Embora fosse o profeta quem falava, ele se considerava somente como mediador – como o é o texto bíblico. A autoridade divina também era evidenciada, ao citar palavras atribuídas a Iahweh: "E Iahweh disse". Vemos que a autoridade dos discursos e dos relatos repousava na autoridade do próprio Deus, que se dava a conhecer através deles: ele é o revelador e inspirador. Assim o compreenderam Jesus (Mc 7,9-13; 12,10.26 etc.) e a Igreja primitiva (2Tm 3,16; 2Pd 1,20s), ao referirem-se aos escritos bíblicos como Palavra de Deus, e ao indicarem que Jesus cumpriu o que fora anunciado para Israel, tal como era testemunhado nas Escrituras.

Igualmente ocorre com os escritos do Novo Testamento. Estes foram compostos por pessoas que apelavam para a autoridade do Senhor. A autoridade dos apóstolos era reconhecida como proveniente do Senhor: eles eram seus enviados e se remetiam à autoridade de Jesus (veja, por exemplo, Lc 9,1; 2Cor 10,8), como ele se remetia à autoridade de Deus (veja, por exemplo, Mc 1,22; 11,28ss). De maneira igual como no Antigo Testamento, no Novo Testamento citavam-se tanto as palavras de Jesus como as de Deus (do Antigo Testamento), como palavras cheias de autoridade. Com frequência, São Paulo afirmava que sua autoridade não era sua, mas que lhe vinha do Senhor que o havia escolhido para ser seu porta-voz (veja os preâmbulos de suas cartas).

A autoridade da Bíblia foi reconhecida e referendada nas decisões sobre o cânon. Como já vimos, antes dessa decisão os escritos da Bíblia eram lidos, meditados e venerados como autorizados, e a eles se apelava como norma, como Palavra de Deus.

Precisando: a autoridade da Bíblia não radica nos acontecimentos mesmos que ali são relatados (em cujo caso a autoridade seria dos acontecimentos mesmos, não da Bíblia); tampouco radica nas palavras e discursos ali escritos, mas no fato de que o escrito remete a alguém que está na sua origem: Deus, o revelador e inspirador. Se um jornal, por exemplo, transcreve um discurso do Ministro da Agricultura pronunciado durante uma visita a uma cooperativa agrária, tanto os discursos como a visita terão o peso da autoridade que o Ministro tem, e não a do jornal ou do jornalista que o reporta. Igualmente, o que a Bíblia comunica tem a autoridade daquele que é aceito e reconhecido como o revelador do que é relatado e o inspirador do que é "reportado": Deus.

"Autor"		Acontecimento		Relato inspirado
↓		↓	vivência	↓
Deus	--------→	fatos e ditos	--------→	Bíblia
↑		↑	testemunho	↑
Revelador		revelação em si		Revelação transmitida

A Bíblia é um conjunto de textos que são testemunhos de vivências que foram interpretadas como reveladoras a respeito de Deus, como tantas vezes repeti. Por isso, devemos levar a sério sua natureza e sua função mediadora e comunicativa, como estamos fazendo. O que encontramos na Bíblia não são, evidentemente, os acontecimentos e vivências mesmas (que pertencem ao passado), mas *testemunhos* deles, *compreendidos* e *interpretados* (por inspiração divina) como manifestações da presença orientadora de Deus na história. O que é narrado tem o peso autoritário daquele a quem nos remete: Deus.

A autoridade da Bíblia é de caráter *religioso* (teológico), não científico ou histórico. A Bíblia foi "canonizada", e recorre-se a ela como fonte de inspiração e orientação, porque as tradições e os testemunhos preservados nela são importantes para o presente e para o futuro da vida em sua dimensão existencial-salvífica, e não por ter preservado recordações do passado. Por isso, é válido falar da autoridade da Bíblia no tocante à fé, na esfera da relação das pessoas com Deus. E por isso é absurdo afirmar que a autoridade da Bíblia inclui o âmbito científico e, em certos textos, tampouco se pode afirmar sua autoridade no tocante à história. Como veremos detalhadamente mais adiante, a Bíblia contém inegáveis erros científicos e também históricos.

Autoridade suprema?

Pode-se afirmar que a Bíblia é a autoridade última e suprema em matéria teológica? Em círculos fundamentalistas, a resposta é um taxativo "sim". Segundo eles, devemos apegar-nos ao que está afirmado na Bíblia, e toda ideia teológica, ética ou religiosa que não esteja expressamente confirmada pela Bíblia deve ser rejeitada (por exemplo, em relação aos sacramentos). Mas, podem ter igualdade de autoridade escritos que expressam diferentes pontos de vista? Por exemplo, têm igual autoridade a concessão fácil do divórcio estipulada em Dt 24,1ss ("Se um homem toma uma mulher e se casa com ela, e resulta que esta mulher não ache graça a seus olho, porque descobre nela algo que lhe desagrada, lhe redigirá uma ata de repúdio, colocará na mão dela e a despedirá de sua casa...") e aquela estabelecida por Jesus (Mc 10,1-11)? Tem mais autoridade o conceito de Igreja expresso nas cartas a Timóteo do que aquele que encontramos no Evangelho segundo João?

Quando se cita um texto, este é de *um* dos escritos da Bíblia, por exemplo, de Êxodo ou de Jó ou de Mateus. Por isso, ao citar o texto, não é estritamente correto afirmar que "a Bíblia diz", mas antes dizendo que "no Êxodo (ou em Jó ou em Mateus) se lê...". Recordemos que a Bíblia não é *um* livro, mas uma coleção de "livros", cada um com seu próprio berço.

A Bíblia, ou qualquer dos textos, não tem autoridade última e suprema. A Bíblia é mediação limitada e condicionada por múltiplos fatores (os do tempo de sua composição). A autoridade suprema é o Senhor. No entanto, os escritos bíblicos constituem uma norma que deve ser considerada no marco mais amplo da tradição, sobre o qual nos deteremos mais amplamente depois. Os escritos bíblicos são produtos de tradições e são interpretados no marco de uma tradição eclesial. Quer dizer, *são pontos de partida e de orientação*, mas não são pontos de chegada, não são a última palavra. Os escritos bíblicos são testemunhos da revelação histórica (já interpretada por suas testemunhas) que constantemente são interpretados, aprofundados, amadurecidos, como o mostra a história do judaísmo (Mishnah, Talmud, *haggadot*, *halakot*) e do cristianismo (Padres da Igreja, concílios, magistérios). Os escritos bíblicos são o ponto de partida e de referência *imprescindível*, pois é ali que nasce a identidade de fé, e é uma questão de fidelidade às origens e à Revelação mesma. Mas *nem tudo* foi expresso, e menos em forma perfeita e insuperável, nos escritos que constituem a Bíblia, como se observa claramente no desenvolvimento que vai do Antigo Testamento ao Novo Testamento. Direi mais ao tratar o assunto da inerrância.

As limitações da Bíblia podem ser observadas não somente em seus condicionamentos e na distância histórica e cultural que nos separam dos tempos em que seus escritos foram compostos, mas também no simples fato de que ela não responde diretamente a muitos problemas atuais, e aqueles que ela trata, ou não nos concernem ou são tratados com as limitações dos conhecimentos que seus autores tinham naqueles tempos.

A Bíblia não é um manual de respostas a todos os problemas e de respostas válidas para todos os tempos (como é o caso de muitos códigos legais do Antigo Testamento, relativizados ou ab-rogados no Novo Testamento). No entanto, as orientações, as perspectivas oferecidas, as projeções que na Bíblia se traçam são no essencial normativas; por exemplo, em torno das perguntas tocantes à relação de Deus com a pessoa, e vice-versa, a respeito de seu destino, como e onde achará a felicidade que deseja, e que atitudes deve ter para seu maior bem, paz e harmonia. Os acontecimentos e os personagens pertencem a um passado remoto, mas nestes as pessoas podem sentir-se questionadas hoje, podem reconhecer suas próprias vivências, atitudes e respostas: qualquer um pode ser Abraão, Davi, Jó, Judas ou Pedro.

Muitos textos da Bíblia se podem transpor a um novo contexto histórico, ao nosso presente. Na Bíblia, achamos perguntas de Deus aos homens que exigem respostas *hoje*, como o exigiram antigamente, perguntas e interpretações válidas em qualquer situação e momento, sobre o sentido e o fundamento da existência humana, sobre sua relação com seu criador e com seus semelhantes, sobre seu destino etc. Igualmente, a Bíblia inclui perguntas legítimas dos homens a Deus, tais como as tocantes ao problema do mal e do sofrimento.

Embora a autoridade da Bíblia não se possa demonstrar objetivamente, um indício dela é o impacto e a eficácia que ela teve na vida de muitas pessoas ao longo dos séculos. A Bíblia mostra sua autoridade em sua capacidade de questionar seriamente as pessoas, de ser-lhes uma instância crítica que toca as fibras de suas vidas. Critica a arrogância e o egoísmo que se expressam de múltiplas maneiras. Critica os abusos no âmbito social, político e religioso. Critica a tendência a querer manipular a Deus e, até, a fabricar-se deuses. Critica a hipocrisia e a superficialidade, a autossuficiência e a soberba... em nome de Deus e com vistas ao bem-estar e à felicidade das pessoas.

A crítica que na Bíblia se faz às pessoas – mediante a qual faz a personagens ou a situações daqueles tempos, que no entanto se revivem hoje – não é produto de caprichos ou de gostos humanos, nem de interesses criados aos quais se acomode, mas eminentemente independente, guiada pelo espírito que permanece fiel a Deus e ao seu desígnio salvífico. E os humanos são os mesmos ontem e hoje, uma vez que, em iguais circunstâncias, as críticas e orientações de antigamente por parte da Palavra de Deus continuam sendo válidas ainda hoje. A distância que os escritos bíblicos tomam perante as colocações políticas de determinados momentos – sem tomar partido, exceto por Deus –, o fato de que manifestem o que é passageiro e destaquem o destino final dos humanos e da história, da perspectiva do Criador, assim como a ênfase que encontramos no chamado divino à perfeição e à realização total das pessoas, fazem com que a Bíblia possua uma autoridade vivente para as pessoas de todos os tempos em sua busca pelo sentido de sua existência. E a essas perguntas existenciais (de onde venho, para onde vou, para que estou neste mundo, como serei feliz) os autores bíblicos oferecem uma gama de respostas, baseadas em sua maioria em experiências vividas e refletidas a partir da mesma fé que compartilhamos com eles.

Em síntese, a autoridade da Bíblia não reside nos escritos como tais, mas na autoridade de quem se revelou e continua se revelando, de quem inspirou e continua inspirando: Deus. Os escritos da Bíblia, que são um conjunto muito rico e variado de testemunhos de fé *vivida*, remetem-nos a Deus: são mediações. A autoridade da Bíblia continua em pé, porquanto mostra o caminho da relação de fé entre os homens e seu Criador e Pai e, por conseguinte, o caminho de nossa salvação – felicidade e realização em plenitude. Sua autoridade se manifesta em seu poder de dar forma à nossa realidade, de transformá-la (conversão), de conduzi-la pela alameda "traçada" *por Deus* na história. Por isso, Trento definiu a Bíblia como "norma normante não normada" (*norma normans non normata*). Por isso mesmo, a tradição está em função da Escritura, não acima dela, como reconheceu o Vaticano II (DV 8.21). Somente da Bíblia se afirma a inspiração divina, e somente ela é qualificada como "Palavra de Deus".

16.

A VERDADE DA BÍBLIA: INERRÂNCIA

Inerrância, a ausência de erro, é uma qualidade predicada da Bíblia e está estreitamente relacionada com sua autoridade e com a inspiração divina. Em círculos fundamentalistas, a inerrância da Bíblia é um dogma inquestionável. Eles a entendem em sentido estrito e absoluto, quer dizer, como a ausência de *qualquer* tipo de erro ou de falsidade. Seu raciocínio é simples: Deus é o autor da Bíblia, e Deus não pode errar nem conduzir ao erro (é infalível); por conseguinte, a Bíblia não pode conter nenhum erro. Esta ideia vai de mãos dadas com aquela de que a revelação divina se dá em proposições ou afirmações. O texto transmite a verdade absoluta. Se as proposições têm autoridade, é porque são verdadeiras. Por isso, os fundamentalistas afirmam que os escritores não podiam errar de modo algum em nada; garantia disso era o próprio Deus, o autor das proposições.

Como veremos, esta concepção monolítica da inerrância da Bíblia não está livre de erros, porque (1) demonstra desconhecimento da natureza e da formação dos escritos bíblicos, (2) projeta sobre a Bíblia nosso conceito filosófico de verdade, que não corresponde ao conceito em que foi composta a Bíblia e (3), como veremos, revela uma concepção míope da inspiração divina. O fundamentalista nega a possibilidade de erros (infalibilidade) na Bíblia, argumentando que, quando se admite que estes existem, então a Bíblia não merece nossa plena confiança e deixaria de ser Palavra *de Deus*. Por isso, o fundamentalista recusa entrar em diálogo com os estudos críticos da Bíblia. O fundamentalista sustenta uma espécie de docetismo bíblico: o texto é divino, embora pareça ser humano.

Esclarecimentos necessários

Para início de conversa, o termo "erro" é um tanto equívoco. Melhor seria falar *da verdade* na Bíblia. Verdade é a correspondência afirmativa entre aquilo que é pensado ou dito e a realidade *constatável*. A verdade não depende de pontos de vista, de crenças ou de desejos. É a ordem da objetividade, não da subjetividade. Pois bem, a não-verdade ou falsidade pode ser acidental ou intencional. A não-verdade *acidental* é denominada *erro*, e pode ser devida à incompreensão, à informação incorreta, ao desconhecimento ou à distração. Em contrapartida, a não-verdade *intencional* é denominada *mentira*. Ambos, o erro e a mentira, contradizem a realidade que se pode verificar e demonstrar, mas uma o faz por acidente, e a outra é intencional. É importante não confundir erro com mentira ou engano. Como veremos, a Bíblia, *sim*, contém erros, mas não mentiras.

Comecemos por algumas observações.

Primeiro, quando falamos da verdade ou do erro na Bíblia, o fazemos a partir de nosso ponto de vista e segundo nosso conceito de verdade, que é de origem filosófica grega (*alétheia*). Para nós, verdade é a conformidade entre a realidade objetiva e verificável e o que afirmamos sobre essa realidade. Quando digo "cadeira", me refiro a um móvel utilizado para sentar-se, e isso é verdade. Se digo "cadeira" para referir-me a um animal, será um erro ou uma mentira (dependendo se é intencional ou não). Pois bem, no mundo onde a Bíblia nasceu, o conceito de verdade era diferente: verdade é tudo o que é fiel, estável, merecedor de confiança. Deus é verdade, e Jesus podia dizer "eu sou a verdade". Não se trata de que alguém diga a verdade, mas que ele seja verdadeiro, quer dizer, digno de confiança. Seu oposto é a mentira (que vem a ser hipocrisia), e não o erro ou o equívoco. Nosso conceito de verdade é intelectual; o conceito da Bíblia é existencial. No mundo bíblico pensava-se em termos de confiabilidade (= fé), não de veracidade; refere-se à relação entre pessoas, não a dados ou objetos. E com esse conceito de verdade foram compostos os escritos da Bíblia. Além do mais, a verdade, da qual se trata nos escritos da Bíblia, situa-se no plano da mensagem (o que significa ou quer dizer para o leitor), não no dos dados em si mesmos (o que passou). Por isso, podiam exagerar ou mudar os dados, e isso *nós* qualificaríamos como mentira. Projetar nosso conceito de verdade nos escritos bíblicos é situá-los em um mundo conceitual que não era o seu, e é esperar deles o que não pretenderam oferecer.

Segundo, a Bíblia chegou até nós mediante cópias de originais que se perderam. Pois bem, além de ter cometido alguns erros involuntários, os copistas ocasionalmente introduziram mudanças intencionalmente. E não somente os copistas, mas até os escritores bíblicos, que utilizaram outros escritos como base para suas próprias obras, alteraram ocasionalmente os dados. Basta comparar as passagens que nos livros das Crônicas são paralelas com os que se encontram em Samuel-Reis (que lhes serviram de base), ou entre Mateus e Marcos (que foi uma de suas fontes), e se observará uma série de discrepâncias que, do nosso ponto de vista, qualificaríamos como "erros". A quem se devem tais erros: a Deus ou aos escritores?

Terceiro, nenhum texto da Bíblia afirma que esta não contém erros. Esta afirmação não provém da Bíblia, mas do dogma fundamentalista. Quando algum texto bíblico se refere à verdade, não é aos detalhes históricos ou científicos que se refere, mas à *mensagem* global. O que ocasionou a transmissão das tradições não foi a informação sem mais nem menos, mas seu *significado* (mensagem) com vistas à salvação. Como bem afirma a *Dei Verbum*, "deve-se confessar que os livros da Escritura ensinam firmemente, com fidelidade e sem erro, a verdade que Deus quis manifestar nas sagradas letras *para nossa salvação* (*nostrae salutis causa*)" (n. 11). Verdade não é sinônimo de exatidão informativa. Algo pode ser inexato quanto aos dados, mas é verdade que a passagem (o parágrafo ou o capítulo) como conjunto diz é válida. Por isso, fala-se da verdade "para nossa salvação", que concerne à mensagem, não à informação fática e sua exatidão. De fato, a ideia de uma inerrância absoluta da Bíblia lhe é projetada de fora (não vem da Bíblia mesma), a partir da tese de que Deus é o autor absoluto da Bíblia, e de que o homem foi somente seu instrumento como secretário; por isso mesmo, compromete a Deus. Galileu já advertia que "na Bíblia o Senhor quer revelar-nos como se vai ao céu, não como vai o céu".

Finalmente, quando se afirma que a Bíblia está livre de qualquer classe de erro, implicitamente afirma-se que essa inerrância é válida para todos os tempos. Mas essa afirmação se desmorona diante das evidências do contrário. A concepção do mundo que se encontra nos escritos bíblicos, segundo a qual, por exemplo, a terra é plana e não esférica, os astros estão sempre lá em cima, suspensos no firmamento, e o sol gira em torno da terra firme. Seria verdadeira e deveria sustentar-se hoje como o foi naqueles tempos (confira Jó 38; Pr 8,27ss; Sl 104). Nossas concepções, baseadas na astronomia e em outras ciências afins, seriam então errôneas, e teríamos de condenar muitos Galileus. Igualmente não deveríamos opor-nos à escravidão (confira Ex 21,2-11; Jr 34,14ss; 1Cor 7,21ss, Filemon).

Exemplos de erros na Bíblia

Na Bíblia, encontra-se uma série de erros em matéria de ciências e de história. Eis aqui alguns exemplos:

- Em Lv 11,6 e em Dt 14,7 proíbe-se comer a lebre, "porque ela rumina", quando, na realidade, ela não é um ruminante, mas um roedor. Igualmente, em Lv 11,22, se cataloga o gafanhoto como "um bicho alado que anda sobre quatro pés", quando na realidade tem seis pés.
- Em Jó 20,16 se afirma que "a víbora mata com a língua" (literalmente), quando, de fato, é com as presas.
- Jó 26,11;37,18: "As colunas do céu cambaleiam...", pois o céu é uma "abóbada sólida como espelho de metal fundido". O céu é realmente assim?
- Certamente, o grão de mostarda não é "a menor de todas as sementes que há na terra" (Mc 4,31).
- A arqueologia evidenciou que Jericó, Hai e Gabaon não eram habitadas nos tempos de Canaã (Js 6-9). Igualmente, Lakish e Taanak não sofreram destruição alguma e não passaram a ser cidades israelitas antes do séc. X.
- O percurso da conquista apresentado em Juízes 1 é muito diferente do que encontramos em Josué. Além disso, foram incluídas cidades como Dor, Jerusalém, Gezer, Meguido e Taanak (Jz 1,21ss), que continuaram sendo cananeias, não israelitas, durante muito tempo depois da conquista.
- Judite 1,1 está errado: Nabucodonosor não foi proclamado rei dos assírios nem reinou em Nínive, que havia sido destruída por seu pai em 612.

- O famoso Baltazar, em Daniel 5, na realidade nunca foi rei. Tampouco era filho de Nabucodonosor, mas de Nabonid, o último rei babilônio.
- Contrário ao que está dito em Dn 6,1, não foi Dario, o Medo, (que nos é desconhecido) quem conquistou a Babilônia, mas Ciro.
- Dario (persa) não foi "filho de Xerxes" (Dn 9,1), mas antes seu pai!
- Segundo Dn 11,2, a Ciro sucederiam "três reis" antes que seu império tivesse caído, mas sucederam-lhe nove reis!
- Mc 9,17-28 narra a cura de um menino "possuído por espírito mudo", mas a descrição corresponde ao que conhecemos como epilepsia: "atira-o por terra, lança espuma e range os dentes, e fica rígido".
- At 7,16 confunde Abraão com Jacó (confira Gn 23,17ss; 33,19).

Encontramos também contradições e incoerências entre textos bíblicos. Eis aqui algumas:

- Segundo o primeiro relato, o homem foi criado no final, enquanto no segundo relato, *depois* do homem Deus cria as plantas, depois os animais e, finalmente e em separado, a mulher.
- Segundo Gn 6,19s Noé recebeu de Deus a ordem de colocar um casal de todo tipo de animal, porém segundo Gn 7,2ss deveriam ser sete casais, mas de animais puros, e dos impuros somente um casal.
- Segundo Gn 7,4.12.17 o dilúvio teria durado quarenta dias, mas segundo Gn 7,24 afirma-se que durou cento e cinquenta dias.
- O lugar onde ocorreu o famoso milagre da água que brotou da rocha, chamado Meribá, segundo Ex 17,1-7 situava-se em Rafidim, mas segundo Nm 20,1-13 se encontrava em Cadesh.
- Quem foi o sogro de Moisés: Jetro, Jeter, Reguel ou Hobab (Ex, 2,18; 3,1; 4,18; Jz 1,16)? Sempre é "o sogro", ou seja, o mesmo.
- O Decálogo não coincide, quando se comparam as duas versões em Ex 20 e Dt 5.
- Segundo Jr 22,19 e 36,30, o rei Joaquim teria um enterro humilhante "fora das portas de Jerusalém" e não teria descen-

dência. Mas 2Rs 24,6 informa-nos que "Joaquim se associou a seus pais, e seu filho Joaquim reinou em seu lugar". Qual está certo?

- De acordo com 2Sm 24,1s, *Deus* ordenou a Davi fazer um censo em Israel. Mas segundo 1Cr 21,1 o censo foi feito por insistência de Satanás.
- O resultado do censo realizado por Davi, segundo 2Sm 24,9, foi que "havia em Israel oitocentos mil homens de guerra e em Judá havia quinhentos mil". Segundo 1Cr 21,5, as cifras eram de "um milhão e cem mil e de quatrocentos e setenta mil" respectivamente. As cifras, além disso, são descomunalmente imensas para a população daqueles tempos na Palestina.
- 2Sm 24,24 informa que Davi comprou um terreno para construir um altar para Deus por cinquenta siclos de prata, mas, segundo 1Cr 21,25, Davi pagou seiscentos siclos de ouro pelo mesmo terreno.
- Os Evangelhos sinópticos (Mt, Mc, Lc) situam a expulsão dos vendilhões no Templo por parte de Jesus no final de sua vida pública, mas João a situa no início (cap. 2).
- De acordo com Mt e Mc, Jesus apareceu aos discípulos na Galileia, não em Jerusalém, como se lê em Lc e em João. Além disso, segundo Lucas, a ascensão de Jesus teria sido no mesmo dia de sua aparição e perto de Betânia, enquanto, segundo Atos, teria ocorrido quarenta dias depois e no monte chamado das Oliveiras (1,3.12). Discrepâncias entre os Evangelhos são abundantes, e a lista seria enorme (veja uma sinopse dos Evangelhos).

Os exemplos poderiam ser facilmente multiplicados, e obrigam-nos a admitir a existência de erros do tipo *informativo* na Bíblia. Certamente, alguns desses erros se devem à compreensão incorreta ou defeituosa de algo que posteriormente foi esclarecido, como é o caso da cosmologia. Mas não deixa de ser um erro. O que para nós, à luz de nossos conhecimentos atuais, é errôneo na Bíblia, não foi para seus autores *humanos* naquele tempo, pois representava a informação que eles possuíam ou o nível de *seus* conhecimentos, não de Deus. Tudo isso, evidentemente, é muito humano; não divino.

É inegável o fato de que alguns autores bíblicos tenham empregado fontes de informação para a composição de suas obras. Lucas diz expressamente ter "investigado com exatidão todos esses acontecimentos" (1,3) para a composição de sua versão do Evangelho. Em 1Rs 11,41 se remete o leitor a um "livro dos atos de Salomão", em Nm 21,14 a um "livro de guerras de Iahweh", e em Js 10,13 e 2Sm 1,18 ao "livro de Yashar", nenhum dos quais possuímos. Para a composição dos livros de Samuel e de Reis, frequentemente se faz referência ao "livro das crônicas dos reis de Israel/Judá", que devem ter servido de fontes de informação. Evidentemente, o recurso a fontes de informação aponta para uma autoria *humana* e menciona a possibilidade de erros.

Os erros de tipo informativo que destaquei são erros no conhecimento humano, seja porque correspondem ao momento cultural de seus autores, seja porque seus autores não foram testemunhas oculares de determinados fatos. O erro é descoberto mais tarde por outros, possuidores de conhecimento mais preciso e verificável. Em outras palavras, os autores dos escritos bíblicos são filhos de seus tempos e, portanto, de seus condicionamentos e limitações. Além disso, seu interesse não se centrava na precisão dos dados fornecidos, mas antes na mensagem, razão pela qual o comunicam e se encontra na Bíblia.

Entre os erros do tipo histórico dever-se-iam incluir os anacronismos, quer dizer, as menções de dados, detalhes ou costumes que não correspondem ao tempo histórico no qual o escritor supôs que se davam. Assim, por exemplo, em Gn 4 supõe-se que "Abel foi pastor de ovelhas e Caim lavrador" (v. 2), o que seria próprio da vida sedentária e não dos inícios da humanidade, quando os humanos eram nômades. Além disso, à morte de Abel só restaram seus pais e Caim, de modo que a menção de "qualquer um que me encontrar me matará" (v. 4) é um anacronismo, pois pressupõe uma terra povoada. Isto se compreende, quando se trata de projeções do estilo de vida próprio do tempo da composição do relato e não dos inícios da humanidade. Outro tanto sucede com as menções dos filisteus em Gn 21,32.34; 26,1.18.15 etc., pois eles aparecem em cena somente no séc. XII e não nos tempos de Abraão e de Isaac (séc. XX-XVIII). Também é um anacronismo a menção da "cidade de Ramsés" em Gn 47,11, na época de José, que é anterior à dinastia dos faraós Ramsés (séc. XIII). O "código do rei" em Dt 17,14-20 projeta retrospectivamente até o período do nomadismo, que caracterizava o êxodo do Egito, as realidades vividas recentemente sob a monarquia, vários séculos mais tarde (veja 1Sm 8,11-18).

Outro tipo de erro na Bíblia é o que se encontra nas citações do Antigo Testamento por parte dos escritores do Novo Testamento. A maioria das citações que no Novo Testamento se fazem do Antigo Testamento não coincidem com este (em nenhuma das versões que conhecemos) e, aliás, foi mudada. Assim, por exemplo, Mt 1,23 mudou o famoso anúncio de Is 7,14 sobre a virgem de modo que se aplique a Jesus: "chamá-lo-ão (as nações, não sua mãe como em Isaías) Emanuel", além do fato de que o texto hebraico (original) fala de "uma donzela", não de uma virgem. Em 2,15, Mateus citou Oseias 11,1 como se se referisse à fuga *para* o Egito, quando na realidade refere-se à saída do Egito, ao êxodo, ou seja, um fato já passado. Em 27,9 Mateus diz citar Jeremias, mas o texto citado provém de Zc 11,12ss. Sobre as referências ao Antigo Testamento no Novo Testamento já me detive antes (cap. 14).

As *discrepâncias entre textos*, de modo que somente um deles pode ser correto mas não todos, não se limitam à informação profana, mas se estendem ao campo do teológico. Vejamos primeiramente alguns exemplos de discrepâncias entre textos nos quais supostamente Deus teria revelado algo que, depois de tudo, resulta incoerente com outra revelação ou informação.

- Deus advertiu a Adão e Eva que, "no *dia* (*beyom*) em que comerem da árvore da ciência do bem e do mal, morrerão sem remédio" (Gn 2,17). Mas a serpente lhes assegura que "de maneira alguma morrerão", quando comerem do fruto proibido (3,4). Pois bem, comeram do fruto e *não* morreram nesse dia, tal como a serpente o havia antecipado, mas muitos anos mais tarde. A morte em questão era física, real, não moral ou simbólica (relacionada com a alma, uma ideia grega?), coisa que de nenhum modo sequer se sugere, além de que seria uma ideia totalmente alheia ao povo judaico.
- *Deus* disse a Abraão que seus descendentes seriam oprimidos "durante quatrocentos e cinquenta anos" Gn 15,13), mas em Ex 12,41 se indica que a opressão no Egito durou 430 anos. Não se sabe de nenhuma outra "opressão".
- Causa surpresa que, em Ex 6,3, *Deus* diga não ter-se dado a conhecer como Iahweh, senão como "El Shadday" (Deus

todo-poderoso)", quando ao longo de todo o livro do Gênesis aparece identificando-se como Iahweh.

- É chamativo o número de vezes em que Deus se refere a si mesmo como "Iahweh", como se se tratasse de *outra* pessoa: veja Gn 18,19; Ex 3,12; 16,29; 27,21 etc. No Decálogo, em Ex 20,2-6, fala de si mesmo na primeira pessoa (eu), mas subitamente, a partir do v. 7, passa a falar de si mesmo na terceira pessoa.
- Em Ex 11,1, *Deus* antecipa a Moisés que o faraó mesmo "o expulsará daqui (do Egito)", mas é contradito por 14,5ss.
- Segundo Ex 12,5, *Deus* ordenou a Moisés que para a Páscoa sacrifiquem "um animal sem defeito, macho, de um ano. Escolhê-lo-ão entre os cordeiros e cabritos". No entanto, em Dt 16,2 o mesmo Deus ordena-lhes sacrificar "uma vítima pascal de gado maior (= bois) e menor", e pode ser "cozida" (v. 7) em vez de ser "assada", como se ordenou em Ex 12,8.
- O terceiro mandamento do Decálogo, em Ex 20,11, dá como motivo para a observância do sábado como dia de repouso o descanso de Deus depois da criação, mas Dt 5,15 dá como motivo a libertação do Egito.
- Em Is 2,4 o profeta anuncia da parte de Deus que "forjarão de suas espadas arados e de suas lanças charruas", mas Joel ordena também da parte de Deus: "Forjem espadas de seus arados e lanças de suas charruas" 3,10; 4,10).
- Ezequiel prediz no cap. 26 a destruição de Tiro, mas em 29,18ss Deus lhe dá a conhecer que Nabucodonosor não conseguiu o propósito antes anunciado. A profecia antes referida a Tiro agora é substituída por outra semelhante, mas referindo-se ao Egito, que desta vez, sim, corresponde aos fatos. Quem se equivocou com relação a Tiro?
- Enquanto em Amós 9,7ss o Senhor anuncia a exterminação de Israel, logo depois (v. 9s) se corrige e afirma que somente "morrerão todos os pecadores de meu povo" e não "todo o reino pecador".
- Até o próprio Jesus se teria ocasionalmente equivocado. O anúncio de que de Jerusalém não ficaria "pedra sobre pedra" (Mc 13,2 e par.) não se cumpriu: veja o muro das lamentações, que é parte do muro daquele tempo. Que dizer sobre a

antecipação da negação de Pedro? Segundo Mc 14,30, Jesus lhe teria dito "antes que o galo cante pela *segunda* vez", mas segundo os outros evangelistas seria "antes que um galo cante" pela primeira vez (Mt 26,34.75; Lc 22,24.61).

- Segundo Mt 10,10, Jesus teria instruído seus discípulos a não levarem para o caminho "nem alforje, nem duas túnicas, nem sandálias, nem bastão", mas, de acordo com Mc 6,8ss, teria estipulado que "com exceção de um só bastão, nada tomarão pelo caminho... Vão calçados com sandálias, mas não se vistam com duas túnicas". Os Evangelhos apresentam muitíssimos mais exemplos de discrepâncias.

Estas e outras incoerências em matéria de "revelação divina" se compreendem quando não se parte da tese de que foi Deus mesmo quem as pronunciou literalmente, mas que se devem à maneira de entender as coisas por parte dos autores humanos, e que se trata de suas *interpretações*, que surgiram de situações concretas às quais se adaptaram.

Como se tudo isto fosse pouco, a bem da verdade, deve-se reconhecer que existe uma série de textos e de conceitos *teológicos* divergentes na Bíblia, que são mais chocantes. Estes nos obrigam a reconhecer seriamente a intervenção humana na formação da Bíblia, com tudo aquilo que isso implica em termos da compreensão limitada de seus autores pelos condicionamentos culturais e religiosos, e pelo horizonte conceitual de determinado momento da história, que paulatinamente se foi esclarecendo. Vejamos alguns exemplos:

- Enquanto Deus categoricamente ordenou "Não matarás", o mesmo Deus ordenou a Josué a passar a fio de espada todos os habitantes de Maquedá e de Jasor (Js 10,28ss; 11,10ss). E que dizer da pena de morte decretada por Deus para "o que ferir seu pai ou sua mãe" ou para "o que os maldizer" (Ex 21,15ss)?
- Sabe-se que, enquanto segundo Lv 24,20 Deus decretou que se pague "fratura por fratura, olho por olho, dente por dente", Jesus mais tarde declarou esta lei divina inaceitável (Mt 5,38ss). A atitude de Jesus com relação à Lei de Deus, em muitos aspectos, foi "liberal". Pelo menos, ele não considerou o Antigo Testamento infalível e imutável.

- Em Gn 18,21 Deus se mostra ignorante do que acontece em Sodoma e Gomorra.
- Enquanto em Nm 23,19 e em 1Sm 15,29 se afirma que Deus "não mente nem se arrepende", são abundantes os exemplos de sua mudança de opinião: veja Gn 6,6; Ex 32,11ss; Joel 2,13ss; Ez 20,13 etc.
- Resulta chocante ler em Ez 20,25 que Deus mesmo admite que, durante o período do êxodo, "cheguei a dar-lhes preceitos que *não* eram bons e normas com as quais não podiam viver". Até se admite que "Deus colocou um espírito de mentira na boca de todos estes teus profetas" (1Rs 22,18-23). É conhecido que nem todas as profecias se cumpriram, como se queixava Jeremias (20,8ss) e já se advertia em Dt 13,2ss.
- Em alguns textos do Antigo Testamento negava-se a existência de uma vida além da morte (confira Sl 88,4-13; Jó 7,8.21; 14,13-22; Eclo 14,16ss; 17,22s). Nos textos mais antigos se admitia a existência de outros deuses (veja Gn 31,53; 1Sm 26,18ss; 1Rs 18).
- A Lei de Deus permitia o divórcio, se "a mulher não mostra graça aos olhos" de seu marido (Dt 24,1ss). Mas Jesus declarou inválida essa lei e, para isso, remeteu a Gn 1,27 e 2,24, porque "no princípio não era assim" (Mt 19,3-9).
- O que é necessário para salvar-se? Se nos ativermos à resposta dada por Jesus em Mc 10,17ss ao jovem que pergunta, basta guardar os mandamentos do Decálogo. Mas segundo Atos 16,30ss, que responde à mesma pergunta, é necessário ter "fé no Senhor Jesus". Mais claramente, em Gl 3,1-14, Paulo contrapôs as palavras de Hab 2,4 às de Lv 18,5 para argumentar que não é pela Lei, mas pela fé que se obtém a justificação salvadora diante de Deus.
- À luz do conhecimento que nós, cristãos, temos e professamos a respeito da pessoa de Jesus Cristo, em conformidade com Jo 1,1 ("a palavra era Deus") e 20,28 (Tomé: "Meu Senhor e meu Deus"), seria considerado errônea a afirmação que lemos em 1Cor 15,25-28: "...no final também se submeterá o Filho (Jesus Cristo) àquele que submeteu a ele todas as coisas (ou seja, a Deus), para que Deus seja tudo em todos".

Talvez o texto de 1Cor 15 que citei seja chocante, pois tendemos a crer que os primeiros cristãos confessavam que Jesus é Deus. Mas nesse caso (e em outros mais), vemos que não era assim. Este é um exemplo da maneira como *nossos preconceitos* podem ser projetados sobre a Bíblia. Em nenhum texto lemos que Jesus declarasse "eu sou Deus", nem que se afirme expressamente "Jesus é Deus". O mais próximo se acha nos textos citados de Jo 1,1 e 20,28. Por isso, as Testemunhas de Jeová, entre outros fundamentalistas que se apegam exclusiva e literalmente à Bíblia, negam a estrita divindade de Jesus, seu ser Deus. Não admitem que tenha havido um paulatino aprofundamento e compreensão a respeito de Jesus, além da própria Bíblia.

Para compreender a razão de afirmações como a de 1Cor 15,25ss, deve-se ter presente que é a *opinião pessoal* de Paulo – não revelação divina – como é opinião dele muito do que ele expressava em suas cartas (veja, por exemplo, 1Cor 7,25) e que, em concordância com o judaísmo, ele não podia admitir a existência de *outro* Deus que não fosse o Criador e Pai de Jesus Cristo. Como bom judeu, Paulo e os cristãos de origem judaica afirmavam como um dogma inquestionável que há *um só* e único Deus (monoteísmo). Portanto, se afirmassem que Jesus Cristo é Deus, estariam dizendo que há *dois* deuses. O leitor interessado pode consultar o estudo de R. E. Brown, *Jesús, Dios y hombre*, Ed. Sal Terrae, 1971, assim como o documento "Bíblia e Cristologia", da Pontifícia Comissão Bíblica (1984).

Entendendo os erros

O leitor, talvez surpreso e um tanto perturbado, perguntar-se-á o que pretendo demonstrar com esses exemplos. É evidente que eles nos obrigam a admitir que a Bíblia não é infalível em tudo; ela contém erros. Talvez um ou outro dos exemplos ou textos mencionados seja discutível, ou até refutável, mas não todos. Portanto, a tese fundamentalista de que a Bíblia é *absolutamente* infalível, e de que tudo foi inspirado (entende-se "ditado") por Deus, simplesmente não é defensável. É uma tese errada, contrária aos dados da própria Bíblia. Em segundo lugar, muitos "erros" – especialmente erros a partir de *nosso* ponto de vista, iluminado por melhores conhecimentos e informação – e discrepâncias entre textos da Bíblia se compreenderiam a partir do momento em que se reconhecesse seriamente a participação *humana* na formação dos escritos bíblicos. Compreender-se-á o "erro", quando o texto for considerado dentro de seus contextos (histórico, cultural, social etc.) e quando se levar em conta sua origem e formação histórica, assim como a *evolução* na compreensão da natureza do mundo, de Deus e de sua vontade para os homens. Enquanto não se reconhecerem estes fatores, a questão da verdade (ou inerrância) da Bíblia será um problema que cala a própria fé, como acontece entre os fundamentalistas. A fé deve ser ilustrada e informada.

Por não levar a sério as contribuições dos estudos críticos da Bíblia, o fundamentalista *cria* um conflito entre Bíblia e ciência, entre fé e razão. O único estribilho que se costuma escutar de sua boca é: "mas a Bíblia diz". Vive uma espécie de esquizofrenia. Por um lado, está o que ele lê na Bíblia, e, por outro lado, está o que ele conhece das ciências. Isso o leva frequentemente a rejeitar simplesmente certos conhecimentos das ciências, pois, segundo ele, "a Bíblia não pode errar".

Também sucede que, por não levar a sério o fato de que os escritos bíblicos estão condicionados por seus tempos e culturas, e que houve uma evolução na compreensão da Revelação, e que esse processo de busca de melhor compreensão não terminou com os escritos bíblicos, em alguns círculos fundamentalistas nega-se a divindade de Jesus Cristo ou se dá preferência ao Antigo Testamento sobre o Novo Testamento, pois se dá muito mais peso a Moisés e aos profetas do que a Jesus Cristo, apesar de se chamar "evangélico".

As inconsistências de ordem teológica e moral, que são as mais sérias, e das quais me atrevi a dar alguns exemplos, podem-se entender quando se tem presente a evolução na *compreensão* da Revelação por parte das pessoas, e quando se admite que a tradição na qual se apóiam os escritos bíblicos é dinâmica e histórica, não estática e monolítica. Somente assim se poderão compreender sem escândalo as inconsistências e discordâncias entre o Deus vingativo e o misericordioso, entre o Deus que muda de opinião e o imutável.

Como afirmei repetidas vezes, a Bíblia é um conjunto de testemunhos de fé vivida por pessoas em diferentes tempos e circunstâncias ao longo de quase mil anos, pessoas com conceitos limitados e imperfeitos. Portanto, a Bíblia preserva os rastros do desenvolvimento na busca e na descoberta da natureza de Deus e de sua vontade. Isto nos adverte a respeito do erro que cometem aqueles que não levam a sério os condicionamentos histórico-culturais dos autores e as limitações dos textos que eles escreveram. E não somente isso, mas nos adverte que não devemos olhar os textos sem levar em conta um *pré-texto*, que é anterior ao texto mesmo: é a vida que precede a escritura (as experiências ou os acontecimentos vividos). Por isso, devemos estar atentos a não pensar que os textos foram escritos por uma espécie de ditado divino à margem das pessoas e de sua vida histórica real. Finalmente, as inconsistências que observamos na Bíblia alertam-nos sobre o erro de querer absolutizar certos textos (segundo preconceitos dogmáticos) que são contraditos por outros. Assim, por exemplo, as afirmações a respeito da divindade de Jesus que lemos em Jo 1,1 e em 20,28 são posteriores e mais valorizadas do que aquelas que encontramos em 1Cor 15,25ss. O "erro" teológico de 1Cor 15,25ss não veio de Deus, mas do *nível de compreensão* que Paulo tinha *naquele momento*. Isto nos adverte que não devemos absolutizar como definitivas as afirmações que são mais rudimentares, influenciadas pela teologia do Antigo Testamento.

Sabemos que, quando se absolutizam certas passagens da Bíblia, podem-se justificar a escravidão, a poligamia, a vingança, o genocídio, o racismo etc. Em seus conflitos e discussões com autoridades religiosas de seu tempo, Jesus repetidas vezes relativizou certos aspectos da Lei, declarou nulos outros e ressaltou a maneira de entender a vontade de Deus, tomando como princípio fundamental o princípio do amor (veja Mt 5,21-47). Jesus não era fundamentalista em sua maneira de interpretar a Palavra de Deus, nem se limitava ao que estava escrito nas Escrituras, tampouco o eram os autores do Novo Testamento.

O tendão de Aquiles do fundamentalista

O fundamentalismo dedica muito tempo e energia para demonstrar, a todo custo, que a Bíblia merece plena confiança e deve ser tomada *literalmente* como Palavra de Deus, invariável e infalivelmente. E o faz, destacando que a Bíblia não contém erro algum. Para eles é fundamental demonstrar isso. Admitir que a Bíblia possa ter algum erro soa-lhes como questionar que seja Palavra de Deus, entendida esta literalmente, como o ditado do próprio Deus. Voltaremos sobre este assunto, ao falarmos da inspiração. Obras como a de Werner Keller, *E a Bíblia tinha razão* (Ed. Omega, 1956) manifestam essa preocupação, mas não saem de um círculo vicioso, sem enfrentar o problema da dimensão humana da Bíblia e sem sair do texto bíblico (veja a réplica de W. Hinker e de K. Speidel, *Se a Bíblia tivesse razão*, Ed. Studium, 1972).

Segundo o tipo de erro que se destaque na Bíblia, como fiz com os exemplos que expus, o fundamentalista recorrerá a uma ou outra explicação que, segundo ele, "demonstra" que não é a Bíblia, mas o leitor que está equivocado. Uma das explicações mais frequentemente dadas é a de que o leitor não compreendeu a passagem bíblica em questão. Para demonstrá-lo, põe-se em jogo uma série de outros textos, todos eles desencarnados de seus contextos. Outra das explicações oferecidas é a de que o redator do texto não quis dizer o que cremos entender. O erro seria aparente e dever-se-ia somente à má interpretação do texto, pois deveria ser entendido figuradamente e não literalmente, ou ao inverso. Assim, por exemplo, a afirmação de Deus de que a escravidão no Egito duraria 400 anos deveria ser entendida como cifra simbólica, enquanto a outra que afirma que durou 430 anos deveria ser entendida literalmente. Mas, por que não entender 430 figuradamente? A arbitrariedade com a qual se decide o que deve ser interpretado figuradamente e o que deve ser literalmente, e a falta de critérios objetivos (por exemplo, dados arqueológicos), contribuem para a interpretação caprichosa e *acomodatícia* da Bíblia – acomodada aos dogmas que foram *pré*-estabelecidos.

Quando se trata de contradições e de discrepâncias entre textos, o fundamentalista costuma explicá-las por meio de processos elaborados de *harmonização* entre os textos, frequentemente introduzindo dados *não mencionados* na Bíblia (quer dizer, suposições), e fazendo uma reconstrução que não deixa de ser hipotética. Assim, por exemplo, o que as mulheres viram no túmulo de Jesus (Mt: um jovem; Lc: dois homens; Jo: dois anjos) corresponderá a diferentes momentos ou, aturdidas ou sonolentas, as mulheres não estariam seguras do que viram. Em tal caso, nenhum dos Evangelhos (não Deus!) saberia o que é que as mulheres na realidade viram ou, no máximo, um deles o soube; com isto se teria demonstrado antes que há erro, sim, pois nos quatro Evangelhos se trata da primeira visita ao túmulo de Jesus. A tendência à harmonização de textos manifesta-se em certas traduções. Assim, na versão "Deus chega ao homem", o texto do pai-nosso aparece em Lucas 11 idêntico ao de Mateus 6, não obstante o fato de que os manuscritos tenham uma versão diferente em Lucas (mais breve). Isto foi corrigido nas últimas edições dessa tradução. Finalmente, não faltam os que explicam a presença de erros como produtos dos copistas, afirmando que o texto original não tinha erros. O único problema dessa ingênua explicação é que não possuímos nenhum dos textos originais, de modo que é uma explicação sem fundamento.

Em círculos de tendência fundamentalista encontra-se tenaz rejeição do estudo crítico e racional da Bíblia. Argumenta-se para isso que a Palavra de Deus não pode ser submetida a um estudo crítico como se fosse obra literária humana, além de não ser questionável a veracidade absoluta de suas afirmações. Entre católicos de tendência integrista, apela-se para escritos e declarações oficiais da Igreja, quase sempre anteriores ao Concílio Vaticano II, para fundamentar sua oposição ao estudo crítico da Bíblia, que consideram como sequelas do modernismo e do racionalismo e como traição à Palavra de Deus e, portanto, um inaceitável perigo para a fé. Para todas essas correntes religiosas, o estudo crítico da Bíblia equivale a questionar a autoridade e a veracidade do próprio Deus, o "autor da Bíblia", ou, ainda mais radicalmente, equivale a negar seu caráter de Palavra de Deus. Isto se põe em evidência quando se trata dos relatos de milagres.

O medo dos resultados do estudo crítico da Bíblia, no fundo, obedece ao fato de que este estudo manifesta a humanidade dos textos bíblicos, suas limitações e condicionamentos histórico-culturais e, com isso, a impossibilidade de sustentar a inerrância absoluta da Bíblia. No entanto, em sua tentativa de mostrar a inerrância da Bíblia, o fundamentalista recorre à razão e não à fé como autoridade determinante: as explicações antes mencionadas, o recurso à harmonização e à acomodação de textos, a hipotética reconstrução de situações supostamente históricas, aos quais recorrem segundo o ditem a conveniência ou os postulados dogmáticos, são demonstrações *racionais*. A diferença entre a interpretação fundamentalista e a da crítica bíblica é que uma parte do suposto de que a Bíblia não contém erro algum e se concentra em demonstrá-lo, enquanto a outra deixa que os dados que o texto bíblico oferece sejam respeitados, e leva em conta as contribuições da história e das ciências. Uma considera os textos isolados de todo contexto, enquanto a outra os leva seriamente em conta, quer dizer, uma não leva a sério a dimensão humana, e a outra sim.

Ao tratar de explicar os primeiros capítulos de Gênesis ou de demonstrar a suposta veracidade histórica dos milagres relatados, sai à luz a contradição na qual inconscientemente caem os que rejeitam o estudo crítico da Bíblia. É notório que, para o fundamentalista, a absoluta historicidade dos milagres constitui um pilar fundamental em seu esquema teológico. Por isso, concedem grande importância às "curas" em suas celebrações religiosas. A crítica bíblica pôs em dúvida que certos milagres tenham ocorrido da maneira como são relatados ou, ainda, que tenham ocorrido totalmente. Para o fundamentalista, isso equivale a negar a veracidade da Bíblia e o poder de Deus. No entanto, não se dá conta de que *nossa* ideia de milagre (o sobrenatural, extraordinário) não é igual à que se tinha nos tempos bíblicos. (Sobre isto veja o instrutivo livro de A. Weiser, *¿A qué llama milagro la Biblia?*, Ed. Paulinas, 1979). A crítica bíblica conclui que, por exemplo, as pragas do Egito, com exceção da última, não foram milagres no sentido como nós o entendemos, porque temos exemplos verídicos de que esses fenômenos ocorreram repetidas vezes. Foi o relator de antigamente que interpretou esses fenômenos naturais como manifestações da presença de Deus. Os milagres *não* são fenômenos como tais, mas ocorrem no momento preciso em que eram necessários (como o foi a passagem do mar, confira Ex 14,21). O problema, como tantas vezes recalquei, é que *se projeta* sobre a Bíblia um conceito *moderno*, estranho para aqueles tempos; neste caso, o de "milagre". Isto é ilustrado magistralmente pelo relato da cura do possesso em Mc 9,17-29: pela descrição, tratava-se claramente de um epiléptico, enfermidade que antigamente não se conhecia como tal. Pois bem, negar o caráter milagroso das pragas do Egito não é negar que seu relato seja Palavra de Deus, visto que o que era fundamental não era o fato em si mesmo, mas o que ele significa, sua mensagem. Nada, exceto nosso preconceito dogmático, nos impede de pensar que as chamadas pragas do Egito fossem fenômenos *naturais* que coincidiram (ou até se projetaram mais tarde) com o encontro entre Moisés e o faraó, e que foram interpretados como milagrosos (= sinais da presença de Deus). Quantas vezes entre a gente simples, ou entre supersticiosos, não sucede o mesmo! Afirmar que as pragas do Egito ocorreram porque temos exemplos desses fenômenos naturais (com exceção da última, a morte dos primogênitos, que historicamente é improvável), não implica necessariamente que na realidade ocorreram pela intervenção expressa de Deus mediante Moisés, tal como se relata em Êxodo. Mas o fundamentalista pretende demonstrar que ocorreram sim, apelando seja para o fato de que assim está relatado, seja para o fato de que esses fenômenos ocorrem, ou simplesmente afirmando que "nada é impossível para Deus", cuja prova seriam as pragas do Egito. Negar que este ou aquele suposto milagre tenha realmente ocorrido não significa necessariamente que esteja negando que "nada é impossível para Deus".

Para o fundamentalista, o importante é a verdade *histórica* do que está relatado na Bíblia e tal como está relatado. Para o estudioso crítico, o importante é a mensagem que o relatado comunicava, quer dizer, a verdade *religiosa*, independentemente de que tenham ocorrido ou não os fatos relatados, quer dizer, de sua veracidade histórica. Em outras palavras, o erro do fundamentalista é ler literalmente, e com os olhos e conceitos do século XXI, escritos que foram compostos em diversos gêneros literários (nem todos são história) e com olhos e conceitos dos tempos bíblicos. O fundamentalista não está consciente de que nosso conceito de verdade não é idêntico ao dos tempos bíblicos, e de que os conhecimentos históricos e da natureza naqueles tempos eram limitados, primitivos, pré-científicos e, por conseguinte, estavam sujeitos à ignorância e ao erro. Embora seja divino não errar, é humano errar.

Importância do conhecimento da natureza da Bíblia

O reconhecimento da existência de diversos gêneros literários na Bíblia, a admissão da complexidade da formação de certo número de escritos, e as contribuições dos trabalhos realizados na arqueologia, na literatura comparada e nas ciências sociais e naturais, abriram-nos os olhos e ajudaram-nos a compreender o problema da inerrância, entre outros, e a apreciar a Bíblia em todas as suas dimensões. Impor à Bíblia um conceito de inspiração, de verdade e de história, que lhe são estranhos, e forçá-la a que responda a *nossas* exigências de exatidão não somente não ajuda a compreendê-la em seus próprios termos, mas é fazer-lhe injustiça. *Negar a inerrância ou a infalibilidade abso-*

luta não é negar a inspiração e a autoria divina. Afirmar que a Bíblia contém erros não é negar que contenha verdades que perduram – e por certo são muitíssimas –, mas é reconhecer sua dimensão humana com tudo o que isso implica.

Talvez o mais grave da postura fundamentalista seja a imagem de Deus que ele inconscientemente sustenta. Ao sustentar que Deus é o autor de tudo o que está na Bíblia, incluídas as referências de corte histórico e científico, "sem querer querendo", à luz dos erros que encontramos na Bíblia, está dizendo que é um Criador que não conhece sua criação e um Senhor que não o é sobre a história. É um deus que se equivoca. Por isso, sua obsessão por demonstrar a suposta inerrância absoluta da Bíblia.

Quando se leva em conta a variedade de gêneros literários que se encontram na Bíblia e a função da linguagem, se compreende a importância de determinar o propósito do texto que se lê ou se escuta, quer dizer, a intenção e a mensagem que o autor se propôs transmitir mediante determinado gênero e linguagem. Assim, por exemplo, quando se sabe que o livro de Jonas é uma grandiosa parábola, e não história, então se compreenderá que não importam as inconsistências, inverossimilhanças e erros, tanto históricos (tudo o que se refere a Nínive) como científicos (o que se refere ao cetáceo e ao rícino) que contém, pois esses *não* afetam o propósito do autor. *Mediante* essa parábola, o autor quis partilhar com seus compatriotas sua convicção de que Deus é um Deus universal, não regional ou nacional, e que sua misericórdia não pode ser limitada pelas pessoas. Igualmente, quando se compreende que os Evangelhos não correspondem precisamente ao gênero histórico, mas ao da proclamação de uma boa notícia, então as discrepâncias que existem entre os diferentes Evangelhos têm sua explicação no fato de que foram escritos com um *propósito* diferente do estritamente biográfico. E quando se tem em mente que Atos dos Apóstolos não é uma obra com pretensão primordialmente histórica (no sentido moderno), mas é antes uma história em forma de novela, não deve perturbar-nos que contenha inexatidões sobre a vida de Paulo, por exemplo, que se podem comprovar facilmente, quando se compara com o que ele diz de si mesmo em suas cartas (compare, por exemplo, At 9,29s com Gl 1,21, At 15,1s com Gl 2,1-10 e At 22,11.17 com Gl 1,17). O propósito primordial de Lucas era apresentar um modelo, a partir de memórias do passado, do que deve ser a

Igreja missionária. Lamentavelmente, muitos leem e analisam a Bíblia como se fosse do gênero história.

Quando se desconhece ou se ignora a natureza e o propósito dos escritos bíblicos é que os erros, as inexatidões e discrepâncias entre textos se convertem em sério problema. Pois bem, o propósito dos escritos da Bíblia situa-se no campo religioso e não no histórico ou no científico. Esses escritos foram reconhecidos como inspirados e normativos pela verdade que encerram em matéria *de fé*, por serem ponto de partida e orientação para a *fé*. Sua finalidade foi a de conduzir pelo caminho da fé no Senhor e não a de instruir sobre história ou ciências. Mesmo os livros catalogados como históricos (Samuel, Reis, Crônicas etc.) foram compostos a partir de uma perspectiva religiosa, não política, social ou econômica. O que neles predomina é a interpretação de acontecimentos, julgados à luz da fé em Deus, e essa é a razão fundamental pela qual fazem parte da Bíblia. Certamente, os compositores dos livros históricos queriam escrever a história de Israel, mas para eles, como para a tradição que os precedeu, não eram os dados históricos em si mesmos que eram importantes, mas *sua significação religiosa*. Por isso, Deus intervém e aparece como Senhor da história, e os diferentes personagens e acontecimentos são julgados a partir da perspectiva de sua relação com a vontade salvífica de Deus. Isto é evidente, quando se leem os profetas. Retornaremos sobre isto quando falarmos da história.

A verdade bíblica

À luz do que foi exposto, deve-se distinguir não somente entre ignorância e erro, mas também entre verdade histórica e científica e a verdade salvífica na Bíblia. A primeira não constitui o propósito primordial dos escritos bíblicos. A informação histórica que estava a seu alcance e os conceitos científicos próprios de seu tempo não eram sempre exatos e, por conseguinte, há *ignorância*, e os escritores cometeram erros. Isto deve ser admitido à luz da evidência que a própria Bíblia nos proporciona. É antes a segunda, a verdade salvífica, que constitui o propósito imediato dos escritos bíblicos. Por conseguinte, a verdade da Bíblia situa-se no âmbito religioso, concretamente no salvífico, e *os dados históricos e científicos não caem sob a inerrância bíblica.*

Nem a fé nem a salvação podem depender da inerrância ou da infalibilidade de dados históricos ou científicos secundários, ou das compreensões limitadas e imperfeitas da Revelação que se manifestam na Bíblia. No entanto, é necessário esclarecer que os testemunhos da fé plasmados na Bíblia têm como ponto de partida acontecimentos históricos, através dos quais Deus se foi manifestando, mas nem tudo o que parece ser história necessariamente foi histórico. Há dados históricos que são fundamentais, a respeito dos quais a inerrância é de capital importância. Sobre isto voltaremos mais adiante. O Concílio Vaticano II, em contraste com longa tradição magisterial que afirmava a inerrância em sentido global e estrito, declarou que "os livros da Escritura ensinam firmemente, com fidelidade e sem erro, a verdade que Deus quis manifestar nas sagradas letras para (= em vista de) nossa *salvação*" (DV 11). Quer dizer, afirma-se que é livre de erro somente aquilo que concerne à salvação, a dimensão religiosa, e não no que toca à história ou às ciências.

São necessários dois esclarecimentos suplementares antes de concluir este extenso capítulo.

Primeiro, a Bíblia não é um livro que contém e expressa tudo o que concerne à salvação, mas o indispensável. Oferece orientações suficientes para seguir o caminho do diálogo com o Senhor que conduz à salvação. A Bíblia não é nem pretendeu ser um manual definitivo, perfeito e insuperável de teologia, nem, menos ainda, um livro onde se encontram as respostas a todos os problemas. Por isso mesmo, nada se diz sobre problemas atuais, tais como controle de natalidade, sobre a corrida armamentista ou sobre a contaminação ambiental. Os problemas e inquietudes dos tempos bíblicos não são idênticos aos nossos, e os nossos exigem orientação concreta. Não somente isso, mas as respostas a problemas semelhantes aos nossos correspondem ao *grau de compreensão* da Revelação que tinha o autor que a dá. É assim que, por exemplo, o problema do divórcio recebeu diferentes respostas em diferentes escritos da Bíblia (veja Dt 22,13-29; 24,1-4; Mc 10,1-12; Mt 19,3-9; 1Cor 7,12-15). As respostas estavam condicionadas pela teologia do momento e dirigiam-se a auditórios concretos *daqueles* tempos. A vontade de Deus para nosso momento histórico atual deve ser buscada tal como o fizeram nos tempos bíblicos. Com seus testemunhos de fé, com suas respostas a situações concretas, os escritores bíblicos nos oferecem *referências e orientações* indispensáveis (mas nem sempre respostas inalteráveis). Por isso, foram conhecidos como canônicos seus escritos. Os compositores dos escritos da Bíblia foram inspirados, da mesma maneira como os que transmitiram as tradições oralmente, pelo *mesmo* espírito de Deus que *continua presente* em nosso mundo: é o mesmo Espírito que guiou o povo de Israel, os profetas, Jesus e as primeiras comunidades cristãs, o qual *continua guiando* o povo de Deus hoje.

Segundo, a oposição que alguns veem entre a Bíblia e a ciência, por exemplo com relação à criação, deve-se simplesmente à incompreensão da natureza, dos condicionamentos culturais e do propósito dos escritos bíblicos. Esta oposição é, na realidade, a rejeição de uma Bíblia entendida de uma maneira estritamente literal por parte dos que duvidam das verdades que as ciências demonstram objetivamente. No fundo, é uma rejeição da visão fundamentalista. Mas, quando se leva em conta que os escritores da Bíblia não tinham como propósito ensinar sobre questões de biologia, de antropologia, de astronomia etc., mas que para comunicar suas crenças empregaram os conceitos e conhecimentos que eles tinham ao seu alcance, que correspondem aos de seus tempos, então toda a suposta confrontação ou oposição entre Bíblia e ciência é simplesmente absurda. O problema não se situa do lado das ciências, mas do lado daquele que tem uma incorreta compreensão da Bíblia, a qual produz rejeição por parte das pessoas informadas.

Um cientista pode emitir um juízo enquanto cientista a respeito da origem do mundo ou do homem, mas não a respeito da criação, que é uma afirmação teológica, não científica. Dizer que Deus *criou* o mundo e o homem é uma coisa, mas dizer *como* os criou é outra coisa. Pois bem, para afirmar que Deus é o criador podem-se empregar muitas expressões e gêneros literários. Um deles é o recurso a um relato que o apresente da maneira como lemos em Gênesis 1-2. O relato utilizou para isso conceitos e imagens próprios de *seu* tempo e de *sua* cultura. Se a verdade fundamental que o relator desejava comunicar é que Deus está na origem do mundo, que é seu criador (verdade teológica), pouco interessa a maneira como ele acreditava que Deus o tinha feito (verdade científica). Se não aceitamos a concepção *mítica* que a Bíblia nos apresenta a respeito da *maneira* como se originou o mundo, é porque *nós* temos informação que eles não tinham. Mas, nem por isso rejeitamos a afirmação básica de que, fosse da maneira que fosse, *Deus*, e somente Deus, se acha na origem – o que qualificamos com o termo criação. A oposição entre Bíblia e ciência surge quando alguém se sente obrigado a sustentar uma duplicidade, uma espécie de esquizofrenia de verdades: como crente ter de afirmar que Deus criou o mundo *tal como* o relata Gênesis, e como pessoa instruída ter de sustentar que houve um processo evolutivo (ou outra explicação científica). Algo semelhante foi exigido de Galileu: que afirmasse que a terra não gira e que é o centro do universo, tal como o apresenta a Bíblia, ao passo que, como astrônomo, ele tinha de afirmar o que *sabia* através de seus estudos, que a terra é somente um planeta que gira ao redor do sol.

Em síntese, deve-se saber distinguir entre a verdade histórica e científica e a verdade teológica e religiosa:

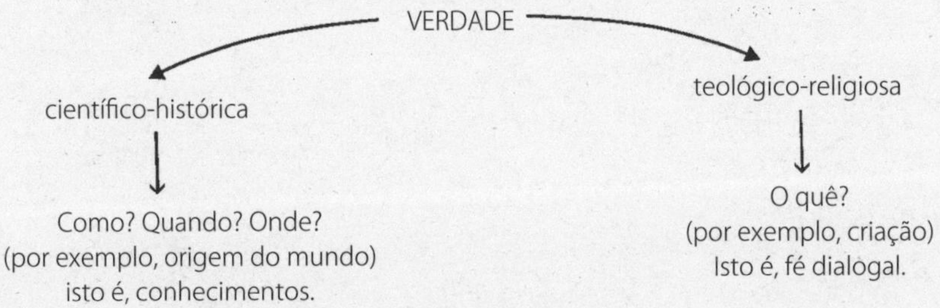

Para concluir, o tema da verdade conceitual e informativa dos textos perde importância quando eles são considerados mais como um livro de vida do que como um livro de ideias ou de informação. E mais ainda, quando se leva em conta não somente o conceito de verdade que tinham antigamente, mas também o caráter próprio da linguagem e os gêneros literários usados. A pergunta deveria ser: De que experiência se fala? E não: Que afirmações se fazem? Igualmente deve-se perguntar: O que o autor queria comunicar ou dizer? E não: O que leio aconteceu tal como está escrito (literalmente)? Trata-se de verdades existenciais, das experiências vividas que são testemunhadas. Será verdade o que foi afirmado, se corresponde ao que foi *vivido*, e como tal o aceitaremos ou não (fé). Essa verdade é universal por ser partilhada pelos humanos de qualquer tempo, enquanto a verdade conceitual está condicionada pelos conhecimentos de caráter informativo (história, ciências) que se possam ter em determinado momento.

A atenção deve ser posta mais na verdade que a Bíblia – ou cada um dos dois testamentos como tais – encerra, e não em cada frase ou parágrafo, quer dizer, na verdade *canônica*. Por sua natureza, essa não está isenta de tensões, incoerências, além de ignorâncias e erros, por serem muitos escritos de tempos diferentes da Antiguidade, como vimos. Por tudo isso, é preferível falar da "verdade da Bíblia" do que de sua inerrância (ausência de erros). Essa verdade é a do encontro do homem com Deus, é verdade salvífica (DV 11).

17.

A INSPIRAÇÃO

Chegamos a uma dimensão sensível em nosso estudo da natureza da Bíblia. A autoridade da Bíblia tradicionalmente tem sido explicada com a afirmação de que foi inspirada por Deus. A preocupação com a inspiração divina surgiu durante o Renascimento e acentuou-se durante o Iluminismo, conforme os estudos da Bíblia e de seu mundo colocavam a descoberto suas origens humanas.

Segundo alguns, a menção de "inspiração" com relação à Bíblia lança um halo de sacralidade sobre o texto e, segundo outros, abre as portas para discussões. Por um lado, o tema da "inspiração", que no passado foi uma consideração fundamental ao se falar da Bíblia, hoje em dia parece esquecido, a tal ponto que apenas é mencionado. Esse "esquecimento" não se deve a que já esteja resolvido de todo ou porque não se deseje continuar discutindo sobre ele, mas pela multiplicidade e complexidade dos fatores envolvidos, particularmente com relação à origem dos textos bíblicos e por seu grau de subjetividade – em última instância é uma afirmação de fé. Isto se observa também no documento vaticano, intitulado *A interpretação da Bíblia na Igreja* (1993). Mas o tema da inspiração foi relegado ou, mais corretamente, "deslocado", também devido à intensidade com a qual os estudos bíblicos se têm aproximado aos aspectos literários e filosóficos (hermenêuticos), em particular. Isso não significa que se negue sua origem em Deus. Mas significa, sim, que não é fácil explicá-lo, como veremos. Por isso, a autoridade da Bíblia já não se afirma em razão de uma inspiração divina, e menos ainda em razão de uma suposta inerrância, mas em razão de sua capacidade inspiradora, razão pela qual se constituiu em cânon. Isto abre o leque para perguntar-se, por exemplo, pela possível inspiração das traduções, pelo menos daquelas reconhecidas pela comunidade como representações corretas dos textos fonte, assim como pela inspiração do leitor. Como se pode intuir, o conceito de inspiração é muito mais fluido do que se pode pensar.

Um assunto problemático

Embora tanto judeus como cristãos tradicionalmente afirmem que "a Bíblia foi inspirada por Deus", nem todos coincidem em sua maneira de entender a natureza, a modalidade e o alcance dessa inspiração. Com frequência, emprega-se o qualificativo "inspirada" como quem se refere a uma palavra mágica, como uma aura que se projeta sobre determinados escritos, mas sem ter uma ideia clara e precisa do que significa e implica. Seja como for, há uma relação estreita entre a ideia que se tem de inspiração e a que se tem da natureza da Bíblia.

Pois bem, afirma-se que a Bíblia é Palavra de Deus por ter sido inspirada por Deus. Quando se diz "inspirada", geralmente se quer dizer que Deus é a auréola primeira e o autor principal da Bíblia. Inspiração e Palavra de Deus costumam empregar-se intercambiavelmente. Mas estes vocábulos referem-se a relações diferentes, portanto não são intercambiáveis, porque não significam a mesma coisa, como veremos. Inspiração denota a relação de Deus com os autores dos textos; Palavra de Deus designa a relação dos textos com seus leitores.

Deus --------------→ autores --------------→ TEXTOS --------------→ leitor
inspiração   Palavra de Deus

O tema da inspiração traz uma série de questões que devem ser consideradas, tais como: o que se entende por inspiração e qual é sua natureza; quando se pode falar de uma inspiração bíblica como tal; em que ou em quem se realiza (autor, texto, leitor, comunidade), como se realiza (por êxtase profético, ditado, ou iluminação, ou é um processo), seu alcance (tudo o que está na Bíblia, ou certas partes; os originais ou as cópias), sua peculiaridade (se é exclusiva a certas pessoas ou comunidades, se não se dá também em outras religiões e em "santos" de hoje), sua extensão (se inclui a canonização, as traduções, se vai além dos textos bíblicos como o Talmud ou os Padres da Igreja).

Tratarei de esboçar a inspiração, levando em conta os fatores mais significativos e depois de expor as explicações comuns.

A ideia de inspiração era conhecida na Grécia com relação aos artistas e aos poetas em particular. Pensava-se que estavam agraciados com uma força dos deuses que os invadia ou tomava posse deles, especialmente das Musas. Ainda hoje falamos da inspiração dos artistas e de outros. Certamente, também era conhecida a ideia de inspiração onde quer que houvesse pessoas que falassem em nome da divindade, da qual se apresentam como porta-vozes (profetas).

O conceito de "inspiração"

Para começar, o termo inspiração vem do latim *inspirare*, que significa "soprar para dentro". No âmbito religioso, o termo inspirar remete à imagem do sopro divino, que é a maneira figurada de referir-se à transmissão da vida. Assim, por exemplo, no relato da criação, se lê que Deus "modelou o homem da argila do chão, *soprou* em seu nariz alento de *vida*, e o homem se converteu em ser *vivente*" (Gn 2,7). De igual origem é o termo "espírito (santo)" (*ruah/pneuma/spiritus*), que se refere ao sopro, vento, alento (que vem de Deus) e que dá vida.

> Aplicado à Bíblia, o termo inspiração, "soprar em", "insuflar", refere-se (1) à comunicação (2) por iniciativa divina (3) a pessoas (4) de algo vital.

É importante ter presente estes quatro aspectos, quando se fala de inspiração com relação à Bíblia. Como se observa, trata-se basicamente de uma comunicação de Deus *a pessoas, não a um livro*.

O conceito de inspiração é difícil de fixar. Embora esteja claro para nós que quando se fala do inspirador trata-se de Deus, não se pode dizer o mesmo quando se trata de precisar *quem* foi inspirado, o *que* lhe foi inspirado e *como* se realizou a inspiração. As dificuldades aparecem quando se estuda a história das explicações que se deram.

Valha a advertência que, para poder compreender o alcance e as limitações da inspiração, assim como sua natureza, é necessário ter presentes os aspectos tocantes à natureza da Bíblia que consideramos na Primeira Parte. Lamentavelmente, com frequência se *projeta* sobre a Bíblia um conceito de inspiração que se tem antecipadamente, de modo que se acaba retorcendo os dados que a Bíblia mesma encerra (como os destacados na Primeira Parte), cuidando-se para que a definição de inspiração que se sustenta por antecipação não seja contradita por nada.

Visto que ao falar da inspiração trata-se de relação entre Deus, o "autor" e o texto, começarei por considerar cada um destes, antes de oferecer uma visão de conjunto.

O autor inspirado

Nas explicações tradicionais da inspiração, costuma-se supor que cada um dos escritos da Bíblia foi composto por *um só* autor literário, a quem Deus teria "movido" em sua tarefa de *escritor*, de modo que escrevesse tudo o que Deus queria que escrevesse. Esta concentração no *escritor* como único beneficiário da inspiração divina é evidente quando se emprega o vocábulo grego "hagiógrafo" (escritor sagrado), e é o sentido no qual comumente se entende a expressão "o autor sagrado". Essa é a ideia vigente no judaísmo, que considera inspirados Moisés, Davi, Salomão e os profetas, razão pela qual afirmam que foram os autores do Pentateuco, dos Salmos, dos livros da Sabedoria e de outros, respectivamente.

A maneira como se explicou a inspiração bíblica geralmente foi com base na maneira como se fala no Antigo Testamento de inspiração *profética*, que se projetou e se estendeu a *toda* a Bíblia (não somente aos livros proféticos). Tomou-se como modelo a inspiração divina aos profetas. Nos escritos dos profetas afirma-se que Deus ditava ao profeta ou colocava em sua boca as palavras que deveria dizer, ou que o profeta era possuído pelo espírito de Deus. Quer dizer, o profeta era o porta-voz de Deus (significado da palavra *prophêtês*), falava a "palavra de Iahweh".

Uma das explicações predominantes da inspiração foi a *verbal*: o autor humano escreveu as palavras que Deus de alguma maneira lhe ditava. Portanto, o verdadeiro autor da Bíblia foi Deus; o escritor foi uma espécie de secretário. Por conseguinte, o texto está livre de erros e equívocos – um dos fundamentos do fundamentalismo. Esta ideia a respeito do autor da Bíblia, com mais ou menos matizes, foi partilhada por judeus e cristãos. É a mais natural, quando se quer sublinhar a autoria (ou paternidade) divina da Bíblia. Além disso, a origem desta ideia encontra-se na própria Bíblia, onde se acham textos que apresentam Deus como o que falava ou ditava, o que se entendeu em sentido literal. A ideia que resulta da Bíblia, ideia que qualificamos como fundamentalista, toma os textos ao pé da letra, pois sustenta que tudo vem de Deus, são suas mesmíssimas palavras, suas "verdades" para sempre.

Os muçulmanos têm a mesma ideia sobre o Alcorão: foi ditado por Alá. É a ideia que estimulou a iconografia clássica que apresenta Deus dando *um livro* a seu servo ou *ditando-o* ao profeta ou ao evangelista.

Os rabinos, e o judaísmo em geral, estavam convencidos de que as palavras que nos textos bíblicos aparecem como provenientes de Deus haviam sido literalmente pronunciadas por ele, e transmitidas como tais por seus porta-vozes ou secretários. Certamente, embora não se afirmasse o mesmo a respeito das partes narrativas, os relatos eram considerados também como reportagens fiéis do que havia acontecido. O cristianismo, cujas raízes são judaicas, herdou esta ideia literalista da inspiração. Por isso mesmo, no séc. VI, o influente doutor da Igreja São Gregório Magno escreveu que "cremos pela fé que o autor do livro (a Bíblia) é o Espírito Santo... Portanto, foi ele mesmo quem o escreveu, quem o ditou. Aquele que é o inspirador da obra, ele mesmo a escreve" (*Moralia* 1.2). A mesma ideia foi reafirmada no Concílio de Trento: "Deus é o único autor de um e de outro testamento..., vindo da boca de Cristo ou ditadas pelo Espírito Santo...". E foi retomada em 1920 por Bento XV em sua encíclica comemorativa de São Jerônimo: "Os livros da Sagrada Escritura foram compostos sob a inspiração, sob a sugestão, sob a comunicação, ou até sob o *ditado* do Espírito Santo; mais ainda, foram redigidos e publicados por ele". O termo constantemente utilizado era "ditado". É o que se conhece como inspiração *verbal*, sobre o que retornaremos ao falar do texto. O que é surpreendente é que, apesar de que desde a Idade Média entre teólogos se tinha uma ideia ampliada do conceito instrumentalista e *secretarista* da inspiração, foi preciso esperar até Pio XII para que oficialmente se falasse de uma ideia mais ampla da inspiração. Esta visão mais ampla já teve Santo Agostinho, para quem alguns escritos bíblicos devem-se ao gênio humano e outros à inspiração do Espírito

Santo (*Civ. Dei* 18,38). O Concílio Vaticano II retomou em parte o que foi dito por Pio XII: "Na redação dos livros sagrados, Deus escolheu homens dos quais se valeu, usando eles suas próprias faculdades e meios, de forma que, operando ele neles e por eles, escreveram como verdadeiros autores tudo e somente o que ele queria" (DV 11). Deixa em aberto se o termo "escreveram" se refere à redação ou é mais amplo. Mais adiante, o texto esclarece que a frase "tudo e somente o que ele queria" refere-se somente àquilo que é "para nossa salvação", quer dizer, não inclui questões de história ou ciências. O Vaticano II não fala de "instrumento" e admite a responsabilidade do escritor humano.

A observação de diferenças em estilo e em ideias nos diferentes escritos da Bíblia conduziu à conclusão de que o escritor humano não pode ser considerado como um instrumento cego e puramente mecânico de Deus, como postula a visão verbal da inspiração. Essa explicação da inspiração resulta, então, ser incorreta. É por isso que na Idade Média, especialmente iluminados pela filosofia de Aristóteles, os teólogos escolásticos, cujo máximo expoente foi Tomás de Aquino, explicaram a inspiração em termos filosófico-psicológicos. Esta concepção da inspiração fala de autores, Deus e o homem, e centra-se na relação entre eles. O intelecto do autor humano foi "movido por Deus", respeitando sua personalidade e seus condicionamentos humanos, de tal modo que escrevessem precisamente o que ele queria. O autor principal era Deus (causa eficiente), e os homens eram autores secundários (causa instrumental), movidos por Deus (Espírito Santo). Não se trata de uma inspiração verbal, das palavras mesmas, mas das "ideias", as quais os homens expressaram da melhor maneira que podiam em seu tempo, segundo os costumes de sua cultura. Com variantes e matizes, é esta ideia de inspiração que predomina entre os católicos até nossos dias. Mas outras considerações, especialmente de caráter social e comunicativo, manifestaram suas limitações, como logo veremos.

Na importante encíclica dedicada à Bíblia, a *Divino afflante Spiritu* (1943), Pio XII finalmente afirmava que o escritor humano é "instrumento (!) vivo e dotado de razão" e, por isso, "o exegeta tem de se esforçar... por discernir qual foi o caráter particular do escritor sagrado e suas condições de vida, a época em que viveu, as fontes orais ou escritas que utilizou e, finalmente, sua maneira de escrever.

Assim poderá conhecer melhor quem foi o escritor sagrado e o que quis expressar ao escrever". Quer dizer, chamou claramente a atenção para a plena humanidade do escritor e também para o fato de que ele recorresse a "fontes orais ou escritas" para compor a obra.

À luz de tudo o que estamos vendo a respeito da Bíblia, especialmente no que toca à sua formação, é fácil compreender que uma série de objeções e interrogativos tenham surgido com relação às ideias da inspiração que destaquei. De modo imediato, o autor literário tinha sido considerado de tal maneira que dava a impressão de que tivesse vivido em uma ilha, sem um contexto vital, sem uma comunidade da qual fosse parte, e como se não tivesse tido ideias próprias. Falava-se do autor em si mesmo, só, desconectado do mundo e de sua história concreta. Faltava a dimensão *social*. Mais ainda, como já vimos, muitos escritos da Bíblia são o resultado de longo processo de tradição oral (e aliás muitos passaram por mais de uma única redação), além da intervenção de vários "autores" na composição de certos escritos. Gênesis, por exemplo, é o resultado da coleção de muitas e diversas tradições, de uma composição por etapas que se estendeu ao longo de vários séculos, e não a obra de uma só mão. Não se pode nem se deve partir do pressuposto de que cada escrito é obra de um só e único autor literário. Se aquele que compôs determinado escrito recompilou certas tradições, até que ponto pode ser considerado como autor e inspirado por Deus? Não esteve também inspirado aquele que pela primeira vez relatou *oralmente* esta ou aquela tradição (das quais vai depender)? Não estavam inspiradas as profecias e a pregação dos apóstolos, transmitidas oralmente e nas quais se basearam certos escritores? E nas obras que foram compostas por vários autores, assim como as que foram retocadas ou retrabalhadas, quem entre todos foi o inspirado por Deus (se supostamente se trata de uma só pessoa)? Mais ainda, como poderia explicar-se que teria sido Deus quem supostamente inspirou a ideia de que a terra, por exemplo, é o centro do universo (e toda a ideia semita do mundo), quando sabemos que a terra é somente um planeta que gira ao redor do sol e não ao contrário (caso Galileu)? As concepções da inspiração antes mencionadas ignoravam a tradição oral – na realidade, ignoravam todo o processo que vai desde o acontecimento ocorrido até sua narração escrita – e não levavam seriamente em conta os condicionamentos culturais e circunstanciais do escritor, que havia sido isolado (segundo as mencionadas concepções de inspiração) de seu momento histórico. Aliás, o próprio conceito de autor era diferente.

Pois bem, exceto no caso da composição de certas cartas e de alguns poemas, considerar como "autor" único a pessoa responsável da redação *final* de um escrito bíblico, como é tradicional fazer, é incorreto. Sob o termo "autor" é necessário incluir todos os que contribuíram na formação do texto bíblico: o que formulou a tradição pela primeira vez, os que a transmitiram, reformulando-a, o que a colocou por escrito mais tarde, e também o que lhe deu o toque final (que temos). O "autor" do livro de Isaías, por exemplo, não é somente o profeta, mas também seus discípulos que preservaram e transmitiram suas profecias (orais) e os que eventualmente as colocaram por escrito. Sem a voz do profeta não se teria começado, e sem a tradição e os escritores (que foram vários) não teríamos aquilo que está incluído no livro de Isaías. Em outras palavras, a inspiração não se reduz ao privilégio de uma só pessoa. Portanto, o modelo profético como explicação da inspiração *bíblica* é insuficiente.

É fácil falar da inspiração, utilizando como modelo o profeta, sempre que se trata da inspiração de sentenças, de pronunciamentos, de discursos. Mas quando se fala da inspiração bíblica, é necessário e indispensável incluir os escritos onde se trata de *relatos*, de narrações de acontecimentos, de diálogos, todos eles fazendo parte da Bíblia. O modelo profético não serve para explicar a inspiração dos relatos. Será que Deus inspirou da mesma maneira os discursos do profeta e o narrador dos acontecimentos relatados na Bíblia, quer dizer, cada palavra do relato? Existe um problema adicional com o modelo profético: tomou-se *literalmente* a expressão "Deus *disse* a...", interpretando-a como se Deus literalmente tivesse pronunciado as palavras em questão, como se afirma quando se trata de um "ditado" por parte de Deus. Caso tivesse sido assim, como veremos, Deus se teria equivocado muitas vezes: seria responsável pelos erros que estão na Bíblia, começando pelos erros linguísticos. Mas a expressão "Deus disse a ...", ou qualquer uma de suas variantes, deve ser entendida em sentido figurado, não literal, empregada para sublinhar a autoridade de Deus no que seu porta-voz diz; Deus não falou como falamos nós, humanos. "O que o profeta disse" é o que vem de Deus, a mensagem, e não as palavras como tais – o conteúdo, não a forma. Por isso mesmo, podemos acrescentar que Deus também "falou" através de diversos acontecimentos e vivências e, muitas vezes, mais claramente. E por isso, para maior clareza, deveríamos dizer que os textos são "Palavra de Deus em palavras de homens". Sobre isto nos deteremos amplamente mais adiante.

Uma descrição da inspiração a partir do ponto de vista do autor deve considerar seu *contexto histórico, cultural e social* e *seu lugar dentro de sua comunidade*, tanto humana como religiosa. Recordemos que os escritos da Bíblia são produtos de vivências em comunidade em determinados momentos históricos. Os textos bíblicos foram criados no seio de comunidades de fé (em Israel, na Igreja). Acontecimentos ou experiências foram percebidos e interpretados a partir da fé e comunicados à comunidade como tais, geralmente em forma oral. Essas comunicações, por sua vez, influenciavam a comunidade em sua vida de fé e nas expressões teológicas. Geraram-se ciclos de tradições conforme cada geração confessava e vivia sua fé referente a essas tradições, e as ia "atualizando" à luz de suas novas percepções, de maneira que preservaram sua pertença e sua capacidade comunicativa. Eventualmente, um editor as colocou por escrito, adquirindo assim forma fixa e estável. Os escritos ganharam respeito como *testemunhos da fé da comunidade* e como *referentes normativos*, até serem declarados "canônicos". Visto este processo, a pergunta-chave é: Onde se situa nele a inspiração? Obviamente, em todas as pessoas envolvidas, na comunidade, ao longo do processo, pois estão estreitamente inter-relacionadas. Mais concretamente, a inspiração divina dava-se na *sequência compreensão-interpretação-comunicação*, por parte do emissor, o que se repetia quando a mensagem era recebida por outra pessoa que formava parte do processo – sobre isso veja tudo o que ficou dito sobre a comunicação (cap. 4).

Em outras palavras, "autor" inclui a comunidade crente na qual Deus esteve ativamente presente. O escritor não estava em uma ilha, não vivia em um vazio sem história nem comunidade; nasceu, viveu e se moveu em tradições e inter-relações humanas. Por isso, não deve causar-nos estranheza que certo número de escritos da Bíblia sejam anônimos: não havia um autor único, mas eram produtos da transmissão oral na comunidade, de suas vivências, acontecimentos e experiências, como, por exemplo, os escritos que constituem o Pentateuco e os livros históricos. A identidade do redator principal desses escritos anônimos era irrelevante, pois ele (ou eles) simplesmente era porta-voz da comunidade, que havia preservado as tradições em questão. Embora a inspiração, a comunicação de Deus às pessoas, se situasse na comunidade, não somente em um indivíduo, isso não excluía uma inspiração "mais intensa" a certas pessoas, particularmente os escritores.

O texto inspirado

Guiados por grande preocupação por defender o preconceito de que a Bíblia não contém erro algum e de que as palavras da Bíblia são sacrossantas, alguns colocaram o peso de sua explicação da inspiração no próprio texto. É a posição típica do fundamentalismo, que deste modo pretende defender a veracidade de tudo o que se lê na Bíblia, diante das objeções provenientes particularmente das ciências e dos estudos críticos da Bíblia.

O modelo ao qual o fundamentalismo recorre para sua explicação da inspiração é o profeta *extático* e visionário, aquele que era possuído pelo espírito de Deus até o ponto de não compreender plenamente o que dizia ou escrevia. Segundo esta simples explicação, o que realmente conta é a relação Deus-texto. É a denominada inspiração *verbal*, que já apresentei brevemente. Em sua forma extrema, adjudica a Deus até "as vogais do texto hebraico" (embora a Bíblia hebraica tivesse sido escrita sem vogais!), como o afirmou a "Fórmula de Consenso da Reforma Helvética" em 1675. Trata-se de afirmar a absoluta ausência de qualquer tipo de erro ou equívoco, baseada no axioma de que Deus é o autor da Bíblia.

Vale o esclarecimento terminológico. Fala-se de "inspiração instrumental", quando se fixa a atenção no escritor e quando este é visto como instrumento de Deus. Quando a atenção está concentrada no texto e se pensa que cada palavra foi comunicada por Deus, então se fala de "inspiração verbal". Em ambos os casos, certamente muito sutis, o autor humano não recebe a devida atenção, e o único que interessa é o texto como tal e sua autoria divina. A preocupação é pela absoluta infalibilidade e inerrância na Bíblia, que supostamente garante a autoridade e a confiabilidade absoluta da Bíblia.

Esta concepção livresca da inspiração é vulnerável a uma série de objeções. Por um lado, os escritos da Bíblia são considerados como coleção de verdades eternas, totalmente isoladas ou independentes de seu contexto histórico e cultural. Não são entendidos como produtos de vivências e de experiências humanas em diálogo histórico com Deus. Por outro lado, o autor humano é reduzido a mero instrumento, de modo que pouco importaria que o oráculo tivesse sido pronunciado por Isaías ou por Amós, ou que tenha sido vivido pelo povo de Israel no séc. X ou no séc. V a.C. O único que importa é o texto em si mesmo, como as mesmíssimas palavras de Deus escritas para mim. Mas, como explicar os inegáveis erros gramaticais, as diferenças no estilo, as incoerências e contradições entre diversos textos? Seria Deus inconsistente consigo mesmo? Não responde a isso a afirmação de que Deus "se adaptou" ao seu auditório. Em tal caso, seria o Criador ignorante da natureza de sua própria criação e da história (abundantes são os erros nestes campos!)? Teria Deus permitido primeiro a escravidão, a poligamia etc., para depois aboli-las? Por que teria deixado seu povo na ignorância até a época dos Macabeus quanto à ressurreição dos mortos? Como se observa, o que no final das contas está em jogo é determinada *imagem* de Deus, a ideia de Deus que o fundamentalista tem. A tudo isso podemos acrescentar os testemunhos expressos de certos escritos nos quais o autor humano se apresenta como plenamente responsável de sua obra, como no caso de Sirácida, de Lucas e das cartas de Paulo. E também as explícitas menções daqueles para os quais foi escrito: judeus, israelitas, Teófilo (Lucas), Coríntios, Gálatas, as Igrejas da Ásia – em nenhum caso para nós. Os estudos críticos evidenciaram em que grau os textos bíblicos são humanos, a ponto de que se põe seriamente a interrogação por seu suposto componente divino.

A explicação livresca, que os círculos fundamentalistas oferecem, chega a afirmar que a inspiração divina concernia aos textos originais, autógrafos – os quais não possuímos – e não às cópias, nas quais se baseia nosso texto da Bíblia, como já vimos (cap. 1).

Finalmente, a inspiração verbal implicitamente identifica Revelação com Bíblia: a Bíblia seria a revelação mesma. Mas, o que dizer dos acontecimentos reveladores que ocorreram *antes* que se escrevesse? Embora a ideia de uma inspiração verbal não negue que Deus se tenha revelado em acontecimentos e não em textos, os que afirmam que a inspiração foi verbal (o inspirado são palavras escritas) insistem em que o texto é uma reportagem precisa e exata do que aconteceu (o equivalente ao videocassete de hoje), de modo que o acontecimento passa para o segundo plano; já não é importante o fato, mas sua reportagem – que se identifica com a Revelação. Aliás, mais do que mensagem transmitida mediante o texto, é a reportagem mesma que recebe toda a atenção, quer dizer, predomina a importância concedida ao "que aconteceu ou se disse" sobre "que *significa* o que aconteceu ou se disse", e por isso dedicam esforços denodados para demonstrar a suposta historicidade de cada detalhe. Mas, o que dizer das discrepâncias entre as "reportagens" sobre acontecimentos, por exemplo, entre Samuel-Reis e Crônicas, ou entre os Evangelhos? Para o fundamentalista, o momento histórico ou cultural em que se escreveu é irrelevante, pois se trata de "verdades eternas", de revelação para todos e para sempre. A sua visão é uma visão livresca e *descontextualizada*. Por isso, costuma cair em uma "bibliolatria".

Por um lado, a concepção da inspiração como verbal alerta-nos para o fato de que a Bíblia é um livro a mais entre outros de inspiração religiosa. Mas, por outro lado, a afirmação de que a "Bíblia está/é inspirada" será correta somente quando se entender que é assim, porque é produto de *autores* inspirados, com tudo o que isso implica em humanidade, e não apesar deles. Estrita e corretamente falando, *inspirados são os autores, não seus escritos, apesar deles*.

Deus inspirador

Quando em círculos fundamentalistas se fala de Deus como autor, entende-se literalmente: os homens foram somente uma espécie de secretários de Deus. Têm como dogma fundamental que Deus é o autor absoluto do texto. Com mais ou menos matizes, coincidem em pensar que as próprias palavras provêm de Deus (são as "palavras de Deus", por isso enfatizam este qualificativo). A típica expressão "a Bíblia diz" equivale a "Deus literalmente diz". Uma das maiores preocupações no fundamentalismo é afirmar e demonstrar a veracidade total e infalível da Bíblia. *Partindo* da tese de que Deus é seu autor, ele não pode errar nem equivocar-se. Por isso, entram em conflito com as ciências.

O fundamentalista qualifica como racionalista, e até como ímpio, e portanto condenável, qualquer tentativa de estudar a Bíblia a partir de sua dimensão humana, como fizemos na Primeira Parte. Fazê-lo equivale, em sua opinião, a questionar a autoria divina da Bíblia. Soa-lhe admitir a possibilidade de que a Bíblia possa incluir erros ou possa estar limitada por concepções próprias de um tempo; soa-lhe "roubar a divindade" ao texto. Para ele, trata-se de verdades *eternas* comunicadas por Deus para todas as pessoas de todos os tempos e culturas, que devem ser aceitas e obedecidas sem nenhum questionamento. As narrações são tomadas como crônicas do que aconteceu: Deus realmente fez um homem no início de barro; o "pecado original" (vocábulo nunca usado!) foi tal como se narra em Gn 3 (e citam Rm 5,12ss); o dilúvio realmente aconteceu, tal como se narra etc. Além disso, o texto deve ser entendido como dirigido por Deus a *nós* (não aos israelitas, ao povo de Judá, aos coríntios, às igrejas da Ásia, a Teófilo ou outros).

Consciente dos aspectos humanos na redação dos textos bíblicos, como vimos, a teologia escolástica, quando falava de Deus, o fazia figuradamente, não no mesmo sentido que quando se fala de humanos. Aplicado a Deus, o termo "autor" emprega-se para dizer que ele é o inspirador, o que está na origem da escritura, e não que ele é o escritor ou que ditou as palavras. Deus é o autor intelectual, não material, diríamos hoje.

A teologia escolástica fala de dois autores, Deus e o homem. A referência a Deus como "o autor principal" revela uma concepção simplista da inspiração, pois dá ao autor humano somente um pequeno lugar na responsabilidade pelo texto, quase instrumental, "secundário". Ao se falar de Deus como "autor *principal*", se lhe atribui implicitamente a responsabilidade pelos erros e incongruências que encontramos na Bíblia; além disso, ou se dá uma imagem distorcida de Deus (inconsistente consigo mesmo, ignorante etc.), ou se descarta a liberdade e a participação plenamente humana na formação da Bíblia.

Para compreender de que maneira Deus "está na origem da Escritura", deve-se ter presente que os escritos da Bíblia são *testemunhos de vivências* ou de experiências da presença ativa do espírito de Deus, e não meras reportagens ou ditados. Somente assim se pode legitimamente aplicar o termo inspiração aos escritos históricos, didáticos e poéticos, e não somente aos proféticos. Se não for assim, como se poderia falar de inspiração, referindo-se a relatos de *acontecimentos* e de experiências humanas? Como se poderia aplicar o termo inspiração aos Salmos, nos quais são as pessoas que se dirigem a Deus, e não ao contrário? Valha a redundância: deve-se evitar reduzir o conceito de inspiração ao modelo do profeta e limitá-lo aos discursos, deixando de lado os relatos.

Sintetizando tudo o que até agora foi dito, a inspiração é essencialmente presença e comunicação divina, e esta se dá a pessoas, não a escritos. Os escritos podem qualificar-se como inspirados, somente na medida em que seus autores o estiveram.

O que diz a Bíblia?

Mais de uma centena de vezes se menciona no Antigo Testamento o espírito de Deus, influindo sobre as pessoas como fonte de inspiração, intuição, êxtases, poder ou alguma habilidade. No Novo Testamento também se fala com frequência no mesmo sentido, especialmente nos escritos de Paulo e de Lucas. A presença do espírito de Deus como garantia da autenticidade do testemunho expresso nos escritos da Bíblia é mencionada em diversas ocasiões, por exemplo, em Is 48,16; 61,1ss; Ez 2,2; Mt 10,20; Jo 16,7ss; 1Cor 7,40. Mas de todos os textos que se possam citar com relação à inspiração bíblica, há dois aos quais invariavelmente se apela para afirmar "biblicamente" que os escritos do cânon foram inspirados por Deus. Os dois textos vêm do Novo Testamento: 2Tm 3,16 e 2Pd 1,20s. Detenhamo-nos neles.

a) *2 Timóteo 3,16* é o único texto bíblico onde aparece a palavra "inspirado (por Deus" (*théopneustos*). Gramaticalmente, o sentido deste texto não é claro devido ao fato de que no grego nem sempre é necessário incluir o verbo "ser", como ocorre neste texto. Dependendo do lugar onde mentalmente ele é colocado, muda a ênfase da frase. Além disso a conjunção grega "kai" pode ser traduzida por "e" ou por "também". Ao falar da escritura, refere-se a ela sem artigo definido: não é "a escritura", que remeteria à Bíblia. E a isso soma-se o fato de que o grego não empregava sinais de pontuação. Por conseguinte, 2Tm 3,16 pode ser traduzido literalmente de duas maneiras: (1) "Toda escritura é inspirada e (é) proveitosa para ensinar, para repreender, para corrigir", ou (2) "Toda escritura inspirada (é) também proveitosa para ensinar". A segunda é a tradução que se lê na Vulgata, e é a que provavelmente corresponde à intenção do autor, por três razões.

Primeiro, sua construção é *paralela* ao versículo anterior: "as sagradas letras têm o poder de *instruir-te*" (v. 15); "Toda escritura inspirada (é) proveitosa para *ensinar*" (v. 16). "Sagradas letras" é paralelo a "escritura inspirada"; ambos qualificados ou como "sagrado" ou como "inspirado por Deus". E em ambos os versículos, trata-se de sua função: "tem o poder de instruir-te", "é proveitosa para ensinar".

Segundo, enquanto no v. 15 o autor se refere claramente à Bíblia, usando o vocábulo comum "as sagradas letras" (*hiera grámmata*, plural e em muitos manuscritos com artigo definido), no v. 16 fala de "(toda) escritura", mas usando outro vocábulo, *graphê*, no singular e sem artigo. Portanto, cabe pensar que, no v. 16, mediante a qualificação de "inspirada", o autor indica a Timóteo que aquelas escrituras que têm caráter de inspiradas são, por isso mesmo, "proveitosas para ensinar". São tão proveitosas como as "sagradas letras/escrituras" (AT). A mudança de vocábulo para referir-se à Escritura provavelmente deve-se a que o autor estava referindo-se no v. 16 a escritos fora do cânon bíblico do momento, muito particularmente a escritos de origem nitidamente cristã. Tenhamos presente que 2 Timóteo data do final do primeiro século, quando já se liam as cartas de Paulo com grande respeito, e já se haviam composto Evangelhos, que também se liam nas assembleias litúrgicas juntamente com "a Bíblia" (AT).

Terceiro, o contexto temático de 2Tm 3,16 indica que a intenção (mensagem) do autor era afirmar que os escritos "sagrados" (canônicos), bem como outros também inspirados por Deus, são proveitosos, úteis em matéria de ética (para ensinar, repreender, corrigir, instruir). Se o autor queria *distinguir* a "escritura" (*graphê*) autorizada de qualquer outra escritura ou texto religioso ou profano (veja o v. 14), então "inspirada" era um qualificativo distintivo: "toda escritura (que é) inspirada é proveitosa para...", não necessariamente outro tipo de escritura ou texto religioso ou profano. É este o sentido mais provável. Nada indica que fora a intenção do autor pronunciar-se sobre a inspiração da "escritura" (*graphê*) como tal, algo que, além do mais, era sabido por todos. Em outras palavras, a atenção está centrada na utilidade pedagógica da "escritura inspirada", não no fato de sua inspiração divina. 2Tm 3,16 é uma afirmação de caráter funcional, não ontológico. Embora o texto expresse o reconhecimento da origem divina (*théopneustos* = "soprado por Deus") de certos escritos, *não define* a Bíblia como inspirada (que não havia ainda sido delimitada; cf. "cânon"). Além disso, não sabemos que escritos o autor tinha em mente ao falar de "escritura inspirada". Os escritos cristãos ainda não eram considerados como "Bíblia", certamente não no mesmo nível que o Antigo Testamento. O texto grego em 3,16 não traz o artigo definido, "a" escritura, e é porque não se pronunciava em termos de um cânon. Por outro lado, o autor não explica como entende "inspirada", o que faz supor que partilhava da ideia judaica e que isso se sabia e, portanto, não necessitava explicação. Nada se diz sobre uma suposta infalibilidade ou inerrância da Bíblia.

Em síntese, 2Tm 3,16 não afirma que (toda) a Bíblia seja produto de inspiração divina, nem era essa a intenção do autor, mas antes destaca a utilidade ético-pedagógica da "escritura inspirada por Deus". Se o autor mencionou a inspiração, foi porque o conceito como tal, com relação a textos bíblicos, já havia entrado na teologia cristã e se entendia como comunicação vital (*pneustos*, soprado) de Deus, que se plasmava na "Escritura".

b) *2Pd 1,20-21*: "...nenhuma profecia da Escritura provém (*guínetai*) de interpretação privada, porque nunca profecia alguma foi pronunciada por vontade humana, mas alguns homens falaram da parte de Deus guiados (*pherómenoi*) pelo Espírito Santo". O texto refere-se às profecias, *não* aos relatos históricos ou à poética.

Levando-se em conta o contexto literário do texto, deduz-se que se trata de uma advertência a respeito da maneira de entender o profetismo: não provém de iniciativa privada, não é uma interpretação meramente humana. O contexto da advertência é polêmico: havia pessoas no ambiente que diziam falar em nome de Deus, mas o faziam movidas por si mesmas, não pelo Espírito. Uma profecia não pode ser proferida como proveniente de Deus, se não for precisamente guiada pelo Espírito. Esse é o assunto aqui. Como vemos, contrário ao que é comum ler até em traduções, o ato de interpretação ao qual se refere o texto é aquele da parte do profeta, não do leitor do texto bíblico; do emissor, não do receptor da profecia.

O autor não está preocupado com a inspiração da Bíblia, mas com o traço distintivo do autêntico profetismo, em contraste com o dos pseudoprofetas, aos quais se refere em seguida (2,1ss). Não fala de salmos, de narrações, de poesia, de leis. Refere-se unicamente aos pronunciamentos "da parte de Deus", às mensagens de *corte profético*. As pessoas que apelam a 2Pd 1,20ss para "demonstrar" que a Bíblia está inspirada, o fazem porque têm uma ideia de inspiração baseada no modelo profético, cujas limitações e insuficiências já vimos.

Como se pode observar, os dois textos nos quais muitos se apóiam para sua ideia de inspiração bíblica não se pronunciam direta e claramente sobre ela. Reafirmam a antiga convicção de que Deus é a origem do Antigo Testamento, e talvez de um ou de outro escrito do Novo Testamento (2Tm), assim como do autêntico profetismo (2Pd). Estes textos não se pronunciam tampouco sobre uma suposta infalibilidade ou ausência de erros. Limitam-se ao conteúdo ético-doutrinário (não histórico ou outro) de determinado grupo de escritos sagrados.

Que Deus está na origem dos escritos bíblicos afirmava-se implicitamente, por exemplo, quando se diz que ordenou que fossem escritos (Ex 17,4; 34,27; Dt 31,19; Is 8,1; 30,8; Jr 36,2) ou quando ordenou falar em seu nome, particularmente a Moisés e aos profetas, pelo que se intercala a expressão "oráculo de Iahweh". No Novo Testamento se expressa a convicção de que (pelo menos parte de) o Antigo Testamento era produto da presença ativa do Espírito de Deus, por exemplo, em Mc 12,36; Mt 1,22; Lc 1,70; Jo 10,35; At 1,16; 3,21; 28,25; 1Ts 2,13; Rm 16,26. A convicção da presença do espírito de Jesus Cristo explicita-se em afirmações em sua boca, tais como "quem vos escuta, a mim escuta" (Lc 10,16), e nas referências ao Paráclito em João (14,15ss; 15,26ss; 17,7-15).

Nenhum escrito da Bíblia se autodefine como inspirado, e nenhum diz nada explicitamente sobre a inspiração divina. Mais ainda, observando a maneira como os autores dos escritos do Novo Testamento citavam os textos do Antigo Testamento, mudando-os, adaptando-os e muito poucas vezes seguindo o texto original hebraico (quase sempre usam a tradução grega), podemos deduzir que, pelo menos para eles, o "inspirado" não eram as palavras mesmas (inspiração verbal), mas a capacidade de ser Palavra de Deus aqui e agora. A única coisa que podemos concluir da Bíblia com segurança é que o que chamamos de inspiração é uma *comunicação* divina. Todo o resto, a discussão sobre a natureza e a extensão da inspiração, a relação Deus-autor-texto, parece ter-lhes sido necessárias. Por isso, não deve causar-nos estranheza que eles considerassem como sagrados textos que foram compostos, utilizando outros textos como, por exemplo, Crônicas, que se baseou em Samuel-Reis, ou Mateus e Lucas em Marcos, para não mencionar os empregos de mitos, de leis e de provérbios populares. O "inspirado" era a *mensagem*, não as palavras ou os dados históricos. Por isso, não deve causar-nos estranheza que até mesmo profetas pudessem falar em nome de Deus em sentidos opostos, como, por exemplo, Mq 1,12 e 3,12, que contradiz Is 31,4ss e 37,3ss, com relação ao fim de Jerusalém. Cada um faz uma adaptação às necessidades do *momento* e ao *seu* modo de entender as coisas. Era em vista da comunicação para *aquele* momento e para *aquele* destinatário. E a inspiração divina não era considerada como um fenômeno exclusivo dos autores do passado, mas continuava acontecendo, quer dizer, não era estática, mas dinamicamente entendida. Era a presença do espírito de Deus na comunidade. Por isso, Paulo podia escrever que "há diversidade de dons, mas o Espírito é o mesmo... A cada um é dada a manifestação do Espírito para o bem comum. Assim, a um é dada, mediante o Espírito, a palavra de sabedoria; a outro, segundo o mesmo Espírito, a palavra de conhecimento" (1Cor 12,4-11).

A inspiração à luz dos estudos bíblicos atuais

Vimos as ideias mais comuns da inspiração e suas deficiências. A concepção fundamentalista centra-se no texto como produto de Deus mesmo. Os homens foram simples secretários. A concepção clássica, ao contrário, centra-se mais nos autores e leva a sério o autor humano. Considera-o um instrumento de Deus dotado de inteligência e de liberdade, dentro de uma cultura, mas limita-se ao escritor. Porém, o que aprendemos com os estudos bíblicos?

Desde um século atrás, os estudos bíblicos vêm-se enriquecendo com as contribuições da arqueologia, das ciências sociais, da antropologia, da linguística, da hermenêutica, entre outros. Isto nos obrigou a repensar nossa ideia de inspiração. A partir do momento em que conhecemos e levamos a sério a variedade de fatores que intervieram na composição da Bíblia, não podemos continuar pensando como antes.

De repente, em vez de partir de supostos prévios, de *ideias preconcebidas e projetadas* sobre a Bíblia, compreendemos a necessidade de inverter o caminho clássico, como temos feito em nosso estudo; é que qualquer explicação da inspiração deve levar em consideração os aspectos da formação da Bíblia, que resumirei a seguir. Como se poderá apreciar, valorizamos a humanidade da Bíblia, sem por isso negar a origem e a relação com Deus. Por isso mesmo, propomos entender a inspiração de modo que seja considerado o autor humano em sua situação histórica, cultural e social, e a intervenção de Deus considerada em termos históricos e dialogais.

Ao falar da inspiração, devem ser levados em conta os seguintes aspectos e devem ser coerentes com a explicação que dei:

a) A inspiração, sendo comunicação divina, dirige-se a pessoas e não a escritos. Como todo dom de Deus, a inspiração é dada a pessoas, não a textos. O texto está inspirado, porque seu autor esteve inspirado, não apesar dele.

b) Nem todos os escritos bíblicos falam da inspiração de Deus na história. Nos hinos e orações, claramente nos Salmos, assim como em alguns escritos sapienciais, são os homens que se dirigem a Deus, não o contrário.

c) O termo "autor" deve incluir todos os que intervieram na transmissão *oral*, que vai desde o primeiro relato do acontecimento ou vivência em questão até sua colocação por escrito. Uns dependem de outros na cadeia de transmissão.

d) A explicação da inspiração que se dá deve levar em conta o fato de que, no curso da transmissão oral, o que foi comunicado sofreu modificações, adaptações, reinterpretações. Igualmente, o(os) escritor selecionou, adaptou e reinterpretou as tradições que recebeu. Quer dizer, toda explicação da inspiração deve cobrir o processo de comunicação, com suas implicações. Mas, além disso, deve responder à pergunta pela garantia de que o que foi transmitido foi *corretamente interpretado* ao longo do tempo, até que foi posto por escrito.

e) Alguns escritores utilizaram outros escritos como fontes ou tomaram material do mundo em que viviam (mitos, expressões, provérbios). Os livros históricos, e também Lc 1,3, o dizem expressamente. Como entra em consideração a inspiração, se *usaram* material alheio?

f) A inspiração deve referir-se tanto a discursos como a *relatos* (mitos, lendas, epopeias etc.). Como considerar inspiradas as genealogias e as cronologias, sendo dados tomados de arquivos ou de memórias?

g) Os escritos da Bíblia não somente cobrem uma variedade de gêneros literários e estilos próprios daqueles tempos, mas mostram diferentes maneiras de entender a Deus e a relação das pessoas com Deus. Deus foi mudando de ideia?

h) Postos em ordem cronológica de sua composição, os escritos da Bíblia mostram *desenvolvimento*, incluindo uma evolução, no pensamento religioso e, no entanto, se afirma que todos foram *igualmente* inspirados pelo mesmo Deus: a quem se deve esse desenvolvimento de conceitos e ideias?

i) Na Bíblia encontramos inegáveis inconsistências e também erros.

j) Os acontecimentos são a base dos relatos sobre estes. Estes acontecimentos foram relatados de várias maneiras e segundo distintos ângulos. Mais do que um conjunto de discursos ou de pronunciamentos divinos, a Bíblia contém *testemunhos* de vivências reais, humanas e históricas. Portanto, não se pode reduzir tudo a um conjunto de “verdades eternas” inspiradas.

k) A Bíblia não é um tratado de teologia, e menos ainda um tratado perfeito. Não pouco do que se lê na Bíblia corresponde a conceitos imperfeitos, tanto de Deus como do mundo e do homem. Há, além disso, notáveis diferenças entre o Antigo Testamento e o Novo Testamento.

l) Nenhum autor, tanto no oral como no escrito, viveu isolado de sua comunidade, mas esteve imerso nela: lá foram transmitidas e vividas as tradições, algumas das quais foram colocadas por escrito. Quer dizer, os autores foram influenciados por seu ambiente (circunstâncias) como por sua história pessoal. A explicação da inspiração deve ter presente a dimensão social.

m) O escritor compôs sua obra com *seu* estilo, segundo *sua* visão teológica, *suas* concepções e *sua* compreensão de Deus e das tradições. Quer dizer, toda explicação da inspiração deve ter presente a dimensão histórico-cultural e as *limitações conceituais* evidentes nos textos.

n) Os diferentes escritos da Bíblia foram compostos para um público concreto, o do tempo de sua composição, levando em conta suas vivências, problemas, interesses e necessidades. Quer dizer, respondem a circunstâncias concretas e referem-se a elas. Não foram escritos a partir de uma torre de marfim e para um público imaginário.

o) Não poucos escritos são produtos de mais de uma redação. A inspiração deve, então, ter incluído tanto o primeiro redator como o último. Quer dizer, *todos* os que participaram da composição escrita devem ser considerados como inspirados de alguma maneira.

p) Alguns textos bíblicos nos chegaram em tradução (Eclesiástico), outros foram complementados (partes gregas do Antigo Testamento em Daniel e Ester; Jo 21; Mc 16,9-20).

q) O conceito de inspiração divina não pode ser confinado aos escritos autógrafos originais, que não *possuímos*. O texto da Bíblia que está a nosso alcance foi estabelecido com base nas *cópias* existentes, e não está livre de problemas.

r) A Bíblia como tal é o resultado das decisões sobre o cânon. Os autores de muitos escritos bíblicos não tinham a intenção de que fossem normativos para todos os tempos, como é evidente no caso das cartas. A decisão de constituir um cânon tem algo a ver com a inspiração divina.

s) A inspiração divina não pode ter concluído com a composição do último escrito da Bíblia, pois Deus não deixou de guiar seu povo. No máximo se pode falar de uma inspiração *bíblica* que terminou em determinado tempo. Isso obriga a diferenciar entre inspiração divina em geral e inspiração bíblica.

Em síntese, uma concepção da inspiração que considera o autor humano como instrumento ou secretário de Deus, que esquece a liberdade humana e o sentido da comunicação, que o isola de sua comunidade histórica e ignora os múltiplos condicionamentos e influências situacionais, e que faz Deus aparecer como se fosse inconsistente e que se contradiz, é míope quanto à natureza dos escritos bíblicos e quanto à maneira de agir de Deus. E uma concepção da inspiração que esquece o processo evolutivo das tradições e da Bíblia mesma, que põe sua atenção exclusivamente no texto herdado, é cega quanto ao dinamismo histórico da Palavra de Deus. Isto nos leva a discutir a relação da inspiração com os conhecimentos modernos de linguística (ver abaixo).

Podemos postular que o fato de que os escritos da Bíblia não se tenham perdido, que tenham sido reconhecidos como Palavra de Deus, e a decisão mesma de fixar um cânon, devem-se à inspiração divina, quer dizer, à presença ativamente orientadora do Espírito no seio da comunidade de crentes. Presença, repetidas vezes, asseverada na Bíblia, e que se estende além da própria Bíblia. A inspiração divina como tal precedeu a composição dos escritos que constituem a Bíblia e não terminou com a decisão sobre o cânon, pois a comunidade continuou referindo-se a esses textos, mas reinterpretando-os diante das novas circunstâncias, e assim a tradição seguiu seu curso até hoje. É o que chamamos de "a tradição", tema que nos ocupará mais adiante. Por isso, dizia, deve-se distinguir entre inspiração divina em geral e inspiração especificamente bíblica, quer dizer, aquela com olhar voltado para a Bíblia como tal. Nesta estamos centrando nossa atenção.

O texto e o leitor

Diante de nossos conhecimentos atuais sobre linguística e comunicação, o conceito de inspiração bíblica foi repensado. Para começar, a inspiração, que abarca um *processo* de comunicação, inclui um emissor e um receptor ou, dizendo melhor, o ato de transmissão e o de recepção devem contar com a presença do espírito de Deus para que o texto seja compreendido como palavra inspiradora de Deus: "a Escritura deve ser lida e interpretada com o mesmo espírito com que foi escrita" (DV 12). Até agora, centramos a atenção no emissor, na produção do texto. Mas não há comunicação sem receptor. Em termos de inspiração, que é uma comunicação, o receptor também tem de estar inspirado para compreender o texto como Palavra de Deus. O receptor final é o leitor. Vejamos isto mais detidamente.

Ao não estarem simultaneamente presentes o escritor e o leitor, o texto escrito é o meio ou veículo "silencioso" entre eles. Uma vez saído da pena do escritor, o texto é uma realidade em si e por si mesma. Mas um texto não significa nada por si mesmo (um conjunto de letras ou de sons). O texto em si é inerte. Não comporta sua significação – prova disso é que é possível ser interpretado de várias maneiras. É o receptor (leitor) que, ao ler, interpreta o texto, portanto, vê nele um significado – como antes fizera de certo modo também o autor. O sentido é dado pelas pessoas, não está em textos como tais (exceto quando nestes expressamente se diz qual é o sentido desta ou daquela cena ou afirmação). Sou eu que pergunto "o que quer dizer este texto?", e me esforço por descobri-lo.

Um texto pode ser entendido de diversas maneiras, segundo quem o lê. De fato, na Igreja se têm lido os mesmos textos de modos distintos segundo os momentos em que foram feitos, e segundo o ponto de vista do leitor. Basta comparar as leituras e os sentidos comunicados pelos Padres da Igreja, e aqueles expostos pelos exegetas de hoje. O ideal é que o receptor *compreenda* o sentido pretendido pelo emissor (inspirado), o que quis comunicar através desse meio. Compreensão é o primeiro passo na interpretação, e determina a fidelidade à intenção do autor (veja o que foi dito no cap. 4). É o que se trata de fazer mediante a exegese do texto. (Uma boa apresentação disso é o documento vaticano de 1993 sobre a interpretação da Bíblia.)

O fato de ignorar o autor do texto legitimaria interpretações contraditórias ao próprio texto, como acontece, por exemplo, com relação à transfusão de sangue. Para as Testemunhas de Jeová, está proibida por Deus. Mas para a maioria, conhecedores da cultura dos autores bíblicos, doar sangue é o dom maior que se pode fazer a outra pessoa, como o fez Jesus. Na interpretação das Testemunhas desemboca em morte; na exegética desemboca em vida. Embora seja necessário aproximar-se do mundo do autor do texto em questão, para evitar interpretações contraditórias, também é necessário projetar-se além dele, quer dizer, rompendo com as limitações daqueles tempos, é necessário descobrir o que se deve dizer hoje. É a tarefa hermenêutica, que leva a sério a tradição.

Pois bem, por não estar presente o autor, o leitor não tem como saber com absoluta certeza o que esse quis dizer, exceto remetendo-se ao que está escrito no texto e a outros possíveis indicadores. E isso depende da clareza e do grau de univocidade (não equivocidade ou ambiguidade) do que está expresso. Depende também dos pré-conceitos com os quais o receptor interpreta o que lê. Isto nos acontece com frequência, também na comunicação oral. Não poucas vezes, o receptor entende o comunicado em sentido diferente daquilo que se quis comunicar. É que frequentemente há uma margem de possíveis compreensões, pois se passa pela interpretação (sobre isto nos detivemos ao falar sobre a comunicação). Assim, por exemplo, quando escrevo uma carta a uma amiga, sua resposta pode indicar-me que não entendeu o que eu quis dizer-lhe. Ao reler minha carta, me dou conta de que não me expressei bem, que eu não disse claramente o que queria dizer. Ou pode acontecer que minha amiga entenda minha carta de outra maneira, devido aos seus preconceitos ou à sua ignorância sobre este ou aquele ponto. Devemos, então, distinguir entre a intenção do escritor e o que se lê no texto mesmo.

O texto, que é uma realidade em si mesma, está morto, enquanto não for lido. É o leitor que lhe dá sentido – que o "revive" (oxalá seja com o mesmo espírito com que foi escrito!). Já indiquei que o sentido não existe como tal. O "sentido" é o homem que o dá, tanto o emissor como o receptor. O receptor, ao reler um texto várias vezes, vai vendo diferentes sentidos; se o lê anos mais tarde, verá outro sentido, mas o texto continua sendo o mesmo. O passar do tempo, e com isso o distanciamento do mundo do autor, que anda de mãos dadas com mudanças situacionais, culturais e outras, é um fator significativo. Assim, por exemplo, o monumento a Jefferson em Washington tem como inscrição sua afirmação "Todos os homens foram criados iguais". O que ele dizia aos norte-americanos em seu tempo era que não estavam obrigados a estar sujeitos aos britânicos, pois "todos os homens foram criados iguais". Assim Jefferson justificava a guerra de independência. Ele não pensava em igualdade "sem distinção de raça, de religião ou de sexo", como os norte-americanos entendem hoje essa frase. Prova disso é que Jefferson tinha escravos negros e não pensava que fossem "criados iguais" a ele – e o racismo manteve-se por mais dois séculos.

As atualizações e "encarnações" dos textos bíblicos em outras realidades, por exemplo, de Samuel-Reis por parte do autor de Crônicas, e de Marcos por parte de Mateus e de Lucas, e as que se observavam na forma de glosas, interpolações e outras alterações nos textos mesmos, todas são produtos de *releituras*. Lê-se o texto à luz de uma realidade nova ou diferente. O texto original é resultado de uma primeira leitura, seja de um texto escrito ou de uma realidade – os textos escritos foram precedidos por pré-textos, não-escritos: os da própria vida. Ao ser apropriado (escutado e acolhido), este texto no momento e circunstâncias próprias do leitor, ao ser comunicado nesse novo momento, para que permaneça vivo o texto, é processado e é reescrito ou retocado. Tudo isto nos alerta para o fato de que os textos não são produtos acabados. Textos estão abertos a novas interpretações. No processo de leitura, o texto recobra vida, *fala* a alguém que o escuta – é "Palavra de Deus".

Lê-se, recebe-se, apropria-se e atualiza-se a partir de determinada perspectiva. Isto é evidente nas citações do Antigo Testamento nos Evangelhos: são aplicados a Jesus, porque esses velhos textos são relidos a partir da fé cristã, e se assume que se referiam a Jesus. Mais ainda, o reconhecimento da normatividade e da inspiração dos escritos bíblicos deveu-se às suas leituras, que orientavam e edificavam a comunidade. Foi em seus efeitos (leituras) que se reconheceram esses escritos como inspirados.

Tudo isto significa que a inspiração não pode limitar-se à produção do texto que lemos, mas inclui o processo de leitura crente do texto. Quantas pessoas sentiram a inspiração divina em suas leituras bíblicas! Os escritos bíblicos são produtos de pessoas inspiradas e, por isso mesmo, são capazes de inspirar a outras pessoas. Por isso, foram reconhecidos como canônicos. Tudo isto envolve o que antes foi dito sobre a *tradição*, que retomaremos ao falar de sua relação com a Escritura (cap. 23).

Em resumo, escrever e ler são dois eixos da mesma elipse que não devem ser divorciados, mas que devem ser vistos como dois momentos dentro da dinâmica comunicativa. Na comunicação, o que está em jogo é a interpretação dos textos, que são os veículos: escrever é comunicar uma interpretação, e ler é interpretar o que foi escrito. Em outras palavras, a leitura crente da Bíblia é um modo de realização da encarnação de Deus, pois é sua interpretação em e para o mundo e, por sê-lo, é um evento humano e divino, como o foi a encarnação da palavra vivente de Deus, Jesus de Nazaré. Por isso, tem um sentido sacramental. O texto torna-se vida e vivifica. Certamente, isso supõe uma leitura feita em espírito de discernimento, em termos de sua inspiração (em todo sentido), com o "mesmo espírito com que foi escrito". O sentido mais autêntico é o literal, que é o sentido com o qual foi escrito, e que seu autor inspirado queria comunicar. É o sentido que a exegese escruta e expõe com seus métodos, enfoques e considerandos. Por isso, a importância do discernimento e do estudo, que se leva a cabo metodicamente, assunto que a Igreja Católica levou tão a sério que em 1993 publicou o documento sobre "A interpretação da Bíblia" (IBI), e já antes lhe dedicou amplos parágrafos em encíclicas e em documentos do Concílio Vaticano II sobre a Bíblia (DV).

Resta-nos uma pergunta: Tem importância conhecer o que o autor quis dizer, ou basta o que o texto nos diz, independentemente do que o autor pretendeu dizer, como afirmam filósofos como Hans-Georg Gadamer e Paul Ricoeur? A resposta está implícita em toda a discussão que até aqui expus e pode resumir-se em uma frase: Deus não inspirou nem inspira textos, mas pessoas. Os textos são produtos de pessoas; as interpretações são as pessoas que as fazem. Por outro lado, a fidelidade ao sentido literal (à mensagem básica originária) plasmado pelo escritor inspirado, cujo texto foi canonizado, coloca em jogo nossa própria fidelidade à mensagem que qualificamos como "Palavra de Deus". É questão de identidade e de continuidade. Daqui a importância da exegese e da hermenêutica: saber o mais precisamente possível o que se quis dizer no momento de sua redação, e o que o texto diz nos contextos e nas conjunturas atuais. Ignorar o que o escritor bíblico quis comunicar arrisca desembocar na leitura fundamentalista da Bíblia.

Para uma descrição global da inspiração divina

Levando-se em conta os esclarecimentos feitos, tentarei descobrir a inspiração tanto em seu sentido global como mais especificamente com relação à Bíblia como tal. Anteriormente anotei que o mínimo que se deve dizer da inspiração divina é que com esse termo se designa uma *comunicação* de Deus ao homem de algo vital ou vivencial. A isso acrescentei que o homem não deve ser considerado separado de sua comunidade e de seus condicionamentos e circunstâncias histórico-culturais.

Em seu *sentido amplo*, a inspiração está estreitamente relacionada com a presença ativa e orientadora de Deus no seio de seu povo, que se manifesta explicitamente mediante a "iluminação" de determinadas pessoas que atuavam como guias e intérpretes da vontade divina. E essa presença divina *não cessou*: Deus continuou e continua inspirando determinadas pessoas. A inspiração deu-se, além disso, muito antes que se escrevesse um só parágrafo da Bíblia – e não pouco do inspirado não se preservou em escrito algum –, e se projeta além dela mesma, até o presente momento.

Pois bem, se Deus guiava seu povo em seu caminhar histórico até ele, então também quis de maneira especial que os *testemunhos* de sua atuação histórica e de sua inspiração a determinadas pessoas se colocassem por escrito, a fim de que servissem de *orientação* para seu povo nas gerações futuras. Isto nos leva a considerar a inspiração em um sentido mais estritamente relacionado com a composição da Bíblia, quer dizer, com a inspiração *bíblica* propriamente dita.

Não posso sublinhar suficientemente a importância que têm os escritos bíblicos como *testemunhas* da revelação *histórica*, mediante a qual Deus se deu a conhecer e expressou sua vontade salvífica para os homens. Evidentemente, nós não temos sido testemunhas dessa revelação histórica (por exemplo, do êxodo, da conquista, das vozes proféticas, até da vida histórica de Jesus). É somente mediante os testemunhos bíblicos que temos acesso a essa revelação, cuja importância radica não somente no fato de ser revelação divina, mas também no fato de ser *fundacional*: tanto a fé judaica como a cristã se fundamenta nessa revelação histórica dos tempos bíblicos.

Se a inspiração como tal é um dom do espírito de Deus, manifestação de sua presença orientadora, não se limita à Bíblia, não menos que à Igreja. Há muitas pessoas ao longo da história que foram inspiradas, e seus escritos nos aproximam de Deus. Pensemos, por exemplo, nos escritos dos Padres da Igreja, de Teresa de Ávila e de João da Cruz ou do Concílio Vaticano II. Mas nem por isso são escritos bíblicos. (Isso nos remete novamente ao tema da canonicidade.)

Pois bem, a inspiração *bíblica* é única por sua relação com a Bíblia. E a Bíblia é única por ser a coleção de escritos tidos pela comunidade como fundantes, formativos e determinantes da fé. Estes atestam a formação da comunidade e, por isso mesmo, representam a fé constitutiva dessa comunidade. Alguém é judeu à medida que vive segundo as perspectivas expostas na Bíblia hebraica; alguém é cristão à medida que vive segundo as perspectivas traçadas no Novo Testamento.

A inspiração *bíblica* caracteriza-se por ter como objeto primeiro o processo que vai desde os acontecimentos reveladores até a colocação por escrito dos testemunhos desses acontecimentos e seu reconhecimento como normativos. Os acontecimentos e as vivências atestadas na Bíblia são *fundacionais* (a partir de nossa perspectiva de comunidades já formadas por e com base neles). São os que paulatinamente forjaram e deram forma à comunidade, e perfilaram sua identidade; não são assim os escritos posteriores, pois não são fundacionais. Por isso, a inspiração bíblica cessou, não assim a inspiração divina em geral.

Mas pontualmente, o que é próprio da inspiração bíblica? É *a capacidade de reconhecer, compreender e interpretar a Revelação como tal e de transmiti-la fielmente.* Dito em outras palavras, Deus guiou algumas pessoas, das que viveram as experiências às quais a Bíblia se refere, a reconhecê-las, compreendê-las e interpretá-las como manifestações da presença orientadora de Deus, e a *transmiti-las* como tais. É assim que Deus inspirou, quer dizer, *iluminou e guiou as capacidades mentais* de determinadas pessoas para que *reconhecessem* que o êxodo do Egito revelava que Iahweh é um Deus libertador e da liberdade, e não simplesmente que era resultado da astúcia desse grupo de hebreus ou da fraqueza dos egípcios. Inspirou a certos profetas a falar em seu nome, de modo que orientassem seu povo pelo caminho da Aliança. Inspirou a outros para que se dirigissem a ele por meio de Salmos. Igualmente, o Espírito inspirou algumas pessoas em particular para que colocassem por *escrito* essas tradições, guiando-as em sua tarefa redacional. O mesmo espírito, além disso, guiou seu povo a reconhecer a normatividade dos escritos que constituem a Bíblia, e eventualmente a tomar a decisão a respeito do cânon. Se não fosse assim, como poderemos estar seguros de que o *relato* do Êxodo, escrito vários séculos mais tarde, preservou seu *verdadeiro* significado revelador? Igualmente, como podemos estar seguros de que a decisão sobre o cânon bíblico foi correta, de que não excluíram escritos que deveriam ter sido incluídos, e vice-versa? São perguntas medulares. A única resposta que podemos dar nos vem da fé: "Deus os inspirou", estava com eles, guiando-os de um modo especial.

> Em poucas palavras, a inspiração *bíblica* é (1) um carisma ou dom de Deus aos "autores" (desde a tradição oral até a fixação da Bíblia), (2) que os guiava de tal modo que reconhecessem, compreendessem e interpretassem determinados acontecimentos e vivências, bem como determinadas comunicações, em sua dimensão reveladora (a respeito de Deus e de sua vontade), e (3) os transmitissem correta e adequadamente a seu auditório, (4) para sua edificação e orientação na fé ao longo do tempo, pelo caminho que conduz à salvação.

Isto se refere certamente à etapa de produção dos textos, sendo a fundamental. À medida que o leitor for movido pelo espírito de Deus, poderá reconhecer no texto a revelação divina, de modo que opera como palavra de *Deus* (voltaremos sobre isto mais adiante). Vejamos isto com maior atenção.

Todo carisma é um dom gratuito de Deus a certas pessoas *para* a edificação de sua comunidade (veja 1Cor 12 e 14). O carisma da inspiração é, além disso, para a *orientação futura* dessa comunidade: para guiá-la pelo caminho que conduz à salvação, à qual Deus chama as pessoas de todos os tempos. Não se limita, então, à comunidade imediata, já que os testemunhos bíblicos, ao ser postos pos escrito, adquirem uma objetividade que se projeta além da comunidade do momento de sua composição escrita: atraem outras pessoas alheias a ela e às gerações futuras: "falam" a todas as pessoas de boa vontade. Intuíram isto as gerações que atualizaram as tradições antes de ser fixadas por escrito, da mesma maneira que aquelas que continuaram atualizando essa Palavra de Deus depois de sua escritura. A inspiração bíblica, que é uma forma excepcional do carisma geral da inspiração, fez com que a mensagem que o texto encerra se estendesse além da intenção imediata do autor. Deus previu que servisse de *guia* para o futuro. Isso não significa que expressamente respondesse a todos os problemas de todos os tempos, ou que as intuições ali expressas fossem perfeitas. Deus, que inspirou a determinadas pessoas nos tempos bíblicos, concedeu esse carisma com o fim de guiar outros para ele. Por isso, a inspiração *bíblica* desembocou na fixação por escrito da Revelação que, historicamente, Deus concedeu a seu povo até sua máxima expressão que foi o acontecimento-Jesus Cristo. Recordemos que a Bíblia é, entre outros, um conjunto de *testemunhos de vivências* reveladoras, e não a Revelação mesma. Deus não se revelou em livros, mas em acontecimentos. E a inspiração *bíblica* inclui a decisão sobre o cânon, pois apenas com essa decisão se teve a "Bíblia".

A inspiração bíblica é um carisma especial de *compreensão e interpretação*. À margem da redação dos textos bíblicos, a inspiração tinha por finalidade guiar certas pessoas (1) a descobrir a significação salvífica daquilo que foi revelado por Deus mediante acontecimentos e experiências, que depois foram relatados e eventualmente postos por escrito; (2) a interpretar *corretamente* esses acontecimentos, vivências, experiências e reflexões reveladoras, e a assegurar a fiel transmissão de sua significação salvífica, preservando-a de interpretações errôneas (dentro dos limites de suas capacidades cognitivas), até sua fixação escrita, e (3) também a reconhecer o valor canônico dos testemunhos bíblicos para a orientação da comunidade e para ela. Esse mesmo carisma é que torna possível que o leitor, imbuído do espírito de Deus, reconheça e compreenda nos textos bíblicos *a revelação* atestada como tal, como diálogo de Deus com o leitor. Quer dizer, toca tanto ao emissor como ao receptor. A centralidade da interpretação foi posta em relevo especialmente nos conflitos de interpretações entre verdadeiros e falsos profetas, ilustrados tanto no Antigo como no Novo Testamento (veja a definição dada em Dt 13,2-6 e os casos mencionados em 1Rs 22,6ss; Jr 23,9ss; 26,7s; 28; Ez 13; Mq 3,5ss, Zc 13,2ss; Mc 3,22s; 2Cor 11,13; Gl 1,8s; 1Jo 4,1ss).

Se a inspiração bíblica não fosse um dom divino com o olhar voltado especialmente para a compreensão e interpretação correta dos acontecimentos reveladores, que *garantia* teríamos da *verdade* salvífica dos testemunhos bíblicos? Não incluir na inspiração a decisão de plasmar *por escrito* os testemunhos bíblicos, que *garantia* teríamos de que nosso credo e nossa fé são corretos, que não fizemos de Deus um ídolo? E não incluir na inspiração a decisão de fixar o cânon, que *garantia* teríamos de que as interpretações do acontecimento-Jesus Cristo, dadas em nossos quatro Evangelhos canônicos, por exemplo, são corretas, e não aquelas que algum dos evangelhos apócrifos oferece? Como vemos, a inspiração *bíblica*, que tem por objeto a produção da Bíblia, estende-se desde antes da composição literária dos escritos bíblicos até a decisão sobre o cânon, e é "garantia" de que nossa fé responde à verdadeira revelação histórica de Deus.

Que a inspiração bíblica concernia especialmente à compreensão e interpretação se deduz (1) do fato de que muitos acontecimentos e vivências que podiam ser compreendidos e interpretados de diversas maneiras foram entendidos como ações *reveladoras* de Deus; (2) da concordância substancial na compreensão e interpretação que (levando em conta as circunstâncias e as limitações conceituais do momento, que explicam as discrepâncias) os diversos escritos mostram em torno de um mesmo acontecimento, como se observa facilmente no Novo Testamento, e (3) do fato de que a comunidade de crentes reconheceu autoridade normativa para a fé a estes, e não a outros escritos.

Fator decisivo para que se preservassem, se transmitissem e se escrevessem os relatos e os discursos foi a *significação* que tinham para a comunidade. A significação depende da compreensão, e é uma interpretação. A centralidade da interpretação está exposta na própria Bíblia: tudo está interpretado a partir do ângulo da fé religiosa. Não se reportou o êxodo do Egito como tal, mas o que o êxodo significava e ainda tinha de significativo no momento de sua narração escrita. Não se narrou a morte de Jesus como se tivesse sido a de qualquer pessoa, mas foi interpretada, destacando-se sua significação a partir da fé: era a morte do Filho de Deus, fiel à vontade divina até o final, reveladora do caminho que conduz à glorificação, redentora etc. Depois de tudo, o que nós, cristãos, aceitamos e confessamos como dogma de fé não é uma série de dados ou fatos frios em si mesmos, mas a significação reveladora e salvífica desses fatos, a qual nos foi transmitida no Novo Testamento, graças à interpretação dos autores *inspirados*. Finalmente, é sua significação, e não os fatos ou acontecimentos mesmos, que nos serve de orientação para nosso caminhar para a salvação. Nós os tomamos como guias, porque reconhecemos sua significação. E, como veremos, o central na Revelação não é o que aconteceu ou que se relata como pronunciado, mas o que isso significa, sua mensagem, o que diz sobre Deus e sobre sua vontade para os homens.

A inspiração bíblica inclui a comunicação humana como tal, a capacidade de transmitir "o que foi revelado", até sua fixação por escrito. De fato, o Espírito conduziu à fixação por escrito da revelação histórica (acontecida) da etapa fundante ou formativa tanto do judaísmo como do cristianismo, de modo que em sua escritura se "revele a Revelação". A colocação por escrito deu aos testemunhos da Revelação uma *objetividade* que permite que sejam *ponto de referência crítico para o futuro*, e que se estendam além da comunidade onde se viveram e se escreveram. E o fato de tratar-se da Revelação *fundante* imprimiu-lhe um caráter *normativo insubstituível* para a fé, como veremos mais adiante, quando falarmos da relação entre Escritura e Tradição. Isto ficou confirmado com a decisão sobre o cânon. E faz com que a Bíblia seja "documento de identidade", tanto para o judaísmo como para o cristianismo (segundo se trate do Antigo Testamento ou de ambos os Testamentos).

A inspiração não se limitava aos escritos originais, mas em alguns casos se estendeu às *traduções* que marcaram a personalidade da comunidade. Isto é parte do processo de comunicação. É o caso da tradução grega da obra de Jesus Ben Sirac – foi esta que marcou o judaísmo, não o original hebraico que por alguma razão se perdeu – e é essa que lemos na Bíblia. Outro tanto se poderia dizer da Septuaginta para as comunidades que não tinham acesso ao texto hebraico. Esta foi a convicção dos que explicaram a origem da LXX como tradução absolutamente fiel (carta de Aristeias, particularmente). A tradução deve refletir a mensagem do texto que se traduz, não tergiversá-lo. Não havia uma espécie de culto pela letra dos textos, como bem evidenciou a literatura de Qumrã. O importante era sua capacidade comunicativa. A mesma visão das Escrituras tinham os cristãos quando citavam o Antigo Testamento livremente, segundo seu sentido, não segundo a letra. Por outro lado, na hora de fixar o cânon, não se perguntava pelo texto original, mas por aquele que naquele momento liam e entendiam, texto que inspirava: não eram as palavras como tais, mas a mensagem salvífica. E não nos esqueçamos de que os textos que estão no cânon nem sempre são a leitura original, mas edições posteriores.

Alcance da inspiração bíblica

Do que foi exposto se deduz que a inspiração dos escritos bíblicos não é igual à de qualquer outro escrito religioso. A inspiração *bíblica* tinha por finalidade deixar assentada a Revelação histórica que deveria servir de ponto de referência normativo e crítico para a fé posterior. Certamente, o momento de sua escritura representa o grau de compreensão da Revelação naquele instante. Por isso, nem tudo está dito na Bíblia de forma definitiva e perfeita, nem se exclui a necessidade de interpretá-la para o momento atual.

De que maneira Deus inspirou é algo sobre o que se tem especulado muito, sinal de que entramos em terreno desconhecido. Destaquei algumas explicações. Seja como for, o certo é que Deus *esteve presente* de maneira eficaz no processo de formação de seu povo, e esse processo inclui os escritos "inspirados" que o edificam e o orientam.

Embora a inspiração como tal, em termos gerais, não tenha cessado – Deus não deixou de guiar as pessoas nem se ausentou da história –, a inspiração propriamente *bíblica* tinha como objeto os testemunhos da revelação histórica que deram forma à comunidade de crentes. Por isso, não se incluíram no cânon outros escritos, e se colocou um limite externo: somente se incluíram os escritos que expressavam a fé vivida pela comunidade e que testemunhavam as vivências de *sua etapa formativa*, escritos que definem sua identidade, que determinaram sua "personalidade, seja judaica ou cristã.

Nessa perspectiva, dado o papel do texto como meio de comunicação da Revelação, é lícito postular que a inspiração bíblica, de certo modo, inclua também a leitura do texto hoje, como antes a comunicação oral se dava pela palavra pronunciada e escutada por parte do emissor e do receptor: "Eu lhes transmiti o que por minha vez recebi" (1Cor 11,23; 15,3). Falo de "leitura", porque isso é o que fizeram aqueles que usaram como fonte as obras de outros para compor, por exemplo, quando autores cristãos citavam textos do Antigo Testamento e os incorporaram em suas obras, ou quando Lucas escreveu seu Evangelho, usando Marcos, entre outros. Além disso, é o leitor crente que considera inspirado o texto bíblico. Já antes foram as comunidades que reconheceram em diversos escritos que estes eram, de certa maneira, Palavra de Deus e, por isso mesmo, os liam, os veneravam e depois os canonizaram. O mesmo Espírito que inspirava os autores é o que move a comunidade a reconhecer sua obra como inspirada por ele, e sentir nela a proximidade de Deus, sua "revelação". É uma proximidade sacramental aquela mediada pela Bíblia. A Bíblia é sacramento da Palavra de Deus. É isso que a torna única. Assim reconhecemos e proclamamos nas celebrações litúrgicas!

Afirmar que os escritores foram inspirados *não* significa que o que eles escreveram seja automaticamente válido tal qual para todos os tempos, visto que Deus concedeu a inspiração a indivíduos que estavam condicionados pelas culturas e pelas circunstâncias do momento e por seu limitado horizonte conceitual. A inspiração não convertia esses indivíduos em gênios ou os fazia entender a Deus e a significação da Revelação de maneira absolutamente perfeita e insuperável, como se costuma supor. A inspiração – seja dito claramente – *não eliminava as limitações naturais* dos autores humanos e, portanto, as de suas obras – que se dirigiam a momentos concretos que não são precisamente os de hoje, mas do passado, com os conceitos próprios daqueles tempos. O fato de terem sido inspirados não nos dispensa da *necessidade de reinterpretá-los*, da tarefa de discernir a mensagem que possam ter para hoje.

As interpretações que encontramos na Bíblia nem são totais nem são perfeitas. São aquelas próprias do tempo em que se deram, limitadas pelo nível de seus conhecimentos e pela profundidade de suas percepções. Essas interpretações eram corretas *para aquele tempo*. Depois de tudo, provêm de pessoas concretas e limitadas, e os escritores compuseram suas obras para seus respectivos tempos, convencidos de sua validade para as gerações futuras, mas inconscientes de que poderiam ser reinterpretadas mais profunda e corretamente. Pensemos, por exemplo, na maneira como Paulo entendeu a relação entre Deus e Jesus Cristo. Para ele, Jesus *não* era igual a Deus, mas estava abaixo dele: veja 1Cor 15,22-28, entre outros. Mas, séculos mais tarde, quando se teve melhor compreensão da natureza de Jesus Cristo, essa visão foi qualificada como heresia (subordinacionismo)! No entanto, a interpretação que Paulo oferecia *era correta até onde davam seus conhecimentos e sua percepção*. Paulo esteve tão inspirado por Deus como o esteve o evangelista João, que tinha uma compreensão mais profunda, havendo intuído a relação única entre Jesus e Deus, seu "Pai". A diferença entre a cristologia de Paulo e de João deve-se às limitações mencionadas. Cada uma era correta em *seu* momento. Por isso, afirmamos que os textos bíblicos são limitados, testemunhos da fé *daquele* tempo, com a qual nos situamos em continuidade. A tradição continuou aprofundando-a até hoje. Por isso afirmamos que a inspiração bíblica vai além dos escritos bíblicos.

Afirmei que a inspiração como tal não terminou em todas as suas manifestações; somente terminou em sua expressão bíblica com a colocação por escrito e pela definição do cânon. A presença orientadora do espírito de Deus não cessou. Os escritos da Bíblia remetem às manifestações e às vivências passadas dessa presença divina, e são promessa e garantia da continuidade dessa mesma presença (Mt 28,20; Jo 14,16ss.26; 16,13). Mais ainda, as vivências da fé não cessaram, e a busca da compreensão da Revelação é um processo que não terminou com a redação definitiva da Bíblia. Prova disto é que, com o transcorrer do tempo, se foram compreendendo cada vez com maior profundidade os testemunhos bíblicos da Revelação. Isto é algo que se observa já na própria Bíblia: os escritos mais antigos, por exemplo, não tinham ideia de uma vida além da morte, e os escritos mais recentes falam até de uma ressurreição. Padres da Igreja e teólogos, ao longo dos séculos, contribuíram para compreender cada vez melhor "a largura, o comprimento, a altura e a profundidade" da Revelação: foram inspiradas suas instituições? Deus inspirou o Papa João XXIII a convocar o Concílio Vaticano II? Que dizer da leitura do Evangelho por Madre Teresa de Calcutá?

O que foi inspirado ao homem se expressa no *testemunho* que este dá (comunicação). De fato, os textos são testemunhos diretos da fé de seus autores, da resposta à proposta divina, historicamente vivida. Por isso, a inspiração não concerne somente ao processo de produção de textos, mas ao processo de *significação* como tal (que chamamos mensagem e qualificamos como Palavra de Deus). A significação não está em textos, que por si mesmo são mortos, mas em pessoas que interagiram com textos, tanto o autor como o leitor. Aqui, dever-se-iam mencionar a chamada "*lectio divina*", a leitura meditativa e crente da Escritura, e as leituras partilhadas em comunidade. Tudo isto também concerne à relação Escritura-tradição, que retomaremos mais adiante.

O Espírito não pode ser aprisionado entre as letras dos escritos bíblicos. Estes são *meios* de comunicação que *remetem a Deus*, à sua presença ativamente orientadora, presença que se projeta para o futuro, passando pelo ontem e pelo hoje. A inspiração divina deu-se muito antes que se escrevesse uma só letra, e é a inspiração divina que move as pessoas a compreenderem e a aceitarem a mensagem salvífica que a Bíblia comunica. Em suma, se a Bíblia é palavra eficaz de Deus para as pessoas de hoje, o é porque o Espírito que inspirou no passado continua inspirando hoje.

Em resumo, o mesmo Espírito que inspirou os autores inspira os leitores atentos. O Vaticano II indicou que a Escritura deve ser lida "com o mesmo espírito com que foi escrita" (DV 12). Mais precisamente, os *testemunhos* sobre as experiências históricas fundacionais e a *interpretação* destes devem-se ao mesmo Espírito; a transmissão e a aceitação da mensagem são sustentadas por ele; e toda *atualização* que seja salvífica deve-se à inspiração do mesmo Espírito.

Certezas?

Pois bem, o que ficou dito sobre a inspiração bíblica não são dados empíricos demonstráveis, mas *afirmações de fé*. São afirmações que procedem de uma convicção pessoal de quem sente e percebe a Bíblia como inspirada por Deus e inspiradora, de quem sente e vive através de seus textos uma especial aproximação de Deus, para quem cumprem uma função semelhante à dos sacramentos. Se a inspiração divina dos escritos bíblicos fosse algo demonstrável e se pudesse identificar, a Igreja seguramente teria referido ou apelado a ela como um dos critérios para decidir sobre o cânon (veja o que foi dito a esse respeito). Mas não o fez. Não é possível demonstrar uma suposta influência *divina*. Isso significa que é pouco o que podemos dizer sobre a inspiração, exceto à maneira de *aproximação* teológica. O demonstrável é que são obras escritas por pessoas humanas, não por Deus. O demonstrável são as considerações expostas na Primeira Parte deste estudo. Se aqueles que estavam próximos das origens do Novo Testamento não puderam discernir um suposto caráter inspirado nesses escritos, podemos assumir que não é possível fazê-lo. É, mais uma vez, uma questão de fé.

O mais próximo de uma prova de que os escritos da Bíblia foram inspirados por Deus é observar o papel que estes desempenharam, e continuam desempenhando, entre as pessoas e na comunidade de crentes em particular. Como Paulo destacou aos cristãos de Tessalônica, "damos graças a Deus sem cessar, porque, quando receberam a Palavra de Deus que ouviram de nós, não a receberam como palavra de homens, mas como é em verdade: a Palavra de Deus, a qual age em vocês, os crentes" (1Ts 2,13). Somente quem se compenetra e se coloca em sintonia com o Espírito pode reconhecer o caráter inspirado dos escritos bíblicos: "Nós recebemos a boa nova, da mesma maneira que eles. Mas a palavra que eles ouviram não lhes foi proveitosa, *porque não se compenetraram da fé dos que a escutaram*" (Hb 4,2). E valha a anotação que, embora se demonstrasse que a Bíblia não contém erro algum, nem por isso se estaria demonstrando que foi inspirada, não mais do que no caso de qualquer outro escrito. Foi a comunidade de fé – em cujo seio ela surgiu e se transmitiram e se interpretaram as tradições, que viveu delas e que comprovou sua eficácia salvífica – que reconheceu os escritos bíblicos como inspirados por Deus, à luz de sua *vida* de fé.

18.

A REVELAÇÃO

Destaquei que Deus deu-se a conhecer em acontecimentos que foram vividos por indivíduos, acontecimentos que (por inspiração divina) foram compreendidos e interpretados como manifestações de Deus e de seus desígnios para os homens. Deus não se deu a conhecer nos relatos, mas nos acontecimentos, quer dizer, na história vivida. Na Bíblia temos os *testemunhos* de vivências reveladoras fundamentais e fundantes, mas não a Revelação mesma, que é anterior à composição dos diversos relatos e discursos que encontramos nos escritos bíblicos.

De que falamos?

Não se deve confundir Revelação e inspiração. Revelação é a *manifestação* da presença de Deus *na história* humana, mediante a qual ele se dá a conhecer e concede às pessoas reconhecer a ele e seu desígnio. Não houve uma, mas muitas revelações ao longo da história – que para simplificar chamamos de "Revelação". A Revelação mais clara e explícita aconteceu mediante a vinda histórica de Jesus Cristo. A inspiração, ao contrário, é o dom (carisma) divino que guia as pessoas a reconhecer, compreender, interpretar e transmitir corretamente as manifestações reveladoras de Deus na história. A inspiração bíblica manifestou-se eminentemente na formação da Bíblia. A Bíblia aponta para a revelação divina, e definitivamente para o próprio Deus. Se a Revelação não fosse reconhecida e compreendida como tal, seria estéril. E se os testemunhos sobre a Revelação não houvessem chegado até nós (Bíblia), não saberíamos dela. Em outras palavras, Revelação e inspiração se complementam.

Deus ----→ acontecimentos ----→ compreensão, interpretação ----→ Bíblia
REVELAÇÃO INSPIRAÇÃO TESTEMUNHOS

Na Bíblia, os relatos e os discursos centram a atenção na relação entre Deus e o homem. Deus é apresentado como aquele que se deu a conhecer e como aquele que continua dando-se a conhecer e comunicando-se com as pessoas. Por isso, a Bíblia se projeta para o futuro: expressa a garantia da contínua presença de Deus. Na Bíblia mesma fica claro que as manifestações de Deus (a revelação) não terminaram. Deus não se ausentou da história nem limitou sua presença aos tempos bíblicos.

Tradicionalmente afirma-se que a Revelação terminou com a morte do último apóstolo e o que segue é a história da compreensão e da transmissão da revelação testemunhada na Bíblia. Uma variante é a afirmação de que a Revelação teria terminado com a escritura do último livro da Bíblia. Em ambos os casos, a afirmação se associa com o apóstolo João. Inconscientemente tais afirmações identificam Revelação com Bíblia e são típicas da mentalidade biblicista.

A Revelação pública e insuperável terminou com a morte e ressurreição de Jesus de Nazaré. Com sua vida, morte e ressurreição, Deus disse tudo o que queria dizer, e selou-o confirmatoriamente com a ressurreição de Jesus. Foi a Revelação mais explícita de Deus. O zênite da Revelação é o zênite do acontecimento-Jesus Cristo, cuja significação se estende abertamente para o futuro a partir de sua ressurreição. Jesus foi o portador da Revelação definitiva de Deus, e com sua morte se fechou essa Revelação pública e insuperável. Com sua ressurreição se manifestou a profundidade de sua significação salvífica. É "a Palavra de Deus feita carne". Deus já não "diz" nada *novo*. Isto distingue o cristão do judeu, que ainda espera a vinda do Messias.

Nós, cristãos, confessamos que, quanto à identidade e à vontade de Deus, todo o essencial foi dito nos tempos bíblicos, cuja culminância foi a vinda de Jesus de Nazaré. Desse ponto de vista, do conteúdo essencial para a salvação, não haverá nada *novo* que Deus já não tenha revelado. Deus deu a conhecer tudo o que é necessário para que as pessoas possam chegar até ele. O que resta é ir compreendendo e aprofundando o significado e as implicações *do que* (conteúdo) Deus revelou e se encontra na Bíblia. No entanto, isso não significa que Deus já não fale à humanidade, que se tenha ausentado. Dito de outra maneira, enquanto novidade, informação, não haverá nada de novo até nosso encontro com Deus. Quanto à sua presença, esta não cessou, mas continua renovando-se: "Eu estou convosco todos os dias até o final dos tempos" (Mt 28,20). E seu espírito inspira as pessoas a continuarem comunicando-se com ele, a continuarem aprofundando e adaptando sua mensagem, a escutá-lo, a responder-lhe, tanto por meio dos testemunhos bíblicos como por meio dos acontecimentos e encontros que vivemos.

Vimos que Deus deu-se a conhecer muito antes que se escrevesse uma só linha do que depois seria a Bíblia. Deus deu-se a conhecer em acontecimentos e experiências vividos: é a revelação *acontecida*, cuja expressão mais clara foi a vinda de Jesus de Nazaré. Ele é a revelação *encarnada*. Para nós, que vivemos depois dos tempos bíblicos, a Bíblia é o *meio* privilegiado de Revelação: é a revelação *testemunhada*. Mediante a Bíblia, conhecemos clara e explicitamente (exceto o excepcional privilégio de um encontro direto com Deus) quem é Deus e qual é sua vontade para a humanidade. Embora a Bíblia *não* seja a própria Revelação, ela é para nós sua expressão mais clara, pois contém os testemunhos da Revelação historicamente acontecida naqueles tempos, Revelação fundante e determinante, cujo zênite insuperável foi o acontecimento-Jesus Cristo: "a palavra fez-se carne e colocou sua morada entre nós" (Jo 1,14; Hb 1,1).

Na Revelação o importante não são os acontecimentos sem mais nem menos, mas o que eles *dizem*, sua mensagem: Deus "falava" mediante acontecimentos, fatos sucedidos e experiências pessoais. Deus "falou" a determinadas pessoas de um modo mais explícito e direto, como o destaca a grande quantidade de diálogos entre Deus e tais pessoas (embora não se tenha dado verdadeiramente) e, não por último, os pronunciamentos proféticos e as experiências expressas nos escritos de corte sapiencial. Quer dizer, o coração da Revelação é a mensagem, que foi reconhecida graças ao dom da inspiração divina. Por isso, o esquema clássico "Deus ▯ Revelação ▯ Escritura" deve ser modificado para: "Deus ▯ acontecimento ▯ compreensão e interpretação ▯ tradição ▯ Escritura".

Quando utilizamos o termo Revelação, nos referimos à comunicação divina de algo que os homens não teriam conhecido por seu próprio esforço – se não, *qualquer* acontecimento ou experiência poderia ser qualificado como revelador e, portanto, tem um caráter "milagroso". Isto é posto em relevo pelos múltiplos relatos de acontecimentos, diálogos e discursos que se dão por iniciativa de Deus. Pensemos, por exemplo, nos relatos sobre Moisés e seu papel mediador em relação ao êxodo.

O Deus revelador

Obviamente, não se pode falar de Revelação divina, se não se admite que há um Deus que pode revelar-se, que pode comunicar-se com os homens. Se não quisermos cair num racionalismo que negue a possibilidade da intervenção divina na história humana, devemos admitir que houve algum tipo de comunicação por iniciativa de Deus. Podemos afirmar com confiança que Deus "falou". Mas Deus falou aos homens da maneira como lemos na Bíblia, com uma linguagem humana, de sons físicos audíveis? Deus falou por "visões" ou por experiências místicas? O que sabemos nos vem através dos textos bíblicos. Uma coisa é "o que aconteceu", e outra coisa é "o relato do que aconteceu". Como nós, os autores bíblicos utilizaram uma linguagem humana para falar da comunicação divina. Compreenderam-na como comunicação linguística verbal e assim se expressaram literalmente, tal como se lê na Bíblia: "Deus disse". Do mesmo modo, podiam dizer que Deus os "ouvia". Mas de que outra maneira os autores bíblicos o teriam podido comunicar humanamente? Encontramo-nos diante de um problema de comunicação linguística: é a comunicação divina como a humana?

É muito provável que Deus não falou da maneira como nós, humanos, o fazemos, isto é, com voz sonora, em hebraico. As seguintes observações deixam entrever isto:

- Sempre se trata de comunicações de Deus a pessoas individuais, sem que outras pessoas pudessem ouvi-lo. Somente o beneficiário pode "ouvi-lo".
- Deus nunca aparece falando a todo o povo, mas sempre se vale para isso de intermediários, tais como Moisés e os profetas.
- Os supostos discursos de Deus, tal como lemos, incluem incoerências e erros, como já vimos no cap. 16.
- O estilo dos supostos discursos e diálogos com Deus é geralmente o mesmo que o estilo literário do redator das partes narrativas, que emolduram o discurso divino.

– Com certa frequência Deus fala como se fosse outra pessoa diferente dele mesmo, referindo-se a si mesmo na terceira pessoa e não na primeira pessoa gramatical, como se esperaria. Isto se observa no Pentateuco (por exemplo, em Ex 27,21; 28,12.29.30.34.38; 29,11) e nos profetas.

Podemos concluir, então, que a "linguagem de Deus" não era como a nossa, com sons físicos audíveis. Deus comunicou-se de alguma maneira que somente era compreensível ao beneficiário, e este traduziu o que foi comunicado em linguagem humana, como o que lemos na Bíblia, fazendo-se de mediador e de tradutor para que possa ser compreensível a outras pessoas. Deus comunicou *uma mensagem, não palavras*. A experiência da comunicação divina é indescritível em linguagem humana. Na Bíblia costuma-se simplificar com a afirmação "Deus disse", incluindo a mensagem traduzida em palavras humanas.

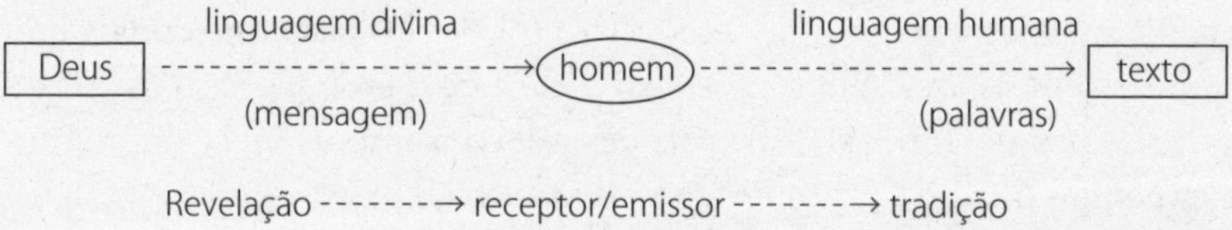

Quando se fala da Revelação, geralmente a atenção se concentra nos acontecimentos ou fatos sucedidos, deixando à margem a revelação linguística que acabamos de discutir. Notoriamente, o inverso acontece quando se fala da inspiração e da Bíblia como "Palavra de Deus": a atenção se concentra então nos discursos, especialmente nos profetas, e se esquece de incluir as narrações dos fatos acontecidos. Para uma correta compreensão, tanto da Revelação como da inspiração e da Bíblia como "Palavra de Deus", é indispensável ter presente os gêneros literários que encontramos na Bíblia, tanto narrativos como discursivos.

Antes de tudo, é importante recordar a distinção entre Revelação acontecida e Revelação testemunhada. A Bíblia contém a Revelação *testemunhada*; não a Revelação como tal, mas os testemunhos dos encontros "reveladores" com Deus. Ao dizer que "contém", implicitamente estou dizendo que tudo o que lemos na Bíblia é "Revelação testemunhada". Podem qualificar-se como produtos de revelação divina os mitos, os salmos e os escritos sapienciais (por exemplo, Jó e Coélet) ou as lendas? Certamente, nem todas as leis que encontramos no Pentateuco provêm de revelações divinas: muitas delas foram herdadas e adaptadas de outras culturas (por exemplo, o código de Hamurabi), outras eram típicas de tribos nômades, e outras nasceram simplesmente da necessidade de regular as relações sociais. No caso de tudo o que encontramos na Bíblia ser produto de revelações de Deus, como explicar as contradições e os erros? Estas simples observações deixam entrever que *nem tudo* o que lemos na Bíblia é produto de revelações divinas.

Certamente, a Bíblia *não* é a Revelação. E faríamos bem em evitar dizer que ela "contém a Revelação", porque a Bíblia é um conjunto de *testemunhos* da Revelação histórica, não a Revelação mesma. Vale esclarecer que, ao dizer que são "testemunhos" da Revelação, não quero dizer que se trata de memórias ou recordações de experiências reveladoras do passado, mas que esses testemunhos tornam possível que a Revelação histórica seja manifesta hoje, no mesmo sentido que lemos na conclusão de João: "isto foi escrito *para que* creiais que Jesus é o messias, o Filho de Deus, e *para que*, crendo, tenhais a vida em seu nome" (20,31). Isto põe em relevo a importância da linguagem como meio de comunicação sacramental.

Ao falar de inspiração, eu disse que a Bíblia tem caráter revelador: desvela para os homens algo de Deus e de sua proposta. Não é idêntica à revelação histórica que está na base de muitos relatos bíblicos. É antes do tipo de revelação que se pode associar aos profetas e aos Salmos. A Bíblia é um meio, um veículo, de revelação. Nesse sentido, se poderia falar da Bíblia como "revelação". Não é a Revelação mesma, mas fala *a respeito* dela e reclama uma resposta por parte do leitor.

Os vestígios de Deus revelam-se na história, no mundo, na criação. Mas de uma maneira *expressa* se comunicam através dos textos que nos falam *explicitamente* dele, ou seja, a Escritura. Isso não significa que a Bíblia *seja* a Revelação mesma, como venho insistindo. Revelação é *uma realidade inter-relacional* com alguém, é dialogal: alguém fala a alguém, alguém escuta a alguém. Nós, cristãos, cremos que a forma mais expressa foi a pessoa de Jesus Cristo, "a palavra feita carne". Por isso, a leitura do Antigo Testamento a partir da perspectiva da Revelação em Jesus Cristo é justa e necessária.

A Escritura chega à sua plena realização quando seu potencial revelador se atualiza, quando age (sacramentalmente) *como meio* de encontro com Deus e com sua vontade salvífica.

Ao ler a Bíblia, especialmente seguindo a ordem cronológica da composição de seus escritos, se tem a impressão de que Deus foi-se dando a conhecer pouco a pouco. No entanto, o fato de que a Revelação foi acontecendo em acontecimentos e vivências que *os homens* deviam compreender, assim como a observação de que um mesmo acontecimento ocasionalmente se encontre *interpretado* na Bíblia em diferentes níveis de profundidade ou adaptado a diferentes circunstâncias, leva-nos a tomar consciência de que *os homens* foram lentamente compreendendo a Revelação e sua significação, *segundo suas capacidades e seus condicionamentos*. Em outras palavras, não é Deus que se tem revelado lenta e paulatinamente – Deus revela-se sempre como uma totalidade, como o próprio Deus –, mas *os homens* foram compreendendo e descobrindo lentamente o significado dos acontecimentos e as experiências reveladoras. E esse processo não terminou.

Não foi Deus que deu a conhecer aos homens, primeiramente, que é um Deus entre outros deuses (veja Gn 28,13; 35,1ss; Ex 3,6.15; 4,16; Jz 11,24, onde se reconhece a existência de outros deuses como tais), depois que é o Deus supremo (veja Ex 15,11; 20,2ss) e finalmente que é o único Deus (Is 43,10ss; 44,6 etc.), mas antes foram os homens que foram descobrindo quem realmente é Deus. Igualmente, observamos nos textos mais antigos um desconhecimento de uma vida depois da morte (veja Is 38,18; Jó 14,13-22; Eclo 14,16ss; 17,22ss; assim como os Salmos), em textos mais tardios se fala já de um castigo depois da morte para, finalmente, tomar consciência de uma ressurreição. Dificilmente se poderá explicar por que Deus teria deixado a humanidade, durante séculos, na ignorância de algo tão importante como o destino depois da morte – algo sobre o qual os egípcios já tinham ideias claras muitos séculos antes! Não é que Deus se tenha revelado aos homens pouco a pouco, mas os homens o foram compreendendo lentamente. E a Bíblia contém a história da compreensão da Revelação por parte dos homens crentes em um processo de diálogo com seu Deus. E este processo de compreensão e aprofundamento não terminou.

Prova de que foram os homens que foram compreendendo lentamente a Revelação é, por exemplo, a maneira como pouco a pouco foram "descobrindo" o significado da morte de Jesus de Nazaré, e depois sua própria natureza com relação a Deus, até chegar aos grandes debates cristológicos do séc. IV que culminaram no Concílio de Calcedônia, com a formulação de "uma pessoa e duas naturezas".

A vinda histórica de Jesus Cristo, a expressão mais explícita da Revelação, introduziu uma mudança por expressa iniciativa de Deus na maneira de revelar-se: "De muitas maneiras Deus *falou* antigamente aos nossos pais *mediante* os profetas. Agora, no final dos tempos, *nos falou pelo Filho*" (Hb 1,1ss). Era a mudança na "maneira" de revelar-se, pois o que Deus deu a conhecer por meio de seu Filho, os homens não o teriam conhecido de outra maneira. É assim, por exemplo, que se entendem as antíteses em Mateus 5: "Ouvistes o que foi dito (no Antigo Testamento e na tradição), mas eu vos digo (o que Deus quis dizer)". Ele é a palavra, o discurso (*logos*) mais explícito de Deus (Jo 1).

O propósito da Revelação não é, em primeiro plano, proporcionar informação, como se costuma pensar, mas o *convite a uma relação dialogal* com Deus. Deus revela-se *para que* as pessoas respondam: é uma relação dialogante. A estrutura da Revelação é a da comunicação: Deus falou (e continua falando) a pessoas em uma linguagem adequada, e elas respondem (afirmativa ou negativamente). Deus falou por meio da criação e de múltiplos acontecimentos ("Deus disse ..., e tudo foi feito), por meio dos profetas ("palavra de Iahweh"), por meio de Jesus Cristo ("a palavra se fez carne"), por meio dos próprios escritos bíblicos ("segundo as Escrituras"). É *alguém* que se dá a conhecer e que convida a entrar em relação de diálogo com ele.

Deus dá-se a conhecer no duplo sentido que esse verbo tem nas línguas semíticas: no sentido intelectual informativo e no sentido existencial da intercomunhão entre pessoas. Por isso mesmo, a Bíblia não se reduz a determinada quantidade de informações, mas é um conjunto de testemunhos que convidam a entrar em diálogo com esse Deus que se deu e continua se apresentando na vida. Se observarmos atentamente o que lemos na Bíblia, descobriremos que, do princípio ao fim, são testemunhadas a vontade salvífica de Deus e as respostas que as pessoas iam dando em diferentes circunstâncias, quer dizer, a relação de diálogo entre Deus e as pessoas, com suas consequências. Por isso, o Antigo Testamento fala de Deus como se fosse humano (antropomorficamente), e no Novo Testamento se revela na pessoa de Jesus: "Agora, no final dos tempos, Deus nos falou pelo Filho".

Resumindo, Deus dá-se a conhecer de muitas maneiras, muitas das quais estão atestadas na Bíblia. De fato, embora se possa conhecer a Deus indiretamente em sua criação e nos acontecimentos da vida, ele é conhecido de forma mais direta na Bíblia, que fala explicitamente dele (Rm 1,18ss). A Bíblia permanece, então, como *meio* de Revelação (não como a Revelação mesma), porquanto constantemente apresenta a Deus e no-lo dá a conhecer: a Revelação é linguagem, e a Bíblia fala essa linguagem. Por isso, a qualificamos como "Palavra de Deus".

19.

A BÍBLIA, PALAVRA DE DEUS

A Bíblia geralmente é definida como "Palavra de Deus". As leituras bíblicas nas celebrações litúrgicas são aclamadas como "Palavra de Deus". É comum entre crentes sustentar que os textos bíblicos, de uma ou de outra maneira, apresentam as mesmíssimas palavras *de Deus*. É um dogma fundamental do fundamentalismo. A falta de reflexão e, não poucas vezes, os preconceitos ou ideias ingênuas que se assumiram costumam conduzir a ideias errôneas ou míopes a respeito da Bíblia enquanto Palavra de Deus (e sobre a inspiração). Por isso, devemos deter-nos neste aspecto.

Esclarecimento conceitual

Palavra de Deus é um predicado associado à revelação, inspiração, inerrância e normatividade. Mas, como se deve entender essa expressão? Palavra de Deus e palavra da Bíblia são sinônimas? A expressão "Palavra de Deus", referida à Bíblia, significa diferentes coisas para diferentes pessoas, segundo a ideia que cada um possa ter a respeito da própria Bíblia. Vejamos o assunto com atenção.

De modo imediato, pelo simples fato de estarem impressas, as palavras bíblicas não são automaticamente as mesmíssimas palavras *de Deus*. Formalmente, a Bíblia é um livro a mais ao lado de tantos outros: é literatura religiosa. Recordemos, além disso, que os escritos bíblicos têm uma longa história anterior à sua escritura. Consideraríamos ingênua a pessoa que sustentasse que a Bíblia foi escrita diretamente por Deus, com seu punho e letra. No entanto, frequentemente se tem a impressão de que é isso o que se pensa e o que se afirma, quando se define a Bíblia como Palavra de Deus. Algumas simples observações nos convidam a refletir cuidadosamente a respeito da relação entre Bíblia e Palavra de Deus.

- Alguns relatos (por exemplo, em Josué e Juízes), leis (por exemplo, olho por olho) e afirmações (por exemplo, "Feliz quem agarrar e esmagar teus bebês contra a rocha" no Sl 137,9) não têm nada de edificante, e bem poderíamos nos perguntar se os qualificaríamos como "Palavra de Deus".
- Os Salmos são clarissimamente palavras *de homens* dirigidas a Deus, não palavras de Deus dirigidas aos homens: como podemos qualificá-los como Palavra de Deus?
- Igualmente é digno de reflexão se certos gêneros literários como, por exemplo, genealogias (veja 1Cr 1-8), são Palavra *de Deus,* ou devem ser consideradas antes como simples informação histórica, sem mensagem óbvia em matéria de fé religiosa.
- À luz do Novo Testamento, parte do Antigo Testamento é caduca ou foi abolida, especialmente certas tradições e leis, como os preceitos de pureza ritual (Mc 7,1-23) e as antíteses em Mt 5,21-47. Portanto, nós, cristãos, não podemos perguntar se ainda são Palavra de Deus para nós.
- Cabe perguntar-se se seriam qualificados como Palavra de Deus os *relatos* ou narrações aparentemente profanos, como os relatos nacionalistas de Rute e de Ester. Nesta epígrafe poderíamos incluir as narrações sobre a conquista e a monarquia (Josué-Reis).
- A maioria dos escritos da Bíblia são produto de circunstâncias *passadas*, como é evidente nas cartas de Paulo e em muitos pronunciamentos dos profetas, cujos destinatários não somos nós. De fato, muitos dos problemas tratados nesses escritos não nos dizem respeito. O problema tratado na carta de Paulo a Filemon, por exemplo, não tem nada a ver conosco, como tampouco as investidas contra a Babilônia, Assíria, Moab, Damasco e Egito, em Isaías 13-19 (cf. Jr 46-51 e Ez 25-32). Podemos qualificá-los como "Palavra de Deus" *para nós*?
- Se a Bíblia é literalmente a Palavra de Deus, como explicar os erros, as incongruências e a variedade de conceitos teológicos que encontramos nela? Como pode ser toda ela qualificada por igual como Palavra de Deus? Aliás, podemos honesta-

mente perguntar-nos se todos os escritos da Bíblia têm igual valor, se todos têm igual capacidade de orientar-nos pelo caminho da salvação, ou se alguns são irrelevantes para nós.

Como se pode perceber, estas e outras possíveis observações aplicam-se também aos conceitos tradicionais de inspiração e de Revelação, sobre os quais já nos detivemos amplamente. Observar-se-á também que o qualificativo "Palavra de Deus" não se pode empregar indiscriminadamente, e não se deve entender em um sentido literal.

O fundamentalista fecha-se na afirmação de que a Bíblia é literalmente a Palavra de Deus, o que para ele significa tanto como dizer que foi *ditada* por Deus e que, consequentemente, é infalível e inquestionável (livre de qualquer erro e de qualquer condicionamento circunstancial, cultural ou conceitual). O fundamentalista está pensando nas *palavras* que aparecem na boca de Deus ou de algum profeta. Mas anda em rodeios, quando se trata de explicar se os *relatos*, as narrações, também os Salmos, são Palavra *de Deus* no mesmo sentido que os discursos e pronunciamentos.

Alcance da "Palavra de Deus"

Assim, temos de admitir que os escritos da Bíblia são de valor e de profundidade diferentes, por exemplo, os livros históricos em contraste com os proféticos. Igualmente, devemos admitir que, além de que os diversos escritos estarem cultural e circunstacialmente condicionados, nem tudo é neles revelador ou importante para a salvação, por exemplo, as genealogias. A Bíblia contém, além disso, aspectos provisórios (por exemplo, no que se refere ao divórcio, como se destaca em Mt 19,3-9) e conceitos defeituosos que depois são "corrigidos" (por exemplo, a maneira como se foi entendendo a vida e a retribuição depois da morte). Em outras palavras, devemos admitir que nem tudo na Bíblia pode ser qualificado em sentido estrito como Palavra de Deus infalível para sempre. Se assim fosse, nos levaria a contradições, como vimos na discussão sobre a inerrância. Isto é mais certo ainda se, ao qualificar este ou aquele texto como Palavra de Deus, pensamos que foi *para nós hoje*: o que nos podem dizer de construtivo para a fé e a moral os numerosos relatos de matanças desapiedadas, ordenadas ou aprovadas por Deus (segundo os relatos bíblicos)? Então, em que sentido se deve entender a qualificação da Bíblia como "Palavra de Deus"? Foi "Palavra de Deus" somente para destinatários originais dos escritos bíblicos, ou é também para nós? Para esclarecer o panorama, remontemo-nos às origens do conceito mesmo de "Palavra de Deus".

A qualificação da Bíblia como Palavra de Deus tem suas raízes na concepção de um deus que falou e cujas palavras foram, por assim dizer, copiadas literalmente. Esta ideia era comum a muitas religiões da Antiguidade, não exclusiva de Israel: divindades supostamente falavam, sacerdotes e pitonisas pronunciavam oráculos "inspirados", profetas falavam como se fossem divindades. Segundo Ex 17,14; 24,4 e 34,27, Moisés recebeu de Deus a ordem de escrever o que Ele dizia. E segundo Ex 24,12; 31,18; 32,15ss e 34,1, Deus mesmo escreveu o Decálogo (literalmente, as "dez palavras"). Os escritos proféticos frequentemente se apresentam como se fossem "gravações" daquilo que Deus comunicou aos profetas (veja Is 30,8; Jr 30,2; 36,2; Os 1,1; Jl 1,1; Mq 1,1), e o sublinham com a frequente introdução: "Assim fala Iahweh", ou intercalando: "palavra de Iahweh", ou uma expressão semelhante. Esta concepção se prolongou nos escritos do Novo Testamento. Em Mt 22,31ss e em Mc 7,13, Jesus referiu-se à escritura como "Palavra de Deus". Igualmente fez Paulo em Rm 9,6 e em 1Cor 14,36, e a achamos também em outros escritos, por exemplo, em 2Tm 3,14-17; 2Pd 1,21; Ap 17,17; 22,18s. O notório é que em nenhum caso se referem a relatos ou narrações! O conceito de Palavra de Deus foi eventualmente aplicado à Bíblia como totalidade, em todas as suas partes, incluídos os relatos. O resultado foi a extensão do termo aplicado às palavras que aparecem na boca de Deus ou de algum profeta, de modo que se aplicou também aos relatos ou narrações, até onde não aparece nenhuma palavra na boca de Deus. Igualmente se fez com o conceito de inspiração verbal.

Para o fundamentalista, o próprio Deus teria ditado de alguma maneira também os relatos. Ele é o autor de tudo o que se encontra na Bíblia. Para ele, somente quando é assim, a Bíblia merece absoluta confiança e, por isso também, o une inseparavelmente à sua afirmação de que a Bíblia não tem nenhum tipo de erro, é absolutamente infalível. Para o fundamentalista, negar que a Bíblia seja infalível é negar que seja Palavra de Deus e, por extensão, equivale a negar que seja inspirada (ditada por Deus). Notoriamente, para defender seu dogma, o fundamentalista esgrime uma série de textos bíblicos onde aparecem palavras na boca de Deus ou de algum profeta, mas *nunca* se referirá às partes narrativas, onde precisamente sua doutrina de total inerrância se torna migalhas, como vimos. Qualquer discussão é circular: "a Bíblia diz", e isso deve ser tomado literal e indiscutivelmente. Qualquer objeção é contradita com a acusação: "Você está negando que seja a Palavra *de Deus*", o que para ele equivale a negar a origem divina e a infalibilidade da Bíblia.

Embora na Bíblia a expressão "Palavra de Deus", ou semelhante, se empregue somente para qualificar certos pronunciamentos de Deus, *nós* estendemos o termo para referi-lo a *toda* a Bíblia, seja pronunciamentos ou discursos, seja poemas ou relatos que ali encontramos. Com esse qualificativo estamos na realidade afirmando nossa convicção de que os escritos bíblicos nos permitem escutar a mensagem e a vontade de Deus para os homens. Isso exige certamente conhecer primeiro o que quis comunicar originalmente, para depois perguntar o que ainda pode dizer hoje, sob outras circunstâncias diferentes das originais, e levando-se a devida conta das limitações históricas, culturais e conceituais que tantas vezes mencionei.

Literal ou metafórico?

Dizer "PALAVRA" (de Deus) implica o emprego de uma linguagem, geralmente um idioma: a palavra é falada ou escrita. Mas Deus, que não tem nem rosto nem boca, não fala no sentido que o fazemos nós, humanos, com palavras sonoras que se puderam registrar em gravador. E certamente Deus, que igualmente não tem mãos, não pegou uma pena e escreveu com seu próprio punho e letra, como o fizera um São Paulo, por exemplo. Não temos problema em afirmar que Deus não tem um rosto humano nem uma boca. Como então pode *falar*? Dizer que Deus "fala" é maneira humana de expressar-nos, e deve entender-se como um modo figurado (não literal) de dizer que, *de alguma maneira, Deus se comunica com as pessoas*. Há muitas maneiras de comunicar-se! Mesmo o silêncio "diz algo".

Os salmos, os provérbios e conselhos dos escritos de sabedoria, as cartas de Paulo etc., são todos palavras *humanas*. Os provérbios bíblicos são refrãos sapienciais humanos, muitos deles conhecidos já desde antigamente. O compositor do livro de Amós explicitamente afirma, no início, que apresenta "as palavras de Amós"; não "de Deus". Basta observar como se expressam os profetas para que nos demos conta de que são suas palavras, não as palavras de Deus no sentido estrito do termo: são imagens palestinas, conceitos e gramática semíticos. São Amós, Isaías, Joel, os que falam ou escrevem de maneiras diferentes, não Deus que ia mudando sua maneira de "falar". O neto do autor do livro de Sirácida (que é o texto que lemos na Bíblia) diz que "meu avô Jesus, depois de ter-se dedicado intensamente à leitura da Lei, dos profetas e de outros escritos..., se propôs a escrever sobre questões de instrução e de sabedoria" (prólogo, 7-14); não diz o neto que traduziu a Palavra de Deus, mas a obra de seu avô. Igualmente, podemos dizer das cartas de Paulo de Tarso: são suas cartas. Os mandamentos do Decálogo, que supostamente foram ditados por Deus mesmo, segundo Ex 20,1 e Dt 5,4ss, apareceu em duas versões *diferentes*. Aliás, no segundo mandamento Deus refere-se a si mesmo na terceira pessoa ("Não pronunciarás o nome do Senhor, teu Deus, em falso") em lugar da primeira pessoa ("o meu nome"), como se esperaria e como, de fato, o faz em tantos outros lugares, pois se supõe que é Deus mesmo que esteja falando (veja Ex 3,12; 16,29; 27,21; 28,12.29ss; 29,11.23ss; 31,3 etc.). As constatações nesse sentido podem-se facilmente multiplicar. De fato, nos textos bíblicos, quando se trata de Deus, fala-se predominantemente *a respeito* dele; não é Deus mesmo quem fala, até no Pentateuco.

Se não se trata das mesmíssimas palavras de Deus, em sentido literal; então, de quem são? A *mensagem* é de Deus, mas não as palavras com as quais se expressa. Embora seja redundante, "Palavra de Deus" deveria ser qualificada como "em palavras de homens", para não cair no literalismo. Ao nos referirmos à Bíblia como "Palavra de Deus", não o fazemos no sentido estrito de que se trata das palavras impressas, dos sinais linguísticos, mas antes com relação à *mensagem* comunicada *mediante* as palavras e expressões linguísticas próprias do escritor.

Em poucas palavras, a expressão "a Bíblia é a Palavra de Deus" é uma *metáfora*. É metáfora, como o é "Deus falou/disse", porque, em sentido estrito, falar é um fenômeno corporal humano, como o são os outros sentidos que também se predicam de Deus: "viu/olhou", "ouviu/escutou", embora Deus não tenha olhos nem ouvidos. A isso se acrescenta que a linguagem como tal, por sua própria natureza, é limitada; é própria de uma cultura e de um tempo, frequentemente é ambígua ou polivalente, e nunca expressa plenamente o que se quer comunicar. Por ser uma expressão metafórica, "Palavra de Deus" não se refere a palavras, mas ao discurso, à mensagem que é atribuída a Deus. Refere-se ao *que* se diz, não ao *como* se diz; ao conteúdo, não à forma. Já vimos amplamente qual é a origem da Bíblia, sua humanidade e historicidade, bem como o sentido de inspiração, conceito com o qual "Palavra de Deus" está estreitamente associada.

Revelação e Palavra de Deus

Quando falei da Revelação, ressaltei que a palavra acontecida (as vivências, fatos, acontecimentos reveladores) precedeu os testemunhos que se deram dela, que passou a ser palavra *testemunhada*, quando lhe foi dada forma verbal e foi comunicada a outros. Em muitos casos, esses testemunhos foram primeiramente orais e, nessa forma, certamente eram Palavra de Deus. Tal era o caso dos profetas ("a Palavra de Deus veio sobre": Oseias 1,1; Joel 1,1; Miqueias 1,1 etc.). Como nos recorda o autor da carta aos Hebreus, "de muitas maneiras Deus falou antigamente a nossos pais mediante os profetas. Agora, na plenitude dos tempos, nos falou pelo Filho" (1,1s). E os apóstolos anunciaram essa boa nova oralmente antes que se escrevesse uma só linha a respeito. É fácil compreender, então, que *a Bíblia é um conjunto de testemunhos escritos dessa Palavra de Deus*, que foi primeiramente acontecida e depois testemunhada oralmente.

A Revelação *histórica* em si já é Palavra de Deus, porquanto é comunicação divina às pessoas. A Bíblia contém os testemunhos dessa palavra acontecida; portanto, é Palavra de Deus *testemunhada*. Os escritos bíblicos constituem um caminho que nos permite remeter-nos à revelação histórica de Deus (o pré-texto), ou seja, a palavra testemunhada remete-nos à palavra acontecida, cuja culminação e expressão mais clara foi o acontecimento-Jesus Cristo.

Revelação histórica --------------→ Tradições --------------→ Escritura (Bíblia)
↑ ↑
Palavra de Deus acontecida -------------------→ Palavra de Deus testemunhada

Se o texto bíblico como tal fosse literalmente a Palavra de Deus, então teríamos de afirmar que Deus se comunicou por proposições, conceitos, textos, e não em acontecimentos e experiências humanas (veja o que foi dito sobre Revelação). Estaríamos dizendo que se revelou em textos, não na história humana. E a fé não seria uma relação interpessoal, mas se reduziria à aceitação intelectual dessas proposições, quer dizer, se reduziria a um assunto meramente cerebral.

Por tudo o que foi dito, deve ficar claro que a Bíblia não é a Palavra de Deus em si. É o conjunto de "palavras" testemunhadas das "palavras" historicamente acontecidas e vividas. Primeiramente se vive, depois se fala disso. Esses testemunhos do diálogo de homens com Deus nos remetem ao que foi atestado e nos convidam a entrar em sua dinâmica.

Os destinatários da Palavra

É exclusiva a "Palavra de Deus" àqueles tempos e àquelas pessoas? Certamente que não. Deus fala ainda hoje de muitas maneiras: através do pobre, do enfermo, dos "santos", da história em suas vicissitudes... (veja Mt 25,31ss). Então, o que privilegia as vivências reveladoras atestadas nos escritos bíblicos? O fato de tratar-se de acontecimentos e de vivências fundantes. Por ser testemunhos que marcaram a personalidade e a identidade da comunidade, do povo de Deus, nos colocam em contato com esse Deus que é fundamento da fé, fé atestada na Bíblia, da qual somos herdeiros e continuadores. A Bíblia coloca-me em contato com Deus, mas, à diferença da natureza ou das vicissitudes da vida, o faz de forma expressa e explícita, remetendo à Revelação histórica.

Isso significa que, embora a Bíblia não seja *em si* a Palavra de Deus (no sentido explicado), tem a capacidade de sê-lo *para mim*. Como tal, os textos bíblicos são tinta sobre papel, são literatura, palavras de homens – recordemos as advertências no Antigo Testamento sobre os falsos profetas, que também dizem proclamar a "Palavra de Deus" (Ez 13,6). Por isso, na Bíblia põe-se tanta ênfase na presença do espírito de Deus. A *Dei Verbum* recorda-nos que "a Sagrada Escritura deve ser lida e interpretada com o mesmo espírito com que foi escrita" (n. 12). A Bíblia não é Deus, mas meio que aponta ou remete a Deus.

Originalmente, a Palavra de Deus se comunicava a destinatários concretos, quer dizer, se dirigia *diretamente* a eles. Teria sido para os coríntios "Palavra de Deus" a carta que Paulo escreveu aos romanos? Obviamente não, pelo menos não de modo direto, da mesma maneira que a carta de Dona Rosa Flores para seu sobrinho não é palavra dela para mim, pois não se dirigia a mim. Toca assuntos que não me dizem respeito, pelo menos diretamente, e por isso terá coisas que não me dizem nada ou que eu não entenda, e outras que eu possa entender erroneamente. Isso significa que os escritos bíblicos *não* se dirigiam *diretamente* a nós. Por isso, não toca *nossos* problemas e preocupações, nem falam nossa linguagem. Recordemos que a Bíblia não é Palavra de Deus em si mesma; os textos dirigem-se a *alguém* concreto.

O que os profetas e os discípulos de Jesus anunciaram em seus respectivos tempos, por exemplo, foi *adaptado* quando se passava oralmente de uma geração a outra, e também foi adaptado novamente quando se colocou por escrito, com a finalidade de que essa Palavra de Deus fosse sempre *atual*, quer dizer, que falasse ao auditório do momento de sua transmissão. A Palavra de Deus que Jesus anunciava na Palestina no ano 30 dirigia-se a um auditório concreto de seu tempo. Essa mesma palavra era anunciada de outra maneira na comunidade de Marcos, longe da Palestina, na década de 60, a outro auditório (cristãos), e respondendo às suas inquietações. Assim como essa palavra se mantinha atualizada de maneira que continuasse falando, é necessário que hoje continue falando, vale dizer, é necessário que seja adaptada. Esse é o grande desafio da catequese e da pregação! Jesus fizera o mesmo com certas passagens do Antigo Testamento, e depois igualmente o fizeram seus seguidores.

Visto que os textos bíblicos foram escritos dirigidos a auditórios concretos daquele tempo, com os condicionamentos próprios daquela cultura e referidos às circunstâncias vividas naqueles momentos, há muitas coisas que não entendemos bem e imediatamente, começando por palavras e expressões idiomáticas. Para entendê-las, portanto, é necessário um mínimo de informação que o texto não proporciona: sentido das palavras ou expressões, gênero literário do texto, condicionamentos culturais, situação histórica em que o autor escreve, problemática do destinatário. É o que faz o estudioso crítico da Bíblia. O fundamentalista, em contrapartida, rejeita este estudo, pois crê que basta saber ler para poder entender o que se lê, e sua única fonte é a Bíblia mesma, porque a considera literalmente Palavra de Deus válida, tal qual para sempre, isso se não dirigida a ele pessoalmente.

Precisamente porque a palavra bíblica é palavra escrita por homens e em tempos remotos, *deve* ser estudada como se estuda qualquer outro texto da Antiguidade, para ser compreendida. Estudar criticamente, quer dizer, utilizando os métodos que se empregam para compreender qualquer literatura, não somente é permitido e válido, mas é necessário, quando se quer saber o que o autor inspirado estava comunicando. Tal estudo não é uma traição, mas um lucro para a fé. É a busca da fidelidade à mensagem e à intencionalidade divinas. O estudo crítico evita que se leia o que se crê que a Bíblia diz (pelos pressupostos ingênuos ou ideológicos ou doutrinários), de modo que se ouça o que já se sabe de antemão ou se quer ouvir, e não faça mais do que reafirmar nossas ideias e pressupostos, e não a escute. Não é um entretenimento pseudocientífico, mas antes a busca do que essa Palavra de Deus diz HOJE, descobrindo primeiramente o que o autor inspirado quis dizer quando escreveu para seus destinatários originais. E certamente o estudo exegético não é uma negação de que a Bíblia seja Palavra de Deus ou produto de inspiração divina. É uma necessidade que se impõe, *quando se quer continuar sendo fiel* à vontade de Deus. Não fazê-lo pode conduzir a todo tipo de desvios e de anacronismos, como os que se observam em muitos setores do cristianismo (veja DV 12.23; IBI I, A.F; III, C).

Mensagens em palavras

Todas as palavras da Bíblia, como toda palavra humana, estão condicionadas por fatores culturais e limitadas pelos conhecimentos do momento. Fala-se como se pensa. Nos tempos bíblicos pensavam de outra maneira que nós a respeito do homem, do mundo e de Deus. Pois bem, se Deus não falou como os humanos, deveríamos concluir que seus pensamentos e sua fala são perfeitos, pois ele é perfeito em tudo. Mas na Bíblia encontramos conceitos e conhecimentos iguais aos das pessoas dos tempos em que se compuseram os escritos bíblicos. O próprio Jesus, a Palavra feita carne, utilizou imagens e conceitos próprios de seu tempo, da Palestina do primeiro terço do primeiro século, e estes nem sempre eram perfeitos. Seus discípulos, e depois os evangelistas, fizeram o mesmo. Quer dizer, o que temos na Bíblia é Palavra de Deus em palavras humanas. Por isso, para entender essa Palavra de Deus, temos de entender primeiramente sua mediação, a palavra humana na qual foi transmitida.

Pois bem, quando se lê ou se escuta um texto da Bíblia, *pode-se* escutar "a voz de Deus". Vale a repetição: a Bíblia não é Palavra de Deus pelo fato de ser um conjunto de escritos que falam a respeito de Deus ou que, ainda, "o citam". Nesse plano, é simplesmente literatura religiosa. Para o não-crente será simplesmente palavra humana. O crente, ao contrário, que a escuta ou lê na atitude de fé com a qual a Bíblia foi composta, a receberá como Palavra *de Deus*. É que, mediante os textos bíblicos, Deus se dirige aos homens. São Paulo expressou-o claramente, quando escreveu aos tessalonicenses: "Continuamente damos graças a Deus, porque, tendo recebido a Palavra de Deus pregada por nós, vós a acolhestes não como palavra humana, mas como é na realidade, como Palavra de Deus que exerce sua ação em vós" (1Ts 2,13). A Bíblia é, então, um meio para "ouvir" a Palavra de Deus.

Quando lemos ou ouvimos um texto da Bíblia, o que nos vem ao encontro de forma direta e imediata é a maneira de expressar-se de seu autor literário, não de Deus. Por isso, não deve ser sacralizada nem absolutizada a linguagem, como se Deus a tivesse ditado ou escrito. Deus não revelou textos, mas revelou-se a *si mesmo*, "falou" *mediante* acontecimentos de diversa índole, e isso foi relatado por pessoas, como se testemunha na Bíblia. Por isso, depositamos a fé em Deus, não nesse conjunto de escritos – que nos remetem ele.

Por tudo o que foi dito, devemos *distinguir entre a letra e o espírito*, entre as palavras escritas e a mensagem (veja Rm 2,17; 2Cor 3,6). Repetidas vezes Jesus advertiu a esse respeito em controvérsias com os fariseus em torno de questões da Lei de Moisés. Não menos frequente era a reação de Paulo diante da ideia de que a salvação se obtém pela estrita e literal observância da Lei (a letra), que ele relativizava a favor da convicção cristã de que a salvação depende *da fé*. Veja a este propósito a carta aos Gálatas. O literalismo e seu consequente legalismo são dois dos erros mais lamentáveis do fundamentalismo ("mas a Bíblia diz...").

Materialmente, a Bíblia é papel e tinta. Formalmente, a Bíblia é discurso humano. Para atualizar sua capacidade reveladora, ela necessita ser insuflada de vida pelo espírito de Deus (Gn 1). Deve ser lida com o mesmo espírito com o qual foi escrita. A tentação é identificar

Bíblia com Revelação como tal, pensando que as palavras são a Revelação mesma. Vimos anteriormente que a Bíblia atesta a Revelação *acontecida*, remete a ela. Por isso, podemos dizer que é Revelação *testemunhada*, mas não a Revelação mesma. Portanto, não é correto dizer que a Bíblia é a Revelação. Mas é reveladora: aponta para Deus. É um meio de encontro com Deus, com o Deus da história. Daqui se pode dizer que tem caráter sacramental. A *Dei Verbum* afirma que "a Igreja sempre venerou a sagrada Escritura como ao corpo do Senhor..., sobretudo na liturgia" (n. 21). O ponto de encontro é a interpretação. Sua capacidade reveladora significativa se atualiza, quando é entendida e apropriada como manifestação de Deus, como Revelação.

O fato de que solenemente proclamamos como "Palavra de Deus" os textos que lemos na liturgia *em tradução*, consciente ou inconscientemente é adjudicar-lhes uma qualidade especial, quer dizer, é atribuir a qualidade de Palavra de Deus à tradução, como a atribuímos sem problemas ao texto em sua língua original. Significa isso que a tradução goza da qualidade de Palavra de Deus? Ou o é pela mensagem, confiados no fato de que a tradução preserva a mesma mensagem que o texto original?

Não somente a linguagem é um meio. Também os autores dos escritos da Bíblia foram mediadores, e antes deles todos os que intervieram no processo de transmissão oral. Quando lemos ou escutamos um texto bíblico, lemos ou escutamos aquilo que seus autores escreveram para *seus* destinatários: o povo de Israel neste ou naquele momento histórico, os coríntios, Filemon etc. Então, os escritos da Bíblia não são Palavra *imediata* (não mediada) para nós. Aliás, como Palavra *de Deus*, o era para seus destinatários *mediante* as palavras dos profetas ou de Paulo. Encontramo-nos, pois, diante de uma série de mediações.

Quantas vezes não tivemos de admitir que esta ou aquela passagem da Bíblia não nos diz nada? E, no entanto, quando foi escrita, dizia algo a *seus* destinatários. Como pode, então, ser Palavra de Deus *para nós*? Qualificar a Bíblia como Palavra de Deus implica afirmar que esta fala. A seus destinatários originais falava, dizia-lhes algo. A pergunta que espontaneamente surge é se fala a pessoas de hoje. Na própria Bíblia se observa esta preocupação pela relevância do que se transmitia: de diversos modos se realizou a atualização de tradições orais, adaptando-as a novas circunstâncias e destinatários, como fizeram, por exemplo, cada um dos evangelistas com relação às tradições a respeito de Jesus. Aliás, voltaram a escrever, como se fez com Samuel-Reis, reescrito em Crônicas dois séculos mais tarde, ou Mateus e Lucas com relação a Marcos.

Na Bíblia fala-se das experiências e vivências históricas das pessoas em determinados tempos, muitos séculos atrás. Mas estas correspondem, em boa medida, às experiências dos homens através de todos os tempos; são semelhantes. A realidade do leitor e a situação da qual procede o texto bíblico são paralelas ou análogas. A condição humana como tal não muda ao longo dos milênios; confrontamo-nos com as mesmas perguntas e com os mesmos problemas humanos. De fato, as inquietudes, as interrogações, os problemas, as atitudes básicas dos homens são os mesmos ontem e hoje. Dito de outro modo, apesar das diferenças históricas e culturais entre os tempos bíblicos e os nossos, as experiências humanas e a relação dos homens com Deus (sejam ateus ou crentes) são basicamente as mesmas. Deus é o mesmo ontem e hoje; continua dando-se a conhecer aos homens e continua convidando-os a confiar nele. A Bíblia é eminentemente existencial: dirige-se à vida. Por trás das diferentes cenas, personagens e reflexões que encontramos nos escritos da Bíblia, podemos reconhecer-nos a nós mesmos. E a Bíblia é o meio privilegiado mediante o qual Deus "nos fala"; ali estão os testemunhos de suas múltiplas manifestações, as orientações fundamentais para o caminho que conduz à salvação. Podemos concluir que, embora a Bíblia não seja idêntica com a Palavra de Deus no sentido forte do termo, no entanto contém sua palavra (mediada pelo escritor) e "fala" a toda pessoa que tenha os ouvidos abertos. Por isso, é importante tomar consciência de que a Bíblia não se reduz a um conjunto de recordações do passado e convites para homens a que confiem em Deus e sigam seu caminho, que são apresentados mediante esses velhos textos, mas testemunhos cheios de frescor.

Repetidas vezes mencionei que a Bíblia é *mediação* entre Deus e nós. Convém esclarecer que não é uma mediação a mais, entre tantas outras, mas o é de forma singular: são testemunhos da revelação histórica de Deus, desse mesmo Deus em quem cremos hoje. Esses testemunhos são insubstituíveis, pois são fundamento de nossa fé – mesmo em suas variações históricas e literárias. Por exemplo, podemos crer na ressurreição de Jesus somente através do testemunho que encontramos no Novo Testamento. A Bíblia é o conjunto de mediações que nos fala *expressamente* desse Deus nosso que se revela historicamente, até chegar à sua manifestação mais objetiva: o acontecimento-Jesus Cristo. E a Bíblia remete-nos a isso, para falar-nos a partir daí.

A Bíblia é Palavra de Deus no que toca à sua mensagem, que é de caráter teológico-religioso e existencial, não enquanto história – que pertence ao passado. A partir de seu aspecto histórico, muito é produto de seu tempo, por isso não pouca coisa foi superada e não tem relevância para hoje. A autoridade da Bíblia, sua inspiração e seu caráter de Palavra de Deus situam-se na dimensão teológico-religosa. Embora as leis sobre sacrifícios cultuais, por exemplo, não sejam em si palavra de Deus para hoje, a mensagem, sim, o é: o homem deve reconhecer-se como pecador diante de Deus e pedir-lhe perdão, reconhecendo sua absoluta soberania. A isso convida hoje. Bem recordava o autor da carta aos Hebreus que "a Palavra de Deus é viva e operante, e mais cortante do que uma espada de dois gumes: penetra até a divisão da alma e do espírito, até o mais profundo do ser, e discerne os pensamentos e as intenções do coração" (4,12).

Diversas vezes indiquei que Deus "falou" aos homens através de acontecimentos e experiências vividas. Os acontecimentos são linguagem. O que vivemos nos "diz algo", e respondemos. Desses acontecimentos históricos, a culminância e expressão máxima foi a Palavra feita carne, Jesus Cristo: "De muitas maneiras Deus *falou* antigamente a nossos pais mediante os profetas. Agora, nesta etapa final, nos *falou* pelo Filho" (Hb 1,1s). Os escritos do Novo Testamento dão testemunho desta Palavra mais explícita de Deus. E a Jesus Cristo não se pode conhecer e compreender à margem da Bíblia, pois esta manifesta o caminho que conduziu a ele (Antigo Testamento), assim como os testemunhos daqueles que foram testemunhas diretos dessa Palavra definitiva de Deus (Novo Testamento). Todo testemunho aponta para outro, não para si mesmo: os escritos bíblicos apontam para aquele a quem seus autores testemunham.

Palavra de Deus em diversos gêneros

Vejamos sucintamente como os diversos gêneros literários predominantes da Bíblia são, cada um a seu modo, Palavra de Deus.

O *gênero narrativo*, que predomina na Bíblia, é o que melhor expressa a relação de diálogo entre Deus e os homens: os chamados divinos e as respostas humanas. Mais especificamente, no gênero literário *histórico* o povo de Israel e a comunidade cristã narraram suas experiências da presença ativa de Deus, a qual proclamaram e testemunharam. Os acontecimentos narrados foram compreendidos como revelação e como promessa para os homens, quer dizer, como Palavra de Deus acontecida. Por sua parte, os *mitos* e as *lendas* expressavam em linguagem "visualizável" a convicção da atuação de Deus no mundo. Os personagens, à margem de sua historicidade, representam os homens em suas mais diversas dimensões e, portanto, interpelam ainda hoje.

O *gênero jurídico* indica ao homem o caminho que conduz à sua realização pessoal e social, expresso como vontade salvífica de Deus. Ao longo da Bíblia se observa, nos empregos do gênero jurídico, e segundo as circunstâncias e o momento histórico, a constância e a adaptabilidade das exigências éticas e religiosas como Palavra de Deus para os homens em seu presente histórico. Como é palavra sempre atual, esta varia segundo o momento histórico, de modo que sirva de guia eficaz.

O *gênero sapiencial* apresenta Deus, que fala pela boca do sábio que, com base nas suas experiências e reflexões, dá a conhecer a maneira como se deve comportar na vida terrena, a fim de chegar à plenitude da felicidade. Por isso, a sabedoria fala como se fosse uma pessoa (veja Pr 1-8; Sr 24; Eclo 6-11): Deus, o sábio por excelência, é a fonte de toda sabedoria. Da mesma maneira como o profeta, o sábio é o mediador e o porta-voz de Deus; atrás de sua voz está a voz de Deus.

O *gênero profético* é o que mais claramente expressa o conceito de Palavra de Deus aplicado à Bíblia como totalidade. Os profetas eram mediadores: escutavam a palavra que Deus lhes dirigia (seja por meio de sonhos, de visões ou intuições), faziam-na sua e anunciavam-na com suas próprias palavras. Os profetas falavam com base nas circunstâncias históricas e a elas se referiam. No entanto, as atitudes que enfocavam, as raízes dos problemas que criticavam, tomaram mil e uma formas e se estendem até nossos dias – as atitudes humanas e os problemas não mudaram –, de modo que Deus continua falando aos homens de hoje como o fez antigamente pela voz dos profetas.

No *gênero apocalíptico* Deus "fala" às pessoas desconcertadas pelas adversidades e pelas dificuldades que experimentam em seu anseio de viver sua fé em um mundo contrário e hostil. O apocaliptista assumia papel semelhante ao dos profetas, como mensageiro da Palavra de Deus. Fazia-o, utilizando um gênero literário que se caracteriza pelo emprego de símbolos, de imagens e de mitos coloridos. Mediante este gênero, Deus continua exortando as pessoas de hoje, como naqueles tempos, a não desanimarem diante das adversidades, a continuarem confiando nele, com a certeza de que quem perseverar se salvará, terá parte no paraíso celestial.

No *gênero lírico*, em cânticos, poemas e orações sálmicas, encontramos as respostas dos homens a Deus. Suas respostas estavam inspiradas pela palavra inicial de Deus, por seus convites a confiar plenamente nele. Assim, neste gênero encontramos expressa a relação dialogal entre Deus e os homens. É certo que não é palavra de Deus dirigida aos homens. Mas a palavra é ineficaz, se não há resposta. A lírica, particularmente os Salmos, falam aos homens à medida que inspiram e orientam na atitude que o crente deve assumir nas diferentes experiências da vida: na angústia, na alegria, no êxito, no fracasso, no desespero, na enfermidade. A partir desta perspectiva, passa a ser Palavra de Deus para nós.

Os *evangelhos* apresentam, cada um segundo a vivência de seus autores, a palavra definitiva de Deus. Não apresentam Jesus como personagem do passado, que falou e agiu, mas como aquele que continua sendo a Palavra para as pessoas de todos os tempos, que continua falando e exortando a segui-lo. Os evangelistas, da mesma maneira que Paulo, fizeram a obra de profetas.

O *gênero epistolar*, embora se dirija a circunstâncias e a auditórios concretos daqueles tempos, continua sendo Palavra de Deus para hoje. Os problemas variaram, mas a raiz deles corresponde às mesmas atitudes dos homens, tanto hoje como ontem. O Cristo que eles pregaram e ao qual remetiam em suas cartas é o mesmo ontem, hoje e sempre. As orientações que os autores das cartas deram, tendo-se em conta a diferença de situações, continuam sendo essencialmente tão válidas hoje como antigamente.

Em síntese, Deus não deixou de "falar" aos homens. Na Bíblia, ele o faz de um modo histórico, com uma linguagem própria daquele tempo, e o faz da maneira mais direta e explícita, à qual temos acesso. Os momentos históricos e culturais são diferentes, mas as necessidades, interrogações e inquietudes são as mesmas. Os escritos da Bíblia *testemunham* as experiências da presença de Deus, da maneira como lhes "falou", e Deus nos convida hoje a escutá-lo através dessas experiências compartilhadas, pois nossas experiências humanas são semelhantes àquelas.

NOTA SOBRE A BÍBLIA E OS OUTROS "LIVROS SAGRADOS"

Vimos que a inspiração divina se manifestou de múltiplas maneiras em diversas pessoas: profetas, líderes, sábios etc. Também indiquei que a inspiração divina não pode limitar-se à inspiração *bíblica*. Assim como a atividade de Deus não pode limitar-se à composição dos escritos da Bíblia, tampouco pode-se afirmar que se limitou a um só povo (Israel). Do contrário, estaríamos dizendo que Deus é egoísta e exclusivista – ideia que o livro de Jonas expressamente rejeita. Assim, então, surge a pergunta se é possível que as escrituras que algumas religiões consideram como "inspiradas" tenham surgido de algum modo de uma intencionalidade divina, se refletem a presença de Deus de um modo adaptado a determinadas culturas e idiossincrasias (cf. Vaticano II, *Nostra aetate*).

Se reconhecermos a influência divina em certos escritos de santos e místicos, e sabemos que alguns autores de escritos da Bíblia tomaram termos e ideias de autores pagãos, não poderíamos postular uma participação de Deus na composição de certos escritos que não pertencem à Bíblia, mas que inspiraram religiosamente a determinados povos? Não se poderia pensar que essas obras são silhuetas ou reflexos dessa Palavra de Deus que está explícita na Bíblia? Isso não significa que a plenitude da Revelação não se tenha dado na Palestina, para que dali se expandisse seu conhecimento pelo mundo. Os testemunhos do percurso desta Revelação explícita encontram-se na Bíblia.

As religiões que afirmam possuir livros inspirados têm conceitos de inspiração que diferem do nosso. Isto se deve ao fato de que sua ideia da divindade e da maneira como ela se comunica com as pessoas difere da nossa.

O *Budismo* simplesmente não tem um conceito de inspiração e menos ainda de revelação divina. Seus livros sagrados são produtos da intuição profunda do "Iluminado" (= Buda) Gautama, e não de uma comunicação divina.

No *Hinduísmo*, os Vedas (= saber) não são a revelação de nenhuma divindade em particular, e seu conteúdo versa sobre o esforço que as pessoas devem fazer para chegar até o Absoluto, e não o contrário. O "comunicado" foi uma sabedoria intuída por místicos e sábios, especialmente sobre a arte de conhecer-se a si mesmo e a realidade do mundo.

Por sua parte, o *Islamismo*, também os Mórmons, têm um conceito de inspiração semelhante ao fundamentalismo judeu-cristão. Provavelmente derivou da Bíblia, com a qual estão familiarizados. O Islamismo e os Mórmons, entre outros, consideram-se como a culminância da revelação de Deus, da qual a Bíblia seria somente uma etapa prévia. O Alcorão apresenta-se como a palavra definitiva de Deus (= Alá), a qual foi transcrita pelo profeta Maomé. O Islamismo não a concebe como dada em acontecimentos e vivências, mas em verdades *ditadas* por Alá. Por isso, pode ser qualificado como "religião do livro". Os Mórmons chegam ao extremo de afirmar que umas "tabuinhas de ouro", escritas por Deus mesmo, foram dadas a Joseph Smith para que as transcrevesse em inglês. No entanto, demasiadas coisas que se afirmam no Alcorão, da mesma maneira que no Livro de Mórmon, contradizem o conteúdo da Bíblia e a tradição judeu-cristã anterior. Suas interpretações da Bíblia diferem notavelmente das da comunidade de fé "bíblica".

Nas religiões que mencionei e em muitas outras, a pretendida revelação é sempre de caráter individual. Não conhecem uma revelação divina dentro de uma comunidade. Na maioria dos casos, o conteúdo dos "livros sagrados" é sabedoria e intuições humanas, que indicam o caminho que conduz seja até o domínio da divindade, seja até uma espécie de harmonia cósmica. Somente em alguns casos se faz menção de manifestações históricas reveladoras em si mesmas.

Nos escritos sagrados das religiões não-bíblicas da Antiguidade, a religião se fundamenta em mitos e lendas que se situam em um passado mítico imemorial (não-histórico). Tal é o caso das religiões orientais. Nas religiões pós-bíblicas (por exemplo, o Islamismo), observam-se contradições com relação à Bíblia. Embora estas últimas costumem apresentar-se como a plenitude da religião bíblica, substituem a revelação bíblica ou interpretam-na de um modo que não é coerente com os dados da Bíblia – e frequentemente da própria história. Mas Deus não pode contradizer-se! A compreensão da Revelação foi-se amadurecendo, tal como se observa na Bíblia mesma ao longo de seus escritos, mas não se contradiz nem é incoerente consigo mesma. Na Bíblia temos multiplicidade de testemunhos da constante atividade de Deus ao longo de muitos séculos, sejam estes testemunhos de Moisés, de Davi, de Isaías ou os de Jesus e, depois, de seus discípulos. Todos estes testemunhos sempre apontam *coerentemente* para o mesmo Deus e manifestam uma continuidade consistente.

O judaísmo e o cristianismo definem-se como religiões *históricas*, pois sua fé enraíza-se em acontecimentos reais. A maioria das outras religiões se baseia na credibilidade das supostas revelações ou das intuições e captações "inspiradas" de seus fundadores. O Alcorão, o livro que é tido por inspirado de maneira semelhante (não idêntica) à Bíblia, é o amalgama de elementos tomados do judaísmo, do cristianismo e do mundo árabe, tal como os compreendeu e conjugou Maomé. Igualmente pode-se afirmar dos livros de outras religiões pós-bíblicas que em sua maioria derivaram seja da Bíblia ou de outras religiões tradicionais, por exemplo, os Mórmons, os Bahaís e tantos grupos que não cessam de brotar. Aqui se devem incluir as religiões pseudocristãs. Todas estas são sincretismos que mesclam elementos tradicionais judeu-cristãos com elementos religiosos e filosóficos autóctones.

Muitas "religiões" que surgiram no último século, tanto no Oriente como no Ocidente, não são nem mais nem menos que amálgamas ou combinações de elementos tomados de outras religiões já estabelecidas e de determinadas filosofias *sui generis*. Algumas sequer são religiões, mas filosofias do ego, como é claramente o caso dos movimentos gnósticos.

Para os cristãos, a Bíblia não é um conjunto de oráculos divinos ou de intuições ou de captações de verdades, mas um conjunto de testemunhos de fé vivida que se fundamentam em acontecimentos *históricos* de caráter revelador, que culminam com o acontecimento-Jesus Cristo. Para nós, Revelação não é simplesmente o "ditado" de verdades, mas fundamentalmente manifestações históricas da presença ativa e orientadora de Deus em um *povo*. E a inspiração bíblica não é primordialmente um fenômeno psicológico (intuitivo ou outro), mas a comunicação de Deus às pessoas que estavam atentas à sua palavra e que estavam em sintonia com ele. O judaísmo e o cristianismo não se fundamentam em mitos nem se consideram como filosofias religiosas. Para ambos, a Bíblia não é um conjunto de mitos nem um tratado de filosofia.

Tudo o que foi dito não significa que certos "escritos sagrados" não-bíblicos não possam ter contado com a influência divina. A Deus não se pode limitar. Deus pode tocar o coração e a mente dos que o buscam e que estão abertos a ele, e pode fazê-lo de muitas maneiras, entre outras, mediante livros não formalmente inspirados. Por acaso Maomé e muitos outros não buscavam a Deus? Os hindus não buscavam chegar ao Absoluto? Os Vedas e o Alcorão não inspiraram, entre outros, povos inteiros na busca da vontade de Deus? Não nos esqueçamos de que o condicionamento cultural é uma consideração de não pouca monta e que, mesmo no caso de Israel, Deus *adaptou* suas revelações a esse mundo cultural.

A Encarnação teve lugar num mundo concreto, o palestino – não o grego, o hindu, ou o extremo oriental. Nas palavras de São Paulo, "o que se pode conhecer de Deus está manifesto entre eles (os gentios), já que Deus se manifestou... Não há acepção de pessoas diante de Deus" (Rm 1,18-2,16). Não podemos negar uma providência divina em outros povos, como não podemos negar a busca natural de Deus no coração humano. Podemos acaso negar a atuação do Espírito em determinados místicos, iluminados, sábios, para guiar seus povos até ele? "O Espírito sopra onde quer: tu ouves seu ruído, mas não sabes de onde vem nem para onde vai" (Jo 3,8).

Resumindo: o que distingue a Bíblia de outros "livros sagrados" é o fato de ser um conjunto de testemunhos de acontecimentos reveladores vividos no Povo de Deus em seu longo caminhar histórico, convocado e guiado pelo mesmo Deus, e ratificado por múltiplos sinais até culminar no acontecimento-Jesus Cristo. A Bíblia foi reconhecida por esse mesmo povo como normativa, precisamente com base na sua provada autoridade e credibilidade, e com base na sua capacidade de mediar entre Deus e as pessoas como sua palavra orientadora e interpeladora. A Bíblia testemunha a revelação mais histórica, explícita e direta de Deus que possamos encontrar.

TERCEIRA PARTE

HERMENÊUTICA

20.

HISTÓRIA E FÉ

Indubitavelmente, a Bíblia tem grande valor como fonte de informação histórica, pois contém valiosos dados, não poucos deles confirmados pela arqueologia e por testemunhos alheios à Bíblia. Além disso, o judaísmo e o cristianismo fundamentam sua identidade e sua fé em acontecimentos *históricos* vividos por pessoas reais, os quais se encontram testemunhados na Bíblia.

Pois bem, se nos detivermos para refletir a respeito da relação entre história e fé na Bíblia, é porque frequentemente se pensa que ela não é mais do que história e que todo relato é, em princípio, de gênero histórico. Por conseguinte, tende-se a estudar a Bíblia como se fosse um livro de história somente, com lição de moral a tirar. É o caso da famosa "*história* sagrada (ou da salvação)", onde o peso está posto em "história". É o que se observa em muitos grupos de "estudo bíblico". Reduzir a Bíblia a "história" é um empobrecimento da Palavra de Deus, pois contém muito mais do que história. Além do mais, quando se leem os textos "históricos" da Bíblia – entre os quais se entretecem mitos, lendas, epopeias, sagas – frequentemente se faz como se se tratasse de história no sentido em que nós a entendemos. Para esclarecer o conceito de história, sugiro reler o que foi dito a esse respeito.

Curiosamente, quando lemos uma narração, quase espontaneamente partimos do pressuposto de que o que está narrado *deve* ter acontecido, a menos que seja óbvio que se trata de um conto ou de algum gênero semelhante. Pensar que qualquer narração, por estar escrita em tempo pretérito, ter nomes e apresentar-se com ares de crônicas, tem de ser história, frequentemente é uma conclusão errada, devida ao desconhecimento do que é história e dos gêneros literários (veja o que foi dito no cap. 9). Não causa estranheza que, quando se leem os relatos bíblicos, inconscientemente se suponha que se trata de relatos de gênero *histórico* – é, além disso, o que nos foi inculcado desde pequenos. Se a isso acrescentarmos o suposto de que "a Bíblia não pode conter erros" (sem que se nos ocorra que possamos ser nós que nos equivocamos em nosso juízo literário e histórico sobre o que lemos), nos encontramos com coisas que se leem, se comentam e se estudam como relatos *históricos* (sem analisar se o são ou não), coisas que na realidade são mitos, lendas ou epopeias. Casos típicos são os relatos em Gênesis e aqueles sobre o êxodo. Além disso, não costuma ocorrer-nos que as narrações históricas foram escritas *depois* que os supostos episódios aconteceram, olhando para trás e do ponto de vista do narrador – que tampouco se costuma levar em conta.

Conceito de história

Para nós, é história toda informação que corresponde com exatidão a fatos comprováveis, cujos dados são verificáveis e foram atestados por pessoas confiáveis, e cujas causas são naturalmente compreensíveis. Nosso conceito de história exclui o âmbito do transcendente ou do sobrenatural, exclui a intervenção de poderes ou de forças divinas, porque não são verificáveis e não correspondem às experiências naturais do homem. A mentalidade semita, que é aquela na qual se escreveu a maior parte da Bíblia, não se interessava em primeiro lugar pela veracidade histórica no sentido nosso de precisão cronística, mas pela significação existencial que aquilo que foi relatado tinha para os homens. Por isso, não tinham dificuldades em exagerar, em introduzir elementos que não eram estritamente históricos como se o fossem, até em mudar os dados, porque para eles o que era relatado estava a serviço do que queriam comunicar, ou seja, da mensagem. Para eles, o importante era "o que *significa* o que se passou" e não "*o que* se passou". A mentalidade semita considerava história tudo o que, de uma ou de outra maneira, converge na existência do homem e, portanto, incluíam o âmbito do sobrenatural, a causalidade divina, a intervenção de poderes ou de forças não terrenas. Um sonho, por exemplo, podia ser catalogado como histórico, se o que fora sonhado se materializava ou se cumpria. O sonho, além disso, frequentemente era considerado como premonição divina. Uma estiagem era recordada pelo *efeito* que teve na vida do povo como um suposto castigo divino, quer dizer, era recordada como história, não pelo fato mesmo da estiagem, mas por sua *significação* para as pessoas (veja, por exemplo, 1Rs 17-18). Eles estavam mais interessados na explicação dos fatos do que nos fatos mesmos. A interpretação de um acontecimento era mais importante do que uma descrição detalhada ou uma "reportagem" precisa do acontecido. O relato do encontro entre Davi e Golias (1Sm 17), por exemplo, exagera os traços das duas figuras e dá-lhe um ar de epopeia, porque o que se queria compartilhar era a *mensagem* de que Deus tinha estado com seu povo, apesar do "gigante" da adversidade. Apresentam-no como se fosse um fato estritamente histórico, porque, para eles, era estritamente verídica a proteção divina, e uma prova disso a oferece precisamente o duelo "histórico" entre o pequeno e indefeso Davi (= Israel) e o "tanque de guerra" Golias (= filisteus). Somos nós, os ocidentais, que colocamos todo o peso onde eles não o colocaram: na pergunta pela veracidade histórica (em nosso sentido do termo). Para eles, em contrapartida, o real e o histórico era a assistência divina, e para torná-la "visível" exageram. Igualmente fizeram com os relatos do êxodo e da tomada de Jericó. Igualmente se fez em uma série de cenas relatadas no Novo Testamento.

A tradição bíblica, de mentalidade semita, não fazia a diferença que nós fazemos entre história, lenda, epopeia, mito e outros gêneros literários afins, pois para eles todos falam de uma realidade de alguma maneira acontecida. Falam de seu passado com a convicção de que todo o narrado sobre ele havia realmente acontecido e da maneira como se relata. Toda mudança que fizeram no relato não tinha outra razão que a de fazer ressaltar a significação do que está relatado.

Os livros qualificados como "históricos" (Reis, Crônicas, Esdras-Neemias) não apresentam uma história como tal. Por definição, história denota uma continuidade de acontecimentos entrelaçados, em contraste com um acontecimento isolado, que é um acontecimento histórico, mas não constitui história. O que encontramos nesses livros bíblicos é uma justaposição de cenas ou episódios "históricos". São mais os vazios "históricos" que os espaços cheios. Por isso mesmo, não é correto falar de uma história *da salvação*. De fato, particularmente no Antigo Testamento, o que encontramos é um vaivém entre êxitos e fracassos, prêmios e castigos, salvação e condenação. O que temos é uma história *salvífica*, uma história aberta ao futuro com suas proposições e promessas.

Aparências que enganam

Nem todo relato na Bíblia é histórico, embora tenha essa aparência. Não ser estritamente histórico *não* equivale a "mentira" ou "engano", como nos inclinaríamos a julgar muitos relatos da Bíblia, se os julgarmos com nossos critérios de historicidade. Em todos os povos nasceram mitos e se tecerem lendas, e ninguém se importou com sua função e sua veracidade. A fundação do Império Inca era relatada por meio de um mito, e sua função era explicar sua origem, e por que tem sua capital em Cusco. São conhecidas as lendas que se teceram em torno de nossos heróis, e ninguém as qualifica como "mentira", pois entendemos que por meio delas se ressalta a heroicidade do personagem admirado. Igualmente, na Bíblia encontramos relatos que têm aparência histórica, mas que na realidade são mitos, como os que encontramos em Gênesis 1 a 11; outros são lendas, como os que lemos em Juízes; e também há os que têm aparência histórica, mas não têm nenhum fundamento histórico, como é o caso do livro de Jonas. Entre os escritos históricos encontramos crônicas mais ou menos objetivas, e também outras alteradas pelo peso da interpretação dos fatos ou por uma intenção não cronística. Em resumo, o valor histórico (de acordo com nossa maneira de entender história) não é o mesmo em todos os escritos que tradicionalmente se classificam como históricos. Deve-se distinguir o que se quis dizer (mensagem) da maneira como se disse (gênero literário). Por isso, é importante perguntar-se: Que pretendeu ou quis dizer o narrador? E para responder corretamente, temos de ter presente o gênero literário utilizado. Obviamente, em nenhum caso se trata de reportagem ao vivo e direta, em filmagens ou gravações.

História como interpretação

A história transcende o passado à medida que este é interpretado, quer dizer, os acontecimentos do passado deixam de ser simples recordações e adquirem importância para os homens à medida que se destaque sua significação para o presente. É precisamente isso que os hebreus e os judeus fizeram com sua história, e depois os cristãos, e é isso o que lemos na Bíblia: história atualizada e significativa. Foi precisamente por sua pertinência e importância significativa que se transmitiu o que lemos, como vimos ao falar da tradição oral. Nós, peruanos, podemos recordar como certos acontecimentos na vida de Túpac Amaru cobraram importância significativa para a política do Governo militar na década de 1970. Estes foram interpretados, e sua pertinência ideológica foi ressaltada, erigindo-os em paradigma de nacionalismo e de dignidade quíchua. Algo semelhante fizeram os cronistas com relação aos acontecimentos e aos personagens mais importantes da história de Israel, e os evangelistas com relação a Jesus. A interpretação não é para contemplar o passado ou admirá-lo, mas para que sirva de orientação para o futuro.

Na história profana, a interpretação que se faz dos acontecimentos costuma limitar-se ao passado; não se projeta para o futuro. Além do mais, as causas e as consequências dos acontecimentos foram determinadas com base em dados verificáveis; não se admitem explicações em termos do transcendente ou do divino, como encontramos nos escritos bíblicos. A história que se oferece na Bíblia é história *teologizada*. Os acontecimentos foram interpretados por pessoas que creem, à luz de sua fé em Deus, e sua significação "religiosa" se projetava para o futuro, como é evidente nos escritos proféticos e nos que constituem o Pentateuco. Os relatos de caráter histórico na Bíblia não são imparciais e objetivos, mas os acontecimentos foram, em maior ou menor grau, interpretados a partir da fé e a serviço da fé em Deus, de modo que se colocou em relevo sua significação para a fé: são testemunhos de fé!

Como vimos na Primeira Parte, entre o acontecimento e o relato situa-se a interpretação. É o significado dos fatos e não os fatos em si mesmos que conduz à fé, e isso é produto da interpretação inspirada por Deus. Não é a morte de Jesus como tal, por exemplo, que nós, cristãos, professamos como artigo da fé, mas o que sua morte significa: que é salvífica, libertadora, redentora. Para destacar a significação dessa morte, os discípulos interpretaram o fato mediante textos e conceitos do Antigo Testamento, pois "segundo a(s) Escritura(s)" equivalia a dizer "vontade de Deus", e essa vontade divina sempre foi salvífica. "Interpretar" significa manifestar seu valor. Como simples fato, a morte de Jesus em si mesma não foi nem mais nem menos que a de um judeu condenado. Seu significado foi destacado pelos cristãos, por aqueles que criam em Jesus como messias e salvador. O que lemos nos Evangelhos é o fato entretecido com a interpretação, de tal modo que ressalta sua significação e, por isso, se relatava.

Além dos acontecimentos mesmos, o relatado na Bíblia aponta para a relação desses acontecimentos com Deus. Igualmente fizeram com seus mitos, lendas, epopeias, sagas. Sua função é, então, referencial: referem o que relatam a Deus como Senhor da história e como juiz das ações dos homens. Mas também tem clara função dialogal: convidam o leitor a responder positivamente à sua Revelação, colocando sua fé nele.

Tudo isto explica (1) *por que* na Bíblia se narra somente o que consideraram como significativo; (2) *por que* viam a Deus "por trás" dos acontecimentos narrados e ele está no centro de todas as reflexões, e (3) *por que* a história era interpretada e atualizada, destacando-se sua significação religiosa. Deus é o Senhor da história. Por isso, não deve causar-nos estranheza que encontremos a criação como um dos pilares do pensamento da tradição judeu-cristã: Deus é a origem de tudo, e tudo tem seu sentido último na relação com ele. Não deve tampouco causar-nos estranheza que se dê tanta importância ao conceito de aliança, que não haja relato na Bíblia que não se vincule com Deus, que não haja acontecimento que não seja interpretado religiosamente, e que não haja personagem importante que não seja julgado à luz de sua relação com Deus.

Certamente, os diversos acontecimentos narrados puderam ser interpretados de outras maneiras, diferentes das que lemos na Bíblia, como se observa, por exemplo, em torno do problema dos falsos profetas (veja Dt 13,2ss; Jr 23,9ss; 26,7ss) e a propósito dos exorcismos realizados por Jesus (veja Mc 3,22ss; etc.). A interpretação que os escritos da Bíblia oferecem procede da fé inspirada pelo Deus que acompanhava seu povo.

A geração que herdava os relatos históricos, que eventualmente foram colocados por escrito, estava consciente *da distância histórica* que a separava da geração que viveu os acontecimentos em questão. Isso se observa nos escritos bíblicos, pois os relatos eram atualizados. Personagens do passado pensam e falam frequentemente como se fossem contemporâneos aos escritores e como se ainda vivessem. Os acontecimentos parecem ter ocorrido somente ontem. A fusão do passado com o presente obedecia tanto à consciência de que Deus (ou Jesus Cristo) continuava presente como às experiências vividas no momento de sua atualização. A atualização ou "colocação em dia" tinha por finalidade referir o leitor ou ouvinte a Deus como aquele que continua presente, não só como aquele que se revelou no passado. Por isso tinha grande importância *reviver* certos acontecimentos fundamentais. Assim, por exemplo, a Páscoa judaica, celebração da libertação, devia ser revivida todos os anos (Ex 12,24ss), como depois se estipularia com relação à Última Ceia entre os cristãos ("Fazei isto em memória de mim"); a Aliança devia ser renovada com certa frequência, e a Festa dos Tabernáculos devia ser uma reatualização da experiência da travessia pelo deserto (Dt 16,13 ss). O povo judeu e a comunidade cristã não viam o passado como simples recordações, mas como garantia e promessa, como história sempre renovável. Por isso, o relatado era expressão de uma fé atual. Recuperar os dados históricos e dar-lhes absoluta prioridade é um trabalho arqueológico que pouco tem a ver com a fé. Saber não é necessariamente crer.

Empreguei frequentemente a expressão "relatos históricos". Esta é uma expressão mais correta do que o simples termo "história", aplicada à Bíblia, porque os relatos ou narrações que ali encontramos têm elementos *de caráter* histórico, mas poucas vezes são história em nosso sentido do vocábulo. O *relato* histórico caracteriza-se por dar prioridade ao significado do narrado, por ter um propósito diferente do que o de informar friamente sobre fatos acontecidos. Por isso mesmo, inclui elementos legendários, até mitológicos, e faz intervir "personagens" e forças que não são deste mundo. Estes relatos são históricos, porque seu núcleo é constituído por acontecimentos reais, embora posteriormente se entreteceram com elementos não históricos. Ao empregar a expressão "relatos históricos", estou colocando o acento na dimensão literária, e destaco que o propósito do narrado não se reduz à simples preservação de memórias de fatos passados.

A verdade histórica

Não poucas pessoas estão convencidas da estrita historicidade (facticidade) de todos os relatos de aparência histórica, incluídos os mitos e lendas, e a defendem a unhas e dentes. É a maneira própria de crianças verem relatos: os contos são para elas reais. Afirmar que um relato considerado como histórico na realidade não o é equivale para essas pessoas a afirmar que "a Bíblia nem sempre diz a verdade", ou que o relato em questão não tem nenhum valor, como se a única verdade possível em forma narrada fosse a da história. Quem dirá que um mito, apesar de não ser história, não tem nenhum valor e não tem nada que dizer? Quando lemos a "história" da fundação do Império Inca, e depois nos inteiramos de que, estritamente falando, não é história, mas um conjunto de mitos e lendas, talvez nos sintamos um tanto desiludidos, até tentados a dizer: "mentiram para nós". No entanto, nunca *foi* história em sentido estrito, de modo que não é mentira. O erro foi nosso, ao tomá-lo como história. E apesar de tudo, essa "história" transmite uma verdade e uma identidade, e é isso o que se pretendia. Quando éramos crianças, acaso não tomávamos os contos como se fossem histórias reais? Em quantos deles não se encontra uma verdade! Igualmente, os mitos, as lendas, as epopeias e as sagas têm, cada um, seu tipo de verdade (veja o que foi dito sobre gêneros literários, cap. 9).

Um exemplo concreto, tirado da Bíblia, é a convicção de que o dilúvio "universal", relatado em Gn 6-8, realmente aconteceu. Prova disso é que se empreenderam expedições ao Monte Ararat (Turquia) em busca da arca de Noé – com o consequente desembolso de alguns milhões de dólares. E não se encontrou nada até hoje, exceto supostos "vestígios". Se se encontrasse algum pedaço de madeira, até datável por carbono 14 a uns seis milênios (como afirmam as Testemunhas de Jeová), ainda não se teria demonstrado que *esse* pedaço de madeira pertencia à arca de Noé e não a qualquer outra coisa, nem se teria demonstrado que o relato bíblico é história. De modo imediato, o texto em Gn 8,4 diz que "a arca pousou nos montes de (a região de) Ararat", no plural e sem maior especificação. Por outro lado, a literatura universal conhece outros relatos parecidos. O melhor paralelo é a epopeia mesopotâmica de Gilgamesh, que remonta ao terceiro milênio a.C., encontrada em vários lugares. São estas as semelhanças que cabe perguntar-se se essa peça clássica influiu no relato de Gênesis. Recordemos que os israelitas estiveram exilados na Mesopotâmia no séc. VI, época da composição do Gênesis! Além disso, assumir um dilúvio de tal magnitude, que ultrapassa os 5.200 metros do monte mais alto da região de Ararat, suscita um sério problema para se resolver inteligentemente: imagine-se o volume de água que isso supõe! De onde veio e onde foi ao "secarem-se as águas"?

Para perguntas de ordem histórica se obterão respostas de ordem histórica, não mais. Se pergunto quem conquistou Judá durante o reinado de Roboão, obtenho como resposta de 1Rs 14,25s e 2Cr 12,3s que foi Sisac, rei do Egito. Isto é um dado histórico, e é verificável. Segundo estes escritos, a causa deste fato foi a infidelidade de Roboão a Iahweh. Isto já não é um dado histórico, mas uma interpretação. No entanto, é precisamente nesta interpretação que o relato situa a importância do narrado. Se desejo saber quantos morreram no ataque de Sisac, não obtenho resposta alguma da Bíblia nem tampouco a respeito dos verdadeiros motivos que o rei teve para sua investida sobre Judá. Concluir que, do ponto de vista estritamente histórico, e de acordo com os resultados das escavações arqueológicas realizadas, Jericó não pôde ter sido conquistada como relata Josué 6, não implica que o relato não tenha valor algum. Jericó é um vale, e a população se reduzia à de uma aldeia de pouca monta (da qual não ficam restos) nos tempos da suposta conquista dos hebreus. De fato, a grande Jericó tinha sido destruída entre os séculos XIV e IX a.C. Afirmar que a conquista de Jericó, ao menos nas dimensões relatadas na Bíblia, "não aconteceu", é emitir um juízo de ordem histórica, mas não mais. O que afirmar "eu creio, sim, que aconteceu", nem por isso fará com que haja acontecido, e terá de respaldar sua afirmação com critérios válidos, da mesma maneira que aquele que o negar. Do que foi dito se depreende que é necessário distinguir entre a verdade histórica e a verdade literária (aquela que o relator quis comunicar).

A verdade histórica refere-se aos dados do relato e comprova-se com critérios próprios das ciências históricas: a verificabilidade dos dados, a verossimilhança do narrado em termos de probabilidade e de causalidade natural ou humana, e a natureza das fontes de informação empregadas. Exclui, por certo, toda explicação sobrenatural. O método de estudo dos textos a partir da perspectiva histórica é conhecido como "método histórico-crítico".

A verdade que os escritores dos diversos textos da Bíblia se propuseram comunicar é de ordem teológica mais do que histórica, sobre o que nos detivemos ao falar da verdade da Bíblia (cap. 16). Que isto é assim resulta óbvio quando se observa que o peso dos relatos está na interpretação da significação do narrado, e que essa interpretação é feita a partir do ângulo religioso e teológico. Certamente, isto de nenhuma maneira significa que não se encontram dados históricos na

Bíblia ou que esses dados não interessavam aos escritores, mas sim significa que nem tudo o que parece ser história o seja.

Certamente, é legítimo perguntar pela veracidade histórica de um relato, mas deve-se ter presente o que foi dito antes: (1) o gênero literário empregado pelo autor, (2) o fato de que perguntas sobre história se respondem somente com dados de demonstrada índole histórica, e (3) que o propósito primordial dos escritores não se situa tanto no nível de história, mas no campo teológico.

Tomemos outro exemplo. O relato do pecado de Acan, em Josué 7, que consistiu em ter guardado para si parte do saque tomado na conquista de Jericó (que já vimos que não aconteceu nos tempos de Josué!), foi destacado na tradição como *causa* da derrota que os hebreus sofreram nas mãos dos habitantes de Hai. O episódio, insignificante em si mesmo, foi narrado pela mensagem que permitia transmitir: a falta cometida (desobediência a Deus) por um só membro do povo escolhido (Acan) reflete-se em todos os membros (solidariedade). Originalmente, o relato do pecado de Acan não estava unido ao da derrota de Hai. Apesar de que o vale de Açor, onde se situa o episódio de Acan, se encontra distante de Hai, no relato ambos os lugares são apresentados como muito próximos (v. 26). Este é um indício de uma transformação intencional, com a finalidade de unir o relato do pecado de Acan com o da derrota de Hai. Na realidade, como se lê nos v. 3-4, a derrota se deveu ao simples fato de que os hebreus desprezaram os habitantes de Hai. Mas, segundo o livro de Josué, a causa da derrota teria sido outra: o pecado de Acan. Isto é uma interpretação nitidamente teológica, não histórica, que não se pode demonstrar por critérios históricos. Por que se deu esta interpretação? Para ressaltar que a solidariedade na obediência a Deus é indispensável para a prosperidade. O passado *histórico* passou a ser passado *significativo* para o presente e para o futuro.

Em síntese, deve-se *distinguir entre a verdade histórica e a verdade teológica*, entre o acontecido e sua significação. Visto que os relatos da Bíblia estão narrados a partir da perspectiva da fé do narrador, e o propósito está em função da fé da obediência a Deus, é recomendável começar por descobrir a mensagem teológica do relato e somente no final colocar a pergunta pela historicidade do relato, e não ao inverso. Em muitos grupos de estudo bíblico, lamentavelmente, se concentra toda a atenção na verdade histórica, até chega-se a historizar os relatos bíblicos e, no processo, a *mensagem* que ocupava a atenção dos narradores é relegada ou minimizada. A leitura correta começa pelo propósito do autor, e na Bíblia este é de ordem teológica, não meramente nem primordialmente histórica.

A historicidade é uma tendência muito frequente entre leitores da Bíblia. É reflexo de nosso espírito "materialista", e também de nossa ingenuidade, quando se trata do passado. Historizar é inventar detalhes com a pretensão de que foram parte de um acontecimento, baseando-se em uma cadeia de suposições gratuitas e infundadas. A tendência historicista manifesta-se também no fato de tratar como se fosse história o que realmente não o é, como os mitos de Gênesis. Tratar o relato sobre a coluna de sal explicada em termos da mulher de Lot que olhou para trás, para Sodoma e Gomorra (Gn 19,26), como se fosse histórico, é historizá-la. Tratar as tentações de Jesus como se fossem um fato histórico inquestionável é uma simples historização de um relato catequético.

21.
MITO E REALIDADE

Quando falamos, o fazemos com relação a um dos três tipos de realidades.

1) As mais óbvias são as realidades *sensíveis* que são *objetivas*, aquelas do mundo material e que qualquer pessoa pode perceber por meio dos sentidos, por exemplo, uma flor, um móvel, um livro. Não temos dificuldade alguma em comunicar-nos a respeito dessas realidades, sempre e quando falarmos o mesmo idioma e ambos conhecermos o objeto do qual falamos.
2) As realidades *sensíveis subjetivas*, que experimentamos em nosso "interior", que não são externas a nós, que não são "fotografáveis". Situam-se no mundo de nossos sentimentos (sensoriais ou afetivos), como o são a dor, o amor, o remorso etc. Tampouco é difícil comunicar-nos a respeito destas realidades de uma maneira compreensível, sempre e quando ambos as tenhamos experimentado. Para falar destas realidades (muito reais para mim: sinto a dor, mas não se pode fazer uma radiografia), usamos imagens e comparações que o que nos escuta possa compreender, se ele conhece esse sentimento. A dificuldade começa, por exemplo, se não conhece a dor ou a angústia. Quando dizemos, por exemplo, que o amor é uma chama ardente que alegra o coração, sabemos bem que o amor não é na realidade uma chama ardente aninhada no coração (caso fosse assim, produziria a morte!), mas é *um modo de falar* a respeito do amor. Para explicar a origem ou a natureza de algumas dessas realidades antigamente se recorreu a mitos: sofremos a partir da desobediência de Adão e Eva, como castigo de Deus.

3) Finalmente, existem realidades chamadas *transcendentes* (não sensíveis), que são as de caráter filosófico e teológico, como, por exemplo, o bem, o belo, e todo o âmbito divino e do "além" do mundo de nossas experiências. São realidades que não pertencem ao mundo dos sentidos, e a aceitação de sua realidade é questão de convicção, de opiniões e crenças – por isso, as pessoas podem ter opiniões diferentes sobre elas. Para falar destas realidades, emprega-se ou a linguagem filosófica ou a linguagem figurada (simbólica ou metafórica). Por exemplo, para afirmar a existência e a atuação de anjos, que não são realidades de nosso mundo sensível, pode-se usar a linguagem filosófica, abstrata, e dizer que são essências puras, ou se pode empregar uma linguagem concreta de imagens tomadas de nosso mundo experiencial que nos são conhecidas, e assim se fala dos anjos como se fossem seres humanos que falam, que se movem, até que têm aparência visível (e se desenham!). Esta última é a linguagem típica dos tempos bíblicos para referir-se às realidades transcendentes.

Falar do transcendental

O problema que nos concerne aqui é a relação entre as realidades transcendentes e o tipo de linguagem empregada para falar delas. Na Bíblia, fala-se de Deus, de anjos, de demônios, como se fosse de seres humanos que falam, que se movem, que têm um corpo visível etc. Fala-se do céu, do inferno, como se fossem lugares. Fala-se de realidades do "além" como se fossem do "aquém". Fala-se da origem do mundo e da humanidade como resultado de um "fazer" divino ("fez", não criou), e do destino dos homens como resultado de um juízo divino. Esse modo de falar se costuma qualificar como "mítico", porque é característico dos mitos apresentar as causas de algo em intervenções de seres e forças que não são próprios deste mundo. Somos nós que qualificamos essa linguagem como mítica, não os autores bíblicos. O mito como tal é a exposição do pensamento mítico em forma de um relato, parecido com o conto.

O termo "mito" e o qualificativo "mítico" para referir-se a esta linguagem são infelizes, porque para a maioria são sinônimos de fantasioso, de ficção, de conto, do que foi criado pela imaginação. É necessário esclarecer que o termo "mito" se emprega no campo religioso, filosófico, antropológico e sociológico, para referir-se à maneira pré-científica de compreender e de falar a respeito do mundo, que se caracteriza por ser explicações em chave religiosa: intervêm forças "espirituais", divindades, demônios.

Não se trata somente de maneira de falar, mas também de um modo de compreender, de conceitos. Na base está uma visão do mundo e da vida. Para comunicar os conceitos que se têm, emprega-se uma linguagem que permita compreendê-los. A linguagem é o *meio* de comunicar os conceitos. Pois bem, os mitos baseiam-se em conceitos pré-científicos, até pré-filosóficos. Seus autores – nos tempos bíblicos e também em muitos povos primitivos hoje – estavam convencidos de que certas "realidades" e fenômenos que se experimentavam e se observavam eram produtos da atividade de Deus ou de demônios. As origens de certas situações ou fenômenos do homem mesmo, de seu destino e de sua relação com "o espiritual", enfim, tudo o que era importante e não tinha uma explicação natural dentro dos limites da experiência sensível, eles o explicavam em termos míticos. Fenômenos como raios e trovões, que hoje conhecemos pela ciência, naquele tempo eram considerados como produtos do "além". Quer dizer, havia uma espécie de intercâmbio entre o mundo do "além" e o do "aquém", e também falavam "Deus" como se fosse um homem, raios e trovões como se viessem de Deus. Basta ver os relatos de Gênesis 1-11, que é uma coleção de mitos, cheios de vivacidade e de colorido, nos quais o próprio do "além", o mundo transcendente, se entretece com o do mundo da experiência humana.

Algumas palavras suplementares sobre os mitos (recorde-se o que foi dito no cap. 9.c). O pensamento mítico busca expressar algo da verdade em relação a uma realidade transcendente, aquela além do entendimento, por exemplo, a origem do mundo, as causas do mal e os fenômenos meteorológicos (dilúvio). O relato mítico costuma ser de ordem do fantástico, quase absurda e incrível para nós; é pré-lógico. O mito é obra de imaginação, como o é a poesia: ambos fazem referência a profundidades, intuições, convicções existenciais. Sua linguagem é fundamentalmente evocativa, se expressa em figuras simbólicas para explicar realidades. Mas, por isso mesmo, o mito permite compreender dimensões da experiência que não poderíamos entender, se nos limitássemos ao factual.

Os autores bíblicos não eram filósofos, mas gente simples, de mentalidade prática; porém, além disso, com uma visão pré-científica do mundo. Seus conceitos eram expressos por meio de imagens (que passam a ser símbolos) tomadas do mundo de suas experiências. É a linguagem que as crianças empregam, e é a que melhor se presta para a compreensão entre as pessoas simples. Para a mentalidade pré-científica, o pensamento mítico é o único caminho de que dispõe a mente para abordar certos problemas que caem precisamente fora do âmbito da experiência sensível.

Mito costuma ser associado com falsidade, mentira, como se a única narração veraz fosse a história, e para muitos como se a única verdade fosse a demonstrável (científica). Esse juízo obedece à ideia que não corresponde à dignidade de Deus e da Bíblia outro tipo de narração que não seja a história. O fato, no entanto, é que o mito busca expressar uma verdade. É uma maneira de dar expressão compreensível a uma realidade não sensível. Sua verdade é do tipo da poesia, que não é o mesmo tipo de um relato histórico – poesia não representa história, no entanto, tem "sua verdade", e uma verdade frequentemente mais profunda do que a de um relato histórico.

O narrador/escuta[1] não tomaria o relato mítico com a mesma certeza histórica com que tomaria o relato da conquista de Judá por Nabucodonosor. Não é propósito do mito comunicar memória histórica de acontecimentos realmente ocorridos, embora o narrador/escuta pudesse pensar que alguns desses supostos eventos se deram sim (quão difícil é saber o que os outros pensavam, e mais ainda antigamente!). O simbólico e o real estão, ambos, presentes na mente daquele que apela para o mito para expressar o que crê (pensemos na religiosidade popular), e para ele são verdade.

Como vemos, os mitos e a linguagem mítica são empregados para explicar realidades transcendentes e as interrogações profundas do homem, que para ele são reais, ou crê convictamente nelas. São as realidades religiosas e existenciais. Os sentidos não captam todas as realidades, e certamente não as do "além", mas, para falar delas,

1 (N. do T.): O autor usa esta expressão para indicar que o narrador exerce o papel de escuta da tradição oral ou que narra aquilo que escuta.

é necessário empregar uma linguagem humana, compreensível e comunicável. São as perguntas a respeito da origem e do destino do homem e as perguntas a respeito de toda a esfera divina. O mito é a maneira pictórica de falar dessas realidades que podem ser experiências espirituais, intuições ou convicções. Os escritores da Bíblia não recorreram a uma linguagem filosófica para falar dessas realidades, mas à linguagem mítica, figurada, de imagens tomadas do mundo de suas experiências sensíveis (ver, ouvir, falar, agir).

Assim, por exemplo, a verdade (convicção) de que Deus é o "criador" do homem foi expressa miticamente por meio dos relatos que lemos em Gênesis 1-2. Seja como for que se relate o destino final dos homens, seja em termos de céu ou de inferno e como resultado de um julgamento divino ou de outra maneira, a verdade que com cores míticas se expressa em um relato como o juízo final em Mateus 25,31-46 é que o destino último dos homens (feliz ou desgraçado) depende de sua vida neste mundo, de sua conformidade ou não conformidade com as exigências de Deus. Esta é uma realidade transcendente, repetidas vezes afirmada na Bíblia, que não é científica ou historicamente comparável e verificável. É objeto de fé.

Resumindo: o modo de falar por meio de imagens tomadas de nosso mundo sensível denomina-se mítico, quando se refere a uma realidade transcendente. O *relato* do rapto de Elias ao céu (2Rs 2) é mítico (ele não é um mito como tal, pois Elias foi real), como o é aquele das tentações de Jesus com seus intercâmbios com o diabo. Mas, mediante esse modo de falar, cada um desses relatos expressava uma verdade: Elias não morreu, vive com Deus (como se dirá da ascensão de Jesus em Lc/At); Jesus não cedeu às tentações que o mundo oferece, mas submeteu-se durante sua vida à vontade de Deus. Fala-se, então, do mundo transempírico e não objetivo, usando termos e imagens próprios do mundo empírico e objetivo. Fala-se de Deus como juiz, pai, rei (que são metáforas), como alguém que fala, age, se encoleriza, como se fosse um humano, embora Deus não seja humano.

Mito e linguagem

A questão do mito e sua linguagem é nitidamente comunicativa: trata-se da relação entre a realidade da qual se fala e a linguagem com a qual se fala dela. Realidades transcendentes são expressas em uma linguagem da realidade sensível, quer dizer, transfere-se o que é próprio de uma realidade a outro tipo de realidade.

realidade transcendente ---------→ por exemplo, Deus mesmo

---

realidade sensível ----------------------→ por exemplo, paternidade (ser pai)

É de suma importância estar consciente de que se está fazendo essa transferência: Deus não *é* pai, pois paternidade é uma realidade humana. Na esfera divina, não há pais, mães, filhos, esposos, mas sim a plenitude do amor que supera a de um pai por seu filho. Igualmente, é mítico dizer que Deus nos castiga por nossas culpas. O castigo é a retribuição que damos por uma ofensa, mas a Deus não podemos ofender (definição comum de pecado). Falar assim é projetar sobre Deus (que não é de nosso mundo) um conceito próprio de nossa existência humana. Deus *não* pode ser ofendido, pois, se fosse, teríamos poder sobre ele, já que poderíamos ofendê-lo ou não ofendê-lo como nos aprouvesse, e estaria sujeito ao que *nós* fizéssemos.

Pois bem, no mundo pré-científico, as realidades transcendentes e aqueles fenômenos cujas causas se associavam com a transcendência, como os trovões, as enfermidades mentais etc., se explicavam em termos mitológicos, usando-se vocábulos que referem ao mundo de suas experiências. É isso o que lemos na Bíblia. Na ordem da comunicação, temos a seguinte sequência:

Realidade "transcendente" ---------→ linguagem mítica ---- -----→ eu (leitor)

Quando lemos um texto, logicamente devemos perguntar-nos de que realidade se está falando e a que verdade remete. Assim, *literalmente lemos* na Bíblia de seres, poderes, intervenções divinas ou demoníacas. Se entendermos e estivermos conscientes de que os autores bíblicos empregaram a linguagem do mundo de *suas* experiências humanas para falar de realidades transcendentes, então não devemos ler literalmente, mas figuradamente, conscientes de que se trata de "um modo de falar". A linguagem é somente um meio de comunicação. Na ordem da compreensão, temos o seguinte percurso:

eu -------→ *linguagem* mítica -------→ de que *realidade* se trata? o que diz dela?
MEIO FIM

A linguagem e as imagens empregadas na Bíblia foram tomadas de seu meio ambiente, do mundo concreto de suas experiências humanas. Igualmente, certos conceitos e ideias que seus autores tinham eram comuns em seu tempo e vinham de suas simples observações. Quer dizer, tanto os conceitos como a linguagem com a qual os expressavam estavam *culturalmente condicionados*: sua imagem e concepção do mundo e de seus fenômenos, sua maneira de entender o homem e a vida, até Deus, e as relações entre estes, correspondem aos conceitos de *seu* tempo. Não deve causar-nos estranheza, então, que na Bíblia se fale de certos males físicos como castigos divinos, de enfermidades psíquicas e nervosas como possessões demoníacas, dos fenômenos celestes como manifestações divinas, do destino dos homens em termos de juízo divino, de lugares celestes ou subterrâneos etc., todas concepções que o judaísmo compartilhava com muitos povos. Quanto mais primitiva é uma cultura e quanto menos se inclina à filosofia, mais se recorre a imagens provenientes do mundo de suas experiências sensíveis para falar do que escapa à sua compreensão e ao campo de seus conhecimentos. Igualmente, quanto menos conhecimento tiver o homem de seu mundo e das leis da natureza, mais tenderá a explicar diversos fenômenos do mundo em termos espirituais e de deuses. Mesmo hoje, quando falamos do "além", do que se situa do outro lado de nossas experiências humanas (para não mencionar nossas superstições), como por exemplo da morte mesma, do destino depois dela, do âmbito do divino, e de tantas outras realidades não sensíveis, empregamos uma linguagem humana, tomada do mundo de *nossas* experiências, e o projetamos sobre estas realidades transexperienciais. Depois de tudo isso, que outro modo (que não seja a linguagem abstrata ou filosófica) temos de comunicar-nos? Somente podemos comunicar-nos com base em experiências que nos são comuns. Podemos falar inteligivelmente de cores sempre e quando o interlocutor estiver familiarizado com elas, mas não a alguém que nasceu cego.

Demitização

Visto que a linguagem empregada e os conceitos que se têm estão culturalmente condicionados, surge a pergunta: O que fica de valor, quando a imagem do mundo, as concepções do homem e do âmbito divino, não são hoje as mesmas que as que tinham os autores dos escritos bíblicos? Se muitos dos acontecimentos e dos fenômenos, que naqueles tempos se explicavam como resultado da intervenção divina ou do demônio, hoje em dia têm uma explicação científica, como, por exemplo, os transtornos mentais e nervosos, o que resta de verdadeiro? Estas e semelhantes perguntas estão na base da chamada *demitização* que ocupou muitos exegetas na primeira metade do século passado e que costuma associar-se com o nome de Rudolf Bultmann.

Quando as concepções do homem, do mundo e do divino, bem como da relação entre estes, mudaram, e quando a linguagem se tornou estranha e se arrisca a tomar literalmente os conceitos mitológicos como se fossem realidade, então torna-se necessária uma *reinterpretação e reformulação* daquilo que o mito ou o dito em linguagem mitológica originalmente queria comunicar. Quando se crê, por exemplo, que Deus literalmente não pode ser ofendido, então é necessário mudar a maneira de falar a respeito do pecado. Este processo de reinterpretação e de reformulação é conhecido como demitização. Nas palavras cruas de Bultmann: "Não é possível utilizar a luz elétrica e o rádio, aplicar meios médicos e clínicos modernos em casos de enfermidade e, ao mesmo tempo, crer no mundo de espíritos e maravilhas", quando existe uma explicação científica comprovada. A demitização tem por finalidade tornar compreensíveis para as pessoas de hoje as verdades profundas que naqueles tempos se expressavam miticamente, de modo que não se caia no literalismo e em conceitos pré-científicos. Certamente, nem tudo o que nos tempos bíblicos se considerava como produto de intervenção direta de Deus ou de demônios – incluído o que qualificamos como milagres – era assim na realidade. O recurso à linguagem mítica mostra, em tal caso, que naqueles tempos não tinham outra explicação além da mítica. Assim, por exemplo, Mc 9,17ss atesta claramente que o que conhecemos como epilepsia era considerado como produto de possessão demoníaca: "quando o espírito mudo se apodera dele, o atira por terra, lança espumas range os dentes e fica rígido".

Demitizar um texto significa, concretamente, que se deve começar por compreender a verdade sobre a qual estavam falando com uma linguagem mítica (ou até um mito), para depois poder expressar essa mesma verdade profunda em termos familiares e compreensíveis às pessoas de hoje. Demitizar, diferentemente de demitologizar (que veremos depois), não significa eliminar o mito ou sua linguagem, e o que possa dizer, como se fosse inútil ou inválido, mas antes *mudar-lhe a roupagem*: desnudar a verdade profunda da roupagem mítica de um tempo, com a qual se apresentava, e revesti-la com uma roupagem tomada do enxoval de nossa cultura. Esse, evidentemente, é um processo que constantemente terá de repetir-se, se a mensagem que se desejava transmitir deve continuar sendo Palavra de Deus atual, para as pessoas de outros tempos e de outras culturas.

A demitização segue o seguinte percurso:

Dificilmente se poderá evitar o emprego de uma linguagem mítica, quando se trata de falar de uma verdade transcendente, a menos que seja recorrendo à linguagem filosófica. Por isso, a demitização costuma resultar em uma remitização. A própria Bíblia deixou indícios de processos de demitização e de remitização. O relato da criação em Gn 2,4ss, por exemplo, é um mito que resultou da demitização de um relato semelhante da criação que era popular na Mesopotâmia e na Babilônia (Enuma Elish): no mito de Gênesis, Deus aparece como o único criador do homem, remitizado com as imagens do oleiro e do cirurgião. Igualmente ocorreu com o mito do "dilúvio universal", baseado em um mito amplamente conhecido na Mesopotâmia (Gilgamesh). Um exemplo de mudança de linguagem é a resposta à pergunta pela origem de Jesus: em Mateus e Lucas, dá-se pelos relatos da anunciação, relatos que estão marcados por elementos mitológicos. Em João, em contrapartida, a origem de Jesus está apresentada em uma linguagem antes filosófica (discursiva): "No princípio existia a palavra (logos), a palavra estava junto de Deus, a palavra era Deus... Ele, a palavra, era a luz verdadeira que, chegando a este mundo, ilumina todo homem... e veio para os seus..." (1,1.9.11; veja antes Fl 2,6ss).

Bultmann e muitos de seus seguidores propuseram demitizar a Bíblia, substituindo a linguagem mítica pela filosófica, especialmente a da filosofia existencialista de Heidegger. Assim, por exemplo, em lugar de falar do inferno como morada ou lugar, falam de uma separação irreversível de Deus; em lugar de falar do pecado como ofensa a Deus, falam da "existência inautêntica". O recurso à linguagem conceitual tem seus valores e evita o perigo de confundir mito com realidade, mas corre o risco de converter a fé em uma espécie de ideologia religiosa e, ainda, de des-historicizar a Revelação. A linguagem abstrata discursiva, além do mais, não é compreensível para a maioria das pessoas. Se, por um lado, a tradução da linguagem mítica da Bíblia em uma linguagem filosófica pode levar à ideologização da fé, a linguagem mítica, por sua vez, pode conduzir à historicização do que não é história fática, como se costuma fazer quando se leem os primeiros capítulos de Gênesis.

Até aqui, falei basicamente da *linguagem* mítica. Mas a demitização da Bíblia será mais ou menos radical, segundo a mudança que tiver ocorrido na *maneira de pensar* a respeito do cosmo e de seus fenômenos, e da relação entre Deus e os homens. É assim que simples e singelamente devemos abandonar a visão tripartida do mundo, com um céu em cima, "os abismos" (lugar dos mortos) embaixo, e a terra no meio, que era a visão própria dos tempos bíblicos e com a qual interpretavam muitos acontecimentos e fenômenos. Igualmente abandonaremos a atribuição de muitos males a possessões demoníacas etc.

Os relatos da ascensão de Jesus, por exemplo, refletem a concepção do mundo e empregam símbolos míticos (a nuvem, a voz do céu). Assemelham-se a mitos pagãos similares que falam da descida e da ascensão de "homens divinos". Deveria fazer-nos pensar o fato de que Lucas é o único evangelista que relata a Ascensão, e de duas formas distintas (veja Lc 24,50ss e At 1,9ss). Provocar-nos-ia um sorriso, se disséssemos que a Ascensão foi semelhante à subida de uma nave espacial. Isso significa que não houve uma ascensão da maneira como Lucas relatou. Mas significa, sim, que o que Lucas relatou "visualmente" tinha por finalidade explicar a ausência física de Jesus de nosso mundo e sua existência *real* como trans-humano, como divino.

O importante aqui é entender o que Lucas queria compartilhar: sua mensagem e verdade teológica. Outros autores vão dizer basicamente a mesma coisa com a expressão "foi exaltado". O Cristo ressuscitado é o exaltado, é aquele que está na esfera ou no âmbito próprio de Deus.

O abandono de determinadas *concepções* míticas é conhecido como *demitologização*, diferente de demitização, que é a tradução da expressão mitológica original em outra expressão que seja compreensível hoje. Uma é questão de conceitos, e a outra é um problema de linguagem.

Recapitulando: é necessário estar consciente da relação entre a realidade da qual se fala e a linguagem com a qual se fala dela, entre a linguagem (que é um meio de comunicação) e a mensagem ou verdade sobre a qual se fala.

Com frequência consideram-se os mitos e as imagens da linguagem mítica como descrições de realidades que ocorreram ou ocorrerão tal como são relatadas, que são literalmente aquilo que delas se diz. Certamente, com não pouca frequência, nos tempos bíblicos os mitos foram considerados como autênticas realidades tal como se falava deles. Estavam convencidos de que o inferno era um lugar físico, e Satanás um personagem com traços humanos. O pecado era considerado como autêntica ofensa a Deus, e as desgraças eram tidas como verdadeiros castigos de Deus ou ações do diabo. A criação aconteceu tal como é relatada, e Adão e Eva existiram e comeram o fruto proibido etc.

Linguagem mítica e realidade

Por um lado, os mitos tinham origens nas experiências humanas e nas reflexões sobre elas. Por outro lado, as perguntas profundas às quais se buscava responder são próprias de toda pessoa que medita sobre sua existência e sobre sua relação com o mundo, com seu destino e com o divino. Por isso, por trás do mito e da linguagem mítica que encontramos na Bíblia, devemos descobrir a experiência-base e as interrogações para as quais buscavam dar uma resposta, quer dizer, a verdade profunda que expressam. Muitos mitos do passado podem ser expressos em outros termos, a linguagem das imagens própria de uma época pode ser substituída por outra mais adaptada, mas a verdade à qual remetem não deve ser descartada automaticamente. A imagem do diabo é substituível, mas a verdade à qual remete essa imagem é a existência de "forças misteriosas" do mal. As imagens que constituem o quadro mítico do juízo final em Mt 25,31ss são discutíveis, quando são tomadas literalmente, mas a realidade à qual o quadro remete não o é: haverá um encontro definitivo com Deus em outro nível que o humano, e passaremos a um modo de existência irreversível que está estreitamente relacionado com nosso comportamento durante nossa vida terrena. O que sempre deve ocupar o centro da atenção é a verdade à qual o mito aponta, verdade que foi a razão pela qual ele foi composto e relatado. O mito e sua linguagem expressam realidades que tocam o homem mais profunda e existencialmente do que aquelas captadas pelas ciências e pela lógica. Por isso, sua verdade é existencial, não científica ou estritamente histórica.

O mito não perdeu a atualidade, por mais "científica" e "moderna" que se considere uma cultura, porque trata de realidades transcendentes de que as ciências e a pragmática não podem apropriar-se, pois estão fora do âmbito da observação objetiva. É que o mito, precisamente por sua linguagem simbólica imaginativa, deixa aberta a intuição original a eventuais aprofundamentos, como acontece com todo símbolo: trata de realidades demasiadamente amplas e profundas para a compreensão total por parte dos homens – nem as explicações filosóficas nem as científicas chegam ao fundo. A origem da soberba (uma realidade não científica) dificilmente se pode explicar melhor do que no famoso relato da "maçã" no paraíso: é o querer "ser como deuses" (Gn 3). As ciências não nos dizem por que estamos no mundo nem nos falam do mundo "espiritual" ou do destino das pessoas, nem nos explicam por que se busca a felicidade e se teme morrer. A filosofia poderá oferecer explicações, mas se baseiam em experiências *humanas* refletidas com determinada lógica humana. Como advertiu Ernesto Sábato: "O mito, da mesma maneira que a arte, expressa um tipo de realidade do único modo em que pode ser expressa. Por essência é refratário a qualquer tentativa racionalizadora, e sua verdade paradoxal desafia todas as categorias da lógica aristotélica ou dialética" (*La resistencia*).

22.

NÍVEIS DE SIGNIFICAÇÃO NA BÍBLIA

Do ponto de vista linguístico, todo texto pode ser compreendido e interpretado de diversas maneiras: literalmente, figuradamente, simbolicamente. No primeiro milênio do cristianismo, teve seu grande auge a interpretação alegórica da Bíblia. Na Igreja católica deu-se grande importância ao chamado "sentido pleno" e ao "sentido tipológico" de certos textos, especialmente na teologia. A Reforma Protestante deu prioridade ao "sentido literal" da Bíblia. Nas correntes fundamentalistas, recorre-se frequentemente ao "sentido figurado", especialmente quando se trata de defender a total inerrância da Bíblia. Ultimamente, vem-se chamando a atenção para o "sentido canônico". Indubitavelmente, os textos bíblicos podem ser lidos a partir de distintos ângulos e compreendidos em diferentes níveis de significação. Detenhamo-nos a considerar brevemente os sentidos em que tradicionalmente se têm lido os textos bíblicos.

Sentido literal

O sentido literal é o que o autor *humano* queria que seu receptor captasse. Portanto, é inseparável de sua intenção. Está dado no gênero literário ou na expressão convencional usada pelo autor. Não deve ser confundido com o sentido "literalista" (que comumente chamamos de "literal" ou "à letra"). O sentido *literalista* da expressão "comoveram-se as entranhas de José por causa de seu irmão" (Gn 43,30) é que seus órgãos internos (entranhas) se convulsionaram. Mas o sentido *literal* é que teve compaixão: "entranhas" usa-se metaforicamente, como era comum antigamente (1Rs 3,26; Is 16,11; 63,15; Jr 21,20; Lm 2,11; Hab 3,16). O sentido literal é determinado por seus contextos literário, cultural e histórico e pelos usos convencionais linguísticos da época – por isso, era compreensível ao seu leitor.

O sentido literal não é necessariamente o que chamamos "ao pé da letra", ou seja, o sentido "literalista", o primeiro que aparece nas definições no dicionário. De fato, o sentido literal não é exclusivamente o da denotação imediata e primeira dos termos e das frases usadas. Literal não se limita a "denotação" (sentido primeiro). O sentido literal não contrasta com um possível sentido figurado, mas com um sentido diferente daquele que o autor humano tinha em mente e quis comunicar, tal é o caso, por exemplo, com as palavras: não eram para ser entendidas ao pé da letra. Igualmente deve-se dizer dos oráculos dos profetas, cuja linguagem era predominantemente figurada (metafórica, hiperbólica, simbólica). O literalismo consiste na leitura de um texto sem levar em conta o gênero literário empregado, lendo um mito ou uma lenda, por exemplo, como se fosse história. O literalista entenderá a criação do mundo em seis dias ao pé da letra, tanto de "seis" (nem mais nem menos) como de "dias" (não de eras ou períodos, embora jogue com aquele ditado de que para Deus "um dia é como mil anos"), e na ordem relatada. É a leitura típica do fundamentalista.

O sentido literal do famoso oráculo de Isaías 7,14 era de um sinal que confirmaria ao rei Acaz o que o profeta lhe tinha dito antes, um sinal que ele mesmo veria: que em seu tempo uma donzela daria à luz um menino, ao qual chamaria Emanuel. Em seu sentido literal *não* se referia a Maria e a Jesus, que é um sentido mais que literal, já que isso *não* foi o que Isaías quis comunicar. Referia-se a algo acontecido em seu tempo, no séc. VIII. O sentido literal da "besta de sete cabeças" no Apocalipse (13,1; 17,7) é o Império Romano "encabeçado" por imperadores, como expressamente se diz em 17,9: "as sete cabeças são sete colinas (Roma) e são sete reis". Em seu sentido literal não se referia a um monstro marinho nem a um império atual; isso seria uma leitura literalista. Portanto, o sentido literal de um texto pode ser figurado. Por isso, seria melhor falar de um sentido *literário,* pois se expressa literariamente: seu sentido está marcado em contextos literários e se dá segundo convenções linguísticas que são as que permitem discernir seu significado.

A tarefa primeira do exegeta é descobrir, mediante o estudo histórico-crítico do texto e de outros enfoques (literários, linguísticos, sociológicos e afins), o sentido literal do texto em questão. Entre aquelas pessoas que dão importância quase exclusiva ao que o texto pode dizer *hoje*, sem levar em conta o que dizia originalmente, se critica o estudo exegético histórico-crítico como se fosse irrelevante, mesmo irreverente, argumentando que "a Bíblia não foi escrita para uns poucos privilegiados (os biblistas)", ou que "não se leva a sério sua qualidade de Palavra de Deus" ao dar tanta importância ao autor humano e à sua intencionalidade, e a questões literárias e culturais. No entanto, a descoberta do sentido literal previne de cair em afirmações gratuitas sobre o que o autor (ou Deus) supostamente quis ou não quis dizer. O sentido literal é inseparável da situação histórica e cultural na qual se comunicou o texto. Depois de tudo, Deus se revelou em contextos histórico-culturais concretos e inspirou pessoas humanas situadas nesses contextos. O que o autor humano transmitiu é produto de inspiração divina: comunicou o que Deus lhe inspirou nas circunstâncias em que se achava, e dirigiu-se a destinatários concretos nessas circunstâncias. Não dar importância ao sentido literal equivale a ignorar que a intervenção de Deus (revelador e inspirador) se deu na história, *nessa* história passada. Sobre tudo isso nos advertiu reiteradas vezes o Magistério, especialmente em 1993 no documento da Comissão Bíblica sobre "A interpretação da Bíblia na Igreja".

O sentido literal do texto bíblico nem sempre é óbvio, já que o autor empregou sua própria linguagem (expressões, gêneros, imagens, símbolos), recorreu a convenções linguísticas de seu tempo, frequentemente diferentes do nosso, e escreveu a partir de circunstâncias que nem sempre nos são conhecidas. Por isso, é necessário estar biblicamente educado e informado. Não basta saber ler, mas deve-se compreender o que o autor quis dizer quando foi inspirado, em seu tempo (o que supõe conhecer sua história e cultura), as expressões linguísticas próprias desse tempo e o gênero literário no qual se expressou e o entenderam seus destinatários, para os quais Deus inspirou dirigir-se diretamente. Ignorar o sentido literal do texto bíblico é ignorar o sentido da inspiração bíblica divina. É o que acontece quando o Apocalipse, por exemplo, é interpretado ao pé da letra, em sentido literalista. Antes de perguntar-se pelo que o texto possa dizer-nos hoje, deve-se conhecer o que *dizia* originalmente, quer dizer, seu sentido literal – ou melhor, literário (cf. EB 560; DV 12).

Em qualquer interpretação, é *de capital importância* determinar o sentido literal do texto, aquele pretendido por seu autor inspirado. Bem advertiu a Pontifícia Comissão Bíblica que "é necessário rejeitar como não autêntica toda interpretação heterogênea ao sentido expresso pelos autores humanos em seu texto escrito", pois o contrário é "abrir a porta a um subjetivismo incontrolável" (IBI II.B.1).

Sentido pleno

O interesse por relacionar adequadamente o Antigo Testamento com o Novo, especialmente com relação às profecias, conduziu à consideração de um sentido "oculto", não óbvio, *mais-que-literal*, um sentido ou significado *não previsto* pelo autor humano em seu texto. É um sentido que o autor divino, Deus, teria inspirado ao autor humano, mas que este não viu e que é descoberto posteriormente. Este "sentido pleno" (*sensus plenior*) refere-se aos textos bíblicos como tais. A referência a pessoas, instituições e acontecimentos (não textos como tais) dá-se no que se denomina "o sentido tipológico", sobre o qual me deterei mais adiante. Como se pode observar, o sentido *pleno* refere-se especialmente às partes discursivas (oráculos, salmos, profecias, etc.) da Bíblia, não às narrativas.

Quando se fala de um sentido pleno de todos os textos bíblicos, parte-se da convicção de que Deus fala ainda hoje através desses textos. Corresponde ao que o texto *diz* (ou se crê que diz) agora, não o que dizia quando o autor o escreveu (sentido literal). Esse "agora" podia ser o presente de determinado autor bíblico, por exemplo, um evangelista diante de um texto do Antigo Testamento, ou poderia ser nosso presente, ao descobrir um significado não visto antes, como se afirmou em teologia e em relação a certos dogmas. É assim que Mateus viu um sentido pleno (mais-que-literal) no texto de Isaías 7,14 ao entendê-lo como referência ao nascimento de Jesus, e como tal o citou em 1,23 – e esse é o sentido literal de Mateus (o que quis comunicar), mas não de Isaías. Outro tanto se pode dizer da maneira como os cristãos viram referências (qual oráculo) à Paixão de Jesus em Isaías 53 e no Salmo 22. Posteriormente, se entenderam em um sentido pleno como referências a Maria as famosas passagens de Gn 3,15 (inimizade entre a serpente e a mulher) e do Apocalipse 12 (a mulher com as doze estrelas). A exegese rabínica e dos essênios de Qumrã, em boa medida, buscava um sentido pleno dos textos. Em outras palavras, textos antigos eram vistos como referências a situações novas, não previstas pelo autor humano, ou eram entendidos como incluindo um sentido mais que literal não visto anteriormente. O sentido pleno ultrapassa os limites do sentido literal do texto.

Evidentemente, pode-se falar de um sentido pleno somente depois que se "descobriu" esse suposto sentido, que não era óbvio no início. Mateus podia interpretar a profecia de Isaías 7 como referência ao nascimento de Jesus *somente depois* que este tinha nascido e já havia sido reconhecido (pelos cristãos) como messias. Da mesma maneira acontece com certas interpretações teológicas que se fizeram mais tarde de determinados textos, por exemplo, com relação a Maria ou à Trindade.

O conceito de um sentido pleno de certas passagens da Bíblia, que se popularizou em meados do séc. XX, enquadrava com a concepção escolástica tomista da inspiração: Deus teria movido o intelecto do autor humano de tal modo que escrevesse o que *Ele* queria, mesmo se o escritor não estivesse consciente disso. O sentido pleno sempre teria estado ali, mas o redator não o teria descoberto. Supostamente, Deus inspiraria determinadas pessoas a descobrir *mais tarde* esse sentido no texto inspirado, que o redator não conheceu devido às suas limitações humanas em sua capacidade compreensiva...

Pois bem, apelar a um sentido pleno para interpretar determinados textos não está livre de questionamentos, problemas e riscos. Visto que o sentido pleno se atribui a uma presumida intenção de Deus, surge naturalmente a pergunta: *como* saber se *Deus* quis comunicar a significação que se supõe, em um sentido mais que literal? *Como* saber se Deus quis comunicá-la, presumidamente sem que o escritor inspirado tivesse consciência disso? Embora não exista interpretação totalmente objetiva, o risco de acomodar textos segundo interesses ou preconceitos doutrinários é evidente. Quer dizer, ocorre o perigo de apelar a um sentido pleno para imputar a um texto algum sentido de conveniência, ou para acomodá-lo à tese dogmática como, por exemplo, ver a Trindade já presente no relato da criação em Gênesis (Deus-espírito-palavra).

Embora a apelação a um sentido pleno coloque problemas sobre sua realidade e sua validade, encerra um núcleo de verdade. A hermenêutica moderna, ao centrar a atenção no texto mesmo, independentemente da intenção de seu autor, sustenta que todo texto tem um sentido *em si mesmo*. À margem do que seu autor quis dizer, todo texto diz algo a qualquer pessoa que o leia, embora não seja precisamente o que seu autor pretendeu comunicar. Além do mais, o que determinado texto comunicava em um tempo e contexto determinados pode mudar ao variarem essas circunstâncias. Quantas vezes não descobrimos na segunda ou terceira leitura de um mesmo texto um sentido que antes não vimos? A própria linguagem pode adquirir significações novas, não previstas originalmente, ao transcorrer o tempo e/ou mudar o contexto (cultural, histórico etc.). Dito de outra maneira, todo texto tem vida e significação próprias, uma vez saído das mãos de seu autor, independentemente dele e de seu propósito. Isso é óbvio na poesia, é isso o que o crente inconscientemente propõe ao texto bíblico quando pergunta: "O que *me* diz este texto?". Isto conduz à importante pergunta se, depois de tudo, é necessário levar em conta a intenção do autor humano para compreender o que através dele Deus *nos* possa dizer. A isto já respondi parcialmente, quando falei do sentido literal e com relação à inspiração. "O sentido espiritual não pode jamais estar privado de relação com o sentido literal. Este continua sendo a base indispensável" (IBI, II.B.2).

Indubitavelmente, Deus pode falar-nos através do texto bíblico sem que conheçamos o propósito que o escritor teve (que, além disso, nem sempre é fácil de determinar). Para evitar um subjetivismo de conveniência (que me diga o que *eu* gostaria que me dissesse, ou que eu ouça o eco de meus desejos ou de minha imaginação), é necessário começar por conhecer o que o autor inspirado quis dizer em *seu* momento, quer dizer, seu sentido literal. Por um lado, se afirmarmos que o autor foi inspirado (e o texto é inspirado, porque o foi seu autor, não apesar dele), então, sim, é necessário ter presente a intenção desse autor inspirado, a mensagem que *através dele* Deus quis comunicar a seus receptores *imediatos* (não séculos depois). Por outro lado, ignorar aquilo que os autores quiseram comunicar em seus tempos traz consigo o sério risco de separar-se das origens da fé, de estabelecer uma descontinuidade (com as origens cristãs testemunhadas no Novo Testamento, por exemplo), de modo que se poderia chegar a uma interpretação que não esteja em concordância com as origens, às quais *devemos* estar unidos. Situar-nos-ia fora da Tradição que nos mantém em continuidade com as origens, com a Revelação fundante e normativa, e que justifica nossa *identidade de fé*. Em outras palavras, aquilo que os autores quiseram comunicar mediante seus textos e o que nós afirmarmos como mensagem desses textos *devem estar em consonância*. Para isso, é necessário conhecer em primeiro lugar o que eles quiseram comunicar. O que Deus queria dar a conhecer, o fazia mediante os autores bíblicos, aos quais inspirou, de modo que não se pode prescindir do mundo e da intenção desses autores precisamente, quer dizer, do sentido literal do texto. Quando não se leva a sério a mensagem querida pelo autor inspirado (seu sentido literal), acaba-se criando uma Igreja diferente, como aconteceu tantas vezes.

Por tudo o que foi dito, se há um autêntico "sentido pleno" em algum texto bíblico, deve ser um *desenvolvimento* ou um *aprofundamento* do sentido literal, pois trata-se do sentido das palavras. Para ser legítimo e válido, o sentido pleno não pode ser uma contradição total do sentido literal, mas uma *extensão* deste, guardando sua homogeneidade.

Exegese alegórica

Um corolário do sentido pleno é a exegese alegórica, que durante muitos séculos teve auge na Igreja e que não perdeu atualidade em certos círculos. A interpretação alegórica vê em *cada elemento* de um relato um símbolo, como representação de um sentido oculto. É típica de certa interpretação dos escritos apocalípticos e também da cabalística. Na Bíblia também encontramos interpretações alegóricas. O cântico da vinha, em Isaías 5,1-6, é uma alegoria exposta no versículo 7: "a vinha de Iahweh Sabaot *é* a casa de Israel; seu plantio amado são os homens de Judá". Em Gálatas 4,21-31, Paulo vê um sentido alegórico nas figuras de Agar e de Sara e de seus respectivos filhos, explicitado no versículo 24: "Isto tem um sentido alegórico. Estas mulheres *são* as duas alianças: uma, procedente do monte Sinai, gera para um estado de escravidão: é Agar...". Em Marcos 4,14-20 encontramos uma interpretação alegórica da parábola do semeador: a semente *é* a palavra, os tipos de terra *são* tipos de atitudes diante da palavra. A alegorização é, então, a apresentação de um conceito por meio de imagens concretas: o elemento alegorizado (ou entendido alegoricamente) não tem um sentido denotativo, mas figurado, que remete a uma "verdade oculta", pois diz algo distinto do que aparenta dizer. A alegorização ocasionalmente empregada nos escritos bíblicos, assim como a interpretação alegórica de certas passagens, era popular no judaísmo e depois o foi entre os Padres da Igreja, influenciados pelo pensamento grego. Este tipo de interpretação caiu em desuso, pois é evidente que muitas vezes não é, nem mais nem menos, senão produto da imaginação piedosa que se projeta sobre o texto, vendo imagens e símbolos alheios ao sentido literal do texto.

A interpretação alegórica da Bíblia parte de duas suposições gratuitas: (1) o texto alegorizado *deve* ter um sentido mais profundo do que aquele imediatamente observável, e (2) a Bíblia *deve* falar às pessoas de hoje, portanto os acontecimentos, personagens e coisas do passado *devem* ter um sentido figurado ou simbólico quando não falam diretamente hoje em seu sentido literal.

As mesmas observações críticas que expus a propósito do sentido pleno são aplicáveis à interpretação alegórica. De fato, a interpretação alegórica ficou desterrada do campo da exegese moderna, por ser mais uma projeção da imaginação do que produto do estudo crítico. No entanto, continua sendo popular em círculos fundamentalistas e de corte esotérico, aplicada especialmente a textos apocalípticos.

Sentido tipológico

Além do sentido pleno de certos textos, a tradição judaica, bem como a cristã, viu em certos *acontecimentos, instituições e personagens* do passado, *prefigurações* de outros posteriores. Estas prefigurações se chamam *tipos*. Da mesma maneira que o sentido pleno, este é um sentido mais do que literal que não havia sido visto naquele tempo. Mas diferencia-se do sentido pleno pelo fato de não se tratar tanto de *textos*, especialmente de profecias, mas de acontecimentos, instituições e personagens que teriam um sentido "tipológico", que teria sido previsto por Deus. Em 1Cor 10,1-10, por exemplo, Paulo considera uma série de tipologias: a passagem do mar seria tipo (ou prefiguração) do batismo, a água da rocha e o maná seriam tipo da eucaristia etc. que, segundo o Apóstolo, são "*acontecimentos* que sucederam para ser *tipos* para nós" (v. 6., cf. v. 11). O sacerdócio de

Melquisedec é visto em Hebreus 7 como prefiguração do sacerdócio de Jesus Cristo.

O esquema de base é o de anúncio-cumprimento ou, mais precisamente, de prefiguração-materialização. O supostamente anunciado é o *tipo* ou prefiguração; o cumprimento é o *antítipo* ou sua materialização. A tipologia é uma comparação (analogia) com base nas semelhanças que se observam entre o tipo e o antítipo, mas *se destacam as diferenças* entre os dois, de tal maneira que venha sobressair até que ponto é superior o antítipo. Por exemplo:

Tipo	Antítipo	Semelhança	Diferença
maná	eucaristia	alimento	para o corpo - para a eternidade
cordeiro pascal	o Crucificado	vítima	imperfeita - perfeita
Melquisedec	Jesus Cristo	sacerdócio	temporal - eterno

A tipologia vê uma semelhança e uma diferença entre dois acontecimentos, instituições ou personagens de *tempos históricos distintos*, na qual o tipo é a prefiguração do antítipo que apareceu depois. Assim, o tipo é reconhecido como uma prefiguração somente quando o antítipo apareceu na cena. Moisés foi considerado tipo de Jesus legislador depois da vinda deste, não antes; a serpente de bronze levantada por Moisés não foi vista como tipo de Jesus na cruz antes de sua crucifixão, mas depois.

Pode-se dizer que a tipologia é uma analogia na qual o acento está colocado nas diferenças, e não nas semelhanças, entre as duas realidades comparadas, embora ambas tenham um denominador comum. A analogia, em contrapartida, enfoca as semelhanças, por exemplo, entre Moisés e Jesus.

Na atualidade, há um crescente interesse por descobrir a relação entre os acontecimentos bíblicos e nossas realidades. Inconscientemente, recorremos a comparações, a analogias e a tipologias. A "teologia da libertação" ressaltou o Êxodo como *tipo* da libertação para a qual o novo povo de Deus marcha.

Assim como o suposto sentido pleno de um texto pode ser o resultado da projeção da imaginação, a interpretação tipológica também pode ser fictícia. A tendência a ver tipos no Antigo Testamento pode ser observada especialmente com relação a Maria e à Igreja. Quantas realidades do Antigo Testamento não foram comparadas com elas!

A nova Eva, a arca da aliança, Sião, Ester etc., foram invocadas na teologia como tipos de Maria. Algumas tipologias são válidas, outras não. Serão válidas, se for evidente que Deus as manifestou, como é o caso na maioria das tipologias que encontramos no Novo Testamento com base no esquema anúncio-cumprimento. Uma tipologia será inválida quando se projeta sobre o texto bíblico um sentido que o texto mesmo ou o sentido canônico não garante.

Embora seja necessário ter presente que a Revelação foi-se compreendendo pouco a pouco em suas significações profundas, e por conseguinte é válido ver um sentido tipológico em certos acontecimentos, instituições e personagens, também é necessário evitar reduzi-los a prefigurações. Deus não conduziu este ou aquele acontecimento ou fez surgir determinadas pessoas *com o propósito* de prefigurar aquilo com o que posteriormente foi relacionado. Deus não alimentou os hebreus no deserto com o maná *com o propósito* de prefigurar a eucaristia, mas para salvá-los da fome.

As mesmas observações, problemas e riscos, que percebemos ao falar do sentido pleno, aplicam-se ao sentido tipológico. A grande dificuldade é que se presume que estes sentidos da Bíblia são parte da intencionalidade de Deus onde se vê um possível sentido pleno ou tipológico. Por isso, é necessária muita cautela e suficiente objetividade quando se supõe encontrar determinado sentido não literal nesta ou naquela passagem da Bíblia.

Muitas das interpretações da Bíblia feitas, tanto pelos rabinos no judaísmo como pela maioria dos Padres da Igreja, eram de caráter não literal, seja em forma de relatos inspiracionais (*midrashim*), de atualizações de textos (*pesharim*) ou em termos alegóricos ou tipológicos, às vezes chamados "sentidos espirituais". Estas não constituem exegese em sentido estrito, mas "elucubrações piedosas". A maioria das vezes, essas interpretações eram feitas com fins pastorais ou teológicos, quer dizer, para assentar determinadas convicções teológicas – por isso são interpretações apriorísticas, acomodatícias. Não poucas vezes, essas interpretações vão na direção contrária ao sentido literal.

O assunto é extremamente sensível na Igreja Católica, quando se trata particularmente dos dogmas da Imaculada Conceição e da Assunção de Maria, pois nenhum dogma está sequer insinuado na Bíblia. No entanto, é comum apelar para Gn 3,15: "Porei inimizade entre ti (a serpente que tentou Eva) e a mulher, entre tua descendência e a dela". Respeitado seu contexto literal, a "mulher" é Eva, a mãe da humanidade, não Maria. Seguindo a ideia de criação de antigamente, Jesus foi, como todos, descendência da "mulher", Eva. Pois bem, os mencionados dogmas não têm por que basear-se em textos bíblicos! A Bíblia não é a revelação. A Bíblia é um conjunto de testemunhos interpretados da revelação divina, mas não abarca toda ela. Além disso, por um lado, nem toda a revelação está atestada na Bíblia. E por outro lado, o sentido e alcance da revelação histórica atestada na Bíblia foram-se compreendendo melhor com o passar do tempo: é o que atestam a *tradição* judaica e a cristã. Os mencionados dogmas não são bíblicos, o que não significa que sejam irreais ou que não tenham relação com a revelação divina (DV 9).

Inegavelmente, certos textos da Bíblia encerram um sentido mais que literal. Mas a determinação de que tal sentido é real, não imaginado, deve estar solidamente respaldada por critérios objetivos próprios da exegese bíblica informada e da tradição, que é um desenvolvimento e um aprofundamento paulatino da mensagem inspirada. Do contrário, arrisca-se a cair na armadilha do subjetivismo acomodatício ou da projeção sobre o texto de significados que lhe são alheios. Não causa estranheza, então, que os estudos de exegese bíblica sejam ignorados por uns e satanizados por outros, já que impedem o emprego acomodatício da Bíblia, especialmente nos setores mais conservadores do cristianismo.

Vale retomar as advertências dadas no documento vaticano de 1993: "para que possa ser reconhecido como sentido de um texto bíblico, o sentido espiritual deve apresentar garantias de autenticidade. A inspiração subjetiva não basta. É preciso poder mostrar que se tratava de um sentido 'querido por Deus mesmo'... A determinação do sentido espiritual entra também deste modo no domínio da ciência exegética" (IBI, discurso papal, n. 5).

Sentido canônico

Até agora, consideramos os sentidos ou níveis de significação que podem ter um texto (literal, pleno) ou uma realidade (tipológico), considerados em si mesmos. Mas há um sentido bíblico que surge da ampliação de horizontes e da consideração da Bíblia *como totalidade* canônica. A este sentido recorremos quando perguntamos: "O que diz a Bíblia sobre esta ou aquela coisa?" E observamos o conjunto de referências e de orientações que encontramos na Bíblia.

Chama-se canônico, porque é o sentido que tem um texto iluminado por outros escritos que constituem junto com ele o cânon. Assim como a passagem de um livro deve ser compreendida dentro do grande contexto que é o livro como totalidade, de igual maneira tal passagem, incluindo o livro onde se encontra, deve ser compreendida dentro do conjunto mais vasto que é o cânon. É o sentido que se deve à interdependência dos escritos. Depois de tudo, o cânon constitui *um todo* – o Antigo Testamento para o judaísmo, e ambos os testamentos para o cristianismo – que reconhecemos como Palavra de Deus. Ao ter sido juntado um escrito com outros, para assim juntos constituírem um cânon, ampliou-se o campo de significações que um texto encerra. Ao juntar-se os escritos que constituem o cânon bíblico, viu-se neles uma *unidade* dentro da multiplicidade de testemunhos e o pluralismo de enfoques. Juntos, eles mostram o dinamismo histórico e o dinamismo significativo. Assim, por exemplo, a ausência do conceito de uma vida além da terrena, que se observa em certos escritos, é modificada por escritos posteriores, onde se concebe uma vida eterna.

Estarmos conscientes do sentido canônico ajudar-nos-á a não cair na tentação de absolutizar, e até de isolar, determinado texto ou escrito da Bíblia que é enriquecido por outros. Os diferentes escritos se enriquecem entre si; amplia-se o horizonte da significação de cada um. A repetida afirmação de Paulo de que a salvação se obtém pela fé e não pelas obras da Lei, que predomina em sua carta aos Romanos, por exemplo, é matizada pela carta de Tiago, onde se acentua a importância da expressão da fé na conduta e nas boas obras. A bem-aventurança prometida aos economicamente pobres em Lc 6,20, entendida em conjunto com a de Mt 5,3, que se refere aos "pobres em espírito", obriga a ver o sentido canônico da mencionada bem-aventurança: não é a pobreza em si mesma que é santificada.

O sentido canônico vai muito além do sentido literal. Enquanto o sentido literal se refere à intenção do autor humano de determinado texto, dentro de seu contexto literário imediato e do escrito onde se encontra, o sentido canônico considera o mesmo texto à luz de muitos outros, com os quais constitui o cânon. Isso é o que precisamente se faz, quando se leva a cabo um estudo temático de teologia bíblica.

Nota sobre a "livre interpretação"

A chamada "livre interpretação" da Bíblia, ou mais comumente "livre-arbítrio", associa-se geralmente com a reação protestante contra a imposição de determinada interpretação por parte do Magistério ou da autoridade da Igreja católica. O termo "livre" contrapõe-se a (interpretação) "oficial".

Por um lado, toda interpretação de *per si* é subjetiva em maior ou menor grau. Uma interpretação que não leva em conta os contextos histórico e cultural, o gênero literário e a própria linguagem do texto, corre o risco de compreendê-lo mal e de ser dominada pelo subjetivismo. E não compreender o texto corretamente conduz a interpretá-lo deficientemente, se não erroneamente ou até mesmo caprichosamente. O resultado da "livre" interpretação costuma ser a acomodação ao gosto e às conveniências pessoais, produto da projeção sobre o texto de ideias preconcebidas: diz-me o que eu quero que me diga; é o eco de minhas ideias. Levada ao extremo, essa "livre" interpretação permitirá a interpretação de um mesmo texto em sentidos diametralmente opostos. E, em tal caso, quem dirá que uma interpretação ou outra é correta, visto que são interpretações pessoais e livres? Quando recorre à informação exegética, a interpretação já não será tão "livre" e não será muito distinta da de outras pessoas que recorrem à mesma informação básica (literária, linguística, histórica, cultural etc.). Afinal de contas, é uma questão de metodologia correta para uma interpretação correta.

Por outro lado, embora certos círculos e pessoas propugnem uma livre interpretação com a intenção de dissociar-se da interpretação "oficial" (ou simplesmente de dissociar-se de uma Igreja, quando não de opor-se a ela), isto afinal de contas é teórico. Na prática, aquele que não pertence ou não se identifica com alguma Igreja não interpretará a Bíblia livremente, visto que, como toda pessoa, está guiado por uma série de preconceitos e de pressupostos, dos quais frequentemente está inconsciente, isso quando não o guia alguma teoria ou ideologia alheia. Aquele que pertence a uma Igreja dificilmente interpretará a Bíblia livremente, pois o fará, consciente ou inconscientemente, guiado pelo "preconceito" dogmático de sua Igreja: cada Igreja tem sua maneira de compreender e de interpretar a Bíblia, e ai daquele que se atreve a interpretá-la de outra maneira! Arrisca ver-se excluído dela.

Toda interpretação é substancialmente *livre*, se é uma interpretação pessoal e não um arremedo do que foi dito por outros. Por definição, somente em liberdade se pode pensar, refletir, raciocinar. Portanto, toda interpretação é, por sua própria natureza, "livre". Mas liberdade não significa "libertinagem", capricho, desejo excêntrico. Na Igreja Católica, contrariamente ao que muitos pensam ou tão ligeiramente afirmam, não existe uma "interpretação oficial" de textos bíblicos. O que existe são pautas de interpretação, as quais foram expostas formalmente no documento da Pontifícia Comissão Bíblica de 1993: "A interpretação da Bíblia na Igreja" (veja aí o que foi dito a respeito no discurso papal, n. 12-13; IBI III.A.3; IV.A). Já Pio XII, em sua encíclica sobre a Bíblia (*Divino afflante Spiritu*), afirmou que "entre as muitas coisas que nos livros sagrados... se propõem, são somente poucas aquelas cujo sentido tenha sido declarado pela autoridade da Igreja, e não são muitas aquelas sobre as quais há unânime consentimento dos Padres. Restam, então, muitas, e elas muito importantes, em cuja discussão e explicação os intérpretes católicos podem e devem *livremente* exercer a agudeza e o gênio" (EB 565).

É necessário ter presente que a Bíblia é produto de reflexões comunitárias. Os escritos bíblicos foram compostos em uma comunidade e para ela, foram aceitos como normativos por ela e é, por conseguinte, somente dentro do seio da fé de uma comunidade que está em comunhão com a dos tempos bíblicos que a Bíblia poderá ser compreendida corretamente. A Bíblia é um conjunto de testemunhos de *vivências comunitárias*: "Onde dois ou três estiverem reunidos em meu nome, ali estarei eu entre eles" (Mt 18,20). Seus escritos não foram compostos para uso exclusivo de indivíduos isolados, não foram escritos para ser lidos, meditados ou estudados de modo particular, mas *para ser escutados e assimilados em comunidade*. O fato de que depois existissem textos impressos, de modo que cada um possa ter uma cópia pessoal, é uma vantagem adicional, mas não anula o fato de que os escritos bíblicos foram compostos para ser lidos, comentados e meditados *em comunidade*.

Somente quem tem experiência de vida comunitária e vive sua fé em uma comunidade poderá compreender os escritos que refletem vivências comunitárias e são produtos delas. Os escritos bíblicos têm como um de seus fins primordiais a vida de fé comunitária, não a pessoal e isolada. E isso de *per si* exclui a "livre interpretação" que alguns apregoam. Afinal de contas, a "livre interpretação" considera a Bíblia como um tratado ideológico, não como a Palavra de Deus. É a rejeição (teórica!) de toda autoridade, incluída a exegética. Sobre isso advertia 2Pd 1,20ss.

A interpretação política da Bíblia

Nas últimas décadas, tem-se prestado especial atenção às dimensões política e social que se refletem nos escritos bíblicos. Publicaram-se muitos estudos sobre a Bíblia, utilizando como chave de interpretação esses critérios que, por certo, como é natural, estão entretecidos com determinada ideologia (não há interpretação neutra nem imparcial). Este interesse tem sua origem na consciência que se tomou das injustiças que certos sistemas políticos atuais e suas dimensões sociais e econômicas encerram, e na convicção de que a Bíblia oferece críticas profundas à sociedade na qual vivemos. No que segue, vou me deter na interpretação política por ser a mais sensível em nosso continente – evidente a partir da "teologia da libertação", que faz esta leitura (cf. IBI I.E.1).

Como vimos anteriormente, os escritos da Bíblia foram compostos dentro de determinados contextos, situações concretas às quais se referiam direta ou indiretamente. Não poucas vezes, criticavam essas situações, como se observa claramente nos escritos proféticos. A isto se deve acrescentar que existe uma semelhança (analogia) entre certas situações daqueles tempos e as nossas, e portanto as críticas que se fizeram antigamente continuam substancialmente válidas para hoje. As múltiplas formas de injustiça que eram criticadas nos textos bíblicos continuam dando-se hoje, embora tenham outra cara ou sejam mais sutis. As atitudes egoístas e desumanas daqueles tempos, as composturas soberbas e depreciativas continuam presentes hoje em muitas pessoas.

Cada um lê, compreende e interpreta a Bíblia *a partir* da situação concreta em que vive, quer dizer, segundo seus condicionamentos, entre os quais se incluem os de caráter sociopolítico. O operário tenderá naturalmente a ler e interpretar passagens que se referem ou aludem a certas injustiças e explorações de maneira diferente que seu patrão. Cada um as lerá a partir de sua situação socioeconômica.

Igualmente, cada um tende a ler a Bíblia em função de seus interesses e da ideologia que defende. Isto é o que precisamente se observa em alguns estudos bíblicos realizados a partir de determinadas tomadas de posição ideológica – e certamente não somente de "esquerda"!

Embora a Bíblia seja uma instância crítica para os homens e para a sociedade – e para o crente o é de um modo autorizado e normativo –, deve-se ter presente que as críticas e orientações que ali encontramos partem (1) da consideração do homem e da sociedade *diante de Deus*, e (2) a partir de sua visão de *fé em Deus*. Ele é o soberano e juiz supremo. Em outras palavras, a chave para a interpretação e para a crítica das situações concretas era a fé em Deus, fé que supõe abertura à Palavra de Deus e disponibilidade a deixar-se guiar por ela. A aliança com Deus era sua "ideologia", se cabe usar este termo. Tanto o ponto de partida como aquele ao qual os autores bíblicos se referiam para criticar determinadas situações era o compromisso contraído com Deus (aliança) e o imperativo que dele se depreende, o de submeter-se à sua vontade. O *propósito* dos escritos bíblicos era orientar as pessoas para Deus e conduzi-las pelo caminho da libertação total, que tem sua origem e seu cume em Deus, libertação que não é possível sem justiça fraterna. O propósito não era indicar um processo de humanização em si e por si mesmo, mas com vistas à realização última dos homens. Em outros termos, os escritos bíblicos sublinham a dimensão transcendental, o sentido da criação, o significado da afirmação de que o homem é "imagem e semelhança" *de Deus*.

A interpretação política da Bíblia tem suas raízes na própria Bíblia. Livros como o Apocalipse, para não mencionar o Êxodo e os profetas pré-exílicos, e a própria história de Israel, são eminentemente políticos. Se há de ser Palavra de Deus para *hoje*, não se pode passar por cima da dimensão política.

Embora a interpretação política da Bíblia tenha o mérito de destacar a importância das relações inter-humanas, fraternas e justas, como parte integral da vontade salvífica de Deus, deve estar atenta aos seguintes perigos:

1) O perigo de converter determinada ideologia na chave única e dominante de interpretação. Os escritores da Bíblia compuseram suas obras a partir da fé em Deus; interpretaram os acontecimentos e as situações que viveram a partir de sua fé em Deus. É a partir desta chave que a Bíblia deve ser pri-

mordialmente interpretada, quando se pretende respeitar sua natureza e propósito. Embora válida e frutífera, a leitura e interpretação da Bíblia "a partir dos pobres, dos oprimidos, dos explorados etc.", se deverá cuidar para não fazê-la a partir de um sistema ideológico estranho, até contrário à "ideologia" da Bíblia – onde também encontramos frequentes interpretações e críticas às situações de pobreza e de exploração inadmissíveis ao próprio Deus. Uma correta interpretação da Bíblia, a partir de qualquer aspecto que seja, manter-se-á *em continuidade* com as interpretações que ali encontramos, o que certamente não exclui o desenvolvimento e o amadurecimento da Revelação testemunhada, ou seja, a Tradição.

2) O perigo de converter a Bíblia em um sistema ideológico ou de ver nela exclusivamente um manual de ética ou de práxis. Em certos estudos, mal aparece a dimensão do homem como alguém situado diante de Deus e sob sua sombra, não somente como alguém que vive entre outras pessoas. Na Bíblia, a motivação para a conduta fraterna e justa do homem é mais do que um simples humanismo. É primordialmente sua relação com seu criador e Pai: amor ao próximo e amor a Deus são inseparáveis. Ama-se o próximo, porque se ama a Deus, não ao contrário. Com certa frequência cai-se em uma espécie de panteísmo, quando se absolutiza o amor ao próximo como amor a Deus (próximo = Deus?). Aqui cabe advertir sobre o perigo de projetar sobre a Bíblia uma ideia de Deus que lhe é estranha, isso quando não se projeta uma ideia exatamente "idolátrica", que é condenada.

3) O perigo de cair na *eisegese*, em lugar de levar a cabo uma exegese de determinados textos, projetando sobre eles ideias preconcebidas. Deve-se começar por escutar os textos e deixar-se criticar por eles, antes de manejá-los como armas para criticar determinadas situações. As ideologias e ideias que se têm devem ser provisórias, não monolíticas, e o homem de boa vontade deve estar aberto às críticas que possam provir da Palavra de Deus.

A *eisegese* (= introduzir) é a projeção de ideias sobre o texto, ideias que são estranhas a ele, de modo que a interpretação do texto resulta na escuta da voz do intérprete, não da voz do texto. Lê-se no texto o que *já* se "sabe" de antemão, sem tê-lo escutado. Adjudica-se a ele o que se quer que ele diga. A exegese (= extrair, explicar), ao contrário, é a busca da mensagem que o texto mesmo contém.

4) O perigo de projetar sobre a Bíblia determinada ideia da história ou do homem. A concepção bíblica e a materialista, assim como a idealista, do homem e de sua razão de ser, são irreconciliáveis, como o são a concepção bíblica e a positivista e imanentista do mundo e da transcendência, como a concepção bíblica da história em contraposição com a dialética (hegeliana).
5) O perigo de cair no reducionismo, absolutizando determinados textos da Bíblia e marginalizando outros. Frequentemente são deixados de lado certos textos que poderiam relativizar, e até criticar, as ideias que se tenta respaldar, apelando para a Bíblia. Com isso, não se respeita o sentido canônico.

Em síntese, embora uma interpretação política da Bíblia tenha seus acertos e valores ao destacar certos aspectos que uma interpretação devocional ou individualista corre o risco de ignorar, não pode ser considerada como a única ou como a mais importante. A Bíblia é um conjunto de testemunhos do diálogo entre Deus e os homens e convida a participar nele, recordando-nos a razão de ser do homem e o destino último ao qual está chamado, que transcende a existência terrena. O reino de Deus é uma realidade que se há de instaurar aqui, mas sua plenitude transcende este mundo.

O fato de que se ofereçam interpretações políticas da Bíblia mostra a multiplicidade de dimensões que ela engloba e a humanidade do texto bíblico, texto que foi escrito em circunstâncias e situações concretas, e referente a elas.

23.

ESCRITURA E TRADIÇÃO

A relação entre a Bíblia e a tradição é uma questão que se converteu em sério problema no cristianismo a partir da Reforma protestante. Lutero deu prioridade absoluta à Bíblia como norma suprema, e relativizou toda tradição posterior, porque considerava que a esta se devia o fato que se tinha caído em desvios, como os que ele constatava em seu tempo. Em claro contraste com a doutrina que sustenta que a Revelação se transmite na "Escritura e na tradição", Lutero afirmava que "somente a Escritura" é portadora da Revelação. Ainda hoje, o protestantismo, em geral, continua considerando a Bíblia como único critério para a fé e para os costumes, enquanto no catolicismo a tradição católica tem tanta (ou, segundo alguns, mais) importância decisiva como a Bíblia. Em última análise, o problema real no que toca à relação entre Bíblia e tradição reside na compreensão da tradição. Vejamos este ponto mais de perto, começando pelo conceito mesmo de tradição.

O que é tradição?

Dois esclarecimentos prévios. Quando se fala de tradição no singular, se faz para simplificar a discussão. Na realidade, trata-se da convergência de muitas tradições: muitos conteúdos (todo um sistema de crenças e costumes) e muitas formas (credos, ritos, estruturas) que, além disso, são transmitidos ao longo do tempo e que, por conseguinte, variam. Os costumes de um tempo, por exemplo, são diferentes dos de outro tempo e lugar e, no entanto, falamos de tradição no singular. Segundo, quando se fala da tradição, se está falando daquela que se desenvolveu *depois* do acontecimento-Jesus Cristo e, mais concretamente, se fala da tradição que se desenvolveu *a partir* dos escritos do Novo Testamento. No entanto, a realidade é que a escritura baseia-se em tradições que a precederam, e a tradição cristã existiu ao mesmo tempo em que se escreveu o Novo Testamento. As tradições não cessaram pelo fato de terem sido escritas! Continuou-se falando a respeito de Jesus, mesmo quando já havia Evangelhos escritos. É a tradição posterior à Bíblia, à qual os críticos geralmente se referem, quando falam da "tradição".

Na teologia, entende-se por "tradição" o conjunto de práticas e costumes (por exemplo, ritos, vestimentas, datas), de conceitos religiosos "tradicionais" (por exemplo, sobre o limbo, as indulgências), e também os pronunciamentos oficiais do Magistério (autoridade eclesiástica), todos produtos de uma instituição ou de desenvolvimentos teológicos aos quais foi dado um peso normativo. Lutero rejeitou o peso normativo que a Igreja dava a grande parte da tradição pós-bíblica, precisamente por sua origem *humana* e porque, em muitos casos, não estava garantida pela Bíblia que, para ele, era a norma suprema. Tradição era entendida como um conjunto de "coisas" ou conteúdos (práticas, conceitos, pronunciamentos), que vão além do que foi expresso na Bíblia e que, em certo modo, vêm complementá-la. Era (é) esta a visão parcial da tradição que, entretanto, compreendemos muito melhor.

Em seu sentido mais amplo, chama-se tradição os costumes, modos de pensar e instituições que, por assim dizer, se sacralizaram e caracterizaram determinado grupo humano. É o que se costuma qualificar como "tradicional" dentro da sociedade. As pessoas nascem, crescem e vivem no marco de um conjunto predeterminado de tradições. Por conseguinte, em seu sentido básico, a tradição não existe sem um lugar onde se vive, quer dizer, uma sociedade ou comunidade, e não existe à parte dos homens. A decisão de fé situa-se dentro de uma tradição e de uma comunidade humana e não fora ou à margem delas, sem alguém que nos leve a ela. A gente nasce, cresce como cristão, budista, muçulmano, e eventualmente opta pelo cristianismo, pelo budismo, pelo islamismo, no seio de uma comunidade humana concreta. Tradição e comunidade são, então, inseparáveis. Tradição é muito mais do que um conjunto de conteúdos em si mesmos (o que cremos, o que praticamos).

Em um sentido mais preciso, tradição é comunicação, é o ato de transmitir algo (*traditio, parádosis*). Os conteúdos (*traditum*; costumes, credos, ritos etc.) transmitem-se de uma geração a outra. Se não se transmite, deixa de ser tradição. Pelo caminho da tradição podemos remontar às origens do que nos foi transmitido, e podemos identificar-nos e solidarizar-nos com ela. A tradição, como comunicação continuada, leva-nos até os Evangelhos e, através deles, à tradição que os precedeu, que nos leva até o próprio Jesus Cristo. Não chegamos a Jesus Cristo diretamente. Como vimos anteriormente, a revelação histórica ou acontecida foi transmitida e passou a ser revelação testemunhada ou transmitida, quer dizer, converteu-se em tradição, primeiramente em sua forma oral e, depois, em sua forma escrita. Com a revelação histórica veio a tradição judeu-cristã! A tradição é, então, *um meio* que está a serviço do diálogo entre os homens e o Revelador, Deus: a tradição é "algo transmitido". Esse "algo" é a revelação histórica acontecida, que nos é "transmitida" de modo que seja Palavra de Deus para hoje, em forma de credos, prédicas, de práticas etc. Não é necessário sublinhar o papel que desempenhou a tradição no povo de Israel e na Igreja primitiva, que desembocou em grande parte nos escritos que constituem a Bíblia.

"Como invocarão aquele em quem não creram? E como poderiam crer naquele que não ouviram? E como poderiam ouvir sem alguém que pregue?", escreveu Paulo em sua carta aos romanos (10,14). O crente é receptor de uma tradição religiosa e alimenta-se dela, ao mesmo tempo em que a assimila e a transforma para depois projetá-la para o futuro e para os outros. *A tradição não é "algo" estático, um repetir invariavelmente a mesma coisa, mas é tão dinâmica como a história e a vida, das quais é inseparável.* E isso significa constante *adaptabilidade*, que o ontem passe a ser tão vivencial hoje como o foi em seu tempo, não o contrário.

Toda transmissão humana, como se sublinhou várias vezes, implica uma interpretação e adaptação do que se transmite, de modo que seja acessível e significativo para o receptor. A transmissão da Revelação, a fim de que fosse significativa e compreensível, fazia-se (e ainda se faz) mediante a linguagem e os esquemas adequados, segundo o tempo e a cultura em que se realiza a comunicação. Não fazê-lo pode levar, ainda, a uma traição do conteúdo e da intenção original. São, portanto, parte integrante da tradição, bem entendida, a interpretação e atualização da Revelação. E isso obriga a tomar a sério *o espírito* da letra. Isso faz com que o fundamentalismo e o literalismo corram o risco de ser uma inconsciente traição à Revelação: "a letra mata, mas o espírito dá vida", advertiu Paulo aos Coríntios (2Cor 3,16; cf. Rm 7,6). A tradição faz reviver, reanimar, aquele conteúdo que se encontra "aprisionado" no texto bíblico, de maneira que o acontecimento revelador volte a ser revelado hoje: "a fé vem do que se ouve, e o que se ouve é mediante a palavra de Cristo" (Rm 10,17).

Do que aqui foi exposto, se observará que a tradição não se reduz a uma quantidade determinada de informação, de afirmações ou de verdades frias, de práticas e costumes anexos. Tradição não é um *quantum* fossilizado, por mais venerável que seja. O arcaico guarda-se em museus e produz admiração, mas pertence a outro mundo. Sem a dinâmica da vida (hoje) é recordação, não tradição. Tradição é vida, e vida é história, e história é evolução! Por isso, tradição significa adaptabilidade, atualização, evolução.

Somente a Escritura?

O princípio fundamental do protestantismo, a partir de Lutero, é que "somente a Escritura" (*sola Scriptura*) é a fonte e norma suprema no que toca à fé e aos costumes. Já vimos que, em sua forma exclusivista e absoluta, este princípio é questionável. Certamente, a Bíblia contém todo o necessário para a salvação; no entanto, isso não significa que tudo está plenamente *desenvolvido* na Bíblia. A própria Bíblia mostra um desenvolvimento na compreensão da Revelação, como já vimos, e os diferentes escritos bíblicos não fizeram mais do que "congelar" a compreensão a respeito da Revelação à qual chegaram seus autores no momento da composição de seus escritos, por exemplo, com relação à pessoa de Jesus Cristo. Na Bíblia encontramos orientações, projeções, perspectivas traçadas, mas *não* o máximo desenvolvimento na compreensão da Revelação. Prova disso é o desenvolvimento da teologia e da exegese bíblica através dos séculos, para o qual o protestantismo contribuiu. E isto se observa não somente quanto a questões teológicas, mas também quanto a costumes e práticas: houve desenvolvimento e adaptação a novas circunstâncias e necessidades (pensemos nas instituições eclesiásticas), e isso não terminou com o último escrito da Bíblia. Mas há algo mais: o princípio "somente a Escritura" deixa-a sujeita à interpretação sem controle, segundo o ânimo e os preconceitos do leitor, pois, por um lado se dá a título pessoal, desencarnada da tradição da comunidade de fé (Igreja), e por outro lado se dá sem regras que garantam sua reta interpretação. Parece esquecer-se de que a Escritura nasceu na *comunidade* de fé, em sintonia com sua tradição (cf. IBI III.B).

A fixação do cânon, vários séculos depois de ter sido compostos os escritos bíblicos, foi o reconhecimento da suficiência e da normatividade insubstituível desses escritos para a salvação. Mas a "suficiência" da Bíblia *não* quer dizer que tudo está *explicitamente* exposto ali, e que o que não está expresso na Bíblia de forma explícita deve ser rejeitado, como pregam os fundamentalistas, com a Bíblia na mão. Limitar-se exclusivamente ao que expressamente se lê (literalmente) na Bíblia, é não compreender o propósito de seus autores em seus contextos (e limitações) histórico-culturais. Quantitativamente, Deus não revelou nada de novo que não se encontre direta ou indiretamente testemunhado na Bíblia. O zênite da Revelação foi o acontecimento-Jesus Cristo. Mas o que fica como tarefa perpétua é tratar de compreender melhor a Revelação testemunhada na Bíblia, *explicitar o implícito* dessa Revelação, e adaptar seus princípios de modo que continue sendo Palavra de Deus *para hoje* – e isso dá forma à tradição! (IBI I.C).

O princípio luterano "*sola Scriptura*" (somente a Escritura), como autossuficiência e exclusividade da Bíblia, costuma ir de mãos dadas com a "livre interpretação". Em si mesma, como já vimos, a livre interpretação, pessoal e subjetiva, *isolada* do sentir da comunidade de crentes, conduz a diferentes erros, e é a raiz das divisões e separações entre cristãos. Quando se leva em conta o sentir da comunidade, então está se levando em conta uma tradição. Por isso, esse princípio em sua forma radical foi questionado, repetidas vezes, por luteranos também. Além disso, estritamente falando, não existe tal coisa como uma "livre" interpretação, porque qualquer interpretação vem acompanhada de preconceitos, e por diversos condicionamentos e interesses próprios de todo ser humano. "Livre" significa geralmente à margem de qualquer magistério ou norma prefixada; "livre dos dogmas das Igrejas".

No catolicismo, ao falar da relação entre a Bíblia e a tradição, a conjunção "e" foi entendida como *aditiva*, quer dizer, a tradição era considerada como fonte *adicional* da Revelação, com a implicação de que a Bíblia é *insuficiente* para a salvação. Em outras palavras, a tradição daria a conhecer algo que não está testemunhado de modo algum na Bíblia, o que viria a ser uma espécie de revelação com novidades, que "complementaria" a Bíblia. A rejeição por parte do protestantismo desta maneira de entender a tradição é compreensível. Por um lado, Deus não deu a conhecer nada novo que não esteja já de alguma maneira atestado na Escritura. Por outro lado, a história – e não menos nos tempos de Lutero – mostrava que certas práticas e costumes eram instituições humanas que nem sempre refletiam a mensagem e a intenção de Jesus, por exemplo, com relação ao celibato sacerdotal, e que a teologia até tinha cometido erros, como observava Lutero concretamente com relação às indulgências. Certamente, a Igreja católica, até o Concílio Vaticano II, na prática deu mais importância à tradição (institucional e teológica) do que à Bíblia, até quase ser norma suprema não questionável. Entretanto, graças a Deus, este desequilíbrio foi corrigido e o diálogo ecumênico foi aberto.

Era tradicional no catolicismo falar de "duas fontes da Revelação": a Bíblia e a tradição. O Concílio Vaticano II, em sua constituição sobre a Divina Revelação, finalmente reconheceu que a "Sagrada Tradição e a Sagrada Escritura constituem *um só* depósito sagrado da Palavra de Deus" (n. 10).

Importância da tradição

A *ininterrupta transmissão e interpretação* da Revelação aos homens é o papel vital e o serviço indispensável da tradição, serviço que por sua vez é crítico (porquanto controla possíveis desvios e subjetivismos) e criticável (porquanto deve estar em consonância com suas origens). Vale reiterar que tradição *não* é fixismo, repetição mecânica de esquemas ultrapassados, que nos levaria a anacronismos. Hoje, não podemos viver nem com os esquemas mentais nem com os costumes da Palestina de dois mil anos atrás, nem com os da Idade Média. Recorde-se o que foi dito a respeito das atualizações atestadas na própria Bíblia (cap. 6).

Como vimos ao falar da formação dos escritos bíblicos, a tradição se deu muito antes que fosse escrito o primeiro parágrafo, e prosseguiu depois do último escrito. Foi, além disso, um dos critérios fundamentais de decisão a respeito do cânon. A Bíblia nasceu da tradição (crenças e costumes transmitidos vivencialmente). Embora os escritos da Bíblia não tenham incluído toda a tradição oral (conteúdos), não há modo de determinar o que é que foi excluído, com poucas exceções, que se encontram em escritos extrabíblicos judaicos e cristãos. Mais ainda, a tradição não terminou com a colocação por escrito de certos testemunhos, mas continuou na reflexão teológica, na exegese bíblica, nos costumes e práticas que se desenvolveram e foram tomando forma ao longo do tempo, tanto no judaísmo rabínico como no cristianismo. Basta ler, em continuação (cronológica) do Novo Testamento, os escritos dos Padres da Igreja dos primeiros séculos para tomar consciência de que a tradição não terminou nem se esgotou com os escritos bíblicos. E o protestantismo mesmo desenvolveu suas próprias tradições! Prova disso é que cada comunidade ou grupo "evangélico" tem sua própria identidade, organização, líderes, práticas; e desenvolveu determinados conceitos teológicos. E cada um proclama ser autêntico seguidor do Senhor – acusando os demais de serem desvios. A que se deve tanta variedade? Não se deve precisamente às tradições desenvolvidas (que incluem sua maneira de ler e de interpretar a Bíblia), e não à própria Bíblia?

A Bíblia não somente nasceu da tradição viva, mas continua sendo transmitida como tradição viva, como palavra do Senhor vivo, que aqui e agora nos interpela e guia. Isso significa que é transmitida de forma interpretada e adaptada, que não é outra coisa que a comunicação da mensagem para a vida nesse leito que é a tradição, como já indiquei. Portanto, a tradição é *inseparável* da Bíblia. A tradição deu forma compreensível e relevante à Revelação testemunhada, aprofundou-a mais, como é evidente nos Concílios que até o protestantismo reconhece como orientadores. Embora a tradição ocasionalmente tenha errado, também é certo que muitas vezes corrigiu erros, como o caso nas disputas contra Marcião, Montano, Tertuliano, Nestório e Ário, para mencionar os "hereges" mais famosos dos primeiros séculos cristãos.

Entre Bíblia e tradição existe interdependência e interação, de modo que não cabe falar de duas fontes complementares e autônomas da Revelação nem de uma alternativa excludente, "somente a Escritura" ou "Escritura e tradição" (DV 9). Os escritos da Bíblia *cristalizaram tradições*, e estas nos chegam como Palavra de Deus hoje pela compreensão e interpretação dentro de uma tradição viva e vivida. Embora a Bíblia seja *a norma insubstituível* a cujo serviço está a Igreja (DV 10,21), será estéril, letra morta, sem a tradição *vivificadora e comunicante* das tradições cristalizadas (ou congeladas) na Bíblia. A tradição tem a função de transmitir, interpretar e atualizar os testemunhos bíblicos de tal maneira que a Revelação testemunhada na Bíblia seja sempre palavra viva e eficaz de Deus, que fala *para hoje* (DV 8). A tradição, por sua vez, é a norma *normada*: deve sempre escutar atentamente os testemunhos bíblicos (que são norma fixa e objetiva, normante) a fim de permanecer *fiel* às suas origens. A Bíblia tem, então, uma função crítica diante da tradição. Resumindo esquematicamente o que foi dito, temos:

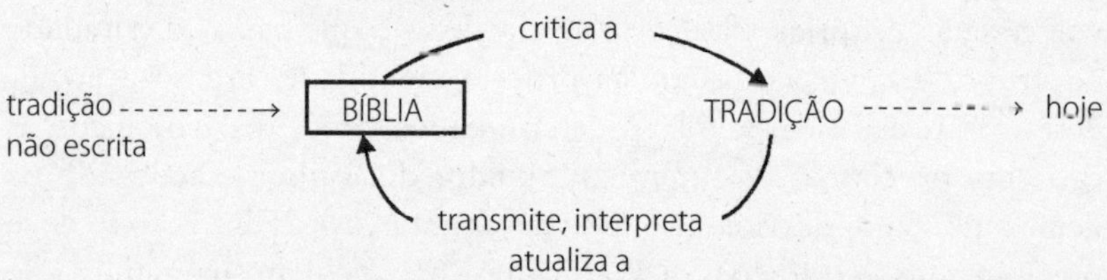

Não se trata de dois rios diferentes que convergem. Um não existe à parte do outro ou paralelamente ao outro. A Bíblia é tradição fixada em um tempo, e a tradição é o rio no qual flutua a Bíblia até chegar a nós como Palavra de Deus que fala aqui e agora, como tradição "descongelada", vitalizada e vitalizadora hoje, como o foi em suas origens. "A Sagrada Tradição e a Sagrada Escritura estão intimamente unidas e compenetradas. Porque, surgindo ambas da mesma fonte, se fundem em um mesmo caudal e tendem a um mesmo fim" (DV 9).

Tradição e vida

Empreguei o termo tradição com dois sentidos diferentes, mas inseparáveis, pois são como dois lados da mesma medalha: a tradição como conteúdo (*traditum*) e a tradição como ação de comunicação (*traditio*). Tradição não se reduz a uma "quantidade" transmitida, como insisti, nem é o "tradicional" no sentido de repetição invariável e monolítica de credos e de costumes distantes, mas é essencialmente *a persistência* da Revelação no tempo. A própria Bíblia não se reduz a uma série de "verdades eternas", mas é primordialmente um conjunto de *testemunhos de fé vivida* em determinados tempos e fixados por escrito sob determinadas circunstâncias.

Para que a tradição não se desvie da vontade do Senhor, é necessário que sempre esteja em diálogo crítico com a Bíblia, a Revelação testemunhada. Jesus também criticou as tradições de seu tempo, à luz de sua compreensão da vontade do Pai! Nem tudo o que é "tradicional" corresponde à vontade de Deus. Como sabê-lo? Confrontando-o com "a norma normante": a Escritura.

Assim como os escritos da Bíblia foram cristalizações de determinados momentos da tradição, tais textos devem ser constantemente atualizados, traduzidos e interpretados para que continuem sendo palavra viva de Deus para hoje. Assim também, sob novas circunstâncias e com a inspiração divina, se foi (e continua) dando um paulatino amadurecimento e aprofundamento do sentido e das implicações profundas da Revelação histórica. É evidente, pelos próprios escritos bíblicos, que tal amadurecimento se deu, por exemplo, em João com relação aos Evangelhos sinópticos (Mt, Mc, Lc), ou na carta de Paulo aos romanos em contraste com a que escreveu antes aos tessalonicenses, sem mencionar a teologia e a mística pós-bíblica. As diferentes variações entre manuscritos também atestam a vigência da tradição como atualização para os novos momentos, por exemplo, as glosas e interpolações. Isso, sem falar da contínua produção de obras baseadas nas Escrituras, como são os apócrifos. A decisão mesma do cânon é produto da tradição viva. Por que pensar, então, que nos escritos bíblicos se colocou ponto final ao processo de aprofundamento da Revelação? Precisamente porque a tradição é viva e histórica; por exemplo, não continuamos aceitando a escravidão, embora os autores da Bíblia o tivessem feito. Por isso também, em nosso Credo, professamos as concepções a respeito de Jesus Cristo (Deus-homem, duas naturezas em uma pessoa) e da Trindade (três pessoas, um só Deus) que não se encontram explicitadas na Bíblia, mas que provêm da reflexão pós-bíblica. Não nos esqueçamos de que tanto a Revelação como a inspiração não estão aprisionadas nas letras dos textos bíblicos, e que Deus continua inspirando hoje. Lutero e os grandes reformadores o reconheceram. E no protestantismo, como no catolicismo, foram estabelecidos sínodos eclesiais, e ambos têm seu Magistério que arbitra sobre a ortodoxia (retidão) do que é pregado e ensinado; quer dizer, forjou-se a tradição protestante (luterana, calvinista etc.). No protestantismo também existem normas, fora da Bíblia, mediante as quais se determina o que é e o que não é aceitável e ortodoxo, que textos bíblicos são mais importantes, como se deve interpretar a Bíblia, que práticas se devem adotar como legítimas etc.; quer dizer, existe uma tradição que adquiriu caráter normativo. E isto é inevitável, pois simplesmente não podemos retroceder os ponteiros do relógio e pretender viver "como nos tempos bíblicos", sem adaptação alguma. A fé é vivida em determinado momento histórico e cultural, e o de hoje é diferente do momento daqueles tempos, como eram diferentes os momentos do êxodo, da monarquia e do exílio. A Palestina de Jesus e o mundo grego ao qual Paulo se dirigiu eram distintos. Em cada um desses momentos e contextos deram-se adaptações, das quais a Bíblia é a melhor testemunha. Isso é tradição!

Rejeitar "a tradição", como se pretende em alguns setores "evangélicos", é negar a história e trair a Palavra de Deus, em cujo nome dizem agir. Na realidade, ao que costumam referir-se é à tradição da Igreja católica, a que rejeitam... O mesmo se observa entre católicos que, fechados a toda mudança, sacralizam um momento determinado da tradição do passado (por exemplo, Trento ou Vaticano I) com os enfoques teológicos e práticas rituais típicos desses velhos tempos como se fossem inamovíveis e inalteráveis, como se representassem "a ordem divina *definitiva*". É a corrente tradicionalista-conservadora, que entende "tradição" em termos estáticos, monolíticos. Caracteriza-se por dar prioridade ao "tradicional" e por não deixar-se criticar pela Palavra de Deus, relegada a um segundo plano ou manipulada segundo conveniência, e cuja exegese (antes *eis*egese) está desconectada do mundo real humano e social. Ambos são essencialmente fundamentalistas; têm uma visão míope da tradição e entendem mal a natureza, a razão de ser e o propósito da Bíblia.

Há dois dogmas católicos em particular que muitos protestantes rejeitam por não terem um claro fundamento histórico. Trata-se dos dogmas marianos da Imaculada Conceição e da Assunção. Indiscutivelmente, nenhum está sequer implicitamente mencionado no Novo Testamento. Situam-se no início e no final da vida terrena de Maria. O que dizer a esse respeito? De modo imediato, ambos os dogmas têm como fundo o fato de que Maria foi a mãe de Jesus, um privilégio sem igual por livre eleição de Deus, e o fato de que foi mulher de uma fé extraordinária que o Novo Testamento repetidas vezes exalta. Detenhamo-nos na Imaculada Conceição. Esse dogma afirma que Maria "foi concebida sem pecado original". Obviamente, é central o que se entendia por "pecado original". Em sua raiz bíblica, remete-nos a Gênesis 3, onde aparece a inclinação do homem a querer "ser como Deus, conhecedor do bem e do mal" (v. 5). É isso que o relato diz que Eva viu "apetecível" e "comeu". Em léxico nosso, é a soberba: "sou como Deus", superior aos demais, juiz de minhas ações (bem e mal). É, então, contrário à *fé incondicional* em Deus. O Novo Testamento proporciona indicações de que Maria estava incondicionalmente aberta à vontade de Deus, especialmente no relato da Anunciação, que se sintetiza na exclamação de fé: "Eis aqui a serva do Senhor, faça-se em mim segundo tua palavra" (Lc 1,38; veja a saudação do anjo: "cheia de graça, o Senhor está contigo"). O que se declara, então, no dogma da Imaculada Conceição é que Maria não estava inclinada para a soberba que nos caracteriza, o que tornou possível sua maternidade ao acatar docilmente o anúncio do anjo. Este dogma *não vai contra* a Escritura (que nada diz a esse respeito), mas é um *desenvolvimento* da tradição, produto da reflexão e amadurecimento progressivo na compreensão da Revelação transmitida na Bíblia, cuja semente *já está* lá. Igualmente se pode dizer da Assunção, com relação à ressurreição dos crentes, repetidas vezes afirmada na Bíblia.

Em tudo isto está em jogo uma questão fundamental: *a fidelidade* à Revelação e à vontade de Deus (manifesta na Escritura) e, portanto, a continuidade com esse desígnio para hoje. A Bíblia é a norma objetiva, o parâmetro, a *regula fidei*. Por isso, a chamamos "a Escritura", pois é o referente normativo fixo e estável (escrito). A tradição bem entendida, como o espírito da letra, e em diálogo incessante com sua fonte objetiva, a Escritura, assegura a continuidade com o desígnio salvífico objetivado na Escritura. "A tradição garante a vigência e a inteligibilidade da revelação em cada momento histórico" (J. Trebolle).

24.

SOMENTE A BÍBLIA?

É frequente ouvir a expressão "a Bíblia diz". Geralmente usa-se para afirmar que a passagem citada da Bíblia tem uma autoridade absoluta inquestionável. O texto lido é considerado, por quem assim fala, como palavra direta de Deus e, portanto, é tão firme e veraz como o é o próprio Deus, e essa palavra deve ser aceita sem dúvidas ou questionamento algum. Quando se trata de algum aspecto relacionado com a conduta, "a Bíblia diz" significa que isso que se cita deve ser obedecido ao pé da letra, como se deve obedecer ao próprio Deus.

Em certas igrejas, nas seitas, e em círculos fundamentalistas, a autoridade da Bíblia é exclusiva e absoluta. Sua ideia é que foi ditada pelo próprio Deus. Por isso, a interpretam ao pé da letra e se guiam por tudo o que ali se lê – embora na realidade não "por tudo", pois há coisas que, de fato, não observam, por exemplo, as festas decretadas em Levítico 23 como "mandato perpétuo", ou em relação à pena de morte (Ex 21,15ss; 31,14s; Lv 20,9; Dt 21,18ss). Para eles, qualquer ensinamento, doutrina, costume ou instituição que não se encontrem expressamente expostos em algum texto da Bíblia devem ser eliminados, até atacados como ímpios. Isso eles aplicam especialmente quando se trata de certas particularidades da Igreja católica (por exemplo, a hierarquia, as imagens, dogmas sobre Maria). Mas deve ser a Bíblia o único critério, a única regra? No fundo, é a questão de sua autoridade e suficiência, que já tratamos (cap. 15), e implicitamente de sua suposta perfeição. Isto comporta o problema da tradição.

Considerandos fundamentais

Quanto aos textos próprios bíblicos, o primeiro que se deve ter presente é sua grande *humanidade*, algo que, a partir de ângulos distintos, nos ocupou ao longo da Primeira Parte deste livro. Os escritos bíblicos são Palavra de Deus *em palavras humanas*, não ditadas por Deus. Vale recordar alguns aspectos importantes relacionados com a suposta autossuficiência e perfeição da Bíblia. Para começar, ao escrever as tradições orais, os redatores o fizeram *segundo o grau de entendimento que eles tinham naquele momento*. E esse não era o mais perfeito possível (o desconhecimento disto leva ao conhecido "conflito" entre Bíblia e ciência). Prova disso é que, até hoje, mesmo depois de escrito, se continuou tratando de compreender o texto bíblico; continuou-se aprofundando e entendendo melhor este ou aquele aspecto da Revelação. Além disso, não poucos livros da Bíblia foram reescritos como segunda edição revisada, aumentada e posta em dia. É o caso claramente do livro de Crônicas com relação a Samuel-Reis, e dos Evangelhos segundo Mateus e Lucas que tomaram o Evangelho segundo Marcos e o reescreveram e enriqueceram notavelmente, por mencionar as obras mais conhecidas. A outros escritos simplesmente foi acrescentado posteriormente material, por exemplo, as partes em aramaico em Daniel (2,4-7,28) e, mais tarde ainda, partes em grego (caps. 13-14); coisa igual observamos com o último capítulo em João (cap. 21) e na carta aos romanos (cap. 16), e o longo final em Marcos (16,9-20). Quer dizer, o texto mesmo foi objeto de modificações. Não foi considerado um texto acabado e perfeito, inalterável.

Portanto, a Bíblia é a última e definitiva palavra, como alguns afirmam? Pois, nem o judaísmo nem o cristianismo o entenderam assim naqueles tempos. O judaísmo continuou aprofundando os textos bíblicos, como atestam os targumim e os midrashim, além da Mishnah e do Talmud, entre outros. No cristianismo, continuou-se falando a respeito de Jesus depois de Marcos, Mateus, Lucas e João, como consta em evangelhos tão antigos (séculos II e III) como os de Tomé, de Tiago e de Pedro, além de uma quantidade de palavras de Jesus que encontramos nos Evangelhos canônicos, por exemplo. Tudo isto é a tradição, que acabamos de estudar detidamente.

Por outro lado, quando se estudam determinados temas na Bíblia, como, por exemplo, o monoteísmo, a vida além desta, ou as relações com o próximo, se observa que os escritos bíblicos postos *cronologicamente* mostram um desenvolvimento. Isto é óbvio, quando se comparam os livros mais antigos com os mais recentes. No Pentateuco, admite-se a existência de outros deuses, mas quando se lê Isaías 41-45, nega-se a existência de outros deuses, por exemplo. Em contraste com Macabeus, no Pentateuco e nos Salmos não há ressurreição.

Na base da ideia "somente a Escritura" está em jogo determinada concepção da natureza da Bíblia e de sua origem em particular, coisa que já abordamos amplamente. Valem por isso algumas observações suplementares.

O ontem e o hoje da Bíblia

Os textos bíblicos comportam limitações intrínsecas, pois são filhos de seus tempos. Foram escritos em determinado momento histórico e em determinadas circunstâncias que tiveram influência em sua composição, até a motivaram, como é claramente o caso do Apocalipse ou das cartas de Paulo e, por certo, da maioria dos profetas. Foram escritos por pessoas que, como todo ser humano, tinham conceitos ou maneiras de entender a Deus, o mundo e o homem, conceitos próprios de seus tempos. Muitos de seus conceitos eram culturalmente compartilhados com seus contemporâneos, e eram muito mais primitivos do que os nossos (veja cap. 10: contexto cultural).

Os textos bíblicos abordam problemas que são próprios daqueles tempos, muitos dos quais não são problemas atuais, enquanto não tocam os problemas importantes para nós hoje; por exemplo, o relacionado com o controle da natalidade, o secularismo, a ecologia, a recessão, a globalização, o neoliberalismo... Isso significa que não foram escritos pensando em nós. Tinham em mente outro público ou destinatário, como é óbvio em muitos escritos. E isso é uma limitação da Bíblia. Os autores dos escritos bíblicos não compuseram manuais que respondem a todas as perguntas e inquietações que os homens podem colocar-se onde e quando quer que seja.

É um erro de compreensão e de valorização da Bíblia absolutizar como se fosse verdade ou lei eterna tudo o que ali se lê, esquecendo-se de sua origem e de seus condicionamentos históricos, circunstanciais e culturais, como se ouve da boca de muitos pregadores: "a Bíblia diz". O próprio Jesus relativizou a Lei uma e outra vez em suas discussões e pregações: "Vós ouvistes o que foi dito (cita um mandamento)... *mas* eu vos digo (aprofundamento que relativiza a letra da lei citada)" (Mt

5,21-48). Também mostrou com sua conduta que para ele nem tudo na Lei era absoluto, ao antepor a misericórdia, o perdão e a compaixão a observâncias como as do repouso do sábado e da pureza ritual (veja, por exemplo, Mc 3 e 7). E claramente São Paulo advertiu que "a letra mata, mas o espírito vivifica" (2Cor 3,6; cf. Rm 7,6).

Tomar ao pé da letra os textos bíblicos, como se fossem lei eterna, pode conduzir até a uma traição à intenção de Deus. É o caso, por exemplo, dos mandamentos que obrigam a castigar com a pena de morte: "Quem ferir o seu pai ou a sua mãe será morto. Quem raptar alguém e o vender será morto. Quem amaldiçoar o seu pai ou a sua mãe será morto" (Ex 21,15-17). O que profanar o (repouso do) sábado será morto (Ex 31,14; 35,2); toda adúltera deve ser posta à morte (Lv 20,10). Estas leis eram próprias daqueles tempos distantes, típicas na vida de clãs. Não se pode afirmar que fossem vontade *eterna e inalterável* de Deus, e é assim que se entendeu no próprio judaísmo, como o demonstram suas interpretações e o fato de que com raras exceções não se aplicavam essas leis à letra, mas os castigos eram substituídos por outros menos drásticos. Jesus fez da mesma maneira.

De tudo o que foi dito pode-se concluir que os textos bíblicos não são absolutos. Encerram certo grau de *relatividade*, quer dizer, estão limitados por *sua* cultura, por *seus* conceitos, por *suas* preocupações e circunstâncias. Por isso, nem tudo o que ali lemos deve ser tomado como absoluto e inalterável, como se fosse válido para sempre e em todas as partes de maneira igual. As "verdades eternas" na Bíblia não são muitas, nem toda a Bíblia é "verdade eterna". Para dizer mais uma vez, *os livros da Bíblia são filhos de seu tempo* – que não é o nosso tempo.

A consideração da Bíblia como perfeita e definitiva leva automaticamente a tomar como igualmente perfeitos e definitivos os conhecimentos e a cultura dos tempos dos escritores; como invariáveis ao longo de mil anos de escritura bíblica. Isso significa que a cultura palestina de pelo menos dois mil anos era perfeita e insuperável. As pessoas que pensam assim nivelam mil anos de tradições e literatura bíblica, como se tudo pertencesse a um só dia e como se não houvesse nada mais o que dizer. Simplesmente ignoram os diversos momentos históricos e culturais de dois mil anos ou mais no Oriente, nos quais se escreveu a Bíblia. Essas pessoas tomam de fato a Bíblia como "caída do céu", escrita sem "contaminação ambiental" (histórica, cultural, circunstancial). Leem os textos *descontextualizados* (de sua dimensão humana), o que é o seu maior erro.

Muito mais seriamente, à luz de tudo o que foi exposto, a ideia de perfeição que alguns têm da Bíblia e sua interpretação literal de tudo leva-os a fazer uma caricatura de Deus. Um Deus responsável por todo tipo de erros, incluindo as múltiplas ignorâncias, um Deus que não conhece bem sua criação, que é caprichoso, que se encoleriza e é ciumento, que muda de opinião... Em outras palavras, os que tomam a Bíblia como autoridade máxima, suprema, perfeita e absoluta, assumem e pressupõem demasiadas coisas gratuitamente, baseados em preconceitos que não vêm da Bíblia, mas de dogmas implícitos que para eles são inquestionáveis – mas não têm outra sustentação que certas passagens soltas da Bíblia, o que constitui um círculo vicioso: usa-se para prova o que se quer provar.

Mas com razão se objetará: Por acaso a Bíblia não é "Palavra de Deus"? Certamente o é. No entanto, recordemo-nos de que os escritos da Bíblia eram Palavra de Deus de modo *direto e imediato* para aqueles para os quais foram escritos, naquele tempo. Os diferentes mandamentos, preceitos e ordens no Pentateuco eram para os israelitas, não para os cristãos (veja o que Paulo escreveu a esse respeito particularmente em sua carta aos Gálatas, que certamente não foi dirigida aos brasileiros!). O Apocalipse era Palavra de Deus para "as sete igrejas na Ásia (Menor)", não no Brasil (1,4.11). Para nós, os escritos bíblicos são Palavra de Deus *indireta e mediatizada*. Os escritos bíblicos são Palavra de Deus, mas em palavras humanas, com tudo o que isso significa.

A tudo o que foi dito devemos acrescentar que a leitura da Bíblia é uma interpretação: ninguém lê de maneira neutra. Aquele que lê, como eu disse a propósito da chamada "livre interpretação" (arbítrio), o faz influenciado por seus inevitáveis preconceitos e conveniências. Além disso, para a interpretação da Bíblia, muitas vezes se recorre a argumentos, dogmas e métodos que *não vêm da própria Bíblia*. Em outras palavras, não basta a Bíblia! Ao tratar de entender a Bíblia, entram em jogo elementos que vêm de fora da Bíblia, por exemplo, as orientações (incluindo os livros) de Elena White, da Watchtower Society, ou do fundador da "igreja" em questão, também as opiniões do pastor ou do próprio ministro que para alguns têm uma autoridade quase superior à da Bíblia. Quem decide quais textos são os mais importantes? Quem decide quais textos devem ser usados para interpretar outro texto da Bíblia? E quem determina o sentido e a aplicação desta ou daquela passagem? Certamente não a própria Bíblia!

Em síntese, a Bíblia é o ponto *de partida* crítico indispensável, mas não é o ponto *final* de nossas reflexões e decisões. É ponto de partida, porque inclui as tradições dos testemunhos fundacionais, sobre os quais nos apoiamos. Mas não é ponto final, porque os textos bíblicos não são a apreciação nem a expressão mais perfeita da Revelação histórica. Os escritos bíblicos não contêm a máxima, a mais perfeita, completa e inalterável expressão do que se possa compreender a respeito da Revelação de Deus. São *interpretações* da Revelação histórica acontecida. Nem todos os conceitos e ideias, nem todas as leis e mandamentos são absolutamente perfeitos na Bíblia, prova disso são as incoerências e as variedades de apreciações e de mandamentos, e as evoluções conceituais na própria Bíblia, sobre o que já falei amplamente na Primeira Parte. A Bíblia é, portanto, uma autoridade limitada, não absoluta.

A Bíblia e o cristão

Ser cristão não se reduz a ler, estudar e pregar a Bíblia. A vida religiosa *cristã* não se reduz tampouco a sermões, cânticos e orações formais em reuniões sabáticas ou dominicais. Deve incluir, além de tudo isso, a oração pessoal, de intimidade com o Senhor. Deve incluir a compenetração com Jesus Cristo, um crescimento em adesão a ele, à sua pessoa, uma adesão existencial e vivencial, como insiste Jesus no Evangelho segundo João e também Paulo em suas cartas, mas não se reduz ou se limita a ela. Deve incluir também a celebração frequente da "fração do pão" (eucaristia), como o encarregou Jesus a seus discípulos (Lc 22,19; 1Cor 11,24ss), e está atestado em Atos dos Apóstolos que era o costume desde o início: "Eles se mostravam assíduos... na fração do pão e nas orações" (2,42). Deve incluir especialmente a práxis *de Jesus*: a misericórdia, o perdão, a cura etc., manifestações da presença do reino de Deus. A lei de Jesus é aquela do amor, na qual se resume "toda a lei e os profetas" (Mt 22,40; Rm 13,8ss; Gl 5,14).

Não encontramos Jesus encarregando seus discípulos a estudarem a Bíblia ou a pregarem-na. Isso era próprio dos fariseus! O encargo aos discípulos não era que eles ensinassem doutrinas ou estudassem a Bíblia, mas que dessem testemunho dele e de seu projeto, particularmente amando-se uns aos outros (Jo 13,31s); que fizessem discípulos seus, batizando-os e ensinando-os a observar tudo quanto *ele* lhes havia mandado (Mt 28,19), que anunciassem que o reino de Deus está próximo, que curassem enfermos e expulsassem demônios (Mt 10,7s; Lc 9,1s.6; 11,9). O próprio Jesus não foi um pregador da Bíblia, como tampouco o foram seus discípulos depois dele!

Paulo, o grande pregador, que é modelo admirado por não poucos, não propunha em primeiro plano a leitura ou o estudo da Bíblia. Colocou em primeiro lugar o comprenetrar-se de Jesus Cristo, estar "em Cristo". Por isso, repetia que a justificação/ salvação se dá pela fé *em Jesus Cristo*, não pelas obras da Lei (entenda-se: os mandamentos, preceitos e normas do Antigo Testamento) nem tampouco pelo estudo da Bíblia. A justificação é em primeiro lugar questão da aceitação de Jesus como messias e Senhor, e de uma consequente união estreita, pessoal e existencial com ele. O cristianismo não é a religião de um livro, mas de uma pessoa: Jesus, aquele apresentado nos Evangelhos, não o de nossa imaginação ou de nossos preconceitos convenientes.

Uma vez ou outra, Jesus teve conflitos com as autoridades religiosas judaicas, porque punha o acento na fé e na integridade do próprio homem, enquanto no judaísmo se acentuava a observância estrita da Lei. "O sábado foi feito para o homem, não o homem para o sábado" (Mc 2,27). Não em vão, Paulo contrastava, uma e outra vez, o judaísmo com o cristianismo, por exemplo, a justificação pela fé com a justificação pelas obras da Lei (veja suas cartas aos Gálatas e aos Romanos).

Para o cristão não basta, então, a Bíblia, nem é o mais importante. O fundamental é a práxis do amor ao estilo de Jesus, o dom de si mesmo aos homens, que antepõe as pessoas ao sábado. Cristão é todo aquele que caminha com Jesus Cristo como discípulo seu: "vem e segue-me".

25.

SUGESTÕES PARA A LEITURA E O ESTUDO DA BÍBLIA

A Bíblia não deve ser lida como uma novela ou um jornal. Seu conteúdo é mais do que simplesmente informativo. São produtos da vida e foram transmitidos para a vida: sua finalidade é existencial. Saber ler não significa necessariamente compreender o que se lê, como confessou o eunuco que, segundo Atos 8,29-35, estava lendo Isaías 53, mas não compreendia o que lia; Filipe teve de lhe explicar. É que os textos provêm de um tempo e de uma cultura remotos.

Quem quiser ler inteligentemente a Bíblia, faria bem se cuidasse para não cair em alguns dos erros mais comuns, tais como:

1. Ler a Bíblia como se tudo fosse história, o que vai de mãos dadas com nossa tendência de tomar em sentido literal tudo o que lemos. Estamos tão acostumados a ler toda narração que pareça ser história como se o fosse, que projetamos este costume sobre as narrações bíblicas. A Bíblia contém histórias, mas nem tudo é história; também há lendas, mitos, epopeias, sagas, Evangelhos. Além disso, o que aparece como história não está escrito com o nosso conceito de história. Quer dizer, naquela época os escritores bíblicos não tinham a mesma ideia que nós temos a respeito do que é história (veja o que foi dito no cap. 9: gêneros literários). As narrações não ocupam nem a terça parte da Bíblia.

   O propósito dos redatores dos escritos bíblicos, com algumas exceções, não foi simplesmente informar nem guardar memórias ou recordações, mas o de comunicar uma mensagem existencial, para a vida. Sua finalidade não era a de contar algo que aconteceu, mas em primeiro lugar dizer algo aos seus leitores através daquilo que aconteceu. Não respondiam à curiosidade, mas a necessidades vitais.

2. Tampouco se deve ler a Bíblia como se tivesse sido escrita ontem e aqui. Deve-se estar consciente de que certas palavras e expressões de antigamente não significavam o mesmo que hoje em dia, além de outras diferenças culturais. Naquela época, a conhecida expressão "temor de Deus" significava respeito a Deus, mas hoje significa medo, por exemplo.
3. Deve-se cuidar também para não pensar que os escritos bíblicos foram redigidos direta e expressamente para nós, e lê-los como tais. É o conhecido: "a Bíblia diz".
4. Não se deve ler a Bíblia como um receituário, no qual se buscam "respostas mágicas" para cada circunstância da vida. Isso é típico dos que pulam de uma página ou frase a outra, ou andam colecionando citações à maneira de refrães. É certo que muitas passagens oferecem inspirações, mas a Bíblia não se reduz a uma coleção de passagens como pérolas em um colar. A Bíblia não é um manual de instruções nem de decisões pré-fabricadas. Por isso mesmo, os textos da Bíblia não devem ser tirados de seus contextos, prestando-se assim a que mudem de significado.

Em síntese, a Bíblia não deve ser tratada como se fosse um livro de história e de ciência, um receituário de fórmulas mágicas, uma coleção de pautas ou de normas, ou uma coleção de adágios, e menos ainda como se fosse um jogo de cartas (textos isolados). Dito isto, me concentrarei na leitura pessoal da Bíblia e, depois, em seu estudo.

A leitura pessoal da Bíblia

A leitura assídua da Bíblia é a melhor maneira de ir entrando em seu mundo e de enriquecer-se com ele. É a maneira mais explícita de conhecer a Deus e sua vontade. Por isso mesmo, a primeira recomendação é ler a Bíblia *diariamente*. Bastam alguns minutos, mas que seja diariamente. É recomendável que a leitura se faça sempre no mesmo momento do dia, na mesma hora, de modo que se converta em um hábito.

Para que a leitura da Bíblia seja proveitosa, devem ser observadas duas condições prévias: (1) levá-la a cabo com tranquilidade e, (2) à medida do possível, deixar de lado ideias preconcebidas que possam impedir de *escutar* o próprio texto. Trata-se de escutar a Palavra de Deus, deixar-se questionar, orientar, interpelar por ela, não de escutar-se a si mesmo. Recordemos de que os escritos da Bíblia foram escritos para ser escutados na leitura comunitária. Escutar é mais do que ouvir: implica atenção e receptividade.

Antes de abrir a Bíblia, é recomendável relaxar, isso supõe desconectar-se das preocupações do dia. Do contrário, não será possível concentrar-se, e se acabará lendo rápido ou não captando nada. Uma ajuda para isso é fechar os olhos por alguns segundos e fazer uma pequena oração, que ajudará a colocar-se em sintonia com Deus. Depois de tudo, mais que com fins educativos, a leitura bíblica deve ser um meio de entrar em comunicação e em comunhão com Deus e, a partir daí, tomar o rumo para uma vida autenticamente cristã.

Deve-se escolher um escrito da Bíblia. O escrito em questão deve ser lido de forma *continuada*, quer dizer, uma frase depois da outra, um parágrafo depois do outro, não selecionando frases. Ninguém lê uma novela ou uma carta "picotando" frases ou revolvendo os parágrafos. A obra tem sentido como um *todo* e se captará ao ser lida de maneira continuada, tal como se escreveu.

Se é a primeira vez que se lê tal escrito bíblico, é recomendável formar-se previamente uma ideia suficientemente clara a respeito dele. Por isso, algumas Bíblias têm introduções e notas que dão informação de fundo: tempo de composição, circunstâncias, razões para sua escritura, gênero literário, propósito do autor.

Mas, que livro ler primeiro? Para o cristão, é preferível começar por onde lhe resulte mais fácil, até já algo familiar. Por isso, é recomendável começar pelos Evangelhos. Mais tarde, poder-se-á ler alguma das cartas de Paulo, por exemplo, a primeira aos Coríntios ou aquela a Filemon. Para familiarizar-se lentamente com o Antigo Testamento, pode-se começar com algum dos livros que narrem história, especialmente entre Josué e 2 Reis. Mais tarde, um dos profetas "simples", como Amós ou Oseias.

Quanto ler? De preferência uma unidade (um episódio, um oráculo, um salmo), de modo que se obtenha uma ideia também completa (as unidades se denominam "perícopes"). Nos relatos e nos discursos é evidente onde começam e onde terminam; geralmente estão indicados pelos subtítulos.

Quando ler uma unidade, observe atentamente como começa e como termina: o início e o fim costumam ser mais importantes do que se pensa. Nos discursos, observe quem fala a quem, assim como em que ocasião se pronuncia. É importante ter presente o contexto literário no qual se situa a unidade (perícope) que se lê. Convém olhar o que precede e o que segue a perícope. Por alguma razão, o escritor a situou neste contexto.

Antes de perguntar "o que me diz esta passagem" ou esta unidade, deve-se perguntar o que significava (provavelmente) quando foi escrita. Quer dizer, deve-se começar tratando de entender o que o autor quis comunicar a um receptor naquele tempo e naquelas circunstâncias. Recordemo-nos de que não escreveu para nós. Mas igualmente importante é ter presente uma ideia do gênero literário do que se está lendo (veja o que foi dito a esse respeito no cap. 9). É fundamental, para não cair em erros de apreciação e de literalismos.

Nada há de estranho se o leitor se encontra com passagens da Bíblia que não lhe digam nada ou que lhe resultam incompreensíveis; em contrapartida, encontrará outras que lhe resultam muito atrativas, que fazem vibrar as cordas de seu ser, que lhe dizem algo. O que fazer diante de alguma passagem "difícil" ou que "não me diz nada"? Se, depois de lê-la uma segunda vez, não consegue compreendê-la, não se detenha mais; siga em frente. Quando se lê, trata-se de compreender o que se pode; uma leitura não é um estudo. O conjunto deixa ideias suficientemente claras. E quanto mais se familiariza com a Bíblia – e isso se faz lendo-a com frequência –, mais se começa a compreender os textos, e quando se volta sobre os "difíceis", mais de um começará a parecer simples. Em algumas Bíblias, há notas explicativas ao pé da página que podem ajudar. Um dicionário da Bíblia também pode ajudar, especialmente com certos nomes e com o sentido de algumas palavras ou conceitos importantes – vocábulos como paz, justiça, verdade, por exemplo, não significam a mesma coisa nos tempos bíblicos como hoje.

Também é certo que nem todas as passagens e textos bíblicos necessariamente têm de dizer-nos algo. Alguns, talvez, nos digam algo num outro dia, e os que hoje nos dizem algo, talvez amanhã não nos digam nada. Livros que lemos quando crianças não nos dizem nada agora que somos adultos. Não nos esqueçamos de que não foram escritos para nós nem pensando em nós!

Os escritos bíblicos foram compostos a partir da fé e a partir da vida comunitária. Para poder captar a mensagem de um texto bíblico em sua profundidade, é preciso pôr-se em sintonia com ele: foi escrito *a partir da fé* em Deus, e a partir dela se compreenderá plenamente – caso contrário, será um exercício intelectual. Os escritos bíblicos são testemunhos de vivências de fé, de respostas aos chamados, exortações e orientações de Deus em circunstâncias concretas. Somente quando se assumem as atitudes de fé a partir das quais foram escritos os testemunhos bíblicos, se poderá compreendê-los, e estes falarão ao coração do homem. Depois de tudo, não afirmamos que são palavra *de Deus*?

Finalmente, se a Palavra de Deus interpela e exige uma resposta, então "levem *à prática* a palavra e não se limitem a escutá-la" (Tg 1,22).

O estudo da Bíblia

A necessidade do estudo de algo nos é familiar. Quanto mais conhecemos algo, mais o apreciamos e o compreendemos. Quando esse "algo" é distante, estranho, é necessário ter informação para conhecê-lo, para saber de que se trata e qual é seu fim. Acontece-nos com a arte, com as ciências. Os escritos bíblicos provêm de um mundo diferente do nosso e expressam vivências próprias de momentos históricos, culturais e socioeconômicos distintos do momento que nós vivemos.

Muitos entendem o estudo da Bíblia como um exercício de memorização e conjugação de textos, além de disquisições de corte historicista (o que aconteceu?). No entanto, estudar a Bíblia é ir *atrás* dos textos e *em torno* deles, é conhecer *seu berço e sua natureza*. Estudar um texto bíblico é empenhar-se por conhecer suas origens, a linguagem empregada, o gênero literário, o mundo do escritor e de seus destinatários imediatos, a cultura e as circunstâncias daquele momento, o contexto vital e social etc., de tal maneira que se consiga conhecer as causas e o propósito do texto, a mensagem do autor inspirado. Isto é um trabalho intelectual, não memorístico nem devocional, e se faz com critérios e metodologia comprovados. É o que fazem os exegetas e se encontra publicado nos estudos e comentários críticos.

Algumas Bíblias incluem ajudas com esse fim: notas introdutórias aos diferentes escritos, notas explicativas ao pé da página, e "referências cruzadas" que remetem a outros textos bíblicos. Para aquele que deseja estudar a Bíblia mais a fundo, existem comentários exegéticos, dicionários bíblicos e vasta gama de estudos temáticos. Incluí algumas orientações bibliográficas na Bibliografia.

O estudo da Bíblia pode-se realizar de duas maneiras: buscando compreender algum tema (por exemplo, sobre a vida eterna, sobre a justiça de Deus), para o que se passeará sobre os diversos escritos da Bíblia que falam sobre este tema, ou tratando de compreender um escrito da Bíblia ou uma passagem desse escrito.

Um é o estudo temático; o outro é o textual. Cada um destes dois tem suas riquezas e contribuições particulares. O mais importante, no entanto, é o estudo do texto, porque o estudo de temas depende do estudo dos textos que se usam para isso. Os estudos temáticos encontram-se em manuais ou vocabulários bíblicos. No que segue, nos centraremos no estudo de textos propriamente ditos, quer dizer, de um escrito ou passagem bíblica.

Quando se trata do estudo de *textos* concretos, o propósito principal é chegar a saber o que o autor (por exemplo, Isaías, Marcos, Paulo) quis comunicar. Por quê? Simplesmente porque se trata de conhecer a mensagem que o autor inspirado do texto quis comunicar, e não o que nós cremos que o texto em si poderia dizer, ignorando o que seu autor quis comunicar direta e expressamente a seus destinatários originais. Somente quando conhecemos o que o autor quis dizer se poderá, em segundo lugar, tratar de "traduzir" para hoje o que esse velho texto dizia originalmente a seus destinatários.

O que foi dito leva a uma segunda observação importante, estreitamente relacionada com a anterior: o objeto do estudo deve ser o texto mesmo, concretamente sua mensagem, e não a reconstrução do que se passou. Quer dizer, estudar um texto bíblico não equivale a fazer trabalho de arqueólogos ou de historiadores modernos. Depois de tudo, Palavra de Deus é o texto da Bíblia que lemos, e não a história anterior ao texto escrito. Ao estudar o relato do êxodo do Egito, trata-se de saber o que o *narrador* queria dizer quando o escreveu, e *não* o que aconteceu vários séculos antes no Egito. "Palavra de Deus" é a narração, e *não* o que se viveu no Egito. De fato, o relato do êxodo não foi escrito simplesmente para fazer história ou para recordar algo já passado, mas para dizer algo (mensagem) agora aos que escutam o relato do que se passou. Por isso, a atenção deve fixar-se no tempo do autor do texto, e não no tempo do que ele relata ou supostamente reporta, no tempo do escritor do livro do Êxodo e não no tempo de Moisés. É o tempo de Marcos e não o de Jesus que lemos no Evangelho. *Lemos* o que foi escrito pelo autor do livro do Êxodo e o que foi escrito por Marcos. Não é o vídeo de êxodo nem da vida de Jesus o que temos na Bíblia. O que Marcos quis dizer à sua comunidade com sua versão do Evangelho?

No estudo, o primeiro e principal centro da atenção é o texto. Ali está a mensagem do autor inspirado. É esse que tomamos como "Palavra de Deus"! Somente no final, quando se considera necessário, se fixará a atenção nos "dados históricos" sobre os quais se lê no texto. Em outras palavras, a primeira pergunta deve ser o que quis dizer o autor, e a última pergunta será se isso que se lê realmente aconteceu e se foi tal como se lê. Se Deus *nos* fala através da Bíblia, o faz mediante o *texto*, independentemente da suposta historicidade do que está narrado.

Começar pela questão histórica frequentemente passa a ser tão absorvente que se faz desta o princípio e o fim de sua consideração do texto. Há pessoas que dedicam os esforços iniciais às perguntas de caráter histórico-cronístico (o que se passou, como, onde, quando) e se perdem no intento de reconstruir os fatos, a ponto de a pergunta pela mensagem ser relegada a um plano secundário ou, mais gravemente, se tornar totalmente dependente da suposta historicidade do que foi narrado. Não somente se esquecem que o narrado é narrado por alguém e a partir de seu ponto de vista, que dizer, interpretado, mas ainda projetam sobre o texto o que se supõe que aconteceu, não respeitando assim o relato *bíblico* ao criar um relato novo. Estão preocupados em recriar o que Jesus fez e disse, e ignoram o autor inspirado. Leem o texto como se estivessem diante do vídeo do tempo de Jesus. O típico discurso é "Jesus disse/fez", em vez de começar por "Marcos apresenta Jesus dizendo/fazendo". Omitem olimpicamente o tempo do autor bíblico. "Palavra de Deus" (o texto) equivale a "videocassete de Jesus nos anos 30".

O erro de muitas pessoas é pensar que os textos bíblicos são uma espécie de videocassete do que ali se lê: o relato do êxodo seria neste caso a reportagem precisa e exata de tudo o que aconteceu no curso do êxodo, como se o relato fosse do mesmíssimo tempo que os acontecimentos, quando sabemos que os fatos ocorreram vários séculos antes que o autor escrevesse seu livro. Os discursos dos profetas costumam-se ler como se fossem produtos de fitas gravadas ou de notas de secretária do que o profeta historicamente disse, quando na realidade frequentemente foram escritos muitos anos mais tarde e por outras pessoas; o profeta simplesmente falou espontaneamente aqui e ali; não levava notas escritas e muito poucas vezes ele mesmo escreveu algo.

A explicação típica a este erro costuma ser que Deus inspirou o autor, entendendo por inspiração que Deus de alguma maneira "lhe ditou" exatamente tudo o que havia acontecido ou que se havia dito. Esta é uma explicação ingênua e muito simplista, que não resolve as perguntas que uma análise atenta da Bíblia revela, por exemplo, a presença de incoerências, inexatidões e anacronismos. Equivale a dizer "é um mistério, não faça perguntas", como se fôssemos crianças, e evidencia uma grande ignorância da natureza da Bíblia por parte de quem assim replica.

Para o estudo, a primeira coisa de que se necessita é uma boa tradução, fiel à leitura das línguas originais, e não uma tradução para leitura popular. Boas são, por exemplo, a *Bíblia de Jerusalém* e a *Bíblia do Peregrino*.

Antes de centrar-se na passagem mesma, deve-se estar familiarizado com:

– a linguagem (palavras, conceitos) do texto que se começa a estudar, que dizer, assegurar-se de que o entende linguisticamente;
– o gênero literário do texto que estuda (por exemplo, uma parábola), assim como o gênero mais amplo da obra em que se encontra esse texto (Evangelho);
– o tempo histórico em que foi composta ou redigida a obra na qual se encontra o texto (não o tempo do acontecido que o texto relata), o que supõe conhecer o que estava acontecendo no momento de escrever. Isso pode ser tanto fora da comunidade como dentro dela: há escritos que respondem a problemas do entorno (perseguições, exílio, fome), outros a problemas ou situações internas (idolatrias, divisões, falta de esperança).

Em seguida, se leva a cabo uma simples "análise literária", que não é outra coisa que tratar de determinar a estrutura do texto (como está armado), observando especialmente:

- as relações entre os personagens principais (amizade, inimizade, agressividade, colaboração, traição) e as mudanças que possam ocorrer entre estes e suas situações, e
- qual é a cena ou frase-chave, em torno da qual gira a mensagem do texto.

Quando se trata de um *relato* (não perca de vista que se trata de determinar a mensagem, não de reconstruir uma história), perguntas como as seguintes ajudam a compreender o texto e descobrir a mensagem:

- São iguais as situações no início e no fim do relato? Que mudanças se observam e como se explicam?
- Como termina o relato? E por que termina assim e não de outra maneira? Igualmente, por que o relato começa desta e não de outra maneira?
- Quais são as reações que se destacam do personagem principal do relato?
- Como se relaciona este personagem com seu meio (com outros personagens, com as circunstâncias)? Por que se comporta assim?
- Que relação se observa entre a ação e as palavras?
- Há detalhe chamativos, mas que não pareceriam ser importantes à primeira vista (por exemplo, como se vestia)? Por que estão ali? (não pense em história somente, mas em mensagem).
- Em que se concentra mais: nos personagens, nos acontecimentos, em algo que se disse ou nas atitudes em jogo (quais)? Isto é importante!
- Que aspecto é enfatizado ou recalcado? Há algum que se repete ou no qual se detém amplamente? Aqui está a chave!
- Por que razão você crê que o redator narrou esta cena? Quer dizer, o que o moveu a fazê-lo? E o que queria compartilhar com seu auditório com essa narração?

Quando se trata de um *discurso* ou de um diálogo,

- Que situação ocasionou o discurso ou o diálogo? Há alguma relação entre essa situação e o discurso ou o diálogo? Deve-se observar o marco narrativo.
- Por que começa e por que termina o discurso da maneira que o faz?

- Observado atentamente, além da superfície, a quem se dirige verdadeiramente o discurso ou o diálogo? Aos personagens mencionados no texto ou ao leitor? Em outras palavras, por que teria incluído (ou introduzido) o redator esse discurso ou diálogo em sua obra?
- Constitui o discurso uma unidade coerente ou há incoerências? Em caso de diálogo, são os intercâmbios coerentes e lógicos em sua sequência? Quer dizer, há fluidez ou há saltos, digressões?
- Você observa repetições, contradições?
- Qual é a palavra ou a frase-chave? Na boca de quem está? Quem tem a última palavra e qual é? Isto é importante!
- Em síntese, qual é a mensagem do discurso ou do diálogo?

Finalmente, pode-se abordar a *pergunta histórica*, que concerne àquilo que se narra em sua suposta situação acontecida. Para isso, com mente inquisitiva, o estudioso poderá guiar-se por perguntas como estas:

- É verossímil o que é narrado? Quer dizer, é provável que tenha acontecido? É possível que tenha acontecido tal como se relata?
- Quanto corresponde à interpretação e quanto a dados de tipo nitidamente histórico?
- O texto nos fornece os dados necessários para poder situar a cena nas coordenadas históricas do tempo e do espaço (quando, onde)?
- Que lacunas ou vazios de tipo histórico se observam? Pelo fato de ser histórico, que dados se esperariam e que dados faltam?
- Há anacronismos? Quer dizer, corresponde o acontecido ou o dito às circunstâncias e ao momento em que o texto os situa?
- É possível que Moisés, Davi, Isaías, Jesus, tenham dito exatamente o que se lê, ou é antes provável que tenha sido alterado ou até criado (!) por seus discípulos ou pela tradição com algum propósito? Por quê?
- A cena que se estuda é realista na maneira como se narra ou está antes idealizada, retocada? Que informação proporcionam a arqueologia, a história, os estudos afins sobre o mundo da cena?

Além da questão histórica, eventualmente deve-se passar a considerar o texto em sua relação com o leitor, comigo, quer dizer, a questão existencial. Ajudam perguntas tais como: Que analogia ou semelhança existe entre a situação (ou problemática) do texto e a minha? Em que medida me assemelho a este ou àquele personagem? Que atitudes reconheço e a qual me assemelho? Que mensagem válida ainda hoje o texto tem? Que desafios ou implicações encontro no texto? Quer dizer, qual é a dimensão existencial que o texto encerra?

O estudo da Bíblia pode ser individual ou em grupo. Não é necessário dentro dos limites destas páginas oferecer pautas ou sugestões para o estudo em grupo. O estudo grupal, obviamente, é mais proveitoso do que o estudo individual, porque se aprende da sabedoria e das perguntas dos outros. O êxito ou fracasso do estudo em grupo dependerá do líder ou coordenador, pois este deve informar-se bem sobre o texto e deve saber ceder a palavra. Mas também depende da preparação de cada um dos participantes. Um conselho fundamental: deve-se cuidar para não reduzir o estudo a uma conferência por parte do coordenador, nem deve concentrar-se em tentativas de reconstrução histórica.

APÊNDICE

O FUNDAMENTALISMO

O fundamentalismo é a corrente mais extensa e nefasta na atualidade, associado especialmente a certas seitas. Trata-se da atitude mental que sustenta e propaga os "fundamentos" de determinada crença, seja política, social, religiosa ou outra, que pertencem a um passado já não em vigência, e o faz de maneira agressivamente fanática, proselitista, não-crítica e fechada a todo diálogo. Seus "fundamentos" são categóricos e dogmáticos, e são tidos simples e singelamente por inquestionáveis. Não se trata, então, necessariamente de uma seita ou de uma religião, mas de uma atitude mental e emotiva.

O fundamentalismo está correndo como rastilho de pólvora no mundo das três religiões monoteístas: o judaísmo, o cristianismo e o islamismo. É uma reação diante dos questionamentos do "tradicional", questionamentos que "desestabilizam". Por isso, é uma regressão, resultando daí que se qualifica como integrismo, conservadorismo, tradicionalismo, restauração.

O fundamentalista não progride: fica estático, mentalmente paralisado. Sua concepção do mundo, do homem e de Deus é para ele absolutamente segura, inquestionável, verdadeira – assim pensa e assim a propaga. Mas é uma concepção pré-crítica! O fundamentalista teme as mudanças, teme o pluralismo, teme o novo, teme a liberdade, teme o amadurecimento adulto. Não causa estranheza que, quando essa visão é questionada, ele se refugie no passado e que ataque virulentamente tudo o que ameace mudá-la.

O fundamentalismo é expressão de profunda insegurança psicológica. É a resposta não-crítica, simplista, à ânsia de segurança, de estabilidade, de certeza. O fundamentalista compra a segurança a preço da liberdade. Por isso mesmo, é intolerante diante de tudo o que tenha sabor de instabilidade, de ecumenismo, de "relativismo". Espanta-se diante da multiplicidade de interpretações exegéticas da Bíblia e, por certo, diante do questionamento de compreensões tradicionalistas da Bíblia – Adão e Eva realmente existiram, da mesma maneira que o dilúvio universal e a torre de babel...

Desde suas origens, o fundamentalismo sempre esteve ligado à defesa frenética de determinadas estruturas sociais (costumes, ritos, classes socioeconômicas) tradicionais, portanto, tidas por sagradas e invariáveis – pelo que é qualificado como tradicionalista. Por isso mesmo, o fundamentalista é acaloradamente ativo em propagar sua particular visão da religião e da sociedade – visão "tradicionalista" –; é um proselitista que se move em estruturas de poder. Daí que constitua o que estritamente se chama de "seitas".

O fundamentalista está pelejando com a modernidade cultural em seu espírito liberal crítico, por isso, também está contra o "iluminismo", que ele qualifica de racionalismo. Visto que se considera dono da verdade, não tolera o intercâmbio pluralista ecumênico. Por isso, faz o impossível para dominar o mundo e impor sua "verdade", para refutar a visão "moderna" do mundo – o fim justifica os meios. Sua visão de mundo é dualista: os "bons" (nós) e os "maus", que devem ser rejeitados.

O fundamentalista apela para a vontade de Deus, que é determinada por seus líderes. Sua referência fundamental é a sagrada Escritura (a Bíblia ou o Alcorão). O fundamentalista recorre a ela para fundamentar aprioristicamente suas doutrinas. Não faz exegese (os exegetas são tachados de racionalistas), mas eisegese: faz dizer a certos textos o que ele quer que digam.

O fundamentalismo cristão

O fundamentalista cristão admite a Bíblia como única autoridade para suas doutrinas e costumes. Afirma a autoridade exclusiva da Bíblia, sustentando que é Palavra de Deus no sentido estrito do termo: provém diretamente de Deus, portanto, livre de todo erro e de todo condicionamento. Para o fundamentalista, Bíblia, Revelação e Palavra de Deus são sinônimos.

Para o fundamentalista, a afirmação da absoluta e da total inerrância e infalibilidade da Bíblia é de capital importância. Disso dependem, em sua opinião, a autoridade da Bíblia e sua total confiança nela e, em última instância, em Deus mesmo. Quando se admite que a Bíblia contém erros – argumentam –, então não merece nossa total confiança como norma suprema, e não podemos estar seguros do que Deus quer de nós e para nós. Para o fundamentalista, o texto da Bíblia é a única norma objetiva (por ser escrita) que ele aceita, e essa norma vem de Deus mesmo, que a "ditou" aos escritores. Visto que tem Deus como seu autor, a Bíblia não pode ter erro algum, também em matérias de história e de ciência. Esta é a tese "fundamental" sobre a qual repousa a estrutura doutrinária do fundamentalismo.

Na realidade, no entanto, o fundamentalista não parte da Bíblia mesma, embora afirme insistentemente que o único fundamento é a Bíblia. De fato, parte de uma ideia que tem a respeito da Bíblia: a ideia de que a Bíblia é o que foi "ditado" por Deus, portanto, livre de todo erro possível, e de que é a Palavra de Deus dirigida a ele e que é inalteravelmente válida tal qual está escrita, para todos os séculos. Obviamente, para o fundamentalista, sua interpretação da Bíblia é a única válida e legítima, e, portanto, toda outra interpretação tem de ser errônea.

Mas fundamentalistas nem sempre são literalistas. Antes, adaptam passagens e doutrinas e, com base nisso, interpretam literal ou figuradamente. O fundamentalista crê que a única fonte e referência é a Bíblia. Não admite nem reconhece o papel da tradição, quer dizer, a correlação entre Bíblia e tradição.

O fundamentalista interpreta textos bíblicos, utilizando outros textos bíblicos. Mas esses textos já foram interpretados previamente segundo os cânones dados por seu líder ou guia, não pela Bíblia! Em última análise, o fundamentalista não se baseia na Bíblia, mas em sua ideia a respeito da Bíblia e nas orientações do líder. Crê que suas ideias correspondem às ideias dos tempos bíblicos, sem dar-se conta de que suas ideias são produto do desenvolvimento do cristianismo, dos conhecimentos que adquirimos com o tempo e de nossa visão ocidental (não palestina) da vida e do mundo. A ideia de que a Bíblia é toda ela e por igual Palavra de Deus, a ideia de que Deus de alguma maneira ditou a Bíblia, a ideia de que não contém erro algum e de nenhum tipo etc., não provêm da Bíblia, mas da tradição posterior a ela, como também foi posterior a decisão do cânon. Nenhum texto explicita em que consistia a inspiração, nenhum texto diz que a Bíblia está livre de erros, e nenhum texto diz qual deveria ser o cânon. O fundamentalista é, então, em boa medida, um ingênuo.

Além do mais, o fundamentalista baseia-se nas interpretações dadas por seu líder espiritual, as quais ele aceita cegamente como verdades absolutas e inquestionáveis, quase como se viessem de Deus mesmo – costumam ser tidas como revelações. Assim, por exemplo, os adventistas leem a Bíblia a partir das interpretações e doutrinas adiantadas por Elena White, e as Testemunhas de Jeová leem a Bíblia através dos olhos da "Watchtower Society". Não é, então, uma leitura e interpretação a partir da própria Bíblia!

O fundamentalismo, que é característico de certos ramos do protestantismo, de muitas seitas, e que se encontra em alguns "círculos de estudo bíblico", é eminentemente doutrinário a partir de seu fundamento, e não permite o questionamento crítico. Está seguro de compreender a Bíblia corretamente e de possuir a verdade, que é incapaz de escutar ou de ler estudos críticos sobre a Bíblia (a menos que o líder os aprove), desqualificando-os como ímpios, racionalistas, prejudiciais para a fé. Qualquer questionamento é imediatamente rejeitado com a acusação de que se está negando que a Bíblia é Palavra de Deus, e para apoiá-lo saem a brandir, em poucos segundos, três ou quatro textos bíblicos – desencarnados de todos os seus contextos (literário, situacional, cultural) – que supostamente fundamentam suas doutrinas. "A Bíblia diz" vem a ser equivalente a "Deus mesmo diz, e não se pode questionar". O fundamentalista é simplesmente incapaz de discutir a respeito da Bíblia ou de alguma passagem bíblica sem brandir uma meia dúzia de textos que, além do mais, devem ser interpretados inquestionavelmente à sua maneira de entendê-los. É um círculo vicioso. Em poucas palavras, o fundamentalista se move na base de um conjunto de textos que considera chaves, e subordina ou "esquece" os demais, especialmente palavras que aparecem na boca de Deus ou de algum profeta. Essa priorização de certos textos certamente não vem da Bíblia: foi o líder que lha deu. O fundamentalista enche a boca de textos bíblicos, bem aprendidos, concatenados de maneira que se apóiem uns aos outros, quase em forma circular, e não sai deles.

Em seu recurso à Bíblia, o fundamentalista concentra-se especialmente nas palavras, colocadas na boca de Deus ou ditas por meio dos profetas, e vai em busca de doutrinas. Lê a Bíblia como um manual de doutrinas, especialmente éticas. E estas são válidas para todos os tempos. E por isso mesmo, não leva em conta questões de gêneros e composição literários, de situações históricas e culturais, de tradições orais etc. Não está consciente (ou nega) que se trata de um texto literário composto na Antiguidade. Quando se trata de uma narração, tende a entendê-la como história, sem distinguir mito, lenda, saga, epopeia. Em poucas palavras, o fundamentalista crê que sua interpretação da Bíblia corresponde à intenção original, que é a de Deus, não dos homens e, por isso, rejeita toda interpretação que seja produto de estudos críticos.

Para o fundamentalista, conhecer a Bíblia equivale a conhecer de memória o maior número de textos e a interpretação dada por seu líder. Isto ele sai a brandir nos "concursos bíblicos". Sua fé está centrada nos textos mais do que na atuação histórica de Deus, por isso, costuma ser "biblicista". Sua religião é do livro, não da história – como o Islamismo. Sua ética, certamente, costuma ser igualmente fundamentalista: cumpre-se o que está escrito, porque é mandato divino – embora na prática omitam muitos mandatos. Alguns até pretendem viver como nos tempos bíblicos, dando um salto olímpico de alguns milênios. O fundamentalista não admite que tenha havido evolução (!), aprofundamento, adaptação da Palavra de Deus, quer dizer, não admite a tradição como processo de interpretação e de atualização (de vida!). Passa diretamente de Deus (autor) ao texto e deste ao presente, como se tivesse sido escrito ontem e aqui. Como já mencionei, o fundamentalista crê que suas ideias (ocidentais de hoje) são iguais às dos escritos bíblicos (palestinos).

Notoriamente, com frequência, a posição fundamentalista é uma ideologia que busca defender em nome do Deus da Bíblia certos valores tradicionais (sociais, econômicos, políticos, religiosos) diante dos questionamentos daqueles que pensam com espírito crítico. Por isso, exigem fé cega nos textos, nas interpretações e nos líderes, e não toleram questionamento algum.

A Pontifícia Comissão Bíblica

É notório que, em seu documento de 1993 sobre "A interpretação da Bíblia na Igreja", a Comissão Bíblica dedicou um extenso parágrafo ao fundamentalismo. Eis aqui os parágrafos mais significativos:

"A leitura fundamentalista parte do princípio de que, sendo a Bíblia Palavra de Deus inspirada e isenta de erro, deve ser lida e interpretada literalmente em todos os seus detalhes. Por 'interpretação literal' entende uma interpretação primária, literalista, quer dizer, que exclui todo esforço de compreensão que leve em conta seu crescimento histórico e seu desenvolvimento. Opõe-se, então, ao emprego do método histórico-crítico, assim como de todo outro método científico para a interpretação da Escritura."

"Embora o fundamentalismo tenha razão em insistir na inspiração divina da Bíblia, na inerrância da Palavra de Deus e nas outras verdades bíblicas incluídas nos cinco pontos fundamentais, seu modo de apresentar estas verdades se enraíza em uma ideologia que não é bíblica, apesar de quanto digam seus representantes. Ela exige adesão incondicional a atitudes doutrinárias rígidas e impõe, como fonte única de ensinamento sobre a vida cristã e a salvação, uma leitura da Bíblia que recuse todo questionamento e toda investigação crítica."

"O problema de base desta leitura fundamentalista é que, recusando levar em conta o caráter histórico da revelação bíblica, se torne incapaz de aceitar plenamente a verdade da própria encarnação. O fundamentalismo recusa a relação estreita do divino e do humano nas relações com Deus. Rejeita admitir que a Palavra de Deus inspirada se tenha expressado em linguagem humana e que foi escrita, sob inspiração divina, por autores humanos, cujas capacidades e possibilidades eram limitadas. Por isto, tende a tratar o texto bíblico como se tivesse sido ditado palavra por palavra pelo Espírito, e não chega a reconhecer que a Palavra de Deus foi formulada em uma linguagem e em uma fraseologia condicionadas por esta ou por aquela época. Não concede nenhuma atenção às formas literárias e aos modos humanos de pensar presentes nos relatos bíblicos, muitos dos quais são frutos de uma elaboração que se estendeu por longos períodos de tempo, e que leva a marca de situações históricas bastante diversas."

"No que concerne aos Evangelhos, o fundamentalismo não leva em conta o crescimento da tradição evangélica, mas confunde ingenuamente o estágio final desta tradição (o que os evangelistas escreveram) com o estágio inicial (as ações e as palavras de Jesus na história). Descuida, por isso mesmo, de um dado importante: o modo como as primeiras comunidades cristãs compreenderam o impacto produzido por Jesus de Nazaré e sua mensagem. Pois bem, este é um testemunho de origem apostólica da fé cristã e sua expressão direta. O fundamentalismo desnaturaliza assim o chamado lançado pelo próprio Evangelho."

"O fundamentalismo tem também a tendência a uma grande estreiteza de ponto de vista, porque considera de acordo com a realidade uma cosmologia antiga superada, somente porque se encontra expressa na Bíblia. Isto impede o diálogo com uma concepção mais ampla das relações entre a cultura e a fé. Apóia-se sobre a leitura não crítica de alguns textos da Bíblia para confirmar ideias políticas e atitudes sociais marcadas, por exemplo, por preconceitos racistas e completamente contrárias ao Evangelho cristão."

"A abordagem fundamentalista é perigosa, porque seduz as pessoas que buscam respostas bíblicas para seus problemas vitais. Pode enganá-las, oferecendo-lhes interpretações piedosas, mas ilusórias, em lugar de dizer-lhes que a Bíblia não contém necessariamente uma resposta imediata a cada um de seus problemas. O fundamentalismo convida tacitamente a uma forma de suicídio do pensamento. Oferece certeza falsa, porque confunde inconscientemente as limitações humanas da mensagem bíblica com sua substância divina" (IBI I.F).

BIBLIOGRAFIA

Esta bibliografia limita-se a obras em castelhano. Em consonância com o tema deste livro, a bibliografia não inclui tratados sobre cada um dos escritos da Bíblia nem questões de teologia como tal. Embora não pretenda ser exaustiva, esta bibliografia quer ser suficientemente extensa e orientadora. Com raras exceções, as únicas revistas incluídas, por serem amplamente difundidas, sérias e por conter excelentes artigos, são *Concilium* e *Selecciones de Teología (= Sel. Teol.)*. A ordem em cada seção é por temas, não segundo uma sequência alfabética por autores. As obras precedidas por um asterisco (*) são as mais importantes em sua epígrafe.

Manuais introdutórios

- L. Alonso Schökel, *Biblia del Peregrino. Edición de estudio,* 3 vols. Bilbao, 1997.
- *A. M. Artola – J. M Sánchez Caro, *Biblia y Palabra de Dios,* 3ª ed., Estella, 1992.
- G. Auzou, *La Palabra de Dios,* Madrid, 1964.
- *R. E. Brown - J. A. Fitzmyer - R. E. Murphy (eds.), *Comentario Biblico "San Jerónimo",* Madrid, 1972 (vol. V: Estudios sistemáticos).
- *H. Cazelles et al., (eds.), *Introducción crítica a la Biblia,* 3 vols., Barcelona, 1981-1983.
- E. Charpentier, *Para leer la Biblia* (CB n. 1), Estella, 1978.
- *W. Farmer (ed.), *Comentario Bíblico Internacional,* Estella, 2000.
- R. Fabris (ed), *Problemas y perspectivas de las ciencias bíblicas,* Salamanca, 1983.
- J. Feiner - M. Loehrer (eds.), *Mysterium Salutis,* vol. I/1, Madrid, 1969.
- A. González Nuñez, *La Biblia. Los autores, los libros, el mensaje*. Madrid, 1989.
- M. García Cordero, *Problemática de la Biblia,* Madrid, 1971.
- *J. González E. - J. Asurmendi, et al., *La Biblia en su entorno,* Estella, 1990.
- *L.-H. Grollenberg, *Visión nueva de la Biblia,* Barcelona, 1972.
- H. Gross – P. Neuenzeit, *Iniciación Bíblica,* Barcelona, 1970.
- W. Harrington, *Iniciación a la Biblia,* 2 vols., Santander, 1967.
- I. Hermann, *Encuentro con la Biblia,* Estella, 1966.
- L. Klein (ed.), *Discusión sobre la Biblia,* Barcelona, 1967.

– A. Läpple, *Nuevos caminos hacia la Palabra,* Madrid, 1971.
– E. Lambiasi, *Breve introducción a la Sagrada Escritura,* Barcelona, 1978.
– V. Mannucci, *La Biblia como palabra de Dios,* Bilbao, 1988.
– *H. A. Mertens, *Manual de la Biblia. Aspectos literarios, históricos y culturales,* Barcelona, 1989.
– M. de Tuya - J. Salguero, *Introducción a la Biblia,* 2 vols., Madrid, 1967.
– *Cuadernos biblicos* (= CB), excelente coleção de fascículos monográficos em curso, Editorial Verbo Divino, Estella (Navarra).

Por que estudar a Bíblia?

– *A. Descamps, "La función de la exégesis en la Iglesia hoy", em *CELAM, Exégesis, evangelización y pastoral.* Bogotá, 1976, 47-73.
– N. Lohfink, "Biblia y ciencia bíblica", em ID. *Exégesis bíblica y teología,* Salamanca, 1969, 15-29.
– O. Loretz, "La Iglesia y el estudio de la Biblia", em *Concilium* 70 (1971), 506-518.
– L. Alonso Schökel, *El hombre de hoy ante la Biblia,* Barcelona, 1960.
– L. Alonso Schökel, "¿Es necesaria la exégesis'?", em *Concilium* 70 (1971), 468-476.

O que é a Bíblia?

– *R. E. Brown, 101 *preguntas y respuestas sobre la Biblia,* Salamanca, 1997.
– C. H. Dodd, *La Biblia y el hombre de hoy,* Madrid, 1973.
– *A. González Nuñez, *¿Qué es la Biblia?,* Madrid, 1978.
– P. Grelot, *La Biblia, palabra de Dios,* Barcelona, 1968.
– H. Haag, "La palabra de Dios se hace Escritura", em J. Feiner - M. Löhrer (eds.), *Mysterium Salutis,* vol. I, Madrid, 1969, 338-421.
– F. Lambiasi, *Breve introducción a la Sagrada Escritura,* Barcelona, 1988.
– J. Levie, *La Biblia, palabra humana y mensaje de Dios,* Bilbao, 1964.
– C. Mesters, *El misterioso mundo de la Biblia,* Buenos Aires, 1976.
– J. Salguero, *La Biblia, diálogo de Dios con el hombre,* Madrid, 1969.
– *J. Schreiner, *La Biblia, ¿palabra de Dios o de los hombres?,* Madrid, 1970.
– J. P. Tosaus, *La Biblia como literatura,* Estella, 1996.

Conteúdo da Bíblia

Além das introduções à Bíblia, veja também:

– G. Auzou, *La tradición bíblica,* Madrid, 1961.
– E. Charpentier, *Para leer el Antiguo Testamento,* Estella, 1981.
– E. Charpentier, *Para leer el Nuevo Testamento,* Estella, 1981.
– S. Croatto, *Historia de salvación,* Estella, 1995.
– *H. Haag, "División, contenido,...", *Mysterium Salutis I/1,* 368-386.

A formação da Bíblia

Além das introduções à Bíblia, veja:

– *D. Arenhoevel, *Así nació la Biblia,* Madrid, 1980.
– G. Auzou, *La Palabra de Dios,* Madrid, 1964.
– M. Doney, *Cómo llegó la Biblia hasta nosotros,* Madrid, 1984.

- *P. Grelot, "La formación del Antiguo Testamento", em H. Caselles (ed.), *Introducción crítica al Antiguo Testamento,* Barcelona, 1981, 807-860.
- *P. Grelot, "La formación del Nuevo Testamento", em A. George – P. Grelot (eds.), *Introducción crítica al Nuevo Testamento,* Barcelona, 1986, 527-553.
- *L. H. Grollenberg, *Visión nueva de la Biblia,* Barcelona, 1972.
- H. Haag, "Escritura de la Biblia", y "Proceso de Formación de la Biblia", em *Mysterium Salutis I/1,* 342-352, 409-419.
- N. Lohfink, "La evolución del Antiguo Testamento", em ID., *Valores actuales del Antiguo Testamento,* Madrid, 1966, 9-44.
- C. F. D. Moule, *El nacimiento del Nuevo Testamento,* Estella, 1974.

A Bíblia como comunicação

- *L. Alonso Schökel, *La Palabra inspirada,* 3ª ed., Barcelona, 1986.
- *F. Brossier, *Relatos bíblicos y comunicación de la fe*, Estella, 1987.
- A. Fanuli, "Las tradiciones en los libros históricos del Antiguo Testamento", em R. Fabris (ed.), *Problemas y perspectivas de las ciencias bíblicas,* Salamanca, 1983, cap. I.
- B. Gerhardsson, *Prehistoria de los Evangelios,* Santander, 1980.
- G. Lohfink, "Narración como teología", em *Sel. Teol.* 56 (1975), 335-338.
- J. Schreiner, "Los orígenes del pueblo de Dios", em ID., *Palabra y Mensaje del Antiguo Testamento,* Barcelona, 1972, cap. IV.

O texto bíblico

- *C. Buzzetti, *La Biblia y sus transformaciones,* Estella, 1986.
- *M. Carrez, *Las lenguas de la Bíblia: del papiro a las biblias impresas,* Estella, 1984.
- H. Cousin, *La Bíblia Griega,* Estella, 1993.
- N. Fernández M., *Introducción a las versiones griegas de la Biblia,* Madrid, 1979.
- *J. González E. et al., *La Biblia en su entorno,* Estella, 1990, cap. XV- XVI.
- H. Haag, "Lenguas", y "Tradición manuscrita", em *Mysterium Salutis* I/1, 362-368, 419-426.
- V. Mannucci, *La Biblia como palabra de Dios,* Bilbao, 1988, cap. 7.
- F. Marín, *La Biblia, palabra profética,* Estella, 1992.
- J. O'Callaghan, *Introducción a la crítica textual del Nuevo Testamento,* Estella, 1999.
- S. Pissano, "El texto del Antiguo Testamento", em H. Simian-Yofre, *Metodología del Antiguo Testamento,* Salamanca, 2001, 43-82.
- J. Schreiner, "Ejemplo de crítica textual bíblica", em ID., *Introducción a los métodos de la Exégesis Bíblica,* Barcelona, 1974, cap. V.
- Skehan - MacRae - R. Brown, "Textos y versiones", em *Comentario Bíblico "San Jerónimo"*, vol. V, par. 69.
- *J. Trebolle, *La Biblia judía y la Biblia cristiana,* Madrid, 1998, cap. III: Historia del texto y de las versiones; cap. IV: Crítica textual; cap. V: Textos e interpretaciones.

- *M. de Tuya - J. Salguero, *Introducción a la Biblia,* t. I, 408-615 (mina de informação sobre os textos, manuscritos, traduções).
- H. Zimmermann, *Los métodos histórico-críticos en el Nuevo Testamento,* Madrid, 1969, cap. I.

Tradição

- *Y. Congar, *La tradición y las tradiciones,* San Sebastián, 1964.
- F. Culdaut, *En el origen de la palabra cristiana. Tradición y Escrituras en el siglo* II. Estella, 1993.
- M. Doney, *Cómo llegó la Bíblia hasta nosotros,* Madrid, 1984.
- *P. Grelot, "La tradición, fuente y medio vital de la Escritura", en *Concilium* 20 (1966), 360-383.
- *P. Lengsfeld, "La Tradición en el período constitutivo de la revelación", en *Mysterium Salutis,* I/1, Madrid, 1969, 288-331.
- *P. Lengsfeld, *Tradición, Escritura e Iglesia en el diálogo ecuménico.* Madrid, 1967.
- *P. Lenhardt - M. Collin, *La Torá oral de los fariseos,* Estella, 1992.
- F. Marín, *La Bíblia, palabra profética,* Estella, 1992, cap. 9.
- F. Ocáriz, "Profundización sobre las relaciones entre sagrada Escritura y Tradición", em ID., *Revelación, fe y credibilidad,* Madrid, 1998, cap. V.
- K. Rahner - J. Ratzinger, *Revelación y tradición,* Barcelona, 1971, cap. II.
- E. Schillebeeckx, "Revelación, Escritura, tradición y magisterio", em ID., *Revelacíón y teología,* Salamanca, 1969, 13-32.
- M. Seckler, "Tradición y progreso", em F. Buckle et al. (eds.), *Fe cristiana y Sociedad moderna,* vol. 23, Madrid, 1987, 14-69.
- J. Trebolle, *La Biblia judía y la Biblia cristiana,* Madrid, 1998, cap. I: La *Bíblia y el libro en la antiguedad.*
- P. Vielhauer, *Historia de la literatura cristiana primitiva,* Salamanca, 1990.

** Veja também a bibliografia sob o item "Escritura e Tradição".

Gêneros literários

- V. M. de Aguiar, *Teoría de la literatura,* Madrid, 1972.
- *L. Alonso Schökel, "Hermenéutica especial: los géneros literarios", em Alonso Schökel (ed.), *Comentarios a la Constitución Dei Verbum,* Madrid, 1969, 433-462.
- F. Brossier, *Relatos bíblicos y comunicación de la fe,* Estella, 1987.
- G. Dautzenberg, "Lenguaje y forma de los escritos del Nuevo Testamento", em J. Schreiner (ed.), *Forma y propósito del Nuevo Testamento,* Barcelona, 1973, cap. III.
- A. Días, *Literatura apocalíptica,* Madrid, 1974.
- M. Dibelius, *La historia de las formas evangélicas,* Valencia, 1984.
- J. González E. et al., *La Biblia en su entorno,* Estella, 1990, cap. XIII.
- *H. Haag, "Las formas literarias", em *Mysterium Salutis I/1,* 368-386.
- *G. Lohfink, *Ahora entiendo la Biblia,* Madrid, 1977.
- H. A. Mertens, *Manual de la Biblia,* Barcelona, 1989, 68-111.

- *S. Muñoz Iglesias, *Los géneros literarios y la interpretación de la Biblia,* Madrid, 1968.
- J. Schreiner, "Formas y géneros literarios del Antiguo Testamento", em ID., *Introducción a los métodos de la exégesis bíblica,* Barcelona, 1974, cap. VIII.
- R. Wellek - A. Warren, *Teoría literaria,* Madrid, 1974.
- H. Zimmermann, "Formas y géneros literarios del Nuevo Testamento", em J. Schreiner (ed.), *Introducción a los métodos de la exégesis bíblica,* Barcelona, 1974, cap. IX.
- H. Zimmermann, *Los métodos histórico-críticos,* Madrid, 1969, cap. III.
- VV. AA., *Los géneros literarios de la Sagrada Escritura,* Ed. Flors, Madrid, 1957.

A Bíblia e seus contextos

- G. Adam Smith, *Geografía histórica de la Tierra Santa,* Valencia, 1985.
- W. S. Albright, *De la Edad de Piedra al cristianismo,* Santander, 1959.
- J. Comby - J. P. Lemorion, *Vida y religiones en el Imperio Romano,* Estella, 1986.
- R. de Vaux, *Instituciones del Antiguo Testamento,* Barcelona, 1964.
- J. de Fraine, *Atlas histórico y cultural de la Biblia,* Madrid, 1963.
- *J. González E. - J. M. Asurmendi, *La Biblia en su entorno,* Estella, 1990.
- *J. González E., *El creciente fértil y la Biblia,* Estella, 1990.
- L. H. Grollenberg, *Panorama del mundo bíblico,* Madrid, 1966.
- Lion Publishing, *Atlas bíblico,* Estella, 1990.
- H. Koester, *Introducción al Nuevo Testamento,* Salamanca, 1988.
- J. L. McKenzie, "Aspectos del pensamiento del Antiguo Testamento", em *Comentario Bíblico "San Jerónimo",* vol. V, par. 77.
- *J. Maier, *Entre los dos testamentos. Historia y religión en la época del segundo templo.* Salamanca, 1996.
- S. Moscati, *Las antiguas civilizaciones semíticas,* Barcelona, 1960.
- *M. Noth, *El mundo del Antiguo Testamento,* Madrid, 1976.
- D. S. Russell, *El período intertestamentario,* Buenos Aires, 1973.
- J. Salguero, "Instituciones Israelitas", em De Tuya - Salguero, *Introducción a la Biblia,* vol. II, Madrid, 1967.
- *C. Tresmontant, *Ensayo sobre el pensamiento hebreo,* Madrid, 1962.
- *H. W. Wolf, *Antropología del Antiguo Testamento,* Salamanca, 1975.
- G. E. Wright, *Arqueología Bíblica,* Madrid, 1975.
- E. García Martínez - J. Trebolle, *Los hombres de Qumrán,* Madrid, 1993.
- A. González Lamadrid, *Los descubrimientos del mar Muerto,* Madrid, 1971.
- A. Piñero-D. Fernández-Galiano (eds.), Los *manuscritos del mar Muerto. Balance de hallazgos y de cuarenta años de estudios,* Córdoba, 1994.
- *H. Stegemann, *Los esenios, Qumrán, Juan Bautista y Jesús,* Madrid, 1996.
- E. García Martínez, *Textos de Qumrán* (todos os textos não-bíblicos), Madrid, 1992.

Veja também a bibliografia relacionada expressamente com o AT e com o NT.

Tradução

- *L. Alonso Schökel - E. Zurro, *La traducción bíblica. Linguística y estilística,* Madrid, 1977.
- *C. Buzzetti, *Traducir la palabra. Aspectos linguísticos, hermenéuticos y teológicos de la traducción de la Biblia,* Estella, 1976.
- J. González E. et al., *La Biblia en su entorno,* Estella, 1990, cap. XVII.
- J. C. Margot, *Traducir sin traicionar. Teoría de la traducción aplicada a los textos bíblicos,* Madrid, 1987.
- *E. Nida - C. R. Taber, *La traducción. Teoría y práctica,* Madrid, 1986.
- VV. AA., art. "Versiones antiguas/medievales/modernas de la Biblia", em Abadía de Maredsous, *Diccionario enciclopédico de la Biblia,* Barcelona, 1993, 1562-1601.

Cânon

- G. Aranda - F. M. Pérez F., *Literatura judía intertestamentaria,* Estella, 1995ss.
- *A. M. Artola - Sánchez Caro, *Biblia y Palabra de Dios,* Estella, 1992, Segunda Parte.
- D. Böhler, "El Canon como presupuesto hermenéutico de la teología bíblica", em *Sel. Teol.* 166 (2003), 93-105.
- M. de Tuya - J. Salguero, *Introducción a la Biblia,* t. I, 319-407.
- H. Haag, "Canon", em *Mysterium Salutis I/1,* 426-439.
- W. Joest, "La cuestión del Canon", ID., *La interpretación de la Biblia,* Barcelona, 1978, 143-174.
- V. Mannucci, *La Biblia como palabra de* Dios, Bilbao, 1988, cap. 12-14.
- F. Marín, *La Biblia, palabra profética,* Estella, 1992, cap. 11.
- A. Paul, *La inspiración y el canon de las Escrituras (CB 49),* Estella, 1984.
- A. Piñero, *La formación del canon del Nuevo Testamento,* Madrid, 1989.
- E. Schweizer, "¿Qué es el canon bíblico?", *Sel. Teol.* 44 (1972), 349-358.
- *J. Trebolle, *La Biblia judía y la Biblia cristiana,* Madrid, 3ª ed 1998, cap. II: Colecciones de libros bíblicos.
- R. Trevijano, *La Biblia en el cristianismo antiguo,* Estella, 2001, cap. I, II e IV.
- *J. C. Turro - R. E. Brown, "Canonicidad", em *Comentario Bíblico "San Jerónimo",* vol. V, par. 67.

Veja, além disso, as Introduções ao AT e ao NT respectivamente.

Apócrifos

- G. Aranda - P. Rupérez (eds.), Colección de textos "Apócrifos cristianos", Ed. Ciudad Nueva, Madrid.
- *J. B. Bauer, *Los apócrifos neotestamentarios,* Madrid, 1972.
- *C. Bigure, "Los Apócrifos del Nuevo Testamento", em A. George - P. Grelot (eds.), *Introducción crítica al Nuevo Testamento,* Barcelona, 1986, 527-553.
- R. E. Brown, "Apócrifos", em *Comentario Bíblico "San Jerónimo"*, vol. V, par. 68.

- A. Diez Macho, *Apócrifos del Antiguo Testamento*, vol. I: Introducción General, Madrid, 1984. Os volumes II a V são os próprios textos.
- R. Fabris (ed.), *Problemas y perspectivas de las ciencias bíblicas*, Salamanca, 1983, Parte I: Problemas de Introducción bíblica.
- *A. Lefèvre - M. Delcor, "Los libros Deuterocanónicos", em H. Caselles (ed.), *Introducción crítica al Antiguo Testamento*, Barcelona, 1981, 738-803.
- D. S. Russell, *El período intertestamentario*, Buenos Aires, 1973.
- R. Trevijano, *La Biblia en el cristianismo antiguo*, Estella, 2001, Terceira Parte: Apócrifos del Nuevo Testamento.

Relação entre AT e NT

- A. del Agua, "El 'Antiguo' Testamento, Primera parte de la Biblia cristiana", em F. García López (ed.), *Biblia, literatura e Iglesia*, Salamanca, 1995, 155-193.
- P. M. Beaude, *Según las Escrituras* (CB 10), Estella, 1976.
- H. Cazelles, *El mesías de la Biblia. Cristología del Antiguo Testamento*, Barcelona, 1981.
- *M. Cimosa, "La lectura cristiana del Antiguo Testamento", em A. Bonora (ed.), *Espiritualidad del Antiguo Testamento*, Salamanca, 1994, 427-491.
- *Concilium* 30 (1967).
- G. Gäde, "¿'Antiguo' o 'Primer' Testamento?", *Sel. Teol.* 160 (2001), 297-310.
- P. Grelot, *Sentido cristiano del Antiguo Testamento*, Bilbao, 1967.
- * P. Grelot, "La lectura cristiana del Antiguo Testamento", em J. J. Weber - J. Schmitt (eds.), *Estudios bíblicos en la actualidad*, Madrid, 1973, 27-46.
- H. Haag, "El valor específico del Antiguo Testamento", em *Sel. Teol.* 80 (1981), 293-298.
- L. Krinetzki, "Relación entre el Antiguo Testamento y el Nuevo", em J. Schreiner (ed.), *Palabra y mensaje del Antiguo Testamento*, Barcelona, 1973, cap. XXIII.
- C. Larcher, *La actualidad cristiana del Antiguo Testamento*, Madrid, 1967.
- N. Lohfink, "Interpretación histórica e interpretación cristiana del Antiguo Testamento", em ID., *Exégesis bíblica y teología*, Salamanca, 1969, 189-216.
- C. F. D. Moule, *El nacimiento del Nuevo Testamento*, Estella, 1974, cap. IV.
- Pontificia Comisión Bíblica, *El pueblo judío y sus Escrituras Sagradas en la Biblia cristiana*, Vaticano, 2002.
- J. Schreiner, "El mensaje neotestamentario y la palabra de Dios en el Antiguo Testamento", em ID., *Forma y propósito del Nuevo Testamento*, Barcelona, 1973, cap. I.
- *G. von Rad, *Teología del Antiguo Testamento*, vol. II, Salamanca, 1972, Terceira Parte.
- F. Vouga, "Jesús y el Antiguo Testamento", em *Sel. Teol.* 78 (1981), 113-122.
- C. Westermann, *El Antiguo Testamento y Jesucristo*, Madrid, 1972.
- J. Zumstein, "Pluralidad y autoridad de los escritos neotestamentarios", *Sel. Teol.* 97 (1986), 49-56.

A unidade da Bíblia

– **Concilium* 294 (2002): las muchas voces de la Biblia.
– H. Haag, "La Sagrada Escritura como un todo", em *Mysterium Salutis* I/1, 439-445.

Inspiração

– L. Alonso Schökel, *La palabra inspirada,* 3ª ed., Madrid, 1986.
– * L. Alonso Schökel, "Inspiración", em K. Rahner (ed.), *Sacramentum Mundi,* vol. 3, col. 928-942.
– A. M. Artola, *La Escritura inspirada,* Bilbao, 1994.
– A. M. Artola, *De la revelación a la inspiración,* Bilbao, 1983.
– *A. M Artola - J. M. Sánchez Caro, *Biblia y Palabra de Dios,* Estella, 1992, Terceira Parte.
– P. Benoit, "Inspiración y revelación", em *Concilium* 10 (1965), 13-32.
– P. Benoit, "¿Está inspirada la versión de los Setenta?", em ID., *Exégesis y teología,* vol. I, Madrid, 1974, 155-166.
– J. Beumer, *La inspiración de la Sagrada Escritura* (Col. Historia de los Dogmas, 1.3b), Madrid, 1973.
– M. Brandie, "Santidad e inspiración en la Escritura", em *Sel. Teol.* 6 (1963), 111-123.
– M. de Tuya - J. Salguero, *Introducción a la Biblia,* vol. I, Madrid, 1967, cap. I-VI.
– *H. Gabel, "Inspiración y verdad de la Escritura", em *Sel. Teol.* 167 (2003), 214-223.
– J. Gispert-Sauch, "La inspiración y escrituras extra-bíblicas", *Sel. Teol.* 95 (1985), 187-195.
– P. Grelot, "Diez proposiciones sobre la inspiración de la Escritura", *Sel. Teol.* 104 (1987), 329-339.
– H. Haag, "Inspiración", em *Mysterium Salutis* I/1, 386-403.
– *D. J. MacCarthy, "Personalidad, sociedad e inspiración", em VV.AA., *Estudios modernos sobre la Biblia,* Santander, 1969, 33-45.
– V. Mannuccei, *La Biblia como palabra de Dios,* Bilbao, 1988, cap. 9-11. F. Marín, *La Biblia, palabra profética*, Estella, 1992, cap. 1-7.
– A. Paul, *La inspiración y el canon de las Escrituras* (CB 49), Estella, 1984.
– *K. Rahner, *La inspiración de la Sagrada Escritura,* Barcelona, 1970.
– *K. Rahner, "Sobre la inspiración de la Escritura", em L. Klein (ed.), *Discusión sobre la Biblia,* Barcelona, 1967, 9-23.
– *Reseña Bíblica* n. 39 (2003): "La palabra inspirada".
– R. F. Smith, "Inspiración e inerrancia", em *Comentario Bíblico "San Jerónimo"*, vol. V, par. 66.
– *D. M. Stanley, "El concepto de inspiración bíblica", em ID., *La Iglesia apostólica en el Nuevo Testamento,* Santander, 1968, 76-99.
– M. de Tuya - J. Salguero, *Introducción a la Biblia,* vol. I, Madrid, 1967.

A Verdade da Bíblia: Inerrância

– *A. M Artola - J. M. Sánchez Caro, *Bíblia y Palabra de Dios,* Estella, 1992, cap. IX.

- P. Benoit, "La verdad en la Sagrada Escritura", em ID., *Exégesis y teología,* vol. I, Madrid, 1974, 83-98 (= *Sel. Teol.* 28 (1968), 323-330).
- R. Franco, "¿Verdad o libertad?", *Sel. Teol.* 124 (1992), 332-338.
- H. Gabel, "Inspiración y verdad de la Escritura", em *Sel. Teol.* 67 (2003), 224-228.
- H. Haag, "La verdad de la Biblia", em *Mysterium Salutis* I/1, 403-409.
- W. Hinker - K. Speidel, *Si la Biblia tuviera razón,* Madrid, 1972.
- N. Lohfink, "La Escritura como unidad. Su inspiración e inerrancia", 14 (1965), *Sel. Teol.* 170-178 [Inerrancia].
- N. Lohfink, "La inerrancia", em ID., *Valores actuales del Antiguo Testamento,* Madrid, 1966, 59-74.
- N. Lohfink, "Verdad e historicidad de la Biblia", em D. J. McCarthy (ed.), *Estudios modernos sobre la Biblia,* Santander, 1969, 59-64.
- F. Marín, *La Biblia, palabra profética,* Estella, 1992, cap. 10.
- I. de la Potterie, "La verdad de la Sagrada Escritura", *Sel. Teol.* 22 (1967), 162-170.
- R. F. Smith, "Inspiración e inerrancia", em *Comentario Bíblico "San Jerónimo",* vol. V, par. 66.
- M. de Tuya - J. Salguero, *Introducción a la Biblia,* vol. I, Madrid.

Revelação

- *L. Bakker, "¿Qué lugar ocupa el hombre en la divina revelación?", em *Concilium* 21 (1967), 23-42.
- P. Benoit, "Revelación e inspiración, según la Biblia, en Santo Tomás y en las discusiones modernas", em ID., *Exégesis y teología,* Madrid, 1974, 1-62.
- A. Brunner, "Revelación por la historia", em *Sel. Teol.* 22 (1967), 157-161.
- **Concilium* 133 (1978): Revelación y experiencia.
- H. Fries, "La Revelación", em *Mysterium Salutis* I/1, 235-283.
- H. Fries, *Teología Fundamental,* Barcelona, 1987, par. 27-36.
- R. Latourelle, *Teología de la Revelación,* Salamanca, 1967.
- F. Marín, *La Biblia, palabra profética,* Estella, 1992, cap. 8.
- A. Novo, *Jesucristo, plenitud de la Revelación,* Bilbao, 2003.
- F. Ocáriz, "Reflexión teológica sobre la Revelación", en *14 Revelación, fe y credibilidad,* Madrid, 1998, cap. IV.
- W. Pannenberg, *La revelación como historia,* Salamanca, 1977.
- W. Pannenberg, *Teología sistemática,* vol. I, Madrid, 1992, cap. IV.
- S. Panou, "La lógica de la revelación", *Sel. Teol.* 72 (1979), 328-332.
- S. Pié i Ninot, *Tratado de teología fundamental,* Salamanca, 1989, Segunda Parte: La Revelación y sus signos.
- K. Rahner - J. Ratzinger, *Revelación y Tradición,* Barcelona, 1971.
- *R. Schnackenburg, "Reflexiones sobre la Revelación en la Biblia", em *Sel. Teol.* 10 (1964), 97-106.
- M. Seckler, "Interdependencia entre ilustración y revelación", *Sel. Teol.* 105 (1988), 68-74.

Palavra de Deus

- *L. Alonso Schökel, "El Antiguo Testamento como palabra del hombre y palabra de Dios," em J. Schreiner (ed.), *Palabra y mensaje del Antiguo Testamento,* Barcelona, 1973, cap. I.
- A. Amaladoss, "El cristiano y las escrituras no cristianas", *Sel. Teol.* 104 (1987), 346-352.
- A. M. Artola - J. M. Sánchez Caro, *Biblia y Palabra de Dios,* Estella, 1992, Primeira Parte.
- G. Auzou, *La Palabra de Dios,* Madrid, 1964.
- R. Bultmann, "El concepto de 'Palabra de Dios' en el Nuevo Testamento", en ID., *Creer y Comprender,* vol. I, Madrid, 1974, 233-54.
- P. Grelot, "Palabra de Dios y Sagrada Escritura", em ID., *La Biblia, Palabra de Dios,* Barcelona, 1968, 29-64.
- P. Grelot, *Biblia y teología,* Barcelona, 1978.
- P. Grelot, *La Biblia, Palabra de Dios*, Barcelona, 1968.
- *J. Kremer, "No hay palabra de Dios sin palabra humana", *Sel. Teol.* 136 (1995), 247-257.
- J. Levie, *La Biblia, palabra humana y mensaje de Dios,* Bilbao, 1964.
- G. Martín, *Para leer la Biblia como Palabra de Dios,* Estella, 1983.
- D. Muñoz León, *Dios-Palabra. Memra en los targumim del Pentateuco,* Granada, 1974.
- J. P. de Radder, "Elementos estructurales en la palabra de la revelación", en *Concilium* 36 (1968), 453-462.
- K. H. Schelkle, "Palabra de Dios", em ID., *Palabra y Escritura,* Madrid, 1972, 15-42.
- K. H. Schelkle, "Palabra", em ID., *Teología del Nuevo Testamento*, vol. IV, Barcelona, 1978, cap. XV.
- H. Schlier, "Rasgos fundamentales de una teología de la Palabra de Dios en el Nuevo Testamento", en *Concilium* 33 (1968), 363-373.
- * H. Schlier, "Palabra", en H. Fries (ed.), *Conceptos fundamentales de Teología*, vol. III, Madrid, 1966, 295-321.
- *J. Schreiner, *La Biblia, ¿palabra de Dios o de los hombres?,* Madrid, 1970.
- A. Torres Queiruga, "¿Qué significa afirmar que Dios habla?", *Sel. Teol.* 134 (1995), 102-108.
- VV. AA. *La Palabra de Dios en lenguaje humano,* Salamanca, 1994.

História e fé

- A. Bea, "¿Exégesis religioso-científica o teológica?", em *Sel. Teol.* 17 (1966), 9-16.
- *E Brossier, *Relatos bíblicos y comunicación de la fe,* Estella, 1987.
- R. Bultmann, *Historia y escatología,* Madrid, 1974.
- A. Darlap, "Teología fundamental de la historia de la salvación", en *Mysterium Salutis* I/1, 49-201.
- K. Jaspers, *Meta de la historia,* Madrid, 1965.
- N. Lohfink, "Verdad e historicidad de la Biblia", em D. J. McCarthy (ed.), *Estudios modernos sobre la Biblia,* Santander, 1969, 59-64.

- N. Lohfink, “La interpretación histórica y la cristología del Antiguo Testamento”, en *Sel. Teol.* 24 (1967), 285-295.
- K. Löwith, *El sentido de la historia. Implicaciones teológicas de la filosofía de la historia,* Madrid, 1973.
- H. I. Marrou, *El conocimiento histórico,* Barcelona, 1968.
- *R. A. F. MacKenzie, *La fe y la historia,* Madrid, 1965.
- E. Pax, “La fe y la historia del Antiguo Testamento”, em J. Schreiner (ed.), *Palabra y mensaje del Antiguo Testamento,* Barcelona, 1973, cap. III.
- *K. Rahner, “Historia del mundo e historia de la salvación”, em ID., *Escritos de Teología,* vol. V, Madrid, 1974, 115-134.
- P. Ricoeur, *Historia y narratividad,* Barcelona, 1999.

Mito e realidade

- G. M. Cottier (ed.), *Comprender* a *Bultmann,* Madrid, 1971.
- *L. Cencillo, *Mito, semántica y realidad,* Madrid, 1970.
- *L. Cencillo, *Los mitos, sus mundos y su verdad,* Madrid, 1998.
- J. S. Croatto, *Experiencia de lo sagrado,* Estella, 2002, cap.7-9.
- *L. Duch, *Mito, interpretación y cultura,* Barcelona, 1998.
- *M. Eliade, *Mito y realidad,* Madrid, 1968 - y las obras de Eliade en general.
- P. Grelot, *Los evangelios y la historia,* Barcelona, 1987.
- I. Hermann, *Encuentro con la Biblia,* Estella, 1966.
- G. S. Kirk, *El mito. Su significado y funciones en las diversas culturas,* Barcelona, 1985.
- J. Macquarrie, *God-talk,* Salamanca, 1976, cap. 8.
- R. Marlé, *Hermenéutica y catequesis,* Barcelona, 1973, cap. III.
- J. L. McKenzie, *Mito y realidad en el Antiguo Testamento,* Madrid, 1971.
- T. O’Meara - D. Weisser (eds.), *Rudolf Bultmann en el pensamiento católico,* Santander, 1970.
- *A. Salas, *Mito y desmitificación en el Nuevo Testamento,* Madrid, 1971.
- H. Schlier, “El Nuevo Testamento y el mito”, em ID., *Problemas exegéticos del Nuevo Testamento,* Madrid, 1970, 92-107.
- A. Vögtle, *Revelación y mito.* Barcelona, 1965.
- VV. AA. *Rudolf Bultmann en el pensamiento católico,* Santander, 1970.
- VV. AA. *Comprender a Bultmann,* Madrid, 1971.

Sentidos da Bíblia: hermenêutica

- *L. Alonso Schökel - J. M. Bravo, *Apuntes de hermenéutica,* Madrid, 1994.
- L. Alonso Schökel, *Hermenéutica de la Palabra: Hermenéutica bíblica,* Madrid, 1986.
- L. Alonso Schökel, *La palabra inspirada,* 3ª ed., Barcelona, 1986, 107-159.
- E. Arens, “La Biblia es para todos”, em ID. (ed.), *El quehacer teológico en el Perú,* Lima, 1987, 73-94.
- *E. Arens - M. Díaz Mateos, *El escándalo de la Palabra. ¿La interpretación de la Biblia en crisis?,* Lima, 1997.
- R. Barthes - P. Beauchamp, *Exégesis y hermenéutica,* Madrid, 1976.

- P. Benoit, "La plenitud de sentido de los Libros Sagrados", en ID., *Exégesis y Teología,* Madrid, 1974, 109-154.
- P. Benoit, - "Exégesis y teología bíblica", ID., *Exégesis y teología,* Madrid, 1974, 193-210.
- R. E. Brown, "Hermenéutica", em *Comentario Bíblico "San. Jerónimo",* vol. V, par. 71.
- H. Cazelles (ed.), *El lenguaje de la fe en la Escritura y en el mundo actual,* Salamanca, 1974.
- *Concilium* 70 (1971): Teología, exégesis y mensaje cristiano.
- **Concilium* 158 (1980): La Biblia y el conflicto de las interpretaciones.
- *Concilium* 233 (1991): La Biblia y sus lectores.
- *J. Coppens, "El problema de los sentidos bíblicos", *Concilium* 30 (1967), 654-667.
- S. Croatto, *Hermenéutica bíblica. Para una teoría de la lectura como producción de sentido,* Buenos Aires, 1994.
- S. Croatto et al., *Nuevas hermenéuticas bíblicas,* Managua, 1998.
- A. Grabner Haider, *La Biblia y nuestro lenguaje,* Barcelona, 1975.
- P. Grelot, *Biblia y Teología,* Barcelona, 1969.
- *H. Haag, "Hermenéutica" y "Sentidos en la Biblia", *Mysterium Salutis* I/1, 450-462, 463-484.
- I. Hermann, *Encuentro con la Biblia,* Estella, 1966.
- W. Joest (ed.), *La interpretación de la Biblia,* Barcelona, 1970.
- X. Léon-Dufour, "Teología y sagrada Escritura", em K. H. Neufeld (ed.), *Problemas y perspectivas de teología dogmática,* Salamanca, 1987, 48-78.
- R. Marlé, *Hermenéutica y catequesis,* Barcelona, 1973.
- R. Marlé, *El problema teológico de la hermenéutica,* Madrid, 1965.
- C. Mesters, *Flor sin defensa,* Bogotá, 1984.
- C. Mesters, *Por detrás de las palabras. Estudio sobre el puerto de entrada al mundo de la Biblia,* México, 1993.
- C. Mesters, *Dios, ¿dónde estás? Una introducción práctica a la Biblia,* Estella, 1996.
- L. Mosconi, *Hacia una lectura fiel de la Biblia,* México, 1995.
- *K. Rahner, "Sagrada Escritura y Teología", em ID., *Escritos de Teología,* vol. VI, Madrid, 1969, 108-117.
- K. Rahner, "Exégesis y dogmática", ID., *Escritos de Teología,* vol. V, Madrid, 1964, 83-111 (= *Sel. Teol.* 1 (1962), 53-61).
- E. Schillebeeckx, "Biblia y teología", em ID., *Revelación y teología,* Salamanca, 1969, 163-188.
- H. Schlier, "¿Qué es interpretación de la Sagrada Escritura?", em ID., *Problemas exegéticos del Nuevo Testamento,* Madrid, 1970, 51-87.
- J. Trebolle, *La Biblia judía y la Biblia cristiana,* Madrid, 1998, cap. V: Hermenéutica. Textos e interpretaciones.
- R. Trevijano, *La Biblia en el cristianismo antiguo,* Estella, 2001, cap. III: Alegoría y tipología.
- M. de Tuya - J. Salguero, *Introducción a la Biblia,* Madrid, 1967, vol. II, cap. I a III (sentidos).

Escritura e Tradição

- *E. Arens, "'Sola Scriptura' y Tradición", em ID., *La Biblia leída en Iglesia,* Lima, 2003, 9-29.
- J. Beumer, "La Tradición en su problemática actual", *Sel. Teol.* 4 (1962), 289-297.
- *Y. Congar, *La tradición y las tradiciones,* San Sebastián, 1964.
- *O. Cullmann, "La tradición, problema exegético, histórico y teológico", en ID., *Estudios de teología bíblica,* Madrid, 1973, 165-204.
- J. R. Geiselmann, *Sagrada Escritura y Tradición,* Barcelona, 1968.
- J. K Geiselmann, "La Tradición", en VV. AA. *Panorama de la teología actual,* Madrid, 1961, 82-141.
- J. Gnilka, "Historia de los efectos: acceso a la comprensión de la Biblia", *Sel. Teol.* 119 (1991), 233-340.
- A. Ibáñez Arana, *Inspiración, inerrancia e interpretación de la Sagrada Escritura en el Concilio Vaticano II,* Vitoria, 1987.
- W. Kasper, "Escritura y Tradición: perspectiva pneumatológica", *Sel. Teol.* 123 (1992) 249-263.
- W. Kasper, "La tradición como principio cognoscitivo", *Sel. Teol.* 64 (1977), 289-300.
- P. Lengsfeid, *Tradición, Escritura e Iglesia en el diálogo ecuménico.* Madrid, 1967.
- *K. Rahner, "Sagrada Escritura y Tradición", em ID., *Escritos de Teología,* vol. VI, Madrid, 1969, 118-134 (= *Sel. Teol.* 11 [1964], 164-170).
- K. H. Weger, "Tradición", em *Sacramentum Mundi,* t. VI, Barcelona, 1976, 692-703.

Veja também a bibliografia no cap. Tradição

Magistério

- S. Muñoz Iglesias, *Doctrina Pontificia. t. I. Documentos bíblicos,* Madrid, 1955.
- J. Díaz, *Enquiridión bíblico bilingue,* Segovia, 1954.
- Pontificia Comisión Bíblica, *La interpretación de la Biblia en la Iglesia,* Vaticano, 1993.
- L. Alonso Schökel et al., *Concilio Vaticano II. Comentarios a la constitución Dei Verbum,* Madrid, 1969 (nova ed. corrigida e aumentada, Bilbao, 1991).
- E. Arens, *La Biblia leída en Iglesia,* Lima, 2003.
- A. Bea, *Vaticano II. La doctrina del Concilio sobre la Revelación,* Madrid, 1968.
- B. D. Dupuy et al., *La revelación divina. Constitución Dogmática "Dei Verbum,* 2 vols., Madrid, 1970.
- F. García López, *Biblia, literatura e Iglesia,* Salamanca, 1995, Segunda Parte: Interpretación de la Biblia en la Iglesia.
- A. Ibáñez Arana, *Inspiración, inerrancia e interpretación de la Sagrada Escritura en el Concilio Vaticano II,* Vitoria, 1987.
- R. Latourelle, *Teología de la Revelación,* Salamanca, 1967: "El Concilio Vaticano II y la Constitución Dei Verbum", 351-398.
- B. Sesboué, "La comunicación de la Palabra de Dios: Dei Verbum", em ID., *Historia de los Dogmas*, vol. IV, Salamanca, 1997, cap. XIII.

Fundamentalismo

- E. Arens, *¿Conoces ta Bíblia? Respuestas al fundamentalismo biblicista.* Lima, 1995.
- *J. Barr, "Conceptos fundamentalistas de la Escritura", em *Concilium* 158 (1980), 252-260.
- **Concilium* 241 (1992): El fundamentalismo en las grandes religiones. Ll. Duch, "El alud fundamentalista", *Sel. Teol.* 124 (1992), 317-331.
- F. Gallindo, *El Protestantismo fundamentalista,* Estella, 1992.
- *K. Kienzler, *El fundamentalismo religioso,* Madrid, 2000 (com. ampla bibliografia).
- J. M. Mardones, *Fundamentalismo* (Cuadernos "Fe y Justicia", 19) Bilbao, Ed. EGA 1993.
- * J. M. Mardones, *10 Palabras sobre Fundamentalismo,* Bilbao, 2003.
- C. Vidal, *Las sectas frente a la Biblia,* Madrid, 1991.

Metodologia de estudo e de leitura da Bíblia

- C. H. Abesamis, "Algunos paradigmas en una relectura de la Biblia desde el tercer mundo", *Sel. Teol.* 120 (1991), 243-250.
- L. Alonso Schökel, "¿Es necesaria la exégesis?", em *Concilium* 70 (1971), 468-476.
- *A. M. Artola - J. M. Sánchez Caro, *Biblia y Palabra de Dios,* Estella, 1992, Quarta Parte.
- S. Aulard - P. M. Baude et al., *Palabra de Dios y exégesis* (CB 74), Estella, 1993.
- J. P. Bagot - J. C. Dubs, *Para leer la Biblia,* Estella, 1986.
- R. Barthes - R. Martin-Achard (eds.), *Análisis estructural y exégesis bíblica,* Buenos Aires, 1973.
- R. Barthes - P. Beauchamp, *Exégesis y hermenéutica* [enfoque estruturalista], Madrid, 1976.
- *J. Barton (ed.), *La interpretación bíblica, hoy,* Santander, 2001.
- A. Bea, "¿Exégesis religioso-científica o teológica?", *Sel. Teol.* 17 (1966), 9-16.
- *M. Brisebois, *Métodos para leer mejor la Biblia,* Madrid, 1987.
- A. Caballero A. *Psicoanálisis y Biblia,* Salamanca, 1994.
- J. M. Caballero, *Hermenéutica y Biblia,* Estella, 1994.
- C. Chabrol - L. Marín, *Semiótica narrativa: relatos bíblicos,* Madrid, 1971.
- A. L. Descamps, "La función de la exégesis en la Iglesia hoy", em CELAM, *Exégesis, Evangelización y Pastoral,* Bogotá, 1976, 47-73.
- C. M. Díaz Castrillón, *Leer el texto, vivir la palabra. Manual de iniciación a la lectura estructural de la Biblia,* Estella, 1988.
- E. Drewermann, "Exégesis y psicología profunda", *Sel. Teol.* 96 (1985), 293-303.
- W. Egger, *Lecturas del Nuevo Testamento,* Estella, 1991 (ênfase em linguística).
- F. García López (ed.), *Biblia, literatura e Iglesia,* Salamanca, 1995 (leituras histórico-crítica, literária, feminista, psicanalítica, teológica, litúrgica).

– J. C. Giroud - L. Panier, *Semiótica* (CB 59), Estella, 1988.
– Grupo Entrevernes, *Análisis semiótico de los textos,* Madrid, 1982.
– B. Holmberg, *Historia social del cristianismo primitivo. La sociología y el Nuevo Testamento,* Córdoba, 1995.
– W. Langer, *Catequesis bíblica,* Madrid, 1977.
– W. Langer, *La interpretación de la Biblia en la enseñanza catequética,* Madrid, 1970.
– W. Langer, *Kerygma y catequesis,* Estella, 1970.
– A. Levoratti, *Lectura política de la Biblia,* Buenos Aires, 1990.
– *D. Marguerat – Y. Bourquin, *Como leer los relatos bíblicos. Iniciación al análisis narrativo*. Santander, 2000.
– G. Martin, *Para leer la Biblia como palabra de Dios,* Estella, 1983.
– C. Mesters, *Lecturas bíblicas. Guía de trabajo para un curso bíblico*. Estella, 1986.
– C. Mesters, *Flor sin defensa. Una explicación de la Biblia a partir del pueblo*. Bogotá, 1984.
– C. Mesters, *Lectura orante de la Biblia,* Estella, 1997.
– C. Mesters, *Dios, ¿dónde estás?,* Navarra, 1996.
– C. Mora Paz et al., *Lectura pragmalinguística de la Biblia,* Estella, 1999.
– J. O'Callaghan, *Introducción a la crítica textual del Nuevo Testamento,* Estella, 1999.
– *H. Schlier, "¿Qué implica la interpretación de la Escritura?", *Sel. Teol.* 15 (1965), 259-266.
– *J. Schreiner (ed.), *Introducción a los métodos de la exégesis bíblica,* Barcelona, 1974.
– E. Schussler Fiorenza, *Pero ella dijo. Prácticas feministas de interpretación bíblica,* Madrid, 1996.
– E. Schussler Fiorenza, "Ejemplos de método exegético", em J. Schreiner (ed.), *Palabra y mensaje del Antiguo Testamento,* Barcelona, 1973, 467-495.
– *H. Simian-Yofre, *Metodología del Antiguo Testamento,* Salamanca, 2001.
– W. Stenger, *Los métodos de la exégesis bíblica,* Barcelona, 1990.
– *G. Strecker - U. Schnelle, *Introducción a la exégesis del Nuevo Testamento,* Salamanca, 1997.
– *H. Zimmermann, *Los métodos histórico-críticos en el Nuevo Testamento,* Madrid, 1969.
– *VV. AA. *Exégesis Bíblica,* Madrid (Paulinas), 1979 (exemplos desenvolvidos).
– VV. AA. *Exégesis y Hermenéutica,* Madrid, 1976.

Instrumentos para o estudo da Bíblia

– J. M. Bover - J. O'Callaghan, *Nuevo Testamento trilingue (grego-latim-espanhol),* Madrid, 1989.
– R. Cerni, *Antiguo Testamento Interlineal hebreo-español,* 4 vols., CLIE, Barcelona, 1990ss.

– F. Lacuela, *Nuevo Testamento Interlineal griego-español,* CLIE, Barcelona, 1983.
– *E. Farfán N., *Gramática elemental del Hebreo Bíblico,* Estella, 1998.
– M. Chávez, *Hebreo Bíblico,* 2 vols., Texas, 1984.
– T. Lambdin, *Introducción al hebreo bíblico,* Estella, 2001.
– R. Mayer, *Gramática de la lengua hebrea,* Barcelona, 1989.
– M. Guerra, *El idioma del Nuevo Testamento. Gramática, estilística y diccionario estadístico del griego bíblico,* Burgos, 1981.
– *A. A. García S., *Introducción al griego bíblico,* Estella, 2002.
– M. Zerwick, *El griego del Nuevo Testamento,* Estella, 2000.
– G. Fohrer, *Diccionario del hebreo* y *arameo bíblicos,* Buenos Aires, 1982.
– L. Alonso Schökel, *Diccionario bíblico hebreo-español,* Madrid, 1994.
– J. Vásquez Allegue, *Diccionario bíblico hebreo-español, español-hebreo,* Estella, 2002.
– M. Guerra, *Diccionario morfológico del Nuevo Testamento,* Burgos, 1978.
– *F. Rienecker, *Clave linguística del Nuevo Testamento Griego,* Buenos Aires, 1986.
– J. Cervantes G., *Sinopsis Bilingue de los tres evangelios,* Estella, 1999.
– *P. Benoit - M. E. Boismard, *Sinopsis de los cuatro evangelios,* Bilbao, 1975.
– *Asociación Laica de Cultura Bíblica, *Guía práctica para el lector de la Biblia,* Estella, 2001.
– G. Flor Serrano - L. Alonso Schökel, *Diccionario terminológico de la ciencia bíblica,* Madrid, 1979 - Estella, 2000.
– C. F. Pfeiffer, *Diccionario bíblico arqueológico,* Ed. Mundo Hispano, 1982.
– J. de Arco, *Concordancias de la Biblia. Nuevo Testamento,* Bilbao, 1975.
– *W. H. Sloan, *Concordancia completa de la Biblia,* Barcelona, 1986.
– H. M. Setter, *Concordancia greco-española del Nuevo Testamento,* Barcelona, 1984.
– E. Jenni - C. Westermann (eds.), *Diccionario teológico manual del Antiguo Testamento,* 2 vols., Madrid, 1978, 1984.
– *L. Coenen- E. Beyreuther - H. Bietenhard (eds.), *Diccionario teológico del Nuevo Testamento,* 4 vols., Salamanca, 1980-1984.
– H. Balz - G. Schneider (eds.), *Diccionario exegético del Nuevo Testamento,* 2 vols., Salamanca, 1996.
– *J. B. Bauer (ed.), *Diccionario de teología bíblica,* Barcelona, 1967.
– P. Rossano - G. Ravassi - A. Girlanda (eds.), *Nuevo Diccionario de Teología Bíblica,* Madrid, 1990.
– X. Léon-Dufour (ed.), *Vocabulario de teología bíblica,* 2ª ed., Barcelona, 1977.
– J. J. von Allmen (ed.), *Vocabulario Bíblico,* Madrid, 1968.
– *Abadía de Maredsous, *Diccionario enciclopédico de la Biblia,* Barcelona, 1993.
– P. Alexander (ed.), *Enciclopedia de la Biblia,* Estella, 1983.
– S. Bartina - A. Diez Macho (eds.), *Enciclopedia de la Biblia,* 6 vols., Barcelona, 1963-1965.

- H. Haag - A. van den Born - S. Ausejo (eds.), *Diccionario de la Biblia,* Barcelona, 1970.
- M. Lurker, *Diccionario de imágenes y símbolos de la Biblia,* Córdoba, 1994.
- J. Mateos – F. Camacho, *Evangelio, figuras y símbolos,* Córdoba, 1989.
- A. Díez Macho (ed.), *Apócrifos del Antiguo Testamento,* 5 vols. Madrid, 1984ss (incompleto).
- A. de Santos, *Los Evangelios apócrifos,* Madrid, 1975.

Antigo Testamento

- *H. Cazelles (ed.), *Introducción crítica al Antiguo Testamento,* Barcelona, 1981.
- O. Eissfeldt, *Introducción al Antiguo Testamento,* Madrid, 2000.
- R. Rendtorff, *El Antiguo Testamento. Una introducción,* Lima, 1994.
- *W. H. Schmidt, *Introducción al Antiguo Testamento,* Salamanca, 1990.
- F. J. Stendebach, *Introducción al Antiguo Testamento,* Barcelona, 1996 (breve).
- R. E. Brown - J. Fitzmyer - R. E. Murphy (eds.), *Comentario Bíblico "San Jerónimo",* vol. I e II: Antiguo Testamento.
- E. Charpentier, *Para leer el Antiguo Testamento,* Estella, 1981.
- E. Jacob, *Teología del Antiguo Testamento,* Madrid, 1969 (temática).
- J. B. Pritchard, *La sabiduría del Antiguo Oriente. Antología de textos e ilustraciones,* Barcelona, 1966.
- M. García Cordero, *Biblia y legado del Antiguo Oriente,* Madrid, 1977.
- M. McCall, *Mitos mesopotámicos,* Madrid, 1994.
- G. del Olmo, *Mitos y leyendas de Canaán,* Madrid, 1981.
- F. García Martínez, *Textos de Qumrán,* Madrid, 1992.
- *R. de Vaux, *Instituciones del Antiguo Testamento,* Barcelona, 1964.
- *Colección "Documentos en torno a la Biblia"*, Estella, 1979ss.
- S. W. Baron, *Historia social y religiosa del pueblo judío,* 8 vols., Buenos Aires, 1968.
- J. Bright, *La historia de Israel,* Bilbao, 1977.
- F. Castel, *Historia de Israel y de Judá,* Estella, 1984.
- H. Cazelles, *Historia política de Israel,* Madrid, 1984.
- *S. Hermann, *Historia de Israel,* 2ª ed., Salamanca, 1985.
- M. Noth, *Historia de Israel,* Barcelona, 1966.
- R. de Vaux, *Historia antigua de Israel,* 2 vols., Madrid, 1975.
- *R. Albertz, *Historia de la religión de Israel,* Bilbao, 2001.
- S. Croatto, *Historia de salvación,* Estella, 1995.
- S. Guijarro - M. Salvador García (eds.), *Comentario al Antiguo Testamento,* 2 vols., Casa de la Biblia, Madrid, 1997.
- J. Schreiner (ed.), *Palabra y mensaje del Antiguo Testamento,* Barcelona, 1972.
- H. L. Strack - G. Stemberger, *Introducción a la literatura talmúdica y midrásica,* Valencia, 1988.
- C. del Valle (ed.), *La Misná,* 2ª ed., Salamanca, 1997.

Novo Testamento

- *R. E. Brown, *Introducción al Nuevo Testamento,* 2 vols., Bilbao, 2002.
- W. D. Davies, *Aproximación al Nuevo Testamento,* Madrid, 1979.
- *A. George - P. Grelot (eds.), *Introducción crítica al Nuevo Testamento,* 2 vols., Barcelona, 1983.
- F. Fernández Ramos, *El Nuevo Testamento: Presentación y contenido,* 2 vols, Madrid, 1989.
- H. Koester, *Introducción al Nuevo Testamento,* Salamanca, 1988.
- E. Lohse, *Introducción al Nuevo Testamento,* Madrid, 1975.
- W. Marxsen, *Introducción al Nuevo Testamento. Una iniciación a sus problemas,* Salamanca, 1983.
- *A. Wikenhauser - J. Schmid, *Introducción al Nuevo Testamento,* Barcelona, 1978.
- E. Charpentier, *Para leer el Nuevo Testamento,* Estella, 1981.
- A. Piñero - J. Peláez, *El Nuevo Testamento. Introducción al estudio de los primeros escritos cristianos.* Córdoba, 1995.
- G. Segalla (ed.), *Panoramas del Nuevo Testamento,* Estella, 1989.
- P. Vielhauer, *Historia de la literatura cristiana primitiva,* Salamanca, 1991.
- J. Schreiner (ed.), *Forma y propósito del Nuevo Testamento,* Barcelona, 1973.
- E. Arens, *Asia Menor en tiempos de Pablo, Lucas y Juan. Aspectos sociales y económicos para la comprensión del Nuevo Testamento,* Córdoba, 1995.
- J. González E., *Arqueología y evangelios,* Estella, 1994.
- J. González E., *Jesús en Galilea. Aproximación desde la arqueología,* Estella, 2000.
- *H. Guevara, *Ambiente político del pueblo judío en tiempos de Jesús,* Madrid, 1985.
- J. Jeremías, *Jerusalén en los tiempos de Jesús,* Madrid, 1977.
- *B. Malina, *El mundo del Nuevo Testamento,* Estella, 1995.
- J. Leipoldt - W. Grundmann, *El mundo del Nuevo Testamento,* Madrid, 1973.
- A. Paul, *El mundo judío en tiempos de Jesús,* Madrid, 1982.
- R. Penna, *Ambiente histórico-cultural de los orígenes del cristianismo,* Bilbao, 1994.
- J. Riches, *El mundo de Jesús,* Córdoba, 1996.
- *E. Schurer - G. Vermes, *Historia del pueblo judío en tiempos de Jesús,* 2 vols., Madrid, 1985.
- J. Wilkinson, *La Jerusalén que Jesús conoció,* Barcelona, 1990.
- Flavio Josefo, *La guerra de los Judíos,* 2 vols., Barcelona, 1983.
- Flavio Josefo, *Antiguedades Judías,* 3 vols., Barcelona, 1988.
- *G. Theissen - A. Merz, *El Jesús histórico,* Salamanca, 2001.
- *J. Meier, *Un judío marginal. Nueva visión del Jesús histórico,* 4 vols., Estella, 1998-2003.
- A. Piñero (ed.), *Fuentes del cristianismo. Tradiciones primitivas sobre Jesús.* Córdoba, 1993.

- W. Trilling, *Jesús y los problemas de su historicidad,* Barcelona, 1970.
- R. Fabris, *Jesús de Nazaret. Historia e interpretación,* Salamanca, 1985.
- F. Fernández Ramos (ed.), *Diccionario de San Pablo,* Burgos, 1999.
- Guijarro (ed.), *Comentario al Nuevo Testamento,* Casa de la Biblia, Madrid, 1995.
- R. E. Brown - J. Fitzmyer - R. E. Murphy (eds.), *Comentario Bíblico "San Jerónimo",* vol. III e IV: Nuevo Testamento.
- A. Levoratti - E. Tamez (eds.), *Comentario Bíblico Latinoamericano.* vol. 3: Nuevo Testamento, Estella, 2003.

SUMÁRIO

SEGUNDA PARTE
PALAVRA DE DEUS